新闻出版博物馆 文库·研究

近现代马列主义文献汉译出版

复旦大学历史学系
中国近现代新闻出版博物馆 编

中华书局

图书在版编目(CIP)数据

近现代马列主义文献汉译出版/复旦大学历史学系,中国近现代新闻出版博物馆编. —北京:中华书局,2022.11
ISBN 978-7-101-15946-2

Ⅰ.近… Ⅱ.①复…②中… Ⅲ.马列著作-翻译-出版事业-文化史-中国-近现代 Ⅳ.G239.29

中国版本图书馆CIP数据核字(2022)第188303号

书　　名	近现代马列主义文献汉译出版
编　　者	复旦大学历史学系　中国近现代新闻出版博物馆
责任编辑	黄飞立
封面设计	刘　丽
责任印制	管　斌
出版发行	中华书局 (北京市丰台区太平桥西里38号　100073) http://www.zhbc.com.cn E-mail:zhbc@zhbc.com.cn
印　　刷	三河市中晟雅豪印务有限公司
版　　次	2022年11月第1版 2022年11月第1次印刷
规　　格	开本/710×1000毫米　1/16 印张 20¾　插页 2　字数 330千字
印　　数	1—1000册
国际书号	ISBN 978-7-101-15946-2
定　　价	98.00元

影响出版博物馆 文库

学术委员会（按姓氏笔画排序）

顾　问：吴道弘　周振鹤　郑培凯

委　员：马西尼(Federico Masini)　内田庆市(Uchida Keiichi)

　　　　王宏志　冯锦荣　杨扬　陈子善　陈正宏　张西平

　　　　沈国威　邹振环　阿梅龙(Iwo Amelung)

　　　　顾有信(Joachim Kurtz)　陶德民　韩琦

　　　　鲁纳(Rune Svarverud)

编辑工作委员会

主　任：徐　炯

委　员：赵书雷　贾雪飞　张　霞　胡正娟　黄飞立　王嫣斐

目 录

马列主义文献汉译与上海（代序） …………………………………… 熊月之 （1）

《共产党宣言》译刊研究

译文质变的侨易节点与"翻译心灵"的呈现
　　——以陈望道、成仿吾等的《共产党宣言》汉译为中心　　叶　隽 （3）
《共产党宣言》的翻译问题
　　——由版本的变迁看译词的尖锐化　　　　　　　　　　　陈力卫 （35）
《共产党宣言》陈瘦石译本出版始末　　　　　　　　　　　　曹文博 （58）

经典与通俗读本译刊

中国第一部《资本论》全译本的诞生
　　　　　　　　　　　张国男　郑　璀　艾屹梅　黄燕生 （71）
文化交流视域下《近世社会主义》早期汉译考察　　　　　　　仲玉花 （91）
中国共产党人的《共产主义ABC》阅读史　　　　　王　玉　徐小良（102）

马列文献的译刊机构

清末广智书局与社会主义学说在中国的早期译介与传播　　　潘喜颜（111）
生活书店出版马列著作的译者群体研究（1937—1947）　　　刘　洁（125）

刍议大江书铺　　　　　　　　　　　　　　　　　孟　瑶（134）

马列文献的传播与影响

百年前马列主义对郑振铎的影响　　　　　　　　陈福康（149）
杨匏安革命思想与马克思主义在华南的传播　　　吴石坚（156）
译作、译者和中国化
　　——生活书店版马列经典著作的影响力探析　黄　勇（165）
王云五、公民书局、"公民丛书"与1920年代早期马克思主义的
　　翻译与传播　　　　　　　　　　　　　　　高　明（178）

马列文献的翻译与演绎

自然辩证法中国化进程探赜
　　——以《自然辩证法》两部导读译本为考察对象　高　晞（193）
漫谈陈望道译《共产党宣言》在文艺作品中的被演绎　李继华（218）
"帝国主义"的翻译问题
　　——以大革命时期的一场论争为中心　　　　李映珵（235）
鲁迅译苏共文论与《在延安文艺座谈会上的讲话》关系初探　蒋　硕（248）

书报译介与述评

《现代》与马克思主义文艺观在我国的初期译介　　刘叙一（261）
论编译马克思主编的《新莱茵报》　　　　　　　　夏　琪（272）
"重译"与"编译"
　　——马列主义文献汉译出版的新进展（1978—2020）　李　俐（290）

"近现代马列主义文献汉译出版"学术研讨会综述　朱梦中　杨硕培（304）
后　记　　　　　　　　　　　　　　　　　　　　邹振环（313）

马列主义文献汉译与上海（代序）

熊月之

中国传统文化中，红色代表着吉祥、喜气、热烈、奔放、激情等，有驱逐邪恶的功能。五行中的火所对应的颜色是红色，八卦中的离卦也象征红色，古代许多宫殿和庙宇的墙壁都是红色。由此，红色在中国政治上常被用来象征革命，党领导下的革命资源也就被称为红色资源。

近代中国红色资源的形成路径，可以分为如下三类：

第一类是根据地式的，如井冈山、延安，都是有土地、人民、政权、武装，是自成联系、自成系统的，就像树木长在那片土地上一样。

第二类是纪念地式的，是某一次战争或某一项活动在那里发生，但是其事与其地不具有必然联系。比如说一大闭幕会议之于嘉兴南湖、古田会议之于福建古田、遵义会议之于贵州遵义等，都是飘叶之于土地的关系，有一定联系，但不是理由充足的必然关系，不是树木之于土地的关系。

两相比较就会发现，如果是根据地式的，那里的红色资源是呈整体性、密集性、系统性的，而纪念地式的，则不一样，呈单一性、孤立性、片段性。

第三类是半根据地、多纪念地式的，近代上海的红色资源即属此类。这是介于前两类之间，同时又两类兼而有之。上海并不是革命根据地。所谓革命根据地，至少具备四要素，即土地、政权、人民与武装，此四者缺一不可。但是，上海又是多纪念地式的。中国共产党利用上海城市的特点，在这里进行那么长时间的、那么繁多的活动，包括中共一大、二大、四大在这里举行，另有八次中央会议在上海召开，中央局、团中央机关设在这里。上海这个城市对党领导的革命活动,已经具有一定的基础性、依托性功能。尽管没有政权,没有独立武装,但是,这里是可以安身活动的一个基地。因此,可以说它是有半根据地性质的,又是多纪念地式的。从红色资源角度来看,上海既不属于革命根据地,也不属于一般单一的红色纪念地,而是属于介于两者之间、兼具两种部分功能的第三种类型。

如果把这三种类型放在全国看,跟上海有类似情况的城市不是很多,广州有一点,武汉有一点,但是这两个城市跟上海的性质、规模也有所不同。

作为在共产国际直接帮助与支持下创立的、以马克思主义为指导、以工人阶级为基础、以推翻旧的社会制度为宗旨的、具有广泛国际联系的全国性革命政党,其创立与活动至少需要以下六个相关系统的支撑,即以先进的思想文化为重要内涵的信息传播系统、以工人阶级与先进知识分子为重要成分的社会基础、联系国际与国内重要城市的水陆交通系统、发达的邮政通讯系统、具有现代政党社团活动可供依托的社会组织系统、维持政党社团正常活动的安全系数。近代上海正是在一定程度上满足了这些需求。

一、先进思想文化的传播系统

中国共产党是在马克思主义的指导下建立起来的。此前共产主义思想传播的广度、武装知识分子的程度,是建党的重要思想文化基础。马克思主义在中国的传播,不是全无基础、毫无凭借的横空而来,而是在此前一波又一波西方新学说、新思想传播基础上累积与递进而来的。就全中国范围而言,清末民初的上海,正是这样的新学说、新思想的传播高地。

清末民初上海,是西方文化输入中国最大的窗口,无论是器物文化、制度文化还是精神文化,都是先传到上海,在上海有了相当厚实的基础,然后再传到其他通商口岸和中国内地。西方新学说、新思想的传入,无论是数学、物理学、化学、天文学、地理学、地质学、生物学,还是哲学、经济学、法学、社会学,无论是进化论、民约论,还是社会主义学说、无政府主义学说,几乎都是先传入上海,然后扩散开去。以马克思主义传播而论,1898年上海广学会出版的《泰西民法志》,就述及马克思、恩格斯的学说。1899年,《万国公报》发表的《大同学》,述及欧洲社会主义流派与马克思学说。这些都是马克思主义学说在中国最早的传播记录。到20世纪初,这类传播数量更多,内容更丰富。

西方新学说、新思想传播到上海,其数量之大,比例之高,今人已很难想象。从晚清到民国,全国新的出版物,上海要占到75%以上,其中以新学说、新思想为主要内容的书籍,比例更高。从洋务思想、维新思想到革命思想,上海都是全国传播基地与思想高地。以与中国共产党创立关联度最高的新文化运动而言,上海既是发动地,也是制高点。《新青年》在上海创办,在北京大学高举新文化大旗的蔡元培、陈独秀、胡适、马叙伦等,都是清末上海有名的新派人物。新文化运动鼓吹的个性解放、妇女解放,批判孔教、白话文,在清末上海都已发轫,或已颇有声势。民国初年的上海,继续保持在新学说、新思想、新文化方面领导潮流的地位。1919年五四运动以后,陈独秀南下上海,上海更成为中国传播新思想、新文化的高地。

为什么在晚清时候,这些影响不像五四时期对社会的冲击那么大呢?这是因为,五四时期北京宣传新文化的那些人,相当部分原来都在上海活动。他们在上海宣传这些新学说、新思想、新文化,上海社会能接受,就没有也不会起很大的冲突。以男女平等而论,19世纪70年代以后,上海这方面的学说就已经很多。上海有很多妇女在工厂里工作,妇女地位在提高,便要求放脚,发动天足运动,便要求男女平等,进而倡导婚姻自由。以白话文而论,上海晚清时候就有,出了那么多白话报刊和白话书籍,胡适出国以前在上海就编过白话杂志。以批评孔孟之道而论,在晚清上海都相当普遍,《童子世界》等杂志对于孔孟之道的批判,已经达到相当的深度。但是,当蔡元培、陈独秀一批人到北京宣传新学说、新思想、新文化时,北京没有上海那样的社会基础与思想文化基础,没有那么多的现代企业,没有那么多妇女在工厂里工作,没有那么多外国人在城市生活,没有那么多西洋的东西存在于日常生活之中,于是,就引起了尖锐的冲突。那个时候,京、沪两个城市一个传统,一个现代,文化差异很大,在上海被视为正常的学说、思想、文化,移到北京,便被视为反常。

中国共产党成立以前,不同地方的知识分子多已认可上海在新学说、新思想、新文化方面的领先情况。所以,1920年酝酿中国共产党成立的时候,共产国际以及苏联一些代表,他们在报告里面明确地讲,上海是中国共产主义出版事业的主要中心。1920年,联共(布)外交人民委员部远东事务全权代表、第三国际东亚书记处临时执行局主席维连斯基在给共产国际执委会的报告中就说：“上海是中国共产主义出版事业的主要中心。在这里，东亚书记处拥有许多报刊，我们有《上海生活》，中文报纸《周报》《社会日报》，杂志《新青年》(是月刊，由北京大学教授陈独秀博士出版)、《新中国》等。”受俄共(布)华人党员中央组织局派遣来华的刘江也称：“上海是中国社会主义者的活动中心，那里可以公开从事宣传活动。那里有许多社会主义性质的组织，出版300多种出版物(报纸、杂志和书籍)，都带有社会主义色彩。那里时而举行群众大会。出版的书籍、报纸和杂志，刊登有苏俄人士，特别是列宁和托洛茨基的照片，购买踊跃。”

正是由于这么开放的文化氛围，上海才能聚集那么多进步文化人才，出版那么多宣传共产主义、宣传民主革命的书刊与文艺作品。从建党初期的《新青年》《共产党》，中共早期创办的日报《热血日报》《红旗日报》，顶着"白色恐怖"面世的《前哨》，宣传抗日救亡的《大众生活》，到解放前夕出版的《新少年报》《文萃》；从马恩原著译本到进步读物《大众哲学》《西行漫记》《鲁迅全集》与《钢铁是怎样炼成的》；从《国际歌》翻译、《大刀进行曲》与《义勇军进行曲》的创作，无一不在这里。

民主革命时期，几乎所有重要的马、恩、列的名著都是在上海出版的，包括马克思、恩格斯《共产党宣言》(陈望道)，马克思《资本论》、《哲学的贫乏》(许德珩)、《政治经济学批判》导言(刘曼)、《马克思工资劳动与资本》与《工资价格及利润》(朱应会)、《革命与反革命》(刘镜团)，恩格斯《家庭私有财产及国家之起源》(李膺杨)、《农民问题》(陆一远)、《费尔巴哈论》(彭嘉生)、《自然辩证法》(杜畏之)、《从猿到人》(成篙)、《反杜林论》(吴黎平)，列宁《帝国主义论》(刘垈平)、《共产主义运动中的"左派"幼稚病》(吴凉)、《国家论》(江一之)、《唯物论与经验批判论》(傅子东)、《俄国资本主义的发展》(杜畏之)等。

特别要强调的是，马、恩著作在上海出版，不是一个孤立的现象，上海不是只出版马克思、恩格斯、列宁的著作。民国时期，上海掀起了一个很大的对于西方人文社会科学名著的翻译、出版热潮，举凡西方的哲学、经济、社会、历史方面的名著，著名的文艺作品，在上海都有翻译，而且都有很好的销路。这方面，邹振环已有很好的研究。

从晚清到民国，上海的出版物介绍了马克思的著作，介绍了历史唯物主义，介绍了无政府主义的一些东西。伴随着这些思潮而来的其他的西方思想文化,凡是当时人们认为进步的、有价值的东西,都如潮水般地涌来。也正是在这个大潮当中,中国知识分子拓宽了眼界,饱读了众多的西方书籍,汲取了丰富的营养,不断地比较、选择,最后觉得马克思主义比较适合中国。

二、红色资源的综合社会基础

中国共产党是仿照苏俄共产党建立起来的,以工人阶级为社会基础,是新生的中国共产党必然的道路选择。上海是近代中国工人阶级人数最多、最为集中的地方,这是任何一本中共党史都会述及的,兹不赘述。就红色资源的社会基础而言,这里需作三点补充,即城市规模、移民人口与知识分子。

以城市革命为中心,是俄国十月革命成功的经验之一。以俄为师的中国共产党,一开始必然极其重视城市,尤其是大城市。上海在1900年,已是超过百万人口的中国第一大城市。1919年,上海已是中国超大城市。那年中国10万人口以上的城市有69个,前10名依次是:上海、广州、天津、北京、杭州、福州、苏州、重庆、香港与成都。这时,上海人口为240万,比第2名广州(160万)多80万,比第3名天津(90万)多150万,差不多是北京(85万)的三倍,超过后4名即苏州(60万)、重庆(52.5万)、香港(52.5万)、成都(50万)四个城市的总和。这样超大规模的城市,自然会受到新生的中国共产党的首先青睐。

移民人口对于中国共产党的早期活动至关重要。中国共产党是全国性政党,党的发起人员来自全国各地,党的中央领导成员来自全国各地,这对于中央所在地人口特点会有一定要求,人口来源越广泛越能适应。近代上海移民通常占总人口80%左右。这些移民来自全国各地,包括江苏、浙江、广东、安徽、山东、湖北、福建、河南、江西和湖南等。这样高比例、多来源的移民人口,为全国各地人口在上海立足、活动提供了难得的土壤。建党初期在上海活动的中共领导人,来自江苏、浙江、安徽、湖南、湖北、广东,各处都有,他们在上海都有同乡甚至亲属,这是移民社会为他们提供的特有便利。

近代上海没有严格的户口管理。保甲制度在别的城市可以推行,但是在上海就推行不下去,或推行得不彻底。北洋政府时期,上海先后于1920、1924、1925年进行过户籍调查,但不全面,也不精确。1928年,南京国民政府时期,上海进行过比较全面、细致的调查,但仅是调查而已。五方杂处,不查户口,使得近代上海社会更具有异质性、匿名性与流动性的特点,为中共领导的秘密斗争提供了比较理想的场所。建党时期,安徽人陈独秀、湖北人李汉俊、湖南人李达在上海活动,各操乡音,但是毫无妨碍。1923年,毛泽东在上海闸北香山路公兴路口的三曾里(今象山路公兴路口)的中央办公处住了近三个月,对外以"报关行"职业为掩护。这所房子住了三户人家,即毛泽东、杨开慧夫妇和孩子,蔡和森、向警予夫妇和孩子,还有罗章龙一家。三户人家都是湖南人。这是当时上海通行的散中有聚的居住方式,即来自同一地方的人习惯于集中居住在同一个地段或同一幢房子里。

　　近代中华民族最先觉悟的都是知识分子。中国共产党的创始人全部是知识分子,其早期活跃分子,也主要是知识分子,尤其是留学归国的知识分子。留学生在中外文化沟通中起了桥梁作用,他们了解中国情况,也了解外国情况,所以他们会成为一个民族最先觉醒的部分。知识分子集聚的程度、数量的多少,直接影响党的活动。建党以前,中国集聚知识分子最多的地方,一是上海,二是北京。北京的知识分子主要集中在几所大学里,数量远不及上海多。上海知识分子除了在大学里,还有诸多文化机构,包括商务印书馆和一些报刊社、律师事务所等。

　　上海之所以集聚了那么多的归国留学生,原因有三。一是近代上海城市发展跟西方大城市基本同步,留学生在西方学的东西到上海能够派得上用处。二是生活上也能够适应,有的人国外回来以后,到其他地方不能适应,或者工作不能适应,或者生活不能适应。三是上海有与外国联系的发达的网络和平台,上海卖外国书、卖外国报刊,与外国学者交往也多。留学生如果到内地去,原来学的东西就派不上用处,或者原来联系的渠道就不通畅,留学的"武功"也就因此废除。所以,相当多的海归留在了上海。曾翻译都德《娜拉女郎》、司汤达《红与黑》的从法国留学归来的四川人罗玉君说过一段话:"当年离开巴黎时我就想,只要这个世界上有地方放下我的书桌,有地方出版我的译著,有年长的年轻的读者喜欢我的书、珍藏我的书,那地方就是我眷恋的……正因为如此,巴黎留不住我,欧洲留不住我,四川太凋敝也留不住我,留住我的恰恰是上海。"她说这段话的时间比较晚,但是,这段话很能反映民国时期留在上海的归国留学生的一般心态。

　　归国留学生在上海分布的特点也很有意思,留学欧美的人和留学日本的人也不一样。其时归国留学生,从欧美回来的人待遇好一些,从日本回来的情况差一点。所以,从日本回来的海归住在四川路、虹口的相对多一点,从欧美回来的住在法租界的比较多一点。当然也有个别情况,但是总体上如此。

上海吸引了那么多从国外回来的留学生,吸引了那么多全国各地有志向、有才华的人,有那么一批人信仰马克思主义,那是很正常的。

三、发达的交通系统

交通系统与空间移动联系在一起。建党以前全国各地没有哪一个城市有上海那么发达的交通系统。上海襟江带海,内地人(如四川人、湖南人、湖北人)要到国外去,必须经过上海。上海航运系统在19世纪后期已经形成,有内河、长江、沿海和外洋四大航运系统,出入上海的轮船和吨位都占全国总数的1/5以上。上海在晚清时候,铁路已经通到南京、杭州,再由南京通往天津,由杭州通到宁波,进而与全国铁路网相连。上海市内交通也远比内地其他城市发达。

中国共产党人在上海要搞工人活动,特别是搞地下活动,市内交通是非常重要的支撑条件。晚清上海已有人力车、马车、有轨电车、出租汽车等交通工具。到了民国时期,又增加无轨电车、机动渡轮、公共汽车,公交车辆线路更多。搞地下活动,有时候需要汽车,有时候需要马车,有时候需要人力车。其时,上海道路系统多元而复杂,尤其是南市、闸北、沪西等地方,有些地段汽车很难开进去,尤其是无法开到弄堂里面去。汽车不能开进去,黄包车能够进去,对于隐蔽战线的斗争,有时候反而更加有利。交通不便有不便的好处,便于隐藏。所以,有不同类型的交通工具对于党组织在上海的活动有特别的价值。这也是日后党中央机关长期设在这个地方的重要原因。

四、便捷的通讯系统

民国时期,上海邮路可与全国各地相连接,为国内邮差线的一大中心。上海口岸停泊着众多国家的邮船,国内的邮差线经上海可联邮世界各国。英国、法国、德国、美国、日本、俄国等在上海均设有邮局。通讯方面,上海国际国内通讯联系均极便捷。到19世纪末,上海国际电报北可以经日本与俄罗斯通报,南可以经香港与欧美各国通报;国内通报四通八达,北到北京,东北到山海关,西北到西安,西到汉口,西南到泸州,南到广州。这一通讯系统并不是专为政党活动才建立的,首先是为了满足商业、军事等方面的需要,但这些通讯系统的存在,为政党活动提供了重要的便利条件。一个现代性的政党要搞各种活动,必须依托现代性的通讯系统。

便捷的交通与通讯网络,对于城市来说,犹如身手矫健,脉动强劲,经络顺畅,这对于中共领导的政治斗争至关重要。就与外部联系而言,中共中央与各地党组织之间,与共产国际之间,都必须保持密切而通畅的联系。在上海活动的许多领导人,如周恩来、李立三、刘少奇、陈赓、陈毅、彭湃、杨殷、恽代英等,其活动地点,都是在各地流动的,时而北京,时而武汉,时而广东,时而江西。在上海城市内,中共组织在大部分时间里处于秘密状态,党员的住处时常变换,联络地点时常变换,时而租界,时而华界,时而沪西,时而闸北,联系方式时常变换。在这种状态下,没有便捷的交通与通信网络,很难想象。

且以处理顾顺章叛变案件为例,1931 年 4 月 24 日,顾在武汉被捕叛变。25 日晚,时在南京的钱壮飞获悉此信息。26 日清晨,情报就传递到时在上海的周恩来那里。周立即安排中共领导机关转移,安排时在天津的中共地下情报员胡底转移。等顾顺章到达南京面见蒋介石时,周恩来这里已经转移妥当。假如这个城市里面没有一个发达的通讯系统,没有火车可通,那后果就不堪设想。所以交通系统、通讯系统对于红色革命至关重要。

再以第四次反围剿信息传递为例。1932 年夏,蒋介石筹划第四次对苏区的"围剿",拟定了对鄂豫皖根据地的具体进攻计划,以及他独创的所谓"掩体战略"。共产国际派到上海来的红色间谍左尔格获此情报后,立即交给其中国同伴陈翰笙,陈翰笙通过宋庆龄,及时送到了苏区。鄂豫皖根据地的红军以徐向前任总指挥的红四方面军为主力,得到情报后,立即作战术转移,主动退出根据地,使国民党军扑了个空,又一次粉碎了国民党消灭红军的图谋。这个事件典型地说明,没有便捷的通讯系统就没有革命的胜利。这类例子,在中共党史、军史里不胜枚举。

五、可供依托的组织系统

中国共产党是一个高度严密的组织。中国传统时代从来没有这样一个组织。近代上海,人们不断把西方集会的方式引进到上海,也将西方社团、政党一类组织引进上海。戊戌维新时期,强学会在上海有组织。辛亥革命以前,上海有军国民教育会、同盟会分支机构与光复会,还有政闻社等团体。民国初年,政党林立,1912年以后,全国有56个政党,有相当一部分总部设在上海。民国初年组建社会团体与政党,在上海已司空见惯。

此外,上海还有很多其他组织,从晚清到民国,上海会馆公所的数量,少的时候有五六十个,多的时候有二百多个,为各地移民提供安排住宿、介绍工作、排解纠纷、防病治病、联络乡谊等服务,有的还提供从小学到中学的教育。各地在上海的人数少的话就以省为单位,多的话就以府或县为单位,组织同乡机构。江苏、浙江、安徽、福建等省人,在上海有的是一个府有一两个同乡组织,有时候一个县还有两个同乡组织。同乡组织、同业组织都是中国共产党成立以前、以后很重要的社会组织。

中国共产党在早期发动工人与民众起来斗争的时候,不是一个一个发动,而是一群一群发动,通常是通过同乡组织、同业组织。这样的发动方式,就要利用先前业已存在的社会组织与团体。

六、可资营造与利用的安全缝隙

党中央机关所在地长期在上海,1949年以前的28年当中,有1/3以上的时间,中共中央机关所地在设在上海。其中很重要的原因是利用了上海的缝隙效应。1903年公共租界巡捕章程写道:

> 或奉法租界官员之命,或奉会审衙门之命,或奉其他华官之命,而无合例之牌票,或不协同巡捕拘人者,皆为违章拘人。一经查出,巡捕立即将违章之员役,拘获请惩。按:华官欲在租界拘人,必先有正式公文,经由领事签字。按:租界匿有要犯,须由华官移文西官,始饬捕房派探协拿。俟初审明确,方可移解。若遇该犯于途,可即唤捕拘拿,同至捕房报告,候其解送法院。若竟私自扭送,虽唤捕同拘,亦与乱捉人者无异,自身反被管押审讯。

租界存在期间,无论是晚清还是民国,如果没有租界当局的同意,华界巡捕不能够到租界里面抓人。租界里面、租界与华界结合部,更是政治控制最薄弱的地带。正因为有了这样的缝隙效应,所以中共一大、二大、四大开会的召开地点,都是利用了这一缝隙。中共一大开会的地方,房子刚刚造起来没有多久,其管理处于法租界的边缘地带;二大完全是法租界跟公共租界交界的地方;四大在越界筑路区域。

安全系数方面,有两个特别的例子:其一,1929年11月,任弼时在上海被捕后,在法庭上坚称自己叫彭德生,江西人(实际是湖南人),无业,最后被以所谓"危害国家安全罪"判处拘留40天,后减刑释放;其二,1931年,关向应在上海被捕后,自称李世珍,职业教员,是从东北来上海探亲访友的,现在被抓实属无辜和冤枉,后经组织营救,被无罪释放。

利用上海租界进行活动的例子还有很多。陈独秀在1921年10月、1922年8月,两次被上海法租界当局拘捕,理由都是宣传"过激主义",经有关方面斡旋,分别罚洋100元、400元了事,出狱后还是照样在法租界活动。杨度作为共产党员,也是杜月笙门客,好几次党组织有事发生,让杨度去找杜月笙,杨度请杜月笙到法租界塞钱,有时候成功,也有一次没成功。法租界管理的形式跟公共租界不一样,法租界经济不发达,治安管理要靠华人。于是,黄金荣、杜月笙这样的人就有了活动余地。

五方杂处和华洋混处,都对安全因素起作用。五方杂处,使得近代上海社会更具有异质性、匿名性与流动性特点,为中共领导的秘密斗争提供了比较理想的场所。邓颖超回忆说:"我们在上海,我们的住处只有两三个同志知道。还经常搬家,有的地方住半个月,有的地方住一个月,有的长一点,但住一年就了不起了。每住一处,改用一个名字。名字随我们起,二房东只要给钱就行。"最后一句话"名字随我们起,二房东只要给钱就行",生动地说明了上海社会的广阔性、异质性、陌生性对于秘密工作带来的便利性,也说明共产党人对上海这座城市特点的利用得心应手。郑超麟的回忆更生动:(陈独秀等人)常开会的地方是宝山路南边某同志家里,大多夜里开会。有一夜,向警予说,很晚才开完会出来。弄堂里,独秀一面走,一面说,他那个三番没有和成,真可惜,已经听张了,七束一定有,但总不出来……直到看弄堂的开了铁门放我们出去之后,他才不谈牌经了。

华洋混处,使得外国人在上海活动成为正常现象。共产国际派人来帮助建党。1920年的上海,差不多有五千俄侨,俄侨活动比较集中的地方,正好是共产党活动比较多的地方,这为维经斯基等人的活动提供了很大的方便。

毛岸英三兄弟被地下党安排到上海,而不是离湖南更近的武汉、广州,就是看中了上海的安全系数。

一段时间里,共产国际支援中国共产党的经费,就是通过上海,然后转运到延安的。共产国际汇来的是美元,美元在中国内地不能流通。中共中央派毛泽民等人到上海,在泥城桥附近办了一家申庄货栈,将援款通过买公债、股票等方式,再分批换成通用货币,或辗转带到陕北,或购买红军急需的物资。红军用的通讯设备、印刷器材,也主要是通过上海采办的。这些都是共产党人了解上海城市特点、自觉利用这些特点进行斗争的典型。苏区需要一些特别的药品、电台之类的东西,这些东西非常重要,但是,靠我们土法子是没办法生产的。这样,上海城市的价值就至关重要了。特别是医药方面,宋庆龄从国际上运了很多支持根据地的物资,都是通过上海这个渠道运送过去的。所以上海对红色革命的支持,起到了其他一些城市,或者是其他那些根据地没办法起到的作用。

以上六个系统,即思想传播系统、社会基础、交通系统、邮政通讯、组织系统、安全系数,归结到底,都与上海城市的集聚性与特殊性有关。这两个特性又相互联系、相互作用,特殊性(租界存在)刺激了集聚性,集聚性又增强了特殊性。特殊性与集聚性叠加在一起,就使得上海在红色资源方面,一方面既有井冈山、延安等根据地的一些元素,又与之很不相同,同时还能与之一些必要的补充;另一方面既有古田、遵义等纪念地的一些特点,又与他们迥然有异。集聚性加特殊性,构成上海的唯一性。这种唯一性,使得上海在中国共产党红色资源的版图上,色泽特别,无可比拟,而又极其重要。

《共产党宣言》译刊研究

译文质变的侨易节点与"翻译心灵"的呈现

——以陈望道、成仿吾等的《共产党宣言》汉译为中心

叶 隽

(同济大学人文学院)

一、留日学人的筚路蓝缕

作为一代名篇,《共产党宣言》的政治史意义自然极为重要,按照列宁的说法:"这部著作以天才的透彻而鲜明的语言描述了新的世界观,即把社会生活领域也包括在内的彻底的唯物主义、作为最全面最深刻的发展学说的辩证法、以及关于阶级斗争和共产主义新社会创造者无产阶级肩负的世界历史性的革命使命的理论。"①如果说这是同一阵营的领袖评述,那么且看西方学者的态度,譬如霍布斯鲍姆(Eric Hobsbawm, 1917—2012)就指出:"这本令人惊异的小册子具有激情洋溢的信念、高度精练的简洁性以及思想和风格的力量,几乎不可能不俘虏新的读者。它的写作好像是一次创造性的爆发,语句精雕细琢,几乎自然地化为令人难忘的格言,其知名度已经远远超出政治辩论的世界……《共产党宣言》以其深邃的理论魅力和思想力量,冲击人们的心灵,激发起人们的革命精神。《共产党宣言》在政治修辞上具有一种圣经式的力量。"②史学家贯通今古,一般不太会为常规书籍与论说所动,霍氏能如此高度评价是书,看来不仅是一种历史定位,而且也有自身阅读经验上的震撼。

---

① 〔苏〕列宁著,中共中央马克思恩格斯列宁斯大林著作编译局译:《卡尔·马克思(传略和马克思主义概述)》(节选)(1914年),列宁:《列宁选集》第2卷,人民出版社1995年版,第416页。
② 〔英〕埃里克·霍布斯鲍姆著,吕增奎译:《如何改变世界:马克思和马克思主义的传奇》(*How to Change the World: Tales of Marx and Marxism*),中央编译出版社2017年版,第112页。

所以，作为一部经典文本，《共产党宣言》的思想史和学术史价值毋庸置疑，而它东渐入华的过程曲折繁复，是一个充满了各种文化张力的译介、阐释、接受、博弈与形变的侨易过程。① 把握这样一个复杂的多重矢力作用的交叉系统，既是学术上的挑战，也可视为重要的契机，让我们思考历史与理论的更好结合。

首先我们要意识到的是，作为器物的书籍，虽然是一种消费社会的产物，其所承载的则是观念思想，是一种文化载体。作为经典著作的《共产党宣言》，从其诞生之日起就具有了自身的文化生命，它的意义在于将一种颠覆传统观念的思想以白纸黑字的形式落实在人世间，由此获得了"不朽之身"，甚至要超出于带它入世的人类作者。马克思、恩格斯作为伟大思者早已化为尘埃，但其原创性思想却将生生不息，不但在其原乡故土顽强生长，而且漂洋过海、异地开花，收获出令世人震惊，或许也同样远超原创者想象的奇果。其根本原因或许仍在于，它不仅是一种观念的传播，更具有强大的实践性力量。当然我们此处重点考察的，仍是其作为跨文化流转的理念，是如何收获某一阶段重要侨易经验的。

陈寅恪认为："间接传播文化，有利亦有害：利者，如植物移植，因易环境之故，转可发挥其特性而为本土所不能者，如基督教移植欧洲，与希腊哲学接触，而成欧洲中世纪之神学、哲学及文艺是也。其害，则展转间接，致失原来精意，如吾国自日本、美国贩运文化中之不良部分，皆其近例。然其所以致此不良之果者，皆在不能直接研究其文化本原。"②这里虽然以植物移植做比，但却颇有深意，即注意到万物相通的内在规律层面。李石曾日后发明侨学，也是将关注的目光拓展到了整个生物的范畴，"侨学是一种科学，研究在移动中的若干生物，从此一地到彼一地，或从几个处所到另一个处所；研究他们的一切关系上与活动上所表示的一切现象"③。这里显然包括人，但也不排除动植物。当然，人类与动植物所不同者，就在前者能发明出高端的精神文化，这本身就是一个自成系统的东西，其迁移变化乃有更加复杂的面相，更是多重交错的过

---

① 陈红娟：《概念厘定与译本甄别：〈共产党宣言〉汉译考》，《党史研究与教学》2015 年第 2 期。
② 蒋天枢：《陈寅恪先生编年事辑》，上海古籍出版社 1981 年版，第 83 页。
③ 李石曾：《侨学发凡》(1942 年)，中国国民党中央委员会党史委员会编：《李石曾先生文集》上册，1980 年版，第 332 页。

程,需要有系统性的眼光来把握之。李石曾强调"侨学为研究迁移、升高、进步的学问"①,看重的当然是生物本身的移动性因素,这点其实与歌德亦有共通之处。歌德作为有政治经验的大诗人而涉猎多门自然科学已然让人惊讶,而其对动物学、植物学的关注则尤其让人不得不肃然起敬。我们此处聚焦于作为经典著作的《共产党宣言》,其作为共产主义的经典文献,乃有不朽的学术史价值,而马克思、恩格斯作为德国人的合作(当然还有犹太背景),则尤其为之点染上了跨文化色彩。书籍一旦诞生,即有其自身命运,可谓是"不为尧存,不为桀亡",其是否具有生命力,完全取决于自身的文化含金量。对于文明世界更有意味的在于,其文化组成必须通过语言来表达,尤其是作为书面语言的各民族语言其实各有特色和存在价值。每一种语言其实都有其文化内涵,而其重要性往往取决于其所拥有的知识含量与思想分量。

  作为文明史重要语言之一的汉语,其接纳新知,尤其是接纳像共产主义这样的思想系统自然意义极为重大。但《共产党宣言》的入华过程,仍不脱西学东渐的基本规律。其一是以传教士为主。最初是李提摩太(Timothy Richard, 1845—1919)与新闻人蔡尔康(1851—1921)合译了英人颉德(Benjamin Kidd, 1858—1916)的《大同学》(Social Evolution,直译当为"社会进化")②,其中第一章"今世景象"即涉及《共产党宣言》,文中称:

> 其以百工领袖著名者,英人马克思也。马克思之言曰:"纠股办事之人,其权笼罩五洲,突过于君相之范围一国。吾侪若不早为之所,任其蔓延日广,诚恐遍地球之财币,必将尽入其手。然万一到此时势,当即系富家权尽之时。何也?穷黎既至其时,实已计无复之,不得不出其自有之权,用以安民而救世。所最苦者,当此内实偏重,外仍如中立之世,迄无讲安民新学者,以遍拯此垂尽之贫佣耳。"③

所引马克思之话与《共产党宣言》中描述"资产者与无产者"的最有名段落颇有符合之处:

---

① 李石曾:《侨学发凡》,《李石曾先生文集》上册,第 296 页。
② 关于《大同学》的研究好像甚少,参见姚达兑:《斯宾塞福音:李提摩太译〈大同学〉及其对梁启超的影响》,《中山大学学报》(社会科学版)2016 年第 6 期;该文即姚达兑为《大同学》一书所撰导言部分,参见姚达兑:《〈大同学〉导论》,〔英〕颉德著,〔英〕李提摩太、蔡尔康译,姚达兑校注:《大同学》,南方日报出版社 2018 年版,第 1—38 页。
③ 《大同学》,第 8—9 页。此书最早连载于《万国公报》第 121—124 册,1899 年(清光绪二十五年)2—5 月。英文首版应是在 1894 年 11 月, Benjamin Kidd, *Social Evolution*, New York & London: Macmillan and Co., 1894.

> 资产阶级，由于开拓了世界市场，使一切国家的生产和消费都成为世界性的了。不管反动派怎样惋惜，资产阶级还是挖掉了工业脚下的民族基础。古老的民族工业被消灭了，并且每天都还在被消灭。它们被新的工业排挤掉了，新的工业的建立已经成为一切文明民族的生命攸关的问题；这些工业所加工的，已经不是本地的原料，而是来自极其遥远的地区的原料；它们的产品不仅供本国消费，而且同时供世界各地消费。旧的、靠本国产品来满足的需要，被新的、要靠极其遥远的国家和地带的产品来满足的需要所代替了。过去那种地方的和民族的自给自足和闭关自守状态，被各民族的各方面的互相往来和各方面的互相依赖所代替了。物质的生产是如此，精神的生产也是如此。各民族的精神产品成了公共的财产。民族的片面性和局限性日益成为不可能，于是由许多种民族的和地方的文学形成了一种世界的文学。①

两相对照之下，我们会发现无论是颉德，还是李提摩太、蔡尔康的汉译，都非对马克思、恩格斯原文的直译，而是加入了很多自己的理解，在某种程度上已可视为"译述之作"。这一点，李提摩太其实已有交代："惟中西文法不同，不必句翻字译。故仅节取各章中扼要语，胪举无遗。"②其实，在颉德的英文原著《社会进化》（*Social Evolution*）中并未直接提及《共产党宣言》之名，倒是提及了

---

① 〔德〕马克思、恩格斯：《共产党宣言》，《马克思恩格斯选集》第1卷，人民出版社1972年版，第254—255页。德文为：Die Bourgeoisie hat durch ihre Exploitation des Weltmarkts die Produktion und Konsumtion aller Länder kosmopolitisch gestaltet. Sie hat zum großen Bedauern der Reaktionäre den nationalen Boden der Industrie unter den Füßen weggezogen. Die uralten nationalen Industrien sind vernichtet worden und werden noch täglich vernichtet. Sie werden verdrängt durch neue Industrien, deren Einführung eine Lebensfrage für alle zivilisierten Nationen wird, durch Industrien, die nicht mehr einheimische Rohstoffe, sondern den entlegensten Zonen angehörige Rohstoffe verarbeiten und deren Fabrikate nicht nur im Lande selbst, sondern in allen Weltteilen zugleich verbraucht werden. An die Stelle der alten, durch Landeserzeugnisse befriedigten Bedürfnisse treten neue, welche die Produkte der entferntesten Länder und Klimate zu ihrer Befriedigung erheischen. An die Stelle der alten lokalen und nationalen Selbstgenügsamkeit und Abgeschlossenheit tritt ein allseitiger Verkehr, eine allseitige Abhängigkeit der Nationen voneinander. Und wie in der materiellen, so auch in der geistigen Produktion. Die geistigen Erzeugnisse der einzelnen Nationen werden Gemeingut. Die nationale Einseitigkeit und Beschränktheit wird mehr und mehr unmöglich, und aus den vielen nationalen und lokalen Literaturen bildet sich eine Weltliteratur．（Karl Marx /Friedrich Engels, *Manifest der kommunistischen Partei*, in Marx-Engels-Werke Bd.4, Berlin: Dietz Verlag, 1977, S.466.）编者注指出，这里的"文学"（Literatur）的概念乃是指包括了科学、艺术、哲学等方面的书面著作，所以"世界文学"在这里是个拓展性的概念，可以看作是人类精神产品的指称，但这里的德文概念"Weltliteratur"与歌德使用的是同一个词汇，所以我倾向于将其翻译为"世界文学"，而非"世界的文学"。

② 〔英〕李提摩太：《自序》，《大同学》，第3页。

《资本论》(*Capital*),并在注释中对英译本加以征引①;但颉德提及了"共产主义"的概念,所以很有可能是通过二手文献了解到《共产党宣言》的内容。其实,颉德在此书开篇第一段中即提及马克思,认为其乃"社会革命家学派中最重要的人物"②,稍后即论到"共产主义",但是借助于其他学者,其中一位是比利时学者埃米尔·德·拉维莱耶(Emile de Laveleye,1822—1892)的论述③,大概有三处④。李提摩太称:"余常愿中国盛行救世之大道,而成有知、有道之国,不愿共趋此迷途,而堕入无知、无道之中。"⑤这句话虽然简洁,但饶有意味,即"知—道"并列,而将"大道"归之于"救世",更是颇具宗教色彩。而所谓的"有知—有道"与"无知—无道"相并峙,也值得发覆,即"知识—大道"之间是有密切关系的,乃有"求知—寻道"之逻辑轨迹可循。那么,在李氏看来,颉德的《社会进化》就是这样一部能起到重要"救世"作用的"有道"好书,所以他不

---

① 其引文为:Along with the constantly diminishing number of the magnates of capital, who usurp and monopolise all advantages of this process of transformation, grow the mass of misery, oppression, slavery, degradation, exploitation; but with this, too, grows the revolt of the working class, a class always increasing in numbers and disciplined, united, organised by the very mechanism of the process of capitalist production itself. The monopoly of capital becomes a fetter upon the mode of production, which has sprung up and flourished along with and under it. Centralisation of the means of production and socialisation of labour, at last, reach a point when they become incompatible with their capitalist integument. This integument is burst asunder. The knell of capitalist private property sounds。注释引自 Karl Marx, *Capital* (*English translation*), London: Swan Sonnenschein & Co., 1887, pp.788 - 789,参见 *Social Evolution*, p.229。

② 英文为:They have rather been those advanced by that school of social revolutionists of which Karl Marx is the most commanding figure. 参见 *Social Evolution*, p.2。这句话在汉译本中是没有的,比较《大同学》,第1—2页。

③ 关于拉维莱耶其人,参见 Lambert, Paul, "Emile de Laveleye (1822 - 1892)," in *History of Political Economy*, Vol. 2 (2), 1970 或 Ernest Mahaim, "Émile de LAVELEYE," in *Revue d'économie politique*, Vol.6, No.1, 1892, pp. 93 - 101。

④ M. de Laveleye, a few years ago, put the feeling into words. The message of the eighteenth century to man was, he said, "Thou shalt cease to be the slave of nobles and despots who oppress thee; thou art free and sovereign." But the problem of our times is: "It is a grand thing to be free and sovereign, but how is it that the sovereign often starves? How is it that those who are held to be the source of power often cannot, even by hard work, provide themselves with the necessaries of life?" 并注明出处源自 Emile de Laveleye, "Communism," *Contemporary Review*, March 1890, 参见 *Social Evolution*, p.4。在一个注释中,颉德如此解释:Communism, as M. de Laveleye very truly points out, tends to be specially attractive to two classes of men, — reformers and the workers. "The former are drawn to it by a sentiment of justice, the latter by their own necessities."参见 *Social Evolution*, p.11。另一段引用则注明出自穆勒(John Stuart Mill,1806—1873)的《政治经济学原理》:"Between communism with all its chances and the present state of society with all its sufferings and injustices ... all the difficulties great or small of communism would be but as dust in the balance." (John Stuart Mill, *Principles of Political Economy*, The Colonial Press,1899, p. 128)参见 *Social Evolution*, p.80。

⑤ 〔英〕李提摩太:《自序》,《大同学》,第3页。

惮心力,将其迻译为汉语。然而在我看来,此书更多当属以《社会进化》为蓝本的发挥阐述之作,且由李、蔡合作而成,不能简单视为译本。总之,此书待考证处颇多,需专文考究其译文出入和背后深意,此处暂不细论。

传教士之后的主力是由中国留学生来承担的,所以其二就是"西潮却自东瀛来"的大势。具体言之,马君武(1881—1940)在留日之际就初步介绍了马克思,并提及《共产党宣言》一书。他称:"马克司者,以唯物论解历史学之人也。马氏尝谓阶级竞争为历史之钥。马氏之徒,遂谓是实与达尔文言物竞之旨合。"①文末列举出一批"社会党巨子"的代表作,其中有五部马克思作品,即《英国工人阶级状况》《哲学的贫苦》《共产党宣言》《政治经济学批判》《资本论》,不过他并未提及德文原词,甚至也未汉译,只是提到了英译名。② 马君武可能是汉语语境中最早提及《共产党宣言》的。不过"此马"(马君武)似并未实质性接续"彼马"(马克思),马君武的精力还是更多地放在了多元西学的译介(包括文学、思想、社会科学、自然科学等多领域)上,而没有在马克思东渐过程中发挥更大的作用。有趣之处在于,经由日本这一中介地而发生的西学东渐过程也反映在马克思及其学说的传播上,包括《共产党宣言》的翻译。譬如本文要重点考察的两位译者——陈望道(1891—1977)与成仿吾(1897—1984),都有留日背景,都可归为 1890 年前后出生的第一代中国现代学术中人。当然成仿吾还有文学家身份和留德背景,更具多元色彩。除了这两位之外,还有华冈、徐冰、陈瘦石、博古等人也是早期的译者,他们都是在马克思主义经典汉译史进程中作出贡献的人物。③ 考虑到为了让论述更加细密、问题相对凸显,此处相对集中于陈、成两位,考察其作为《共产党宣言》汉译过程侨易节点的功用。

如果采用"译文学"的思路,则文本超越了作者,成为更为凸显的主体,所

---

① 马君武:《社会主义与进化论比较——附社会党巨子所著书记》,《译书汇编》第 2 年第 11 号(1903 年)。
② 文中列出的所有作品都是西文书目,无中文译文,为 The Condition of the Working Class in England (1845), Misère de la Philosophie (1847), Manifeste of the Communist Party (1847), Zur Kritik der politischen Oekonomie (1859), Das Kapital。参见马君武:《社会主义与进化论比较——附社会党巨子所著书记》。此文在收入《马君武集》时,由编者加上了中译文,参见莫世祥编:《马君武集(1900—1919)》,华中师范大学出版社 1991 年版,第 93 页。我们应注意到一个有意思的现象,即马君武阅读和引用的马克思的著作是多语种的,包括英语、法语、德语,而且除《资本论》外都标明了出版年份,应是可以进一步考证其版本来源的。
③ 苗体君、窦春芳:《较早把〈共产党宣言〉译成中文的五个中国人》,《党史博采·纪实版》2008 年第 3 期。

谓"'译文'凝聚了翻译研究的全部要素,'译文'的研究,就是翻译文学、翻译文本的本体研究"①。那么我们要追问的是,《共产党宣言》的主体性何在?它又是怎样穿越了不同的语种和时空边界,在中国语境里安身立命,并且获得其极为灿烂光辉的文化史生命的?一般意义上译者的"创造性叛逆"是否有可能产生,并且在其中扮演关键角色?

《共产党宣言》因其边际效应极大,所以产生了无数译本,包括引介中的摘引翻译、节译、全文等多种形式,也包括经由英文、日文、俄文和德文等多种渠道的翻译,这其中既有直达原点的德语直译,也包括多种外语的转译,譬如日语、俄语,则必然渗透其时语境的文化附加值。② 当然,在我看来,最关键的因素,仍不能不推译者本身,尤其是具有文化素养与政治倾向的笔译人物。

作为首个完整汉译本的《共产党宣言》,陈望道译本具有无可争议的重要地位,早期的中国共产党领袖人物,恐怕都是这部书的受益者。③ 相比较陈望道的首发之功,成仿吾则是中国共产党内更直接的参与者,他作为党内高干的翻译实践及其"马克思情结"更是深值推敲。特别值得指出的是,对一个译者而言,发生多次复译的情况并不多见,这亦是饶有意味的翻译史现象。成仿吾一生之中曾先后五次翻译《共产党宣言》,见出的不仅是一个共产主义者面向真理的执着,也同样包含着译者面对经典文本的孜孜不倦和仰望弥高。但考虑到实际影响和文本流传因素④,这里主要考察其第二次(即1938年与徐冰的合译本)和第五次的翻译版本。

二、核心词汇与核心语句的汉译及其处理——兼及译者背景与译境呈现⑤

对于此类经典性的思想著作来说,译文最核心的任务仍是传达思想观念,

---

① 王向远:《译文学:翻译研究新范型》,中央编译出版社2018年版,第35页。
② 关于《共产党宣言》在中国的接受情况,可参考铁流、徐锦庚:《国家记忆——一本〈共产党宣言〉的中国传奇》,山东文艺出版社2014年版;孙应帅、唐辉、杨雨林:《〈共产党宣言〉在中国》,山西教育出版社2018年版。
③ 周恩来、朱德、刘少奇、邓小平、陈毅、任弼时、罗亦农、萧劲光等都读过这个译本,参见《国家记忆——一本〈共产党宣言〉的中国传奇》,第7—10页。
④ 庞培法:《成仿吾五次翻译〈共产党宣言〉》,《党史文汇》2012年第2期。
⑤ 从德语原文出发的研究可参考吴建广:《〈共产党宣言〉是"共同构建人类命运共同体"的原道——德文本〈共产党宣言〉"引言"之翻译与诠释》,《当代外语研究》2018年第3期。

即要将基本的原创性思想传达到译入语环境。由此,核心词汇,也就是关键词的翻译处理极为重要,因为这涉及思想接受的核心结构的支柱性节点。这里仅举一例,如"Kommunismus"与"Gespenst",前者是"共产主义",即定名问题——如何来表述和获得核心概念乃是在一个接受语境中必须考量的重大问题;后者则涉及如何理解对"共产主义"的形象描绘,可以说关涉到其进入异语语境的第一印象,说最为重要或许绝对,但确实很关键。这两个核心词同时出现在一个句子里,而且是全书的首句,可以说马、恩深得文章妙手之要义,因为开篇的第一句话无疑起着画龙点睛的重要功用,也同样是开章立意:Ein Gespenst geht um in Europa - das Gespenst des Kommunismus①。

陈望道译为:"有一个怪物,在欧洲徘徊着,这怪物就是共产主义。"②有论者以为这是从英语翻译的,谭渊认为所据应为日文译本,并指出其与《共产党宣言》1906 年日译本相似:"一個の怪物歐洲を徘徊す。共產主義の怪物はれ也。"③陈望道翻译的背景是有意味的。1919 年他留日归国后应邀任教于浙江第一师范学校,与夏丏尊、刘大白、李次九一同提倡语文改革、支持学生办刊,被称为"四大金刚",引发所谓"一师风潮",即新旧派之争。浙江省教育厅要求对陈望道等教员撤职,校长经亨颐不予执行,最后政府甚至派军警进入学校,引起全国瞩目。④ "在事件结束之后,回到我的故乡浙江义乌分水塘村去,进修马克思主义,并且试译《共产党宣言》。"⑤这也是"故乡在焉"的好处,都在浙江,从杭州到义乌也不算远,但却可重归乡村的宁静,桑梓田园好读书! 不过这里要特别关注一下区域地理的因素。分水塘村属于义乌的何里乡,环境应该是相当好的:"四面环翠,林森蔽日。村后是伏龙山,相传神龙自大峰山而下,伏于此。分水塘即为神龙喷水济世而成池。水出两边,分润义浦。"所以有

---

① Karl Marx /Friedrich Engels,*Manifest der kommunistischen Partei*,in Marx-Engels-Werke Bd.4,S.461.
② 〔德〕马格斯、安格尔斯著,陈望道译:《共产党宣言》(1920 年 9 月再版本),复旦大学语言研究室编:《陈望道文集》第四卷,上海人民出版社 1990 年版,第 1 页。
③ 〔日〕幸德秋水、堺利彦译:《共产党宣言》,《社会主义研究》明治三十九年第一号;此处转引自谭渊:《〈共产党宣言〉汉译历史与译本演变》,《同济大学学报》(社会科学版)2018 年第 3 期。
④ 陈振新:《"一师风潮"与陈望道翻译〈共产党宣言〉——在义乌"陈望道与〈共产党宣言〉学术研讨会"上的发言》,陈立民、萧思健主编:《千秋巨笔 一代宗师——纪念陈望道先生诞辰 120 周年》,复旦大学出版社 2013 年版,第 397—402 页。
⑤ 陈望道:《谈马克思列宁主义在中国的胜利》,复旦大学语言研究室编:《陈望道文集》第一卷,上海人民出版社 1979 年版,第 283 页。

说法称其"高高一池塘,滢滢三千方。东南流泽义乌,西北灌润浦江"①,这是得名的因由了。此处只有一条山道,自古以来就是通衢。陈望道家的房子建于清代宣统时期,是坐北朝南的庭院,一进五开间,其中左右厢房各两间。②那时乡间的房子很大,两层楼近三百平米,而且建造做工相当精致,"系木结构建筑,木雕工艺是故居的点睛之笔。木料虽用材不大,但雕工精细,内容雅俗共赏。檐柱上的牛腿雕有狮子滚球、山鹿等图案,厢房柱上的牛腿雕有回纹和人物。雀替、额枋等处雕有人物、花草、鱼等图案。特别是厢房的门窗,为格扇门及格扇窗,格心雕为镂空,间有梅花相嵌,上面雕刻人物故事,富有韵味"③。可以说是既有艺术气息,也见文化韵味。在这样的环境中过上一段时光,确实是调理心情、舒缓情志的好方法,而陈望道就是在这样的环境中翻译出了中国第一部完整的汉译本《共产党宣言》。不过,翻译工作本身也并非就如客观环境这样古雅宁静,有论者这样描述道:

> 陈望道的译书工作是在分水塘家乡宅旁的一间柴屋里进行的。当时的工作条件十分艰苦,柴屋因经年失修破陋不堪。山区农村的早春天气还相当寒冷,尤其是到了夜晚,刺骨的寒风会不时透过四壁漏墙向他阵阵袭来,冻得他手足发麻。柴屋里只安置了几件简单的用具,一块铺板和两条长凳,既当书桌又当床。为了专心致志地译书,就连一日三餐和茶水等也常常是老母亲自给他送过来的。一盏昏暗的煤油灯,伴随着他送走了无数个漫长的寒夜,迎来了黎明前绚丽的曙光。母亲见他日以继夜地埋头工作,身躯渐见消瘦,心疼得什么似的,特地设法弄来些糯米给包了几个粽子,让他补一补身子。当地盛产红糖,老母将粽子端至柴屋时还随带送上一碟子红糖。稍待片刻,母亲在屋外高声问他,是否还需添些红糖时,他连连回答说:"够甜够甜了。"一会儿母亲进来收拾碗碟,只见他吃了满嘴的墨汁,禁不住哈哈大笑起来。原来他只顾全神贯注地译作,竟全然不知蘸了墨汁在吃粽子呢!当母亲点穿了这里的缘由时,他也不好意思地吃吃笑了起来。④

这样的翻译史细节无疑是有趣的,它也告诉我们译者不是生活在真空里的人,而是有血有肉、人格丰满、活生生的具体社会人。他也需要一日三餐,诸如糯

---

① 义乌市建设局编:《义乌市城乡建设志》上册,上海人民出版社 2010 年版,第 320 页。
② 义乌县志编纂委员会编:《义乌县志》,浙江人民出版社 1987 年版,第 532 页。
③ 义乌市城建档案馆编:《义乌古建筑》,上海交通大学出版社 2010 年版,第 133 页。
④ 邓明以:《陈望道传》,复旦大学出版社 1995 年版,第 37—38 页。

米粽子、红糖、茶水等也很重要。他也同样忧馋畏饥,惧寒喜暖,但为了求知向学,尤其是翻译经典,他可以迎难而上、刻苦坚持!而像陈母这样的幕后角色也并非可有可无,正是她们身居幕后的努力奉献,才构筑起翻译史上那些经典名篇的辉煌陈列。所以,考察翻译生活史或许也是一个应该关注的维度,由此可以牵连出更多元、更丰富的知识社会学空间。

实际上当时的中国文化场域,对《共产党宣言》时有引用,但多从各种转译本中转译,且各为所需,譬如李大钊(1889—1927)发表《我的马克思主义观》(《新青年》第 6 卷第 5、6 号),即摘引《共产党宣言》第一章部分内容以介绍马克思的唯物史观,而其所据文本则为河上肇(1879—1946)的日译本。① 此时也出现了一些节译篇章,如成舍我(1898—1991)的节译本《共产党的宣言》,发表在《每周评论》,但内容很有限。② 还有北大经济系学生李泽彰(1895—?)也翻译过《共产党宣言》的完整章节,第一章刊于《国民》杂志,却因胡适的劝诫而放弃了全书的译事。③ 但这些在报刊上的"零敲碎打"显然满足不了社会各界的期待,对汉语全译本的诉求越来越强烈,具体表现是从两个渠道传递出来的:一是思想先进的共产主义者,如陈独秀;二是同样感知敏锐的国民党人,如戴季陶。而他们之所以有此需求,除了知识域开阔、思想力敏锐之外,也和自身主持刊物有关。陈独秀(1879—1942)主持《每周评论》(北京),强调"《每周评论》的宗旨,也就是'主张公理,反对强权'八个大字"④;戴季陶(1891—1949)主持《星期评论》(上海),该刊的思路是:"我说,我是我的我,一

---

① 傅萱:《陈望道与〈共产党宣言〉中译本》,上海鲁迅纪念馆编:《陈望道先生纪念集》,复旦大学出版社 2006 年版,第 347—348 页。
② 对于译者是否是成舍我,并非没有争议,参见谈敏:《1917—1919:马克思主义经济学在中国的传播启蒙》中册,上海财经大学出版社 2016 年版,第 1196 页。成舍我摘译的《共产党的宣言》载《每周评论》第 16 号(1919 年 4 月 6 日)。
③ 《〈共产党宣言〉早期节译摘译与全译本出版之谜》,邹振环:《影响中国近代社会的一百种译作》,中国对外翻译出版公司 1996 年版,第 280—286 页。李泽彰译出的《马克斯和昂格思共产党宣言》载《国民》第 2 卷第 1 号(1919 年 11 月)。据许德珩的回忆:"《国民》杂志第五期上还发表了《共产党宣言》的前半部,这是《共产党宣言》介绍到中国来的第一个译本。译者为李泽彰,全书已经译完,因限于《国民》杂志的篇幅,只能陆续发表。前半部出版后胡适特地把李泽彰找去,说:'你快毕业了,毕业后你还做不做事?你要做事就不要再登下去(指《共产党宣言》译文连载);如要出风头,那你就登下去!'由于胡适的威胁利诱,李泽彰抽出译稿的下半部不敢登下去了,所以《共产党宣言》在《国民》上没有全部登完。"参见许德珩:《回忆"五四"运动》,《文史资料选辑》编辑部编:《文史资料精选》第 2 册,中国文史出版社 1990 年版,第 175 页。
④ 陈独秀:《〈每周评论〉发刊词》(1918 年 12 月 22 日),蒋含平、李新丽编:《中国新闻传播史文选》,合肥工业大学出版社 2016 年版,第 115 页。

切世界，都从心里的思想创造出来。这个心原是我一个人的心，却凡是人都有心，就都有我。合众我众心的思想和意识，就是创造或改造世界的根本。"① 戴季陶就曾声援因宣传马克思主义而被北洋政府封闭的《每周评论》："翻译马克司的著作和研究马克司批评马克司的著作，岂是可以禁止的吗？又岂是能够禁止的吗？"②而他们的交集点则不约而同地汇聚到了邵力子（1882—1967）处。邵氏早年留日，加入同盟会，是国民党人，且长期办报，1916 年与叶楚伧在上海创办《民国日报》，同时他又与陈独秀友善，曾一起在上海发起建立马克思主义研究会，甚至日后更以跨党身份加入上海共产主义小组。他是一个典型的"双面胶"③，能在两种政治力量之间周旋与协调，所以南北双方寻找《共产党宣言》译者的事情就落到了他的身上，而且他也确实以相对超然的身份做成了此事。要知道，在当时的背景下，要物色这样一个合适的译者且能成功达成目标，并非易事，既需要对理论本身即马克思主义有深入了解，又需要语言功力，不仅是外语能力如对德、英、日等外语有所精擅，而且也要有较高的语言文学素养④，更重要的是，这个人最好还与邵力子有较好的私交，便于说服。正是在这样的综合考量下，陈望道成了合适人选。

我以为此事的起点或许与陈独秀不无关系。1920 年 2 月 19 日，陈独秀抵沪，住渔阳里 2 号，随即与李汉俊（住白尔路三益里）联系上。因都在法租界，所以经常约谈，有组织中国共产党之共识。5 月，发起成立马克思主义研究会，陈独秀负责，参加者包括：李汉俊、沈玄庐、陈望道、施存统、俞秀松、沈雁冰、邵力子、戴季陶、张东荪等。随后张东荪、戴季陶等退出。⑤ 也就是说，正是在这段时间里，陈独秀、戴季陶、邵力子等有所交会，他们都对马克思主义有

---

① 沈玄庐：《〈星期评论〉发刊词》（1919 年 6 月 8 日），《中国新闻传播史文选》，第 119 页。其实《星期评论》的创办还是受到《每周评论》的影响，1919 年，戴季陶、李汉俊、沈玄庐合作创办《星期评论》，当然也得到孙中山的同意，且作为国民党机关报《民国日报》的系列刊物，戴季陶任主编。参考黎洁华、虞苇：《戴季陶传》，广东人民出版社 2003 年版，第 95 页。
② 戴季陶：《可怜的"他"》，《星期评论》第 14 号（1919 年 9 月 7 日）。
③ 随着革命不断往前推进，这种调和者也很难从容施展，陈独秀与邵力子等后来产生了很大矛盾。参见朱顺佐：《邵力子传》，浙江大学出版社 1988 年版，第 207 页。
④ 尹欣：《真理的光芒，穿境越世——对话〈共产党宣言〉首个中文版全译者陈望道之子陈振新》，《千秋巨笔 一代宗师——纪念陈望道先生诞辰 120 周年》，第 251 页。
⑤ 田子渝：《李汉俊》，河北人民出版社 1997 年版，第 62 页。当时这些人基本上共享一个活动圈子，譬如共产国际代表维经斯基（Grigori Voitinsky，1893—1953）等到沪后，即先见陈独秀，并由其介绍会见了戴季陶、李汉俊、沈玄庐（《星期评论》编辑）和张东荪（《时事新报》负责人）等，此外还有李达、陈望道、俞秀松等，参见贾兴权：《陈独秀传》，山东人民出版社 1998 年版，第 210 页。

兴趣,都意识到《共产党宣言》的重要性,觉得应翻译成汉语,那么这个具体任务就需要具体落实,即找到合适的译者。邵力子与陈望道是有交往的,主要是因为《民国日报》的副刊《觉悟》,其时邵力子为主编,陈望道参与编辑,在五四运动背景下创办,日后更进一步将其变成马克思主义宣传的重要阵地。①

1920年3月,邵力子与陈望道接洽(致函),转达戴季陶意见,请其翻译《共产党宣言》,并提供了日、英文版本的《共产党宣言》②,具体细节还有待进一步考证。根据陈望道自己的说法:"当时社会上有各种思潮,无政府主义、工团主义以及其他许多乱七八糟的东西,因为我信仰马克思主义,所以就答应翻译了。"③这其中固然有思想观念的倾向,但实际情况恐怕不止这样简单,正如他自己所言:"从我译《共产党宣言》这件事就可以从侧面看到党当时的斗争多么艰苦。"④陈望道自己更关注的显然也是政治背景,可见其翻译《共产党宣言》是与中国共产主义的政治活动密切相关,这既包含了此前"一师风潮"中的折冲樽俎,也还有沪上早期共产主义小组活动的种种背景。那么,他是在什么样的具体环境下开展这一工作的呢?

按照陈望道的说法:"《共产党宣言》是在一九二〇年三、四月间从日文本参照英文本译出的(初版本在张静庐处可能有)。"⑤那么首先可以确定的是,其依据的主要底本应是日译本,英译本是辅助性的。这与他的其他说法也能吻合:"我是从日文本转译的,书是戴季陶供给我的。"⑥其转译本当为日人幸德秋水、堺利彦合译的《共产党宣言》(载日本《社会主义研究》创刊号)。⑦ 戴季陶留日之际即注意到《共产党宣言》,而且购买了日译本。陈独秀提供了由北京大学图书馆借来的英译本《共产党宣言》,其中还有时任馆长李大钊的帮

---

① 《邵力子传》,第112、114页。
② 陈振新:《陈望道与翻译〈共产党宣言〉》,《千秋巨笔　一代宗师——纪念陈望道先生诞辰120周年》,第205页。
③ 转引自陈振新:《"一师风潮"与陈望道翻译〈共产党宣言〉——在义乌"陈望道与〈共产党宣言〉学术研讨会"上的发言》,《千秋巨笔　一代宗师——纪念陈望道先生诞辰120周年》,第400页。
④ 陈望道:《谈马克思列宁主义在中国的胜利》,《陈望道文集》第一卷,第282页。
⑤ 陈望道:《党成立时期的一些情况》,《党史资料丛刊》1980年第1辑,上海人民出版社1980年版,第29—30页。
⑥ 宁树藩、丁淦林整理:《关于上海马克思主义研究会活动的回忆——陈望道同志生前谈话记录》,北京图书馆马列著作研究室编:《马恩列斯研究资料汇编(1980年)》,书目文献出版社1982年版,第328页。
⑦ 中共浙江省委党史研究室:《浙江先进分子与中国共产党的创建》,中共党史出版社2008年版,第194页。

助。那么,这些文本是如何到达陈望道手里的,无疑也是值得考察的。

陈望道的翻译时间并不长,可能是在 1920 年 3—4 月间,这当然与他的学养和作品篇幅有关,但他自称是"费了平常译书五倍的功夫,才把彼底全文译了出来"①。他自己说过:"我于一九二〇年四、五月间到上海,在此以前,我被一师赶出来,在家翻译《共产党宣言》,这书是《星期评论》约我翻的,原来准备在该刊发表。"②

这个汉译本其实还有很多人的贡献,譬如俞秀松(1899—1939)、李汉俊(1890—1927)、陈独秀等。各种说法颇有参差,我这里综合尝试作一个大致的推想:先是陈望道接到《星期评论》电报后赴沪,住在李汉俊家中(三益里),如此样稿自然会给李汉俊看,也可以认为是校阅;6 月 28 日,俞秀松到陈望道住所取译稿,随即送给陈独秀(环龙路老渔阳里 2 号)。这样,经陈独秀、李汉俊校对后,又由俞秀松拿给陈望道审定。③ 有论者就认为:"李汉俊不仅是《共产党宣言》中文本的翻译组织者,而且也是参加者之一,他和陈独秀进行了校对工作,并积极促使其出版。"④作为小字辈的俞秀松,扮演其间的"信使"角色的可能性应较大,最后由译者陈望道本人终校改定当无疑义。

《星期评论》本来拟连载《共产党宣言》,但已被勒令停办。根据陈望道的回忆,1920 年春,他应复旦大学之邀来沪任教,而交由马克思主义研究会出版。⑤ 实际上,到了 1920 年 8 月,才由共产国际经费资助以"社会主义研究社"名义出版。⑥

总体来说,瞿秋白这话比较客观:"五四运动之际,《新青年》及《星期评论》

---

① 转引自《陈望道传》,第 38 页。
② 陈望道:《党成立时期的一些情况》,《党史资料丛刊》1980 年第 1 辑,第 26 页。
③ 《俞秀松传》编委会编:《俞秀松传》,浙江人民出版社 2012 年版,第 70 页。
④ 《李汉俊》,第 54—55 页。
⑤ 陈望道:《谈马克思列宁主义在中国的胜利》,《陈望道文集》第一卷,第 283 页。
⑥ 陈振新:《陈望道与翻译〈共产党宣言〉》,《千秋巨笔 一代宗师——纪念陈望道先生诞辰 120 周年》,第 206 页。还有一种说法是陈望道到沪后,通过俞秀松找到陈独秀,参见傅謇:《陈望道与〈共产党宣言〉中译本》,《陈望道先生纪念集》,第 348 页。俞秀松曾在浙江一师求学,算来是陈望道的学生。需要注意的是,俞秀松曾在《星期评论》社工作,而且他和李汉俊、陈望道、施存统等常在上海的陈独秀家中聚会长谈,参见诸暨市政协学习文史委员会编:《秀松长青——中国共产主义事业前驱俞秀松》(《诸暨市文史资料》第 8 辑),1999 年版,第 49 页;宁树藩:《史海钩沉:造访陈望道得到的新史料》,《千秋巨笔 一代宗师——纪念陈望道先生诞辰 120 周年》,第 283—288 页;伍仕豪:《陈望道翻译的〈共产党宣言〉初版时间略考》,北京图书馆马列著作研究室编:《马恩列斯研究资料汇编(1981 年)》,书目文献出版社 1985 年版,第 425—430 页。

等杂志,风起云涌地介绍马克思的理论。我们的前辈:陈独秀同志,甚至于李汉俊先生、戴季陶先生、胡汉民先生及朱执信先生,都是中国第一批的马克思主义者。"①虽然日后分道扬镳,选择了不同的信仰,但在最初的实践过程中,大家都曾有过执着探索、持续奋斗乃至并肩合作的"高光时刻"。这个名单并不全面,却可以代表彼时中国精英分子对马克思主义作为新思想、新观念、新理论的热情。这种情况与少年中国学会的轰轰烈烈与分崩离析有一定的相似之处。所以,首部汉译本《共产党宣言》的问世,固然是译者陈望道的贡献,但也同时可以视为是那代精英人物合力的作用,甚至是不分左右的"探索真理"的尝试,与其时的政治、文化、教育、传媒等场域密切相关。

必须指出的是,《共产党宣言》作为德文原著,其实从德语翻译才是根本方法。这一点要等到成仿吾在留德时代才得以完成,但却并未能留存出版,实际上是到了1938年延安时代才实现,可这却并不意味着没有尝试。早在1920年3月,李大钊即倡导并发起成立了北京大学马克思学说研究会,该会曾把《共产党宣言》英文本作为教本,还成立了一个翻译室,分英、德、法三组。② 罗章龙是北大德文系学生,所以担任了德文组组长,该组曾从德文本译出《共产党宣言》,并在1920年有了一个油印本,不过似并未能留下传世的文本。

陈望道、成仿吾都有留日背景,但却并不相同。陈望道1915—1919年间留日,毕业于日本中央大学法科,获得了法学学士学位。成仿吾则先留日再留欧,而且留日长达十载之久,在1910—1921年间,少年时代即由长兄成劭吾(1889—1924)带往日本,与陈寅恪之随陈衡恪很类似。成仿吾先后在名古屋第一中学、冈山第六高等学校、东京帝国大学造兵科学习,掌握了日语、英语、德语、法语等外语。③ 成氏颇富语言天赋,连郭沫若都称:"他很有语学上的天才,他对于外国语的记忆力实在有点惊人。"④

---

① 瞿秋白:《自序》,《瞿秋白论文集》,重庆出版社1995年版,第1页。
② 据罗章龙回忆,他于1918年9月进入北京大学预科德文班学习,当时是与毛泽东和新民学会的会员共二十多人一起由湖南进京的,而马克思学说研究会德文组的成员有:李梅羹、王有德、罗章龙、商章孙(即商承祖)、宋天放。参见罗章龙:《回忆北京大学马克思学说研究会》,中国社会科学院近代史研究所编:《五四运动回忆录》上册,中国社会科学出版社1979年版,第407、415页。这五人中,王有德、商章孙都能在北大德文系的毕业生名单中找到,而李梅羹、王有德为德文班学生,且先后成为共产党员。上揭书第411页。
③ 李夫泽:《成仿吾评传》,西南交通大学出版社2008年版,第16页。
④ 郭沫若:《创造十年》(节录),史若平编:《成仿吾研究资料》,湖南文艺出版社1988年版,第279页。

1928年8月，成仿吾到达法国巴黎，担任中共旅欧支部机关刊物《赤光》主编；1929年初移居德国，主要从事党的工作，1931年7月归国。① 1929年，时在莫斯科任中共驻共产国际代表的蔡和森，经张闻天介绍了解到成仿吾的柏林地址，乃致函给他，请其根据德文本翻译《共产党宣言》后寄往莫斯科。蔡和森是很重视马克思主义理论学习的，早在留法时代就自己尝试翻译，而且他意识到从原文翻译马克思经典的重要性，主要也是受到恩格斯的启发，即应从德文原著翻译而非从别国译本转译（恩格斯《不应当这样翻译马克思》，1885年）。② 成仿吾曾回忆过这段经历："1927年大革命失败，我被迫离开广州，经日本渡海先抵海参崴，接着又乘了十几天的火车到达莫斯科。在莫斯科与张闻天同志相见，他写了一封信给巴黎支部，介绍我到法国去。1927年下半年我在巴黎开始翻译马克思主义书籍，但那时翻译的大多是马恩著作的一些章节，而且主要是供我们中国同志学习用的。我真正译书是1929年的事。那时，我在柏林编中共巴黎—柏林支部的《赤光》报。这年年初我收到蔡和森同志从莫斯科寄来的信，他要我把《宣言》译成中文，说莫斯科外文出版社准备出版。我现在还记得他在信上的署名是：Watson。我用了当时流行的德文《宣言》版本，参考了英、法文译本，花了几个月时间把《宣言》译出来了。可是怎样把译稿送到莫斯科，当时是颇费周折的；最后，我找了德国共产党中央，请一个德共党员将《宣言》译稿带往莫斯科。由于和森同志此时已调回国内，任过省委书记，不久壮烈牺牲，这稿子也就石沉大海了。这是我第一次翻译《共产党宣言》。"③这样一种跨文化经验确实饶有意味，成仿吾的生命史，不仅是一个现代知识精英个体的求知过程，同时也展现了经典文本东渐入华的曲折历程。中国共产党人正是在这样的背景下开始了对马克思主义经典的研习工作，而且是从经典文本的原文汉译着手的。遗憾的是，此稿经历了跨国旅行之后并未能保存下来，否则可以引发的学术空间和命题也是非常有意义的。但成仿吾由此触发了对《共产党宣言》的浓厚兴味并钻研之，则无疑义。胡兰畦回忆在留德时代的柏林："我入党后，改进了学习方法。由石厚生每周给我补一次

---

① 《成仿吾评传》，第116—118、126页。
② 《成仿吾评传》，第123页。
③ 成仿吾：《我翻译〈共产党宣言〉的经历》，中共中央马克思恩格斯列宁斯大林著作编译局马恩室编：《马克思恩格斯著作在中国的传播》，人民出版社1983年版，第121页。

德文,讲一次《共产党宣言》,都用德文原本。"①石厚生就是成仿吾的化名,可见他不但自己钻研与翻译,而且利用各种机会宣讲《共产党宣言》。章文晋也回忆称:"1928年我到德国柏林时,才15岁。在国内读过两年初中,当时抱着满腔热情一心想学好马克思主义。我们学马恩原著时,成仿老为我们辅导、讲解、答疑,组织我们结合中国实际进行讨论。我在德国受到马克思主义的初步教育,受益无穷,影响极深……"②此处的马恩原著也一定包括了《共产党宣言》。虽然这第一次译稿未得传世,但却点燃了一个中国共产主义者对经典著作的激情,并终生为之探索不止!在长达近五十年的岁月里先后五次翻译,可谓是个体翻译生命史上的一个奇迹。

  成仿吾数易其稿,到了晚年将其译成"一个魔怪出现在欧洲——共产主义的魔怪"③,其背后当然是有很深思考的。高放(1927—2018)和李逵六(1936—)都曾回忆过成仿吾主持的关于《共产党宣言》翻译的讨论。高放这样说:"这个新译本(引者按:指1978年成仿吾译本)对中央编译局的译本作了很多、很大修改。成老在讨论中多次对我们讲:《宣言》开头一句原来译为'幽灵',这是博古1943年根据俄文本改的,改坏了,幽灵是死人的灵魂,马克思用的德文Gespenst不是这个意思。1938年他把此词译为'巨影',1953年改为'魔影',1978年又改为'魔怪'。可见《宣言》中的重要词语,他在几十年之中一直都在不断推敲应该如何准确、鲜明、生动地译为中文。当然,1978年他这个新译本也并非别人都能同意的,都认为译得最好的。近30年前我曾拟好了要点,准备就这个新译本写一篇书评,提出一些不同看法。我亲自到中央党校成老寓所找他面谈。当时中国人民大学复校刚一年,成老是校长兼党委书记,全面主持学校工作,极为忙碌。但是他依然热情地同我交谈《宣言》中的好多译文问题。没有料到,他认为'译文只有是否准确问题,不能百家争鸣'。"④中央编译局的译本当然是权威版本,但成仿吾似乎并不为之所限,而是坚持自我探索。高放是中国人民大学教授、马克思主义专家,虽然比成仿吾

---

① 胡兰畦:《胡兰畦回忆录(1901—1936)》,四川人民出版社1985年版,第227—228页。
② 章文晋1982年12月对张傲卉、宋彬玉谈话记录,转引自宋荐戈、李冠英、张傲卉:《成仿吾教育实践与教育思想》,湖南教育出版社1997年版,第17页。
③ 成仿吾译:《共产党宣言》,人民出版社1978年版,第24页。笔者译为:"一个幽灵,共产主义的幽灵,逡巡在欧洲大地上。"
④ 高放:《〈共产党宣言〉有23种中译本》,《中共天津市委党校学报》2009年第2期。

小了三十岁,但却交集颇多,其回忆自然是了解这段翻译史的好材料。其中透露的信息也是饶有意味,首先当然是成仿吾对译事的认真与执着态度;其次则是成仿吾晚年态度的转变,即不同意对于译文的"百家争鸣"。

而李逵六其时则是北京外国语学院的德语系教师,是成仿吾自己选中的德语助手,更算得上是"近距离相处"的同事,他的回忆则可作参证:

> 1975年2月21日,成老就这个词(引者按:指 Gespenst)说了如下的一段话:"'幽灵'这个词是博古同志改的,改坏了。'幽灵'指死人的灵魂,意思不好。共产主义当时已经成为一种势力,对于反动派它是一个威胁,因而反动派才联合起来对共产主义进行围猎。"成老还找到了马克思和恩格斯给奥·倍倍尔等人的一封通告信。通告信指出,"红色魔怪"意味着"资产阶级对于它与无产阶级间不可避免的生死斗争的恐怖,对于这个近代阶级斗争的无法挽救的结局的恐怖"。①

显然,Gespenst 的汉语译词有多种,从最初的"怪物"到"幽灵",显然有日、俄语不同转译的影响,仅成仿吾一人,就有"巨影"—"魔影"—"魔怪"的不同迁变,犹可见出译事之难。这两段回忆各有侧重,但有一点没有问题,那就是成仿吾对于如何用汉语概念来表达 Gespenst 这个德文词是有很多考量的。所谓"一名之立,旬月踌躇"(严复语),在成仿吾,则是"一名之惑,多年不释",但最终仍是未解。贾岛有诗谓"两句三年得,一吟双泪流",作诗固难,译文更是不易,三十多年也没有最终找到一个更好的结果。可见,即便是一部著作的汉译史,很可能仍是一个长时段演进的过程,对经典著作来说更是如此。对此,成仿吾本人也有过直接的论述,他先是引用了《共产党宣言》的第一句话:

> Ein Gespenst geht um in Europa – das Gespenst des Kommunismus. Alle Mächte des alten Europas haben sich zu einer heiligen Hetzjagd gegen dies Gespenst verbündet, der Papst und der Zar, Metternich und Guizot, französische Radikale und deutcshe Polizisetn. 过去的译文是:"一个幽灵,共产主义的幽灵,在欧洲徘徊。旧欧洲的一切势力,教皇和沙皇,梅特涅和基佐,法国的激进党人和德国的警察,都为驱除这个幽灵而结成了神圣同盟。"②

然后分析道:

---

① 李逵六:《德语是我的命运》,外语教学与研究出版社2013年版,第144页。
② 成仿吾:《我翻译〈共产党宣言〉的经历》,《中国翻译》1983年第1期。

原文 ein Gespenst um gehen 是指"魔怪的出现",并没有"幽灵徘徊"的意思。马克思和恩格斯在给倍倍尔等人的通告信中对这一点作了很好的说明。他们指出,"红色魔怪"意味着"资产阶级对于它与无产阶级间不可避免的生死斗争的恐怖,对于这个近代阶级斗争的无法挽救的结局的恐怖"。至于"神圣同盟"一词,德文原本中是没有的,大概是英译者的错误,我们又按照英文版译出,当然就离开了原意。①

最后敲定为"魔怪出现",显然并非一种理想表述,而且完全否定了"幽灵徘徊"的译法,似乎过于武断。而且问题在于,为何至今为止中央编译局的《马克思恩格斯全集》中的权威版本仍是选用了"幽灵"的翻译表述呢?② 罗章龙在回忆北大时代的翻译时也专门说到了这段话的争议:

> 我还记得《共产党宣言》很难翻译,译出的文字不易传神。所以当时翻译的进度很慢,如《宣言》的第一句话,"有一个幽灵,共产主义幽灵,在欧洲徘徊"。大家就议论说,"幽灵"这两个字不大好,但又找不到更合适的词句。有的同志说,直译,然后把意思作一个说明。在那里,我们认为"幽灵"在汉语中是一个贬义词,在德文中"幽灵"这个词也就是"鬼怪"的意思,我们还认为"徘徊"这个词也不好,因为它没有指出方向,所以后来我们加以说明,"欧洲那时有一股思潮,象洪水在欧洲泛滥,这就是共产主义"。类似这样的说明,在译文中大约有七八次之多。③

由此可见,这些基本概念的翻译确实是难题,而且并未随着时间的推移与汉语自身的演变就得到解决。在德国的杜登(Duden)大词典中给出的 Gespenst 近

---

① 成仿吾:《我翻译〈共产党宣言〉的经历》。
② 参见徐永明、杨扬:《对〈共产党宣言〉两种权威译文之比较》,《唐山师范学院学报》2012 年第 4 期。
③ 德文组所做的事情还不止这些,而且还与德文系发生过关联:"我们德文组还译过《资本论》第一卷,这是李大钊先生号召我们翻译的。当时,我们都觉得翻译这本身很难,啃不动,我们便请德文老师给我们讲解,德文老师也说:'我认得文字,但不懂得意思。'最后我们还是把它译出来了。我们把译稿交给了一个教经济学的老师,他参照我们的译稿,再将德文版《资本论》第一卷直接译出来,并将译稿油印了。我还将德文版《震撼世界的十日》翻译过来,作为学会的学习资料,后来送给广州人民出版社出版,但原稿被遗失了。"参见罗章龙:《回忆北京大学马克思学说研究会》,《五四运动回忆录》上册,第 415 页。另见胡永钦等:《马克思恩格斯著作在中国传播的历史概述》,《马克思恩格斯著作在中国的传播》,第 252—253 页。冯至的一则回忆可为佐证:"一天我在书库最上层一些未编目的书籍中见到一本德文版的《反杜林论》。我取下来翻阅时,里边掉下来一页信纸,是一个苏联人用德文写的。收信人的姓名从拼音可断定是罗章龙。据说罗章龙曾经是德文系早期的学生,也是北大'马克思学说研究会'的成员。我认为这页信与马克思主义在中国的传播有关。"参见冯至:《怀念北大图书馆》,《冯至全集》第 5 卷,河北教育出版社 1999 年版,第 80 页。

义词是 Dämon, Erscheinung, Geist, Phantom。① Dämon 是魔鬼、恶魔、妖魔的意思,但也有精灵、魔力的含义;Erscheinung 意义较多,有现象、表现、幻象、幽灵、外表等意思;Geist 则意义甚多,如精神、心灵、灵魂、智力等,同时也有鬼神、精灵、魔怪、幽灵等意,是德语里很有特色的核心词,是典型的文化负载词;Phantom 是幻象、鬼怪、幽灵。这几个词比较相对交集的词义就是"幽灵",所以这个词应该是比较接近原意的。再从汉语表意来看,魔怪之类的表达有明显的贬义,显然非马恩所欲表达,他们对共产主义当然是肯定的,虽然有其剑走偏锋的表述,但这个词作为出场亮相的主角——共产主义的定位,过于贬义的汉语词"魔怪"显然不合适。相比较而言,"幽灵"兼有褒贬,相对中性,既符合其原词意,又相对能体现作者希望表达的"贬像褒实",即呈现出来可能是"魔怪"面相,但揭开面纱之后其蕴含的却是"彼美人兮"!所以,若想承担这样的功能,则至少暂时难以找到比"幽灵"更合适的汉语词表达。这点在德里达(Jacques Derrida, 1930—2004)的阐释中或可得到更多印证。譬如他就沿用了这个"幽灵"的表述,并将其提升为一种"精神现象"的高度:"那幽灵乃是精神的幽灵,它分有着精神的性质,它来自于精神,就好像精神的幽灵般的重影一样追随着精神(Le spectre est de l'esprit, il en participe, il en relève alors même qu'il le suit comme son double fantomal)。"②在德里达的原文中,德语核心词汇与法语核心词汇是一一对应的,但转入汉语语境则没有了。这或许正是翻译过程中的无奈,也是跨文化交流过程中必须注意到的"转续现象",即是在不断流转过程之中,甚至是在持续变化的两种语言之间进行接力的。德里达确实很敏锐,他将 Geist 与 Gespenst 这两个词同置并观,发掘其间的隐秘联系,他明确指出,德文的 Geist 也有"幽灵"的意思,就像法文的 esprit 或英文的 spirit。而法文的 L'esprit(神灵、幽灵)也仅是多义的 des esprits 的一种意义。③

---

① https://www.duden.de/rechtschreibung/Gespenst,访问日期:2021 年 4 月 18 日。
② 〔法〕雅克·德里达著,何一译:《马克思的幽灵——债务国家、哀悼活动和新国际》,中国人民大学出版社 1999 年版,第 178 页。原文参见 Jacques Derrida, *Spectres de Marx -L'État de la dette, le travail du deuil et la nouvelle Internationale*, Paris: Éditions Galilée, 1993, p.201. 关于这个中译本的问题,参见李西祥:《〈马克思的幽灵〉中译本的意义与翻译问题指瑕》,《哲学动态》2006 年第 10 期。此文还仅是根据英译本进行的讨论。
③ 《马克思的幽灵——债务国家、哀悼活动和新国际》,第 178 页。

当然我们需要承认的是，一则翻译过程首先当然是一个跨文化传播的过程，即是原意传达、延续，同时扩张、延伸，再度阐释、影响的过程，对于一个经典文本来说更是如此，这其中的"常相"是主要的；二则也可将译文的呈现视为一种跨文化对话的过程，即将本土文化的底蕴融入其中并加以融会，尤其展现其在译入语境中的形变功用，这其中当然就涉及观念间的冲撞与调试，甚至不乏以己意归化"原文"之处，譬如林纾的翻译就可以从这个视角来考察，再如颉德的《社会进化》(Social Evolution)经过李提摩太与蔡尔康的手笔就成了《大同学》，其中的距离也不可以道里计；三则可进一步将这种翻译过程视为思想新生乃至创生的可能契机，在其间"寻隙查漏"，捕捉其中可能存在的语言、文化、观念上的"落差异势"所在，寻找提升新思的可能性。这样的翻译极少，但也并非不存在，譬如赫胥黎(Thomas Henry Huxley, 1825—1895)的《进化论与伦理学》(Evolution and Ethics)到了严复那里就变成了《天演论》，这固然可以称为是翻译，但显然不是一般意义上的"中介"工作，而是具有主体意识的再造，且超越了第二层次的跨文化对话，我们甚至可以进一步将其视作具有强烈主体创造意识的"易创"，其中有翻译的成分，甚至也有激发思想芒刺的作用，但翻译已经是经由"侨易"而"仿易"再到"高易"的过程了。而且需要注意的是，以上这些类型并非是可以截然区分的，有些彼此也是相容的，但译者主体意识的有无、强弱，确实占据重要位置。当然从本质上来说，这三者虽有层次之分，可并无高下之别，都是沟通知识、接近思想的路径，端在译者本身如何把握和调试其间的张力。

语言之间必然是有缝隙的，语法结构、构词方式、表意方式的不同，都造成了语言之间存在着种种必然不能绝对对应的关系，所以要求文本完全一致是不可能的，但求同存异是必要的。上帝看到巴别塔(Babel)的时候，或许也会发笑。这个故事源出《旧约·创世记》第11章，即上帝为了防止人类建成通天塔而改变了原来的单一民族与语言的局面，使得各人群因为语言相异而难以便捷沟通。① 有论者将其归纳为两个层面的意义：

第一，本来单一的神圣语言是如何"变乱"为多种语言的。换句话说，原本无"外语"的语言是如何变成"互为外语"的自然语言的。

---

① 参见金尼斯：《写给年轻人的圣经故事》，百花洲文艺出版社2007年版，第21—22页。

第二,"无外语"的单数性语言意味着语言与实在的完全同一:把握了这种语言就意味着把握了实在或实在的创造。反过来说,进入"互为外语"状态的复数性语言观念则承诺着语言与单一实在的间距。就语言本身来说,它同时承诺着能指与所指、语词的物理—心理—社会因素与纯粹概念的间距;作为语词构成物的文本与作为统一语词秩序的概念构成物的间距,等等。①

这个推论颇有意义,总结之,即"由一至多"的过程是如何发生的?尤其是"无外—有外",再到"互为他者",这里还仅是从语言角度考察,譬如单数语言—复数语言的变化与"实在创造"之间的关系,乃至语词文本、语词因素、语词秩序等概念的生成等,都是值得进一步探索的命题。萨丕尔(Edward Sapir, 1884—1939)指出:"语言是人类精神所创化的最有意义、最伟大的事业——一个完成的形式,能表达一切可以交流的经验。这个形式可以受到个人的无穷的改变,而不丧失它的清晰的轮廓;并且,它也像一切艺术一样,不断地使自身改造。语言是我们所知的最硕大、最广博的艺术,是世世代代无意识地创造出来的、无名氏的作品,像山岳一样伟大。"②确实,如果没语言,我们难以想象文明究竟该如何构建和回溯?尤其是如果没有书面语言,我们根本不知道人类文明如何才能存留下来,又如何开启其"继往开来"之传承过程。虽然随着技术进步,有了音像等技术手段,但终究是"文字寿于金石",作为语言载体的文字的意义,其意义怎么高估都不过分。

既然存在缝隙,那么漏隙也是必然存在的,即使是再高明的译者,也不可能在两种(甚至多种)语言之间完美转换,这叫做"巧妇难为无米之炊",语言本身的差异就决定了这一切,这就决定了译作或者是一种达意的工具,或者是一种精美的艺术再加工品。当然,对于研究者来说,则提供了巨大的施展空间,即寻找其间的"思想张力"。为什么?因为这种语言漏隙的存在说明了一点,即反而是这种"遗漏空间"具有某种可以生长的学术与思想之可能性。

另外可以提及的是一个仿佛简单的过渡句:Zweierlei geht aus dieser Tatsache hervor。③ 陈望道译为:"由这种事实可以看出两件事。"④成仿吾、徐

---

① 李河:《巴别塔的重建与解构——解释学视野中的翻译问题》,云南大学出版社2005年版,第1页。
② 〔美〕爱德华·萨丕尔著,陆卓元译:《语言论——言语研究导论》,商务印书馆2017年版,第202页。
③ Karl Marx/Friedrich Engels, *Manifest der kommunistischen Partei*, in Marx-Engels-Werke Bd.4, S.461.
④ 陈望道译:《共产党宣言》,《陈望道文集》第四卷,第1页。

冰的 1938 年版译为："从这事实上可以得出两个结论。"①这句话实在平淡不过，但却颇有内涵。李逵六用此句的翻译来说明成仿吾的考量："他自己不止一次地说过：'译文还是很难满意的。为了保存原著的语气，某些地方可能依然生硬。'为什么成老宁愿保留某些比较生硬的句子呢？据我知道，他实在是有所考虑的。《宣言》正文开头有一句话：Zweierlei geht aus dieser Tatsache hervor，有人译为：'从这一事实中可以得出两个结论。'但是成老考虑：马克思在这里是不是想说'结论'？是'结论'，还是'结果'，还是'现象'？他踌躇了，于是便直译：'从这个事实中得出两点。'"②其实，这个简单句型是涉及上下文关联，勾连不同语义段落的关键句。虽然意思不难理解，但要真正把握住分寸，仍是不易。应该说，最后的翻译，即用"两点"代替原有的"两个结论"是更为客观的，因为德文原词 Zweierlei 本身并无结论之意，而指两种的、两类的，所以用"两点"显得更接近原意。如果按照译文学的观点，"迻译"又可作"移译"，"是一种平行移动式的翻译"③，虽强调与直译有所不同，但大致可理解为比较平实的翻译。在这里成仿吾显然倾向于选择"迻译"，所以宁可冒"生硬"之嫌。笔者试译如下："由此事实，可得出两条。"

我们再来看一句具有核心意义表达的句子：Es ist hohe Zeit, daß die Kommunisten ihre Anschauungsweise, ihre Zwecke, ihre Tendenzen vor der ganzen Welt offen darlegen und den Märchen vom Gespenst des Kommunismus ein Manifest der Partei selbst entgegenstellen。④

陈望道译为："共产党员，已经有了时机可以公然在全世界底面前，用自己党底宣言发表自己的意见，目的，趋向，并对抗关于共产主义这怪物底无稽之谈。"⑤

成仿吾、徐冰合译为："现在已经到了这样的时候，就是共产党人应该向全世界公开发表自己的见解，自己的目的与意图，并且以自己党的宣言来对抗那

---

① 成仿吾、徐冰译：《共产党宣言》，第 15 页。此书标注"马克思恩格斯丛书第四种"，无其他版权信息。
② 《德语是我的命运》，第 149 页。
③ 《译文学：翻译研究新范型》，第 25 页。
④ Karl Marx /Friedrich Engels, *Manifest der kommunistischen Partei*, in Marx-Engels-Werke Bd.4, S.461.
⑤ 陈望道译：《共产党宣言》，《陈望道文集》第四卷，第 1 页。

种关于共产主义这巨影的童话。"①

成仿吾第五次译本为:"共产党人向全世界公开阐明自己的看法、自己的目的与自己的意图,并且拿党本身的宣言来反驳关于共产主义魔怪的童话,现在正是时候了。"②

中央编译局最新的译本是:"现在是共产党人向全世界公开说明自己的观点、自己的目的、自己的意图并且拿党自己的宣言来反驳关于共产主义幽灵的神话的时候了。"③

汉语其实并不太适合西方语言中这种主从复合句的表述,陈望道选择的是将其转化为谓语形式,虽然也能达意,但已经偏离原意了;成、徐译本是尽量忠于原文句序;成仿吾译本则大胆作了一个后置,即将主句放到末尾;而编译局译本则作了一个综合,即将从句的大段修饰语放在主句中间。感觉似乎还是这个版本好些。由此我们也可见出译事之难,就是德语里的主从句的那种宏伟气势似乎很难通过汉语的各种形变而展现出来,尽管译者们可能已经绞尽脑汁、花样百试。如果我们借来译文学中的两个概念,即所谓"创造性叛逆""破坏性叛逆"④,就会发现在这里似乎都不适合,即可能都与原文有所"拘逆"(拘泥),是被原文限制(有点像带着锁链跳舞),乃不得不略有违逆,以求得在汉语语境里的某种舒展可能。笔者试译如下:"面对全世界,公开亮相,对于共产主义者来说,可谓适得其时。我们将以党的宣言的方式,阐明立场、明确目标、展望未来,并以此宣告,所谓共产主义幽灵的神话,纯属无稽之谈。"

三、核心观念的传达与"翻译心灵"的呈现

共产主义运动的实践者所关注的,当然不仅是词汇、语句、段落、章节、全文,更核心的是作者借助所有这些不过是思想之载体的文本所希望表达的核心观念,聚焦到观念层面,这才是抓到了要害。对于作为共产主义创立者的马克思来说,他所看重的,乃是针对欧洲(西方)的传统制度而发起的具有颠覆意义的理论工具,而且具有普遍性意义,诚如布热津斯基(Zbigniew

---

① 成仿吾、徐冰译:《共产党宣言》,第15页。
② 成仿吾译:《共产党宣言》,人民出版社1978年版,第24页。
③ 中共中央马克思恩格斯列宁斯大林著作编译局编译:《共产党宣言》,人民出版社2018年版,第26页。
④ 《译文学:翻译研究新范型》,第19页。

Brzezinski,1928—2017)认识到的:"共产主义不仅仅是对人们所深切关注的问题的一种情绪激昂的回答,也不仅仅是自以为是的仇视社会的信条,它还是一种通俗易懂的思想体系,似乎对过去和将来都提供了一种独特的见解。它满足了社会新近获得知识的阶层想更深刻地了解周围世界的愿望。因此,对更具鉴别力的知识分子来说,马克思主义理论似乎提供了了解人类历史的钥匙,是一种估价社会和政治变化动因的分析方法,是一种揭示经济生活奥秘的精密理论和一系列有关社会动机因素的见解。"① 更具体来说,"共产主义理论把激情与理智结合在一起,从而决定性地影响着人类行为的这两种中心起源。政治激情可以转化为巨大的政治力量。知识界被社会工程的观念所吸引,而社会工程又是调动政治力量的出发点"②。而理论之所以能转换为"力量"甚至"权力",除了作为社会活动中心的人的因素外,著作尤其是经典著作,是发挥了相当重要的功用的。谈及共产主义,自然首推这部篇幅不长,但却可谓"短小精悍"的《共产党宣言》,其提出的"共产主义"等概念自然是深入人心、影响久远。这不仅是对选择信仰的大众而言,也包括后世的知识精英,譬如布朗肖(Maurice Blanchot,1907—2003)就将"共产主义"与"共同体"联系起来,认为这些概念不容回避,"不管我们想要什么,我们都与这些语词联系在一起,而且恰恰是因为这些语词的瑕疵"③。

譬如触及灵魂的最后一句:Proletarier aller Länder, vereinigt euch!④ 陈望道译为:"万国劳动者团结起来呵!(Workingmen of all countries unite!)"⑤ 成、徐合译为:"一切国家的无产者,联合起来呵!"⑥ 显然不如通行本:"全世界无产者,联合起来!"⑦ 实际上后来成仿吾译本也改为:"全世界无产者,联合起来!"⑧ 其实如果按照原文词义照译的话,应是"所有国家",但这

---

① 〔美〕兹比格涅夫·布热津斯基著,军事科学院军事部译:《大失败——二十世纪共产主义的兴亡》,军事科学院出版社1989年版,第3页。
② 《大失败——二十世纪共产主义的兴亡》,第3—4页。
③ 〔法〕莫里斯·布朗肖著,夏可君等译:《不可言明的共通体》,重庆大学出版社2016年版,第4页。原文参见 Maurice Blanchot, *La Communauté inavouable*, Paris: Minuit, 1983. p.10。
④ Karl Marx /Friedrich Engels: *Manifest der kommunistischen Partei*, in Marx-Engels-Werke Bd.4, S.493.
⑤ 陈望道译:《共产党宣言》,《陈望道文集》第四卷,第35页。
⑥ 成仿吾、徐冰译:《共产党宣言》,第60页。
⑦ 中共中央马克思恩格斯列宁斯大林著作编译局编译:《共产党宣言》,第66页。
⑧ 成仿吾译:《共产党宣言》,第60页。

里引申为"全世界"显然更加铿锵有力,当然还涉及一个在汉语中如何"凝词造句"的问题,既显示原意,又体现语感的"炼制",这个公认的译法说明某些核心语句的汉译表达还是可以寻找到共识的。

笔者想补充的是"译灵"的概念(翻译的心灵,Die Seele der Übersetzung),此意大致仿德国概念,如谢林有"世界心灵"(Weltseele),卫礼贤有"中国心灵"(Die Seele Chinas),本雅明提"译者的任务"(Die Aufgabe des Übersetzers)。取二义合之,则有此概念之生。如果说译文(Der Text der Übersetzung)是某种具体语言翻译的载体,那么译者作为制造人乃有"开物成器"之功,其功用绝对不容小觑,但问题在于这和一般的匠人还不同,即它是有仿制品的,是有一个"源文本"存在那里提供"仿制样板"的。所以译灵所在乃是最为枢纽性的关键,但它是超越译者的,是凌驾于译者之上的,具有超越性的意义,可以理解为一种精神性的东西,即捕捉到文本乃至译者背后的"心灵魂魄",即具有永恒生命力的"精神"。其实前人多少对此有所意识,只不过未能很恰当地表述出来而已,譬如严复强调之"信达雅",笔者以为"雅"的概念就约略涉及这个层面。郭宏安先生称:"'信、达、雅'中,唯'雅'字难解,易起争论,许多想推倒三难说的人亦多在'雅'字上发难。倘若一提'雅',就以为是'汉以前字法句法',就是'文采斐然',是'流利漂亮',那自然是没有道理的,其说可攻,攻之可破。"①所以他希望换一种理解,并提出以"文学性"解"雅"。我以为前者之"破"是对的,但后者之"立",似尚未足。仅在文学性层面也还不够,需要进一步推进到诗性哲思的层面。高端翻译(尤其是经典翻译)是一种溯本归源的过程,是必须接触到心灵世界的,甚至是要触及灵魂的。德国汉学家、《红楼梦》(节本)德译者库恩(Franz Kuhn,1884—1961)曾谓:"到中国去旅游一番当然舒服得多,但要把被禁锢在《红楼梦》中的中国心灵释放出来,就不那么容易了。《红楼梦》正如一座未知的大山,一头小说中的巨怪!"②此处的比喻饶有意味,即中国心灵乃深藏文本之中,但并非一般文本,而是具有经典意义的文化文本,譬如作为长篇小说的《红楼梦》,当然我们还可以列出如《道德经》《论语》《史记》《离骚》等。德国人对"中国心灵"的触碰涉及多种渠道,但其中

---

① 郭宏安:《谈文学翻译》,见氏著《斑驳的碎片》,四川文艺出版社2018年版,第174页。
② 转引自赤飞:《红学补白》,新华出版社2011年版,第300页。

的核心部分必然是通过翻译来实现的,无论是卫礼贤的经典德译,还是库恩的文学德译,都是如此。而其中不可绕过的则是"翻译心灵"的呈现,如何在表层叙事之下深触精神底里,乃是一个非常难题。翻译乃是涉及多领域互动、多层次感知、多系统整合的复杂过程,但万象归一,万变不离其宗,高端翻译必然是涉及人类心灵、民族心灵的最佳抓手,是架桥者,也是制器者,更是创思者。卫礼贤就是最典型的代表,他入手处当然是翻译,其最重要的贡献至今为止也主要被认为是翻译,但我以为他的思者角色才是更重要的,正是通过对"翻译心灵"的体验,他不但做了架桥摹仿的工作,更进一步到达发现探索的层面,最终则接近于创思构体,可惜未及展开即仓促辞世,或许也是造化使然。这样一个人类致思的过程本就是世代延续、绵绵不绝的,岂能因一天才之出现而中断?再伟大如卫礼贤,也不过是跑其中的一棒而已,接力者必将继续出现。

根据西方翻译理论,译者有"协调者""阐释者""创造者"等不同角色的功能①,其实,最重要的任务,还是要意识到自己的"接力者"身份,尤其所谓"创造性叛逆"不宜过分夸大,而是要在踏实行路的基础上努力有所发现。翻译心灵是什么?就是触及深层精神,传达超越个体(无论其如何伟大)的恒定性观念,而且予以适度呈现,这其中当然有创造和思想发明的空间和可能,但那是另外一种触类旁通的过程。譬如卫礼贤的思想形成,固然在很大程度上得益于翻译工作,可并非体现在翻译本身,而是通过他的文章和著作来表达。就翻译本身而言,最根本的是能够传达出那些具有永恒性的重要观念,譬如在这里就是共产主义思想,它是超越于创造者本身而存在的。或许,能捕捉到这种深藏在译文背后的"大同之思",就是缥缈虚无的"翻译心灵"可以落实之处。邹振环认为:"译本使近代中国人超越了本民族、本世纪、本文化的生活,给他们带来了新的见闻、激动、感悟、灵智与启迪,使他们开始了从狭窄的地域史走向辽阔的世界史的心路历程。"②其实,这话有其普遍性意义,非仅对近代国人如此,但确实对于近代中国有其指向性,经典译本乃有一种可能超越的价值和接近"世界心灵"的捷径功能。

翻译活动有其相当大的独特性,既与文学、艺术、学术等各类知识活动有

---

① 武锐:《翻译理论探索》,东南大学出版社2010年版,第9—10页。
② 邹振环:《影响中国近代社会的一百种译作》,前言,第Ⅴ页。

相通的一面,又有其特殊的文化价值。它的范围是覆盖性的,即只要是人类知识的各个领域,都存在翻译活动,都需要沟通异文化之间的桥梁,这一方面是引介与交流(貌似做人嫁衣),另一方面也同样是理解与阐释(本质是学习拓展),甚至更存在升高与创造的可能(譬如卫礼贤)。翻译的本质是文化的相交,从表象上来看它当然是一种语言转换,是达意的过程,但其内在必然蕴含"灵性"的因素,尤其是笔译部分的典籍翻译,这些承载源文化的经典表达,其实就是一个民族(文明)的核心精神所在,如何把握、转述、侨交、高升之,乃是一个极富挑战性的过程,所以本民族知识精英人物往往会自觉承担此责任(哪怕是小试牛刀)。

《共产党宣言》的本质是一个由"德国心灵"(当然也有部分的"犹太心灵")呈现为"世界心灵"的过程,再经由翻译心灵的凸显而变成观念世界的创塑面相,具体到此处是"汉译心灵"的提炼,表现出它的中国面相,并进而勾连起东西方文明的"交域会通"之路。所谓"天下大同",固然有在制度层面和物质层面的"仓廪实而知礼节,衣食足而知荣辱"(《管子·牧民》)的诉求,可能也更是通过具体的文字载体、翻译工作、文化交流来促进异民族之间的理解和共识,这也正是世界文学理念的高端境界吧。

四、译文侨易过程的节点与推手——译者的角色

这样一种研究,不由得触发我们很多思考,即相比较而言,这里显然更关注译文的中心作用,但译文又是千变万化的,所谓"一千个人就有一千个哈姆雷特"(There are a thousand Hamlets in a thousand people's eyes),但也有人接着说:"但世上只有一个勾股定理。"两者各执一端,似乎都有道理。那么,在原文和译文的这组关系中,究竟是"千影重叠",还是"原像至高"?这无疑是一个值得深入探讨的问题。但无论怎么说,都不能忽略其中重要的节点,也是推手,甚至是助产士,这就是译者。在翻译过程中,译者是无论如何都绕不过去的"关键环节"。诚然,译者有不可替代的作用,因为舍之译本便无从形成,但将其夸大到独立创作者的地位,以显示翻译文学的独特地位,似乎略嫌过之。毕竟,译者和作者不同,翻译并不完全是一种独立的创作活动,而是有着严格规定性的"知识活动",对于有些自成风格的翻译家来说,可以认为其带有一定

的创作性成分,但总体来说,这是一种"带着锁链跳舞"的艺术,与完全自由地取决于作者本人的创造性工作仍不可同日而语。

通过以上两个具体个案的分析,我们可以清楚地看到,翻译过程是如何艰辛不易,又渗透了如何复杂的多层次、多方面、多系统的因素。成仿吾回忆说:"我第二次翻译《宣言》是 1938 年在延安与徐冰同志合作的。徐冰当时是《解放日报》编辑,我在陕北公学工作。这一年中央宣传部弄到了《宣言》的一个德文小册子,让我们翻译出来。于是我们把书分成两部分,我译前半部,徐冰译后半部。我们利用工作之余进行翻译,条件也很差,连像样的德文字典都没有找到。译出来后,我把全部译文通读了一遍就交了卷。1938 年 8 月这个译本在延安曾经作为'马恩丛书'第 4 集出版过,在上海和其他敌占区也出版过,1938 年 8 月和 10 月由中国出版社印行,有横排和竖排两种。我在敌后解放区得到这个译本时,发现译文的缺点是很多的,但是没有机会校正了。后来博古同志根据俄文出版了一个校译本,改正了某些缺点,但离开德文原著似乎远些。"①应该说这段记录将这个汉译本的来龙去脉交代得比较清楚,包括其出版史。② 徐冰(1903—1972)原名邢西萍,1923—1925 年留德,在哥廷根大学学习,后转赴莫斯科中山大学任翻译,1928 年归国,后曾任各类职务至全国政协副主席。③ 所谓"思想活跃读马列,加入德共竞自由。转赴红都莫斯科,中山大学感身受"④,说的就是他的这段海外经历。

两位留德学人的合作,乃是在战争时代的"延安工作",有其"急用求成"的政治背景,而且也确实在实践中发挥了作用。但这个译本的问题与遗憾,也是不容否认的,成仿吾自己之所以不断重译,既可以说是不断探索求知的尝试,也可以被认为是对原译的"补课"。因为留下了译本,所以成仿吾的第二次翻译《共产党宣言》总是被不断提及,但如前文提及,实际上他首次翻译《共产党宣言》的经验也很有意思。如果复原其五次翻译的知识社会史空间,将会是非常有趣的工作。

斯坦纳(George Steiner,1929—2020)说:"伟大的文本可以等待几个世

---

① 成仿吾:《我翻译〈共产党宣言〉的经历》,《马克思恩格斯著作在中国的传播》,第 122 页。
② 参考许静波:《〈共产党宣言〉成仿吾、徐冰译本考》,辽宁人民出版社 2019 年版。
③ 关于徐冰的词条,见魏屏易等:《共和国要人录》,吉林人民出版社 1994 年版,第 483 页。
④ 臧修臣:《革命家——徐冰》,见氏著《邢襄百杰颂》,花山文艺出版社 2013 年版,第 561 页。

纪。我想起瓦尔特·本雅明在那篇出色的文章中说的：'不必心急，一首伟大的诗可以忍耐五百年不被阅读和理解。'书籍终究会到来，处于危险中的不是书，而是读者。伟大的文学文本包含着再生的可能、不断追问的可能，但它并不会在那儿静静等着成为大学研讨会的材料，或一份被解构的文件。那是本末倒置。"①这段话相当精妙，生动且执着地表现出一流知识精英对于文本、思想与诗的坚定信念，以及穿透历史烟尘的智慧眼光，而且深刻揭示了作为器物的文本的精神价值和文化意义，这是不会被任何东西所湮没和取代的，"再生"与"追问"则是"经典文本"（我宁愿以此来取代"伟大文本"，因为后者毕竟凤毛麟角）的特殊功用，因为其所具备的正是知识探索与思想萌生的可能性。也不仅是文学文本如此，任何文本皆然，包括学术文本，包括其他的知识文本，而关键枢纽或正在于翻译，本雅明认为："译作在何种程度上与这种形式的本质保持一致，客观上取决于原作的可译性。……作品水准越高，其可译性就越大，即使仅仅是转瞬即逝地触及其意义。这当然只是对原作而言。"②作为经典的《共产党宣言》自然是属于这种高水准的作品之列，不仅是可译性强，而且也蕴含了更为广阔的可阐释空间。相比较一般文本的"身世浮沉"，经典文本自然会得到更多关注，也存在更多的对话契机，这一点我们只要看看其传播史和接受史就可以了然。但即便如此，真正出现那种"再生"可能性的契机依然是不多见的，这取决于历史语境的机缘巧合，也受制于能够对话者的生性、能力和韧性。德里达的《马克思的幽灵》就昭示来者，我们其实就是在和经典文本、优秀作者的对话中来延续知识世界的进程的，同时当然也发展我们自己的思想。没有这种"对话过程"，无论是接受还是批判，我们是很难推动知识系统的有序前进的。无论如何，我们都必须在与前人的"古今对话"中寻找自己的知识史位置。

---

① 〔美〕乔治·斯坦纳、〔法〕洛尔·阿德勒著，秦三澍等译：《漫长的星期六：斯坦纳谈话录》，广西师范大学出版社 2020 年版，第 92 页。原文参见 George Steiner & Laure Adler, *Un long Samedi: George Steiner avec Laure Adler*, Paris: Flammarion, 2014, p. 93.

② 〔德〕瓦尔特·本雅明著，周晔译：《译者的任务》，周晔：《本雅明翻译思想研究》，上海译文出版社 2011 年版，第 359 页。德文为：Wie weit eine Übersetzung dem Wesen dieser Form zu entsprechen vermag, wird objektiv durch die Übersetzbarkeit des Originals bestimmt. ... Je höher ein Werk geartet ist, desto mehr bleibt es selbst in flüchtigster Berührung seines Sinnes noch übersetzbar. Dies gilt selbstverständlich nur von Originalen. 参见 Walter Benjamin, *Die Aufgabe des Übersetzers*, in Walter Benjamin: *Gesammelte Schriften*. IV · I. herausgegeben von Tillman Rexroth, Frankfurt am Main: Suhrkamp, 1991, S. 20.

五、侨易节点的重要性

比较有意思的现象是,我们要意识到,作为经典文本,《共产党宣言》正是由一个不断延伸、传播、接受、阐释的过程所构成的,其在汉语语境中的产生、发展、变化、型构等过程也是一个交叉系统,而非简单的线性流传。那么,讨论其在中国的接受和发展史,翻译就是不可回避的枢纽性环节,而面对即便不能说是汗牛充栋的汉译本,选择若干具有代表性意义的个案进行考察,无疑有助于观察到更为具体的细节以及阐发更为深刻的命题。

所谓"横看成岭侧成峰",即便都存在于一个更大的系统之中,但是分别以具体的译本、观念或个体作为主要观察对象,取景和视图呈现仍会有所不同。此处我们以《共产党宣言》译本为关注中心,在其翻译过程中,侨易环节变得饶有意味,即一般被视为主体的人反而退居次要位置,无论是译者、传播者(譬如流通环节的出版商等)、读者,还是接受者、实施者(共产党人),他们都是围绕着这个文本而发挥功用的。

前面已经举例说明具体的语词、句型、核心思想等,虽然限于篇幅,只能是"零星碎片",但"由点及面",也并非无关全局。但值得追问的或许是,成仿吾直到晚年仍孜孜穷究译文、探索不休的意义究竟何在?我以为更重要的是表现出一种求知求真的意识,一种对于共产主义理念的深层探索,以及某种意义上或被遮蔽的对时代问题的疑问和追询。但这本应该是永无止境的一个过程,他后来却又要盖棺论定,以为无可以讨论的余地,无疑是不可取的。所谓"圣贤之学以'日新'为要"(焦循《里堂家训》卷下),这自然与"日日新"相关,其原文语境是:

> 汤之《盘铭》曰:"苟日新,日日新,又日新。"《康诰》曰:"作新民。"《诗》曰:"周虽旧邦,其命维新。"是故君子无所不用其极。(《礼记·大学》)

这里说的意思就是要有求新的意识,但这种求新又不是盲目的,譬如现如今汉语语境里"创新"就已经完全另成新词,人人皆曰"创新",哪里还有什么"创新"可言。在我看来,此处强调的"日新",不仅在于"推陈出新",更在于"继陈出新",即类似于"温故而知新",不尊重过去传统,不汲取既往资源,不吸收前人智慧,如何能够"出新"?谁又是生而知之的大圣大贤呢?所以这里的"日新"首先是要"温故",是要与故往"对话",而翻译很可能是这种对话的最佳途径之一。斯坦纳这样说:"把甲语言翻译成乙语言时,能明显感知到第三种存在的影响。它具有'纯粹语言'的典型特征。这种纯粹语言既早于甲乙两种语言,又是二者的基础。真正的翻译,能让人模糊但又确切地感知到那个统一的语言。巴别塔之后,人类的语言就是从那个统一的语言变成了嘈杂的碎片。"[1]这里颇符合侨易学二元三维的思维模式,即在 A—B 二元之间能通过作为"翻译"的方式而"生三",这是很重要的一个发现。其实这个"翻译"的过程在笔者看来更像是"学"的过程,就是在"侨—易"二元之间构三的那个"学"。当然需要补充的是,这种情况在"经典文本"翻译过程中更能得到印证和彰显,因为在某种意义上翻译既是对"源文本"的"唤醒"(对其中可能被压抑和遮蔽的刺激性和创造性因子),也是对"译文本"的"再造"(即可能延展和发明的新生因子),当然还取决于译者的角色选择。所以从这个意义上来说,如果译者本人就兼有一个创造者身份则最善,如卫礼贤、严复、冯至等人皆是,但有时也不尽然,这有一个发展的过程,像卫礼贤就是逐步学习,从单纯的中介者到创造者,而翻译在其手中发挥出的功用也自不同。成仿吾的工作似乎更多立足于探寻本意,虽然坚持不懈,可最后并未能"化生译典",锤炼出公认和通行的汉语经典译本,其意义更多在于翻译史和知识史本身的诸多启迪;不过,借助考察一种作为器物的经典文本的漂洋过海流易史及其在异质文化语境中生根发芽的过程,我们认识到了知识、理论、思想的萌生空间,虽然距离"译典"或许还有距离,但这并不重要,以陈望道、成仿吾等为代表的早期共产党人的这样一种执着探索、负重求真的精神才是最可贵的,而他们留下的学术与思想遗产则尤其重要。

"人的思想像风中飘逸的火焰,它很容易熄灭,或被各种思想或信仰的怒潮席卷而去,这种情形在下层生活世界尤其明显。"[2]可在经典的世界里,思想

---

[1] 英文为:A translation from language A into language B will make tangible the implication of a third, active presence. It will show the lineaments of that "pure speech" which precedes and underlies both languages. A genuine translation evokes the shadowy yet unmistakable contours of the coherent design from which, after Babel, the jagged fragments of human speech broke off. Steiner, George, *After Babel: Aspects of Language and Translation*, Third Edition, New York: Open Road Integrated Media, 2013, p.67. 中译文另参见〔美〕乔治·斯坦纳著,孟醒译:《巴别塔之后:语言及翻译面面观》,浙江大学出版社 2020 年版,第 69—70 页。这段文字颇为繁复,译文承中国社会科学院外国文学研究所乔修峰研究员帮助提示,特此致谢。
[2] 王汎森:《思想是生活的一种方式——中国近代思想史的再思考》,联经出版事业股份有限公司 2017 年版,自序,第 15 页。

几乎可以说是得到了永生,通过不断的阅读和传播,而使得个体的观念和思想常被提及,甚至影响甚大,远超其在世之时,这往往是思想史上很有意思的现象,即"隔代流传",那些在世时寂寥孤独的作品和作者,有时正是通过时间的检验证明了其对于文明史的价值,所谓"藏诸名山,传之后世",有时并非虚语。如尼采所言:"我的时代,尚未到来;有些人,死后方生。(Erst das Übermorgen gehört mir. Einige werden posthum geboren.)"①对于马克思这样伟大的思想家来说,相比较其在世时的寂寥清贫、流离失所,确实如此,且不说那部具有更深刻学术意义的《资本论》,即使是这本薄薄的《共产党宣言》小册子,其爆发出的巨大的精神上的能量,就绝非流俗之作可比。在这样复杂的翻译过程中,侨易节点就显得很重要,通过观侨取象的方式择出代表性译者及其映射的译境,就可以更好地呈现与把握那些关键性的节点因子,陈望道、成仿吾无疑就是这个系统中,构成了"存在巨链"的重要齿轮,虽然并非全相。

---

① 此语出自《敌基督者》(*Der Antichrist. Fluch auf das Christenthum.*),原文参见 Andreas Urs Sommer, *Kommentar zu Nietzsches "Der Antichrist" "Ecce homo" "Dionysos-Dithyramben" "Nietzsche contra Wagner"*, Berlin /Boston: Walter de Gruyter GmbH, 2013, S.24. 中译文引自周国平:《尼采:在世纪的转折点上》,上海人民出版社1986年版,第2页。

《共产党宣言》的翻译问题

——由版本的变迁看译词的尖锐化

陈力卫

(日本成城大学经济学部)

《共产党宣言》自1848年发表以来,不仅是一份政治革命的宣言,而且是其后一个半世纪共产党创立、发展的指导性纲领,更是改变中国的主要动力之一。其思想上与理论上的影响之大是毋庸置疑的,而其语言上的冲击力更是唤起群众、激发革命的一股无穷的、直接的力量。为此,我们尝试从语言学上对这一发行量广、阅读次数多的重要文献加以分析。

众所周知,最早的中文版《共产党宣言》(1920)可以说是直接由日文版转译过来的,虽然译者陈望道自己对之语焉不详,但只要比较一下两者的译文译词的类似程度,就可一目了然。而日文版又是根据英文版翻译的,这样我们可以列出一条《共产党宣言》传播到中国的语言链来:

1848德文版→1888英文版→1906日文版→1920中文版

这一事实再次说明,汉语中的社会科学,特别是社会主义方面的语词与日语有着千丝万缕的联系。马克思主义传入中国不单始自"十月革命一声炮响",具体落实到语言文字上,日语反倒是其理论基础的一个重要来源。[①] 可以认为,从语言上来看,社会主义方面的语词在中国的传播和流通是离不开日语这个媒介的。也就是说,早期的马克思主义新思潮得以在中国传播,是建立在日文文本的基础之上的——至少从语词文字,即新概念的运用上来看,很大程度

[①] 〔德〕李博《汉语中的马克思主义术语的起源与作用:从词汇—概念角度看日本和中国对马克思主义的接受》(赵倩、王草、葛平竹译,中国社会科学出版社2003年版)一书专门论及汉语中源自日语的社会主义语词。

上都是依赖日文文本的。这种依赖导致了以下几个值得我们关注的问题：

第一，日文版翻译是否准确？如果有译错之处，在此基础上译成的中文版是否会沿袭其错误？

第二，日文语境与中文语境的不同所导致的对词义理解的差异，即同形词的照搬是否掩盖了中日词义概念上的某些分歧？

第三，中文版的译词有哪些地方不同于日文版？这种不同是否准确地反映了当时中日语言的现状？

第四，中译本不同时期的不同版本在译词上的趋向是什么？中文版在后来的改译过程中有没有受到其他日文版的影响？

本文通过调查《共产党宣言》由日文版译为中文版这一个案，特别是比较日文版和中文版的不同，从微观的角度阐明中日两国对马克思主义理解的微妙差别，着重探讨它丰富了哪些中文的新概念，并从中梳理出语词和概念的形成过程，就近代中日两国的语词交流情况作一概述。

一、由日文版到中文版

日本的石谷斋藏早在1891年出版的《社会党琐闻》一书中，介绍当时著名的社会主义文献时，就对《共产党宣言》作了较为详细的介绍。两年后，深井英五也在《现时的社会主义》一文里介绍过《共产党宣言》。1898年10月，日本社会主义运动的杰出领袖之一幸德秋水与其同志共同创立了社会主义研究会，并分别在1901年和1903年发表了《帝国主义》《社会主义神髓》等文章。他还与堺利彦一起创办了《平民新闻》，1904年为纪念该报创刊一周年，在报上登载了两人合译的《共产党宣言》（据英文版译，第三章未译），但马上遭到警方查封，《平民新闻》也被迫在两个月后停刊，幸德秋水也因此身陷囹圄数月。1906年，两人又创办了杂志《社会主义研究》，并在创刊号上全文刊载了《共产党宣言》的日译本，此译本仍是依据英文版，仅在文字上对1904年版作了部分改译。中文版最早的两个译本均是据此日文译本翻译的。

有关日文版《共产党宣言》的译词研究，宫岛达夫有一篇重要文章就叫《〈共产党宣言〉的译词》[①]，用近百页的篇幅比较了日语各版本后，对译词的演

---

① 〔日〕宫岛达夫：《〈共產黨宣言〉の訳語》，言語学研究会编：《言語の研究》，むぎ書房1979年版。

变过程作了详尽的分析。他认为,通过比较《共产党宣言》的日文译本可以看出近代日语的变化。出于这一目的,他在论文的附录里按时代顺序列出了 120 多条译词的演变情况,以便对照。也就是说,我们在作中日文比较的时候,日文方面已给我们提供了一个坚实的基础。比如,就"共产党""共产主义"之概念,日文先是在 1870 年加藤弘之的《真政大意》里出现音译的コミュニスメ,后经过共同党(1878)、贫富平均党(1879)、通有党(1879)、共产论(1881),才在 1881 年植木枝盛的文章(《爱国新志》34 号)里出现"共产党"一词,随后在 1882 年城多虎雄《论欧洲社会党》(《朝野新闻》)里同时出现"共产党""共产主义"的字样。

下面我们就日文幸德秋水、堺利彦译本和两个早期中文译本作一比较。

1. 1908 年民鸣译《共产党宣言》第一章

在《共产党宣言》传入中国之前,已有众多的社会主义文献由日语翻译介绍过来。如《社会主义》(村井知至著,罗大维译,1903)、《社会主义概评》(岛田三郎著,作新社译,1903)、《近世社会主义》(福井准造著,赵必振译,1903)、《社会主义神髓》(幸德秋水著,创生译,1907)等书,还有《帝国主义》(浮田和民著,出洋营生译)、《二十世纪之怪物帝国主义》(幸德秋水著,赵必振译,1902)等。进而,也有关于无政府主义方面的介绍和翻译。

当时有代表性的杂志也都对社会主义作过介绍。如在东京创刊的中国同盟会的《民报》,成为革命派的一块宣传阵地,由朱执信和宋教仁执笔的一系列文章,在宣传和普及社会主义思想方面颇具贡献,为辛亥革命的爆发起到了推波助澜的作用。在 1906 年 1 月《民报》月刊第 2 号上,登载了朱执信摘译的《德意志社会革命家列传》,介绍了《共产主义宣言》的十大纲领。该杂志的编辑张继和章炳麟都与幸德秋水交往甚厚。此外,由何震主笔的杂志《天义》(1907—1909)每月发行两次,为女子复权会的机关刊物。其简章里宣称:"以破坏固有的社会、实行人类平等为宗旨,提倡女界革命,并同时提倡种族、政治、经济诸革命。"为了追求新的社会主义革命的哲理,留日青年们在东京组织了"社会主义研究会"。而第一次研究会(1907 年 8 月 31 日),便是请日文版《共产党宣言》的译者之一幸德秋水来讲演。所以,半年以后,即 1908 年 3 月 15 日发行的《天义》第 16—19 合刊号上刊登出民鸣译的《共产党宣言》第一章,也就不足为奇了。

译者民鸣,显然是笔名,具体身份及履历不详。所译的篇幅只有第一章,是直接从日文版的《共产党宣言》[幸德秋水、堺利彦译,明治三十九年(1906年)]译出的。民鸣译本在文语字句上,75%以上沿袭日译。将之与宫岛达夫的译词表相对照,我们会发现在110个词中有72词相重,12词类似,重复、类似度约76.4%。当然,如果要加上所有汉字词的话,类似的程度会更高(加下划线者为不同译法):

<u>异物</u> <u>流行</u> 权力者 <u>俄皇</u> 急进党 侦探 急进 保守 诟 绅士 平民 共产党员 趋向 阶级斗争 压制者 被压制者 秩序 阶级 中世 <u>废灭</u> 新绅士社会 压制 绅士阀 平民 中世 贸易 交换机关 现时工场之组织 中等制造家 当代之绅士 世界市场 第三团级 近世代议国家 国家行政部 诗歌 门阀 交换之价值 掠夺 医师 赁银劳动者 家族间之关系 ("覆面"缺) 金钱上之关系 三角塔 国民之移转 生产机关 工业阶级 <u>亵视</u> 掠夺 生产 保守者 国民之产业 文明国人民 ("生产物"缺) <u>交互之关系</u> 各民 偏执 世界之文学 交通 生产方法 半开化诸国民 农作国民 天然之力 交换机关 交换……诸权 财产关系 生产过饶 衣食 工业 掠夺 防遏 <u>兴致</u> 价值 <u>生产之费</u> 近世产业 资本家 <u>族制</u> <u>手业</u> 劳动之器械 中等阶级 农夫 生产法 发达者 生产之器具 小绅士 产业 <u>低落</u> 商业恐慌 赁金 骚动 <u>一巨大之</u> 权力阶级 革命阶级 绅士之有学者……者 职人 平民 <u>产业之迁变</u> <u>社会分产力</u> 分配法 <u>上级</u> 社会 一国 小作人

可以看出,主要的社会主义概念完全照搬日文原词。如"急进党""急进""保守""共产党员""阶级斗争""生产机关""工业阶级""生产方法""价值""资本家""权力阶级""革命阶级""社会"等,都延用至今。对"绅士阀"这个基本概念,此译文后面还加有刘师培的一段注释:

案绅士阀,英语为Bourgeoisie,含有资本阶级、富豪阶级、上流及权力阶级诸意义。绅士英语为Bourgeois,亦与相同。然此等绅士,系指中级市民之进为资本家者言,与贵族不同,犹中国俗语所谓老爷,不尽指官吏言也。申叔附识

这段注释里已经用到"资本阶级""权力阶级""资本家"等词。后来的陈望道译

本将"绅士""平民"分别译为"有产者""无产者",可能是受早期河上肇作品翻译的影响,即河上肇著作里出现的"有产者"和"无产者"被原封不动地用到了中文里。①

再来看看民鸣译本的文体特征。如下面一段的日文和中文比较:

此事實は以て左の二事を知るに足る。

一、共產主義は、既に歐洲の各權力者に依つて、亦是れ一個の勢力なりとして認識せらるゝに至れる事。

二、共產黨員が公然全世界の眼前に立つて、其意見、目的、趨向を明白にし、黨自ら發表せる所の宣言を以て、此の共產主義の怪物に關するお伽噺と對陣すべきの機熟せる事。(幸德秋水、堺利彥译,1906)

即此事实足知如左之二事。

一、共产主义者,致使欧洲权力各阶级认为有势力之一派。

二、共产党员,克公布其意见目的及趋向,促世界人民之注目。并以党员自为发表之宣言,与关于共产主义各论议互相对峙,今其机已熟。(民鸣译,1908)

从文体上看,两者都是文言文。日文的文言文对中国人来说实际上更容易读。民鸣译文基本上是抽出汉字部分加以组合,所以,主要语词均延用日文。如"共产主义""共产党员""权力""阶级""势力""意见""目的""趋向"等。另外,民鸣译本里的"共产主义者"还不是一个词,"者"只是对译了日语表示主语的助词は。

2. 1920年陈望道译《共产党宣言》全本

陈望道,浙江义乌人,早年曾留学日本早稻田大学,因受十月革命影响,开始接触马克思主义新思潮,结识了日本早期的社会主义者河上肇、山川均等人,并阅读了他们翻译的马克思主义著作。1919年6月应五四运动感召回国。在途经杭州时,受浙江第一师范学校聘请,任该校语文教员。之后,陈望道回到家乡,翻译了影响20世纪中国命运的《共产党宣言》,并于1920年8月在上海出版,由社会主义研究社发行。

---

① 〔日〕石川祯浩:《陳望道訳〈共産黨宣言〉について》,《飆風》第27号(1987年),收入氏著《中国共産黨成立史》第一章,岩波书店2001年版。

我们在此主要通过比较中日两个译本来探讨汉语译词及文体的类似状况，其中，陈译本在语词上沿袭日文版的程度有所下降，名词为多，动词则改动较大。其原因有二：一是日语动词的词义较宽，中文翻译时的回旋余地较大；二是译者努力将动词翻译得更富有煽动力。这一点在他介绍日本早期的社会主义者河上肇时就有所反映。从文体的比较中也可看出，陈望道的译本已经改用口语，明显可以看出白话文的趋向，这一点与当时的新文化运动不无关联。有些研究说陈望道的译本以英文为主，日文为辅，但我们在比较其译词对日语词的沿袭程度后，发现陈译本是依据1906年日文版翻译而来的，这是不争的事实：

由这种事实可以看出两件事：

一、共产主义，已经被全欧洲有势力的人认作一种有权力的东西；

二、共产党员已经有了时机可以公然在全世界底面前，用自己党底宣言发表自己的意见、目的、趋向，并对抗关于共产主义这怪物底无稽之谈。（陈望道译，1920）

从这一事实中可以得出两个结论：

共产主义已经被欧洲的一切势力公认为一种势力；现在是共产党人向全世界公开说明自己的观点、自己的目的、自己的意图并且拿党自己的宣言来对抗关于共产主义幽灵的神话的时候了。[百周年纪念本（定译本），1949]

和前面的民鸣译文相比，陈望道译本已经相当口语化了，与1949年的定译本也比较接近。主要名词仍沿袭日文——"共产主义""欧洲""势力""权力""共产党员""全世界""宣言""意见""目的""趋向""怪物"等。拿陈望道1920年的译词与宫岛达夫的译词表相对照的话，可以得出55.7%的一致指数。双音词为：

意见	衣食	移民	一国	价值	怪物	官吏	教育	权力	交换	工业
交际	交通	国粹	国民	产业	自觉	实际	主义	集中	商业	将来
上层	人民	趋向	政权	政敌	政党	地方	党派	道理	农业	农夫
徘徊	发达	分配	平民	评论	贸易	目的	懒惰	历史	离散	理想
掠夺										

其中三字词、四字词等的一致程度更为明显:

委员会	科学家	急进党	急进的	旧方式	共产党	强迫的	近世史
财产权	财产制	在野党	产业军	产出费	实业家	实际的	资本家
十字军	自由民	障害物	小册子	小地主	殖民地	新产业	新市场
人道家	生产力	制造家	全人类	全世界	全大陆	组织的	代议制
大部分	中世纪	低水平	统治权	劳动家	劳动者	批评的	封建的
封建党	法律家	保守派	野蛮人	理想家	流行病		
永久真理	阶级斗争	革命阶级	家族关系	共产主义	共产党员		
金钱关系	近世产业	权力阶级	交换价值	交换机关	工业阶级		
工场组织	交通机关	国民银行	国民开放	国家资本	财产关系		
自治团体	私有财产	自由贸易	自由竞争	商业恐慌	将来社会		
神圣同盟	新式事物	生产关系	生产机关	生产事业	生产方式		
政治权力	政治组织	制造工业	世界市场	专制王权	专制主义		
专制政府	中间阶级	中等阶级	特许市民	复古时代	分配方法		
文明国民	平均价格	封建领主	封建社会	封建时代	民主主义		
两大阶级	社会生产力						

也就是说,较之双音词来说,在日本新组合的合成词更容易为汉语所接受。其原因当是,新概念、新事物的语言表达在日语里更偏于词的组合所带来的叙述性,而在中文里尚未有能取代之的既有概念,于是原文借用的成分增多。这一点在后来日语新词的借用方面也表现得十分突出。①

二、中文版《共产党宣言》的传播演变

陈望道的译本于1920年8月出版,印刷了1 000册,仓促之下,竟将书名印做"共党产宣言"。上端从右向左印有"社会主义研究小丛书第一种"字样,署名作者"马格斯安格尔斯合著"。全书用五号字竖排,共56页。印刷发行者是"社会主义研究社",发行时间是1920年8月,定价大洋一角。此本已不多见,常被作为国家一级文物加以收藏。翌月加印的再版本改正了书名,流传较

---

① 陈力卫:《和製漢語の形成》,《国文学:解釈と鑑賞》第70卷第1号(2005年)。

广,本文所用的文本就是东京大学藏本。

随后,中文版的《共产党宣言》出现了许多译本,在此我们引用杨金海、胡永钦的《〈共产党宣言〉在中国的翻译、出版和传播》一文对之作一简单的整理和介绍①。

1930年,上海华兴书局出版了第二个中文全译本。书名用《1847年国际工人同盟宣言》,1938年武汉天马书局翻印了这个全译本。1938年,中国书店出版了由成仿吾和徐冰合译的《共产党宣言》。1942年10月,为了配合延安"整风运动",大量出版马列原著,中宣部成立翻译校阅委员会。博古当时作为翻译校阅委员会成员,根据俄文版《共产党宣言》对成徐译本作了重新校译,并增译了一篇序言,即《共产党宣言》1882年俄文版序言。1943年8月延安解放社首次出版了博古校译本。是年,中共中央规定高级干部必须学习五本马列原著(《共产党宣言》《社会主义从空想到科学的发展》《左派幼稚病》《两个策略》《国家与革命》),博古译本成为干部必读的书籍。博古译本的特点是,译法更接近于现代汉语;尤其是出版发行量极大,自1938年到1949年估计达数百万册,可以说是中华人民共和国成立前流传最广、印行最多、影响最大的一个版本。

1948年,为纪念《共产党宣言》发表一百周年,设在莫斯科的苏联外国文书籍出版局用中文出版了百周年纪念本。该译本由当时在该局工作的几位中国同志根据《共产党宣言》1948年德文原版译出。可以说,该译本是当时内容最全、翻译质量最高的一个本子。1949年初该版本运到中国,从6月起,人民出版社和一些地方出版社相继重印该版。解放社于1949年11月在北京出版了《共产党宣言》北京版,它是根据苏联莫斯科外国文书籍出版局的《共产党宣言》百周年纪念本的中文版翻印的。

中央编译局是根据党中央的决定于1953年1月成立的。同时,作为国家政治书籍出版社的人民出版社承担马列著作的出版工作。1954年初,编译局开始翻译马克思和恩格斯的单篇著作。1955年开始翻译的《马克思恩格斯全集》是根据苏联出版的俄文第二版。1958年8月,收有《共产党宣言》一文的《马克思恩格斯全集》中文版第四卷由人民出版社出版。这样,《共产党宣言》

---

① 原作发表在中国科学社会主义学会主办的《科学社会主义》杂志1998年《纪念〈共产党宣言〉发表一百五十周年》特刊上。

就又有了一个全新的译本。此外,文字改革出版社于1958年11月出版了《共产党宣言》汉语拼音注音本。

1992年3月,人民出版社出版了一本新版的《共产党宣言》,该版的译文在1972年出版的《马克思恩格斯选集》中文版第一卷的译文基础上重新作了校订。该版的译文最初在1978年中共中央党校所编的《马列著作毛泽东著作选读》一书中发表,1995年6月,由中央编译局重新编辑的《马克思恩格斯选集》中文第二版由人民出版社出版发行。这是《共产党宣言》迄今在中国出版的最新版本。

这样,中文版所依照的原文情况基本如下:

陈望道1920(日文)→上海华兴书局1930(德文?)→成仿吾、徐冰1938(日文?)→博古1943(俄文)→百周年纪念本1949(德文)→注音本1958(俄文)→最新版1995(德文)

除日文和德文以外,俄文的影响亦不容忽视。1949年的百周年纪念本虽说是译自德文,但具体翻译和出版都在当时的苏联,这一因素我们不能不考虑。在这里我们主要抽出以下几个版本来看一下译词的演变:

A. 陈望道译本(1920)。本文依照的是东京大学藏1920年9月再版本,其简体字本收在《陈望道文集》第四卷(复旦大学语言研究室编,上海人民出版社1990年版)。

B. 百周年纪念本(1949)。此本是现在一般通行的定译本,发行量最大,传播最广。单行本由中共中央马克思恩格斯列宁斯大林著作编译局发行(人民出版社1949年第一版),本文依据的是1973年版。

C. 注音本(1958)。中央编译局依照俄文版进行的改译。本文依据的是文字改革出版社1958年出版的单行本。

D. 最新版。1992年改译并出版。1995年出了修订本,没有进行大幅度的修改,只是对个别字句作了订正。

三、《共产党宣言》的中文译词趋向尖锐化

百周年纪念本《共产党宣言》是由莫斯科苏联外国书籍出版局用中文出版的本子。鉴于改造社会制度的重要性,它以阶级斗争为纲,在语词的翻译上开始呈现出两极分化,对异己及对立阶级的用词愈发尖锐化。比如我们可以找

出一些改译得比较厉害的词来看看(第一个译词为日文 1906 年版,箭头后依次为上述 A、B、C 三个本子的译法。参看文末表 4):

  转向柔和 异物→怪物→幽灵→怪影/标榜→强调/急进的→进步的
译法不同的一个主要概念是 Gespenst／spectre,日文中译为"异物",因此陈望道采用"怪物"。但是"怪物"太"实",与开篇的"徘徊／游荡"不配。定译本"幽灵"当然吓人,但增加了飘逸的动感,比后来 1958 年的注音本采用过的"怪影"要美,而成仿吾的译本改作"魔怪"更是不为人们所取。

  转向尖锐 一揆骚动→骚动的事→阶级斗争/保守的→反动的/禁止→废止→消灭/评论→批评→批判/处理→处分→处置→打倒/区别→差别→差异→对立/权力→强力→暴力/强制的→强力的→暴力的/压迫策→高压的政策→强压手段→暴力的处置

  我们按词类分别看一下语词的改译程度:

1. 名词:突出"民族""祖国",抵消"国民/国家"

  本文所说的定译本,即百周年纪念本对"国家/国民"一词进行了大规模的改动。如:

  有人还责备共产党人,说他们要取消祖国(国家),取消民族(国粹)。

  工人没有祖国(国家)。决不能剥夺他们所没有的东西。因为无产阶级首先必须取得政治统治,上升为民族的(国家的)阶级,把自身组织成为民族(国民),所以它本身还是民族的(国民的),虽然完全不是资产阶级所理解的那种意思。

  随着工业生产以及与之相适应的生活条件的趋于一致,各国人民(国民)之间的民族分隔和对立日益消失。

  人对人的剥削一消灭,民族(国民)对民族(国民)的剥削就会随之消灭。

  民族(一国里)内部的阶级对立一消失,民族(国民)之间的敌对关系就会随之消失。

这里把括号里陈译的"国家"改为"祖国",把"国民"改为"民族",一是以突出民族和祖国来确立该宣言在中国的合法性,二是抵消近代"国民／国家"的概念,为建立无产阶级专政的国家铺平道路,即在尚未取得政权的时候,不以国民的身份出现,而以"民族"代替"国民／国家",在当时是一种权宜的做法。①

---

① 沈松侨:《近代諸概念の生成 近代中国の『国民』観念 1895—1911》,铃木贞美、刘建辉编:《近代東亜諸概念的成立:第 26 回国际研究集会》,国际日本文化研究中心 2012 年版。

现在的1949年定译本,对"暴力"一词的突出使用也是极为醒目的。我们在1906年的日文译本里找不到"暴力"一词,陈望道的译本里也没有出现。如:

  推倒有产阶级,筑起无产阶级权力的基础。(陈望道译本)

  直到这个战争爆发为公开的革命,无产阶级用暴力推翻资产阶级而建立自己的统治。(百周年纪念本)

在早期的译法中,围绕这个词也是采取不同态度的。"一般地说,朱(执信)的译文的语调听起来不像马克思的那么激烈。有趣的是,'暴力推翻'中的'暴力'一词,也从堺利彦、幸德秋水在另外有关这节更为准确的译文中略去,几个月后,在宋(教仁)的译文中又出现了。"①

的确,在其后的译本里逐渐开始使用这一概念。我们再看几个例子:

  原来意义上的政治权力,是一个阶级用以压迫另一个阶级的有组织的暴力。如果说无产阶级在反对资产阶级的斗争中下定要联合为阶级,如果说它通过革命使自己成为统治阶级,并以统治阶级的资格用暴力消灭旧的生产关系,那末它在消灭这种生产关系的同时,也就消灭了阶级对立的存在条件,消灭了阶级本身的存在条件,从而消灭了它自己这个阶级的统治。(用那权力去破坏)

  在政治实践中,他们参与对工人阶级采取的一切暴力措施。(强制)

  他们公开宣布:他们的目的只有用暴力推翻全部现存的社会制度才能达到。(颠覆→推倒→用暴力推翻)

我们注意到陈望道的译本基本上用的是"权力""强制",后来都改译为"暴力"。最后一句"推翻"前面本来没有"用暴力"这一状语,陈译也只用了"推倒"一词,但在定译本里改作"用暴力推翻"。

2. 动词:"消灭"出现频次的递增

  有关"消灭"一词在《共产党宣言》里的用法,已经有过一些讨论,主要是就德文原文应不应该都译成"消灭",本来还可以有"扬弃"之类的选择等问题提出不同观点。② 我们在这里将日文的两个本子——幸德秋水、堺利彦译

---

① 〔美〕伯纳尔著,丘权政、符致兴译:《一九〇七年以前中国的社会主义思潮》,福建人民出版社1985年版,第103页。
② 李桐:《〈共产党宣言〉中一个原文词AUFHEBUNG的解释和翻译管见》,《书屋》2000年第9期;罗伯中:《关于〈共产党宣言〉汉译本若干问题的分析》,《社会科学研究》2002年第5期。

(1906),早川二郎、大田黑年男译(1930)与陈望道译(1920),定译本(1949),注音本(1958)作一比较,看看"消灭"一词在中文版《共产党宣言》里数量上的变化(词后数字为出现页码):

表1 《共产党宣言》中"消灭"一词数量的递增

1906年幸德秋水、堺利彦译本	1930年早川二郎、大田黑年男译本	1920年陈望道译本	1949年百周年纪念本(定译本)	1958年注音本
除却 9	扬弃 79	免不了 2	消灭 24	消灭 58
绝灭 11	破坏 81	消灭 4	消失 25	消灭 59
打坏 10	破坏 82	崩坏 5	消灭 27	消灭 66
打坏 10	破坏 82	崩坏 5	消灭 27	消灭 66
除去 12	扬弃 83	除去 6	消灭 28	消灭 68
破坏 14	破坏 84	毁坏 8	消灭 30	消灭 72
沉没 18	破坏 91	沉没 12	消灭 34	消灭 86
废止 18	废除 92	推翻 13	消灭 35	消灭 87
废止 18		推翻 13	消灭 35	消灭 87
处理 18	处分 92	处置 13	打倒 35	消灭 88
禁止 20	废绝 95	废止 15	消灭 37	消灭 94
禁止 20	扬弃 95	废止 16	消灭 38	消灭 95
禁止 21	废绝 95	废止 16	消灭 38	消灭 95
	废绝 95		消灭 38	消灭 95
禁ず 21	废绝 95	废止 16	消灭 38	消灭 96
破坏 21	废绝 95	破坏 16	消灭 38	消灭 96
破坏 21	废绝 95	破坏 16	消灭 38	消灭 96
禁ず 21	废绝 96	废止 17	消灭 39	消灭 98

续 表

1906年幸德秋水、堺利彦译本	1930年早川二郎、大田黑年男译本	1920年陈望道译本	1949年百周年纪念本(定译本)	1958年注音本
禁ず 21	废绝 96	废止 17	**消灭** 39	消灭 98
扫荡 21	无クス 97	扫荡 17		消灭 98
禁绝 22	废绝 97	**消灭** 17	消灭 39	消灭 99
禁绝 22	废绝 97	**消灭** 17	消灭 39	**排除** 99
禁绝 22	废绝 97	消灭 17	消灭 39	**排除** 99
消灭 22	无クメル 97	**消灭** 17	消失 39	**消灭** 99
消灭 22	无クメル 97	消灭 17	消失 39	消灭 99
废绝 22	废绝 97	废止 17	**消灭** 39	消灭 100
废绝 22	废绝 97	废止 17	**消灭** 39	消灭 100
废绝 22	废绝 97	废止 17		消灭 100
灭绝 22	废绝 98	废止 17	**消灭** 39	消灭 100
丧ヘル 22	失ウ 98	丧失 17	**消灭** 39	消灭 100
废灭 22	废绝 98	废止 17	**消灭** 39	消灭 100
灭绝 22	废绝 98	废止 17	**消灭** 40	消灭 101
消灭 22	废绝 98	**消灭** 18	消灭 40	消灭 101
消灭 23	废绝 98	消灭 18	消灭 40	消灭 101
禁废 23	废绝 98	废止 18	消灭 40	消灭 101
消失 23	废绝 99	消灭 18	消灭 40	消灭 102
消失 23	废绝 99	消灭 18	消灭 40	消灭 102
消失 23	废绝 99	消灭 18	消灭 40	消灭 102
消灭 23	废绝 99	**消灭** 18	消灭 40	消灭 102

续 表

1906年幸德秋水、堺利彦译本	1930年早川二郎、大田黑年男译本	1920年陈望道译本	1949年百周年纪念本(定译本)	1958年注音本
废止 24	废绝 100	废止 19	**消灭** 41	**消灭** 104
绝无 24	無 100	消灭 19	独居 41	独居 104
消灭 24	消失 100	**消灭** 19	消失 41	消逝 104
消灭 24	消失 100	**消灭** 19	消失 41	**消灭** 105
消灭 24	消失 100	**消灭** 19	消失 41	**消灭** 105
禁止 24	废绝 100	禁止 19	**消灭** 41	废除 105
代フルニ 24	废シ 100	废去 19	**消灭** 41	**消灭** 105
禁绝 25	废绝 101	废止 20	**消灭** 42	**消灭** 108
禁绝 25	**消灭** 101	**消灭** 20	消失 42	**消灭** 108
消灭 25	**消灭** 102	**消灭** 21	消失 43	消逝 109
消灭 25	**消灭** 102	**消灭** 21	消失 43	消逝 109
止ム 25	止ム 102	没有了 21	**消灭** 43	消逝 109
止ム 25	止ム 102	没有了 21	**消灭** 43	消逝 109
亡灭 26	消灭 104	**消灭** 22	消失 44	消逝 112
废ス 27	废ス 105	去掉 23	**消灭** 45	**消灭** 115
消失 27	消灭 105	**消灭** 24	消失 45	**消灭** 115
ト為リ 27	トナリ 105	占领 24	**消灭** 46	**消灭** 116
一扫 27	扬弃 106	破坏 24	**消灭** 46	**消灭** 116
一扫 28	扬弃 106	扫除 24	**消灭** 46	**消灭** 116
排除 28	扬弃 106	去掉 24	**消灭** 46	**消灭** 116
废止 35	废止 117	废止 33	**消灭** 55	**消灭** 142
废止 35	废止 117	废止 33	**消灭** 55	**消灭** 142
废止 35	废止 117	废止 33	**消灭** 55	**消灭** 142

续 表

1906年幸德秋水、堺利彦译本	1930年早川二郎、大田黑年男译本	1920年陈望道译本	1949年百周年纪念本(定译本)	1958年注音本
废止 35 **消灭** 35	废止 118 **消灭** 118	废止 33 **消灭** 33	**消灭** 55 **消灭** 55	**消灭** 142 **消灭** 142
总出现次数				
11	6	22	50	56

如表1所示,"消灭"一词,在日文里本是不及物动词,有自然消失之义。日文1906版只出现11次,而陈译本倍增至22次,定译本在其基础上又倍增为50次,到后来的注音本又增加到56次。如德文原文之Aufhebung,英译obolition,1906年的日译版为"废绝",1920年的汉译为"废止",而1949年版则改译为"消灭"。这种译词的选择,显示了译者对修辞语气的把捏,而修辞语言的选择,无非又是社会环境和时代变化使然。我们再看几个具体例子(括号里为陈译):

> 旧社会的生活条件在无产阶级的生活条件中已经被消灭了。(已沉没在无产阶级的状况中了)

> 无产者只有消灭自己的现存的占有方式,从而消灭全部现存的占有方式,才能取得社会生产力。无产者没有什么自己的东西必须加以保护,他们必须摧毁至今保护和保障私有财产的一切。(推翻)

其他动词也有趋于尖锐化的倾向,比如"炸毁打倒""决裂"等词早期的译法并不激烈:

> 无产阶级,现今社会的最下层,如果不炸毁构成官方社会的整个上层,就不能抬起头来,挺起胸来。(日文)～が空中に飛ぶ→(若不把……抛出九霄云外)

> 每一个国家的无产阶级当然首先应该打倒本国的资产阶级。(必须首先处置)

> 共产主义革命就是同传统的所有制关系实行最彻底的决裂;毫不奇怪,它在自己的发展进程中要同传统的观念实行最彻底的决裂。(急激的破裂……急激的变化)

译词趋向激烈和尖锐化,不光是中译本的问题,实际上在日译本中也存在着同样的问题。如表2里日语的译词按激烈程度排比下来,可以看出各个译本的用词趋向。

表2　日译本《共产党宣言》动词选用的比较（以"消灭"为例）

激烈程度	用词	1906年幸德秋水、堺利彦译本	1930年早川二郎、大田黑年男译本	1951年大内兵卫、向坂逸郎译本
********	废绝	5	3 2	
******	禁绝	5		
*****	破坏	5	6	5
****	消灭	1 3	6	9
***	废止	7	4	2 7
***	废弃			8
**	消失	4	4	
*	扬弃		8	

前面说过，在日语里"消灭"是不及物动词，所以幸德秋水、堺利彦译本的多用并不意味着其语词的强烈，而"废绝"一词才是这组语词里程度最激烈的动词。如此看来，在日文版中，1930年由俄文版译出的早川二郎、大田黑年男本用词最为激烈，同样是语词尖锐化的代表。相比之下，1951年的大内兵卫、向坂逸郎译本就柔和多了。

3. 形容词：变"复古的""保守的"为"反动的"

这也是将语词趋于两极分化的一个典型例子。我们看一下中日两国译词的趋向：

表3　中日各译本《共产党宣言》中对形容词的选用
（以"复古的""保守的""反动的"为例）

1906年幸德秋水、堺利彦译本	1930年早川二郎、大田黑年男译本	1920年陈望道译本	1949年百周年纪念本（定译本）
小绅士阀	小ブルジヨア	小资本阶级	小市民的反动性
复古的なり	反动的である	复古的	反动的
复古的にして	反动的であり	复古的	反动的

续表

1906年幸德秋水、堺利彦译本	1930年早川二郎、大田黑年男译本	1920年陈望道译本	1949年百周年纪念本(定译本)
复古的性质	反动的性质	复古的性质	反动的性质
复古的性质	反动的	复古的性质	反动的
复古的社会主义	反动的社会主义	复古的社会主义	反动的社会主义
复古的保守的社会主义	反动的もしくは保守的社会主义	复古的保守社会主义	反动的进步的或保守的社会主义
复古的利益	反动的利益	复古的利益	反动的利益
复古的の分派	反动的分派	复古一派	反动的宗派
复古时代	复古时代	复古时代	复辟时期
保守党	保守的	保守党	保守的
保守的社会主义	保守的社会主义	保守的社会主义	保守的……社会主义
保守的なり	保守的である	保守的	保守的
保守的政敌	反动的な政敌	保守的政党	自己的反动
保守的人士	反动主义者	保守派	反动派
保守的人士	反动主义者	保守派	反动派
保守阶级	反动诸阶级	保守阶级	反动的阶级
保守党の阴谋	反动的阴谋	保守党阴谋	反动的勾当

通过此表我们可以看出,在1906年日译版中,"复古的""保守的"两个词分别出现8次和9次,在陈望道的译文里基本上是原封照搬,没有任何改动。而在1949年的定译本里,"复古的"除一处改为"复辟"外,其他均作"反动的";"保守的"有3处沿袭,5处被改为"反动的"。

从上述改译中我们还会发现其他日文版对汉语译文的影响,比如上表中早川二郎、大田黑年男1930的译法与1949年的百周年纪念本(定译本)十分相似。早川二郎、大田黑年男译本是由俄文版(1928年莫斯科国立出版所《共产主义杂志》附录)译出的,与同在莫斯科翻译的百周年纪念本恐怕有一定的联系。也就是说,马克思和恩格斯在起草《共产党宣言》时用词的严谨性,在以后的各语种译本中被大幅度削弱,而其宣传鼓动成分则得到了强化。后来1948年莫斯科出版的百周年纪念本更是一个重要的转折,不仅结束了中文版《共产党宣言》从日文、俄文转译的历史,而且开始了中文本的"尖锐化"过程,后来的各版都没有扭转这个趋势。

四、结语

"到目前为止的一切社会的历史都是阶级斗争的历史",为了证实《共产党宣言》的这一命题,马克思主义史学家们将历史视为被压迫阶级反抗和斗争的历史,以此来证明人民对压迫的勇敢斗争是推动历史进步的动力。①

中文版《共产党宣言》的改译过程也是为了这一目的服务,语词的阶级化逐步呈现,把阶级分为有产阶级、资产阶级和无产阶级,通过译词的尖锐化来突出阶级矛盾,提高阶级意识,使革命与暴力的选择变得更为合理。

1938年以后,在中国共产党的根据地延安,语言的阶级色彩更加突出。在这个历史时期,"破旧立新"应运而生,语言上也出现了鲜明对照。

《共产党宣言》的翻译及改译过程对汉语文体的影响应该引起我们足够的重视。陈望道的初译本与白话文运动的发展互为响应,奠定了《共产党宣言》早期传播的基础,但到了1949年的百周年纪念本,则超越了个人特征,作为集体意识的反映,即为斗争的需要和现实生活的需求,在语言上突出二元对立的社会结构,增加暴力色彩,以现代为中心去截断历史。我们研究《共产党宣言》的翻译,实际上是想透过中国近代的这一"日本"视点,或者说是中国现代性的语言视点,来梳理汉语文本成立过程的一个重要环节,即语言是如何演变成一种物质力量的。②

---

① 〔日〕丸山真男:《ある自由主義者への手紙》,《現代政治の思想と行動 増補版》,未来社1964年版。
② 刘禾《超级符号与观念的生成——鸦片战争中"夷"字之辨的由来》(近代東亞諸概念的成立:第26回国际研究集会)分析了语词是如何演变为一种物质力量的。

表 4 《共产党宣言》译词对照表

1906年幸德秋水、堺利彦译本	1930年早川二郎、大田黑年男译本	1920年陈望道译本	1949年百周年纪念本(定译本)	德语原文	英译
压迫策	压迫的立法	压迫政策	暴力措施	Gewaltmassregeln	coercive measures
移民	移出民	移民	流亡分子	Emigranten	emigrants
一揆骚动	一揆暴动	骚动的事	阶级斗争	Emeuten	riots
怪物	怪物	怪物	幽灵	Gespenst	spectre
学者的绅士	ブルジョア思想家	理想的资本家	资产阶级思想家	Bourgeoisideologen	bourgeois ideologists
机关 ★	手段	工具	手段	Mittel	means
急进的	急进的	急进的	进步的	Fortgeschrittener	advanced
—	强力的,暴力的	—	暴力	Gewaltsam	forcible
共产党	共产主义者	共产党	共产党人	Kommunisten	communists
共产党员	共产主义者	共产党员	共产党人	Kommunisten	communists
禁止,灭绝	扬弃,废绝(68,76)	废止	消灭	Aufhebung	abolition
禁废	扬弃	废止	消灭	Aufhebung	abolition
禁绝	废绝	消灭	消灭	Aufhebung	abolition distinction
区别	区别	差别	对立	Gegensatz	
权力	强力	权力	暴力	Gewalt	power

续 表

1906年幸德秋水、堺利彦译本	1930年早川二郎、大田黑年男译本	1920年陈望道译本	1949年百周年纪念本(定译本)	德语原文	英 译
行为	实际	行动	实践	Praxis	practice
国粹	国籍	国家的界限	民族的共同利益	Nationalitat	nationality
国粹	国民性	国粹	民族	Nationalitat	nationality
国民	国民	国民	民族	Nation(en)	nation(s)
国民银行	国立银行	国民银行	国家银行	Nationalbank	national bank
国民的解放	国民的解放	国民解放	民族解放	Nationale Befreiung	national emancipation
国民的产业	国民的产业	国民的产业	民族工业	Nationale Industrien	national industries
国民の移转	民族移住	国民底迁徒	民族大迁移	Volkerwanderungen	exoduses of nations
主义	原则	主义	原则	Prinzipien	principles
宗义	原则	主义	原则	Prinzipien	principles
小地主	小农阶级	小地主	小农等级	Kleiner Bauernstand	small peasant proprietors
小绅士	小ブルジョア	小富豪	小资产者	Kleinburger	petty bourgeois
小绅士	小资本家	小资本家	小资产者	Kleiner Burger	petty bourgeois
小町人	小市民	小资产家	小资产家	Kleinburger	petty bourgeois
职人	职人	工匠	手工业者	Handwerker	artisan
绅士	ブルジョア	有产者	资产者	Bourgeois	bourgeois

54

续表

1906年幸德秋水、堺利彦男译本	1920年陈望道译本	1930年早川二郎、大田黑年男译本	1949年百周年纪念本(定译本)	德语原文	英译
绅商	大绅商	ブルジヨア	资产者	Bourgeois	bourgeois
绅士阀、绅士	有产阶级	ブルジヨアジー	资产阶级	Bourgeoisie	bourgeoisie
专制主义	专制主义	专制政治	专制制度	Absolutismus	absolutism
争闹	对抗	对立	对立	Gegensatz	antagonism
探侦	侦探	官宪	警察	Polizisten	police spies
秩序	阶级	阶级	等级	Stande	orders
中间阶级	中间阶级	小ブルジヨア	小资产阶级	Kleinburgertum	intermediate classes
中等阶级	中等阶级	中产阶级	中间等级	Mittelstande	middle class
天然	自然	自然	自然规律	Natur	nature
天然力	自然力	自然力	自然力	Naturkrafte	nature's forces
当代绅士	近代的有产阶级	近代的ブルジヨア	现代资产者	Moderne Bourgeois	modern bourgeois
道理	道理	实践理性	实践理性	Praktische Vernunft	practical reason
废墟	废止	灭亡	灭亡	Untergang	ruins
废绝、废灭	废除、废止	废绝	消灭	Aufhebung	abolition
批评的	批评的	批评的	批判的	Kritisch	critical
标榜	拿……作主要问题	标榜	强调	Hervorheben	bring to the front

续 表

1906年幸德秋水、堺利彦译本	1930年早川二郎、大田黑年男译本	1920年陈望道译本	1949年百周年纪念本(定译本)	德 语 原 文	英 译
评论	批评	评论	批判	Kritik	criticism
贫民劳动者	プロレタリア	无产贫民	无产阶级	Proletariat	proletariat
复古时代	复活时代	复古时代	复辟时期	Restaurationszeit	restoration period
复古的	反动的	复古的	反动的	Reaktionar	reactionary
分配	收得, 领有(68/11)	分配	古有	Aneignung	appropriation
分配法	所得方法	分配方法	古有方式	Aneignungsweise	mode of appropriation
平民	プロレタリア平民	无产者, 平民	无产者, 平民	Proletarier	proletarians
平民	プロレタリアート	无产阶级	无产阶级	(Lumpen-)Proletariat	proletariat
偏执	偏见	偏见	片面性	Einseitigkeit	one-sidedness
保守的	反动的	保守的	自己的反动	Reaktionar	reactionary
保守的人士	反动主义者	保守派	反动派	Reaktionare	reactionists
门阀的	家长的	家长的	宗法的	Patriarchalisch	patriarchal
理想	理想	理想	思想	Ideen	ideas
理想家的	理想的	理想家	意识形态	Ideologisch	ideological
掠夺	开发	垄断	开拓	Exploitation	exploitation

附记：本文曾在香港中文大学中国文化研究所当代中国文化研究中心召开的"思想史上的认同问题：国家、民族与文化"国际学术研讨会（2005年10月13日）上宣读，翌年刊登在《二十一世纪（双月刊）》2006年2月号（总第九十三期）上。随后在收录到孙江主编的《新史学》第二卷（中华书局2008年版）时，增补了部分图表和内容。此次承复旦大学邹振环教授的厚谊，收入本书的版本根据拙著《东往东来：近代中日之间的语词概念》（社会科学文献出版社2019年版）第九章"让语言更革命——《共产党宣言》的翻译问题"，将副标题恢复原状并在文字上作了些订正。另外，日文版最早刊登在《マルクス・エンゲルス・マルクス主義研究》49号（2008年5月）上，后收入孙江、刘建辉编《東アジアにおける近代知の空間の形成》（东方书店2014年版）一书。此次收入本论文集时，又承编辑作了部分文字上的修订，特此致谢。

《共产党宣言》陈瘦石译本出版始末

曹文博

(陕西师范大学历史文化学院)

《共产党宣言》自 1848 年发表以来,以不同语言版本在世界上传播,从而产生了许多译本。中华人民共和国成立之前,《共产党宣言》在国内有七个中文全译本。① 陈瘦石译本颇具独特性——第一,它是唯一一部在国统区正式公开出版的《共产党宣言》汉译本;第二,它不是单独出版,而是中文版《比较经济制度》(*Comparative Economic Systems: Capitalism, Communism, Socialism, Fascism, Cooperation*)②下册的附录。这表明《共产党宣言》陈瘦石译本和中文版《比较经济制度》是一个整体,对《共产党宣言》陈瘦石译本的研究离不开中文版《比较经济制度》。学界以往的研究大多注重陈瘦石及其《共产党宣言》译本本身的相关问题,有的对陈瘦石译本进行了考证,认为其出版的目的是让更多的民众、学者了解和研究他国经济制度,并在此基础上为本国经济建设工作予以启示和建议③;也有的论述了陈瘦石对《共产党宣言》理解的学理基础,并且对译本译文进行了研究解析④。但是前述研究中较少探讨中文版《比较经济制度》的编译机构——中山文化教育馆、审查机关——重

---

① 分别是 1920 年 8 月由社会主义研究社出版的陈望道译本;1930 年由华兴书局出版的华岗译本;1938 年 8 月由延安解放社出版的成仿吾、徐冰译本;1943 年由延安解放社出版的博古校译本;1945 年由商务印书馆出版的陈瘦石译本;1948 年由香港中国出版社出版的乔冠华校译本;1949 年由苏联外国文书籍出版局整理出版译本。详见陈红娟:《概念厘定与译本甄别:〈共产党宣言〉汉译考》,《党史研究与教学》2015 年第 2 期。
② W. N. Loucks & J. W. Hoot, *Comparative Economic Systems: Capitalism, Communism, Socialism, Fascism, Cooperation*, New York and London: Harper & brothers, 1938, p.3.
③ 详见陈红娟:《〈共产党宣言〉陈瘦石译本的若干考证》,《文汇报》2018 年 6 月 29 日。
④ 详见方红:《〈共产党宣言〉陈瘦石译本考释》,《马克思主义与现实》2020 年第 6 期。

庆市图书杂志审查处、出版商——商务印书馆等主体在出版①过程中的角色和作用,对中文版《比较经济制度》的出版史实还原也不够充分。有鉴于此,本文拟利用中山文化教育馆相关出版物、民国时期图书审查档案资料、回忆录等,充分探究《共产党宣言》陈瘦石译本出版前后的相关问题。

一、出版背景

《比较经济制度》在附录中收录了《共产党宣言》,但此书并不是一本专门宣传介绍马克思学说的著作,而是用以普及经济学知识的经济学教材。该书1938年在美国出版,作者是美国宾夕法尼亚大学经济学教授洛克斯(W. N. Loucks)与霍特(J. W. Hoot),此书全面地介绍了当时世界的主要经济制度和潮流,包括它们的基本原理、发展概述和评价等。全书内容包括导言、乌托邦主义先驱者、马克思的社会主义与共产主义学说、现代社会主义与共产主义、苏联经济、意德法西斯主义及消费合作运动等七编。除了主体内容以外,全书还有八个附录,第一个附录就是《共产党宣言》。②

中山文化教育馆是1932年由孙中山之子孙科等人发起成立的一个学术文化机构,是《比较经济制度》编译出版的组织者,1941年前后③,该馆决定编译《比较经济制度》,将其纳入"中山文库"出版。这年,国民党五届八中全会会议宣言指出:"战争之胜负取决于经济,今日中国经济之建设实与军力之扩充,同共急要,而尤须知经济建设实为一切建设之根本。"④因此,加强经济建设就

---

① 出版一般指的是编辑、复制作品并向公众发行的活动,包括编辑、复制、发行三个阶段。编辑指策划、组织、审读、选择和加工作品,在出版活动中居于中心地位;复制指用印刷等技术手段,将原稿制作成出版物;发行指将出版物传送给消费者。然而笔者受《共产党宣言》陈瘦石译本相关材料所限,只能将本文的研究重点集中在编辑和复制阶段,发行阶段留待发掘到新的资料再论。
② 其余分别为《一九三六年社会党党纲》《一九三六年共产党党纲》《苏维埃社会主义共和国联盟宪法》《劳动宪章》《民族社会主义德意志劳工党纲领》《国家紧急应付法(授权法案)》《国家新机构法》。参见 Comparative Economic Systems: Capitalism, Communism, Socialism, Fascism, Cooperation, pp.719-802。
③ 根据王文山在1942年12月写给陈瘦石翻译的《比较经济制度》上册的序言,"瘦石兄译这本书,费时一年有半",可以大致推测,陈瘦石开始翻译这本书的大致时间是1941年6月,说明至晚在1941年,中山文库审订委员会就已经决定《比较经济制度》一书进行翻译。参见〔美〕洛克斯、霍特著,陈瘦石译:《比较经济制度》,商务印书馆1943年版,王文山序,第3页。
④ 中央执行委员会秘书处:《中国国民党第五届中央执行委员会第八次全体会议纪录》,中国第二历史档案馆、海峡两岸出版交流中心编:《中国国民党历次全国代表大会暨中央全会文献汇编》第十九册,九州出版社2012年版,第133页。

成为这一时期国民党全党的重要任务。但是,经济体系的建设是个十分复杂的问题,在建设本国经济体系的时候,积极借鉴参考他国经济建设的经验是必要而且亟须的。早在1940年11月2日,时任立法院长的孙科在中央训练团党政训练班第十一期演讲时就强调:"在建国途程中,我们绝不蹈欧美资本主义国家的覆辙。"①因此,基于学习借鉴英美等国经济建设的经验,同时亦是为了履行创办初衷之宣言——"阐明中山先生之主义与学说,树立三民主义文化与教育之基础,培养民族之生命"②,中山文化教育馆担起了翻译介绍西方经济学著作的责任,并进行改组,强化机构,恢复过去的研究、调查及介绍翻译世界学术著作等工作,以此来尝试解决当时迫切的建设战后三民主义新中国之诸问题。③

"中山文库"的出版有着严格的程序,经过层层筛选,旨在真正挑选出一批有重要学术价值的著作。首先,由审定委员会和邀请的专家共同开列百余种图书目录并附提要;其次,由审定委员会选定二十种,分别邀请专家进行翻译;再次,发布选译书目后充分吸收各方意见,经中山文化教育馆理事长孙科、秘书主任叶誉虎、理事蔡元培和王云五最后审订决定书目;最后,和商务印书馆签订出版契约。④ 中山文化教育馆大量引进国外著作,其中与马克思主义、社会主义学说相关的政治、经济著作也多有涉及。编译含有《共产党宣言》文本的经济思想书籍并不是一个孤立的事件,其早期就计划编译一系列专门研究社会主义的书籍。例如在其《中山文库世界名著译丛书目》中就列出《苏俄新教育》(The New Education in Soviet Russia)、《英国社会主义史》(History of British Socialism)、《美国社会主义史》(History of Socialism in U.S.A.)、《从空想到科学的社会主义》(Socialism from Utopia to Science)、《进化的社会主义》(Evolutionary Socialism)、《马克思之真谛》(What Marx Really Meant)等⑤,这一方面说明"中山文库"在选题上比较开放、兼容并蓄,另一方面也说明中山文化教育馆对马克思学说和社会主义的关注由来已久。据目前

---

① 孙科:《抗战建国的基本概念》,《孙科文集》第二册,台湾商务印书馆1970年版,第457页。
② 中山文化教育馆编:《中山文化教育馆章程》,《中山文化教育馆成立周年纪念刊》,中山文化教育馆1934年版,第26页。
③ 中山文化教育馆编:《中山文化教育馆十周年工作概况》,中山文化教育馆1943年版,第26页。
④ 《中山文化教育馆成立周年纪念刊》,第6页。
⑤ 中山文化教育馆编辑部:《中山文库世界名著译丛书目》,《中山文化教育馆季刊》第2卷第4期(1936年)。

资料,上述出版目录中正式出版的著作有《马克思之真谛》和《英国社会主义史》。①

综上而言,在内容上,《比较经济制度》充分比较和分析了世界上主要的经济制度,较为契合当时国民政府战时经济建设的需要,便于政府当局从中借鉴经验、吸取教训,当然这种借鉴的思想与孙科个人的主张和想法一致。所以,中山文化教育馆选择翻译这本书的价值不仅在于它可以成为大学教材,或者给一般热心经济建设的人提供珍贵的参考资料,更重在为政府当局提供经济建设的经验参考。② 另外需要指出的是,中文版《比较经济制度》上册和下册最终出版的时候移除掉了英文原文中所有的"课堂讨论问题"(Questions for Class Discussion)和"学生报告主题"(Subjects for Student Reports),这就在很大程度上弱化了此书作为大学教材的作用,变成了一部较为单纯介绍世界上现存经济制度的学术著作。

二、出版前审查环境

中文版《比较经济制度》下册在封底页上有"重庆市图书杂志审查处审查证世图字第 3400 号"的字样,显示该书通过重庆市图书杂志审查处的审查,而要还原《比较经济制度》的审查环境就要从送审时间入手,分析当时图书杂志审查法规的特点。从时间上来看,陈瘦石翻译《比较经济制度》全书的结束时间不晚于 1942 年 12 月。1943 年 3 月发布的《中山文化教育馆十周年工作概况》分阶段进行工作总结,其中提到:"一年来已译竣及选译者有下列各书:《比较经济制度》(Loucks & Hoot)陈瘦石译,已完稿。"③据此可知,陈瘦石在 1943 年 3 月之前就已经将《比较经济制度》整本书翻译完毕。考虑到王文山在 1942 年 12 月就已经为即将出版的中文版《比较经济制度》写下序言,因

---

① 谌小岑指出,《马克思之真谛》将马克思的哲学、政治、经济思想以 20 世纪 40 年代为背景加以阐释,这本书的目的不是给马克思的著述作注,而是介绍马克思主义中仍然适用于今日的部分,去除那些陈旧的观点。参见 G. D. H. Cole 著,谌小岑译:《马克思之真谛》,商务印书馆 1936 年版,译者绪言,第 1 页。《英国社会主义史》比较系统地叙述了从中古到 20 世纪 30 年代末英国历史上的社会主义思潮,但没有用马克思主义进行分析和阐释。参见〔德〕比亚(M. Beer)著,汤澄波译:《英国社会主义史》,商务印书馆 1936 年版。
② 参见《比较经济制度》上册,王文山序,第 2 页。
③ 中山文化教育馆编:《中山文化教育馆十周年工作概况》,中山文化教育馆 1943 年版,第 31 页。

此,可以将陈瘦石完成翻译的时间提前到 1942 年 12 月,译稿应在 1942 年 12 月后送交重庆市图书杂志审查处审查。

这一时期,国民党颁布了一系列法律法规并且加强机构协作来进行书刊杂志的审查。

首先,从审查流程来看,1940 年 9 月 6 日生效的《战时图书杂志原稿审查办法》规定,没有审查证号或者冒印的图书、杂志,以及审查机关不准发行、不遵照指示删改而擅自出版的书籍,一律查禁;涉及反动言论,依法处罚编辑人、印刷人与发行人。而由外地运入的图书,也必须印有中央或其他省、市、县审查机关的审查证号码,才可以发售。① 1942 年中央图书杂志审查委员会通过的《图书送审须知》规定封面、插图、前言、后记等均须送审。通过的送审稿即为最终正式出版稿件,不得作任何变动。稿件经审查后,必须按照审查机关的要求进行办理,被删除的部分不得在正式出版的稿件中保留任何痕迹,审查证号必须按照要求排印在封面上。② 1944 年公布的《修正图书杂志剧本送审须知》规定"图书、杂志无论曾经原稿送审与否,均应于出版后检送二份,请所在地审查机关为事后审查或复核",还规定了送审手续,须由著作人、主编人或发行人填写当地审查机关的申请表,连同原稿送请审查;另外,送审译文原稿,也要附送原文,以备检查。③ 需要指出的是,1943 年重庆市图书杂志审查处升级为"特级处",编制和经费有所增加。为了加强与重庆市党政军警宪机关的联系,制定了以座谈会的形式,定时召集有关机关,如市党部、社会局、警察局、重庆卫戍司令部稽查处、政治部、重庆新闻检查处、邮电检查所、宪兵司令部、中央及军委会调查统计局、军委会特检处等主管人员,举行谈话会,交换情报,检讨工作,设计研究,以期取得工作上之联系推进。④ 由此可见,对图书杂志的审核、查禁等工作,由多部门各司其职、共同协作,一定程度上使得对图书杂志的审查更为严苛和复杂。但是根据中文版《比较经济制度》下册封底页上的"重庆市图书杂志审查处　审查证世图字第 3400 号"字样,该书最终还是由重

---

① 《战时图书杂志原稿审查办法》,刘哲民编:《近现代出版新闻法规汇编》,学林出版社 1992 年版,第 252—254 页。
② 中央图书杂志审查委员会:《图书送审须知》,王煕华、朱一冰辑:《1927—1949 年禁书(刊)史料汇编》第二册,北京图书馆出版社 2007 年版,第 718—721 页。
③ 《修正图书杂志剧本送审须知》,张静庐辑注:《中国近现代出版史料》现代丙编,上海书店出版社 2003 年版,第 508—512 页。
④ 参见徐坤:《中央图书杂志审查委员会研究(1938—1945)》,华中师范大学 2017 年博士学位论文。

庆市图书杂志审查处颁发了审查证。

其次,从审查内容来看,国民党中央宣传部编印的1929年至1935年取缔662种书籍目录中,就以"赤匪刊物"的名义将《共产党宣言》取缔。① 在1944年6月20日国民政府公布的《战时出版品审查办法及禁载标准》中,"违背立国之最高原则"一项对所谓"最高原则"的解释中即有"鼓吹阶级斗争"。又规定不按原稿送审的书刊出版后,如发现有内容与禁载标准相抵,中央审查委员会可以停止图书发行,视情节追究发行人、著作人的责任。② 在这样严格的图书审查制度之下,陈瘦石的译稿理应被禁,或者删掉附录中的《共产党宣言》,但是该书通过了重庆市图书杂志审查处的审查。学界对该书通过审查的原因作了分析,主要依据商务印书馆的特殊地位、声望以及该书的出版目的。③ 相较而言,这些分析解释依据的史料较少,结论较为粗疏。重庆市档案馆现存有关"重庆市图书杂志审查处"和"中央图书杂志委员会"档案中有关核发图书审查证的档案上大致只有"名称""著译人""送审人""发行者""送审日期""核准日期""审查证号"等信息④,未见送审图书的审查意见或者报告,因此,受史料所限,从审查环节中去寻找中文版《比较经济制度》及其中《共产党宣言》得以通过审查的详细原因及审查机关的真实态度,尚难以得出明确结论。

除了上述对出版原因的分析之外,还有两个间接因素尚未受到研究者的重视,即《比较经济制度》内容的立场和其编译机构中山文化教育馆的政治背景。

首先,从内容上看,该书第十二章"马克思学说的评价"中,作者指出了马克思学说的价值:"若是部分(并非全部)地根据马克思的理论,来观察运行于

---

① 中国国民党中央宣传部:《中央取缔社会科学反动书刊一览》,王煦华、朱一冰辑:《1927—1949年禁书(刊)史料汇编》第一册,北京图书馆出版社2007年版,第253页。
② 《战时出版品审查办法及禁载标准》,《近现代出版新闻法规汇编》,第279页。
③ 参见杨金海、胡永钦:《〈共产党宣言〉在中国的翻译、出版和传播》,杨金海主编:《马克思主义研究资料》第2卷,中央编译出版社2014年版,第552页;陈红娟:《〈共产党宣言〉陈瘦石译本的若干考证》;方红:《〈共产党宣言〉陈瘦石译本考释》。
④ 例见重庆市图书杂志审查处:《重庆市图书杂志审查处经审准予发行之已出版书刊一览表》第三十一号,重庆市档案馆藏档案号:00600013000650100004;重庆市图书杂志审查处:《重庆市图书杂志审查处三十二年三月份核发图书原稿审查证号登记一览表》,1943年3月,重庆市档案馆藏档案号:0053-0023-00019-0100-176-000;中央图书杂志审查委员会:《全国审准发行图书一览》第一辑,1944年7月,重庆市档案馆藏档案号:00610015030700000036000。

资本主义中的诸种过程,则对于这些过程的运行,至少能获较澈底的认识。"①由此可以看出,作者在附录中列出《共产党宣言》全文,一方面是为了加深读者对正文相关内容的理解,另一方面,也是为了较为彻底地观察运行于资本主义中的诸种过程。同时,作者也对马克思主义学说从经济学的角度提出了一些看法,对马克思学说的理论部分持否定态度,与国民党的政治主张一致,所以,附录中收录《共产党宣言》全文即是一种"凭证",让广大读者分析研判。这与国民党基于自身需要,对包括马克思学说在内的诸多思想进行引进和研究,将它们作为社会理论学说用来借鉴的做法一致,因此通过审查也应符合情理。②

其次,从中山文化教育馆的发起、组织和运行来看,它并非一个简单的民间机构。政治上的失意是孙科将注意力投向文化工作的一个重要背景。③ 1932 年冬,孙科在上海以私人名义发起组织中山文化教育馆。孙科和国民党内中高层人士认为,国民党在国民思想统一方面做的工作远远不够,文化方面暴露出明显的破绽,不利于中国的政治和社会发展。因此,非常有必要重振并发扬三民主义文化。④ 从表面上看,中山文化教育馆属于民间学术文化机构,但是在后来的运作中它仍未能脱离官方背景,这从它署名的发起人组成可窥一斑。最终公布的发起人一共 331 人,几乎汇集了国民党内各界高层人士。⑤ 孙科创立中山文化教育馆虽然为时势所推,更重要的是其主观上想借此加强个人在文化领域的影响力,以作为其政治角逐的砝码,所以孙科倾力筹备和组织,并在中山文化教育馆各方面工作中体现他的意志⑥,也即"政治永远是最后的目的,学术与文化不过是手段而已"⑦。《比较经济制度》可以被列入"中山文库",从某种程度上讲,代表了以孙科为代表的一部分国民党高层

---

① 《比较经济制度》上册,第 231 页。
② 《比较经济制度》上册,第 227—230 页。
③ 关于孙科在 1931 年到 1932 年间的政治经历,详见王捷:《中山文化教育馆与近现代中国文化建设》,中山大学 2011 年硕士学位论文。
④ 参见孙科:《中山文化教育馆筹备经过》,《孙科文集》第一册,台湾商务印书馆 1970 年版,第 101—106 页。
⑤ 如蒋中正、林森、吴稚晖、于右任、蔡元培、陈果夫、陈立夫、居正、何应钦、宋子文、罗家伦、朱培德、顾祝同、王云五等。参见中山文化教育馆筹备委员会编:《中山文化教育馆筹备委员会总报告》,中山文化教育馆 1933 年版,第 17—26 页。
⑥ 参见王捷:《中山文化教育馆与近现代中国文化建设》。
⑦ 余英时:《试论中国文化的重建问题》,余英时著,沈志佳编:《余英时文集》第 7 卷《文化评论与中国情怀》上(第二版),广西师范大学出版社 2014 年版,第 278 页。

人士的思想倾向。而且国民党中宣部早在1938年就把中山文化教育馆的所属公开标注为"本党"。① 所以,中山文化教育馆的官方背景为中文版《比较经济制度》通过审查而发挥的作用不可小视。

三、出版策略

商务印书馆的经营策略很大程度上影响了《比较经济制度》出版的物理形态。抗日战争全面爆发后,受财政困难、时局紧张、盈利微薄和排版工作繁重等因素的影响,商务印书馆的业务受到不小的打击。王云五本人也对商务印书馆的发展提出了建议,他认为要继续降低成本,这样才能与同行形成竞争优势。② 王云五在图书排版、印刷数量、纸型、印刷技术等方面提出了具体方案。对于图书排版,他提出采用战时的节约版式,尽量减少空白位置,并增加行数字数;对于印刷数量,他认为印数要减少,可以多次再版,但是不能因为滞销而积压,要避免纸张的浪费;对于纸型,他也提出了采用轻磅纸张和航空纸型,最大程度降低书籍印刷的成本;在技术方面,他还创立新的排字法、化学翻印法等。③ 北京大学图书馆馆藏的中文版《比较经济制度》下册纸本在物理形态上就体现了王云五的诸多经营主张。该书长度19厘米,宽度14厘米,厚度2厘米,左开本,普通装订非锁线,定价为国币五元。正文繁体竖排,一共352页,其中《共产党宣言》占了29页,每页至多20列,每列至多48个字符,这样每页最多可以达到960字。该书纸张使用的是渝版手工纸,质量很轻,手感粗糙,整体泛黄,可以看到植物的碎屑。

《比较经济制度》英文原版933页,全书一册,但是陈瘦石翻译的中文版在出版的时候分为上下两册出版,这与商务印书馆的出版惯例和当时图书审查制度下的时间延误有密切关系。上册包括前四编一共18个章节,于1943年9月出版,1944年8月再版;下册则包括后三编一共13个章节以及8个附录,于1945年4月出版。中文版《比较经济制度》上册一共337页,下册一共352页,如果编成一册出版总页数至少686页。根据目前所见由商务印书

---

① 中国国民党中央宣传部:《国民党中央宣传部审查书籍刊物总报告》,中国第二历史档案馆编:《中华民国史档案资料汇编》第5辑第2编文化1,江苏古籍出版社1998年版,第677页。
② 王云五:《苦难与奋斗》,《岫庐八十自述》,台湾商务印书馆1967年版,第215—229页。
③ 王云五:《八年苦难的前期》,《岫庐八十自述》,第239—254页。

馆出版的41种"中山文库"图书可知，该丛书单本页数大多在600页以内，对于大部头的书籍，通常的做法是分卷出版①，这样可以有效降低出版成本。因为书籍的销售情况很难预料，单本图书的页数越多，出版社和印刷厂承担的成本就越高。假如销量不好，将会积压，不仅会耗费过多资金，而且会造成纸张的浪费。将图书分册出版就给了出版社较大的灵活性，可以根据市场的需要来调整出版计划。对于受欢迎的图书可以再版，并且继续推出后续的部分，销量不佳的图书则淘汰。中文版《比较经济制度》上册在1943年9月出版后，于1944年8月再版，说明该书的销量乐观，继续推出下册迎合消费者需求符合市场规律。

在20世纪40年代出版审查制度较为严格的背景下，一本书从送审到出版会经历较长时间。有论著指出，国民党当局为了扼杀进步文化书刊的出版，故意拖延原稿的审查时间。一份原稿送审，常常要半年后才能知道结果。该论著进一步引用重庆市图书杂志审查处处长陆并谦在1943年10月31日的一次会上讲话，说从该年3月到8月的6个月内，该处共审书稿1 674件，其中原稿为1 056件，已审查通过618件。共审期刊稿849期，占全国的三分之一。因为要审的稿件多，难免有延误。② 这固然是一种托词，但也说明书稿审查时间长短的不确定性。以峨嵋出版社1944年4月出版的《鲁迅全集》单行本《三闲集》为例，该书自1942年9月21日由峨嵋出版社呈报重庆市图书杂志审查处起，历经一年有余，最后于1943年12月8日"遵照指示，删改付排"。③ 中文版《比较经济制度》上册从1942年12月翻译完成到1943年9月出版就经历了近十个月的时间。同样，中文版《比较经济制度》下册也必须严格走完审查程序，获得审查证，直到1945年才得以出版，在上下册的出版时间上就造成了近两年的时间差。

---

① 利用"读秀"学术搜索(http://www.duxiu.com /)，以"中山文库"为检索丛书名，并以中国国家图书馆网站(http://www.nlc.cn)、CADAL网站(http://www.cadal.zju.edu.cn /index.)、浙江图书馆网站(http://www.zjlib.cn)上资料为补充，可得到1934年到1948年由商务印书馆出版的"中山文库"部分单卷本图书和部分多卷本图书的出版信息。其中，1934年到1948年共出版19种单卷本图书，页数最多一本为547页，最少一本为171页，100到200页的图书有4种，200到300页的图书有8种，300到400页的图书有5种，400页以上图书有2种。1936到1947年共出版43册多卷本图书，页数最多一本为577页，最少一本为232页，200到300页的图书有7种，300到400页的图书有24种，400到500页图书有6种，500页以上图书有6种。
② 参见生活书店史稿编辑委员会编：《生活书店史稿》，生活书店出版有限公司2013年版，第245页。
③ 周国伟编著：《鲁迅著译版本研究编目》，上海文艺出版社1996年版，第37—40页。

四、余论

　　1943年3月，在中文版《比较经济制度》上册出版的同时，由社会主义研究社翻译的《马克斯主义与社会史观》也通过了重庆市图书杂志审查处的审查，之后由中国文华服务社印行。该书为"中国国民党丛书"之一种，叶楚伧撰写的"丛书序言"指出，编辑这套丛书的目的在于加强国民对国民党的认识，使全体国民集中于国民党的领导下，以三民主义为指导，确立共同的信念，巩固团结，共同担当抗战建国的使命。根据叶楚伧的序言，《马克斯主义与社会史观》一书属于"中外学者发扬国民党主义的论著"。[①] 所以，此一时期国民党对待马克思学说也不完全就是谈"马"色变，也存在学习、研究马克思学说的情况，而且这种学习、研究的历史由来已久。既有研究指出孙中山很早就向往社会主义，高度评价马克思和马克思的学说，但他主张调和资本主义和社会主义，利用外国的资本主义，发展出中国的社会主义。[②] 朱执信在辛亥革命前曾比较详细地叙述了马克思、恩格斯的生平活动，并介绍了《共产党宣言》的主要内容和《资本论》的大致要点，他的译介使其在中国早期马克思主义传播史上占有重要地位。[③] 廖仲恺信仰社会主义，秉持激进农工立场，但反对阶级斗争；他从集合生产和社会平等的角度理解社会主义的优势，并且重视发挥社会合作组织的作用，以培养民主基础。[④] 在五四时期，胡汉民等人为宣传马克思主义的唯物史观、经济学说、科学社会主义所作的努力，对于其后国民党人接受苏俄帮助，在共产国际联络下与中国共产党人进行合作起着思想上的准备作用。[⑤] 后来，国民党虽然极力禁止马克思学说在中国的传播，但是在研究、学习甚至是批判马克思学说的过程中，为马克思学说的传播发展制造了另一种可能，这正是历史的吊诡之处。国民党一方面打压共产党等出版关于马克思学说的书籍，另一方面基于自身需要，对包括马克思学说在内的诸多思想也进行了引进和研究，将它们作为社会理论学说加以借鉴，前述"中山文库""中

---

① 叶楚伧：《中国国民党丛书序言》，社会主义研究社：《马克斯主义与社会史观》，中国文华服务社1943年版，第1—2页。
② 杨天石：《师其意不用其法——孙中山与马克思主义二题》，《广东社会科学》2011年第5期。
③ 杨金海：《马克思主义的传播与中华民族的百年命运：写在大型电视文献纪录片〈思想的历程〉播出之际》，《马克思主义与现实》2011年第4期。
④ 李志毓：《廖仲恺与国民党左派的社会思想》，《广东社会科学》，2016年第3期。
⑤ 左双文：《胡汉民与五四时期的社会主义思潮》，《广东社会科学》1989年第2期。

国国民党丛书"出版的著作即是鲜明的例证。此外,研究分析过程中对共产党的政治主张与马克思主义学说之间加以适当的区分,时人曾指出:"在国内批评共产党者夥矣;批评马克斯主义者则尚鲜。批评共产党者尚多中肯之作;而批评马克斯主义确能搔着痒处者,则又罕觏。其故在于批评共产党易,而批评马克斯主义则较难。盖共产党有显著之事实,彰形于外,不难抨击;而马克斯学说则渊博宏富,艰涩难读,不易评陟。且批评而出之于客气谩骂易,批评而能虚心探讨则较难也。"①这种区别对待的态度,使得马克思学说在国民党严苛的图书审查制度下仍然有存在的空间。

有论者指出自国民党"十六年清党以来,党内意见的纠纷,更日甚一日,当时对于同一战线之革命忠实同志,也疑神见鬼,互起怀疑。因为这种理论上之纠纷,一般民众都觉得彷徨无主,党内忠实同志也感到无所适从,徘徊瞻顾。目下反动的宣传与反动的势力浸满各地,根本的原因,就在革命理论的纠纷无定"②。这显示了国民党在自身理论建构上存在严重缺陷。国民党曾经也是苏俄的学生,和共产党即便在政治上分道扬镳以后,在思想上也并未彻底分清。在社会上把马克思主义作为一种社会科学理论来研究并不完全是禁忌,三民主义理论的贫乏使国民党仍有借马克思学说来助威的意图,而且苏联"五年计划"的成功使中国各界更加认识到马克思主义的强大生命力,所以,马克思主义思潮的影响不断扩大。③ 因此到 20 世纪 40 年代,中文版《比较经济制度》及其附录《共产党宣言》的出版既是必然中的偶然,也是偶然中的必然。

---

① 吴兆莘:《对于马克斯主义之批评》,《浙江反省院月刊》1931 年第 2 期。
② 百先:《用三民主义的理论攻破共产党的邪说》,《浙江党务》1929 年第 39 期。
③ 张太原:《二十世纪三十年代的马克思主义思潮》,《中共党史研究》2011 年第 7 期。

经典与通俗读本译刊

中国第一部《资本论》全译本的诞生

张国男　郑　璀　艾屹梅　黄燕生

("老三联"后人)

1938年的盛夏,马克思主义的经典著作《资本论》三卷全译本在华夏大地横空出世了。这部巨著的问世,是近代中国出版史上的一件大事,在当时的社会产生了巨大的影响,而出版者是一家社龄仅有两年、员工只有十数人的小小出版社——读书生活出版社。一家资金短缺、人员年轻、经验不足的出版社何以能够甘冒政治、经济风险,出版这部鸿篇巨制?回顾一下当时的社会历史背景,回顾一下《资本论》全译本的翻译出版发行的全过程,也许能够帮助我们解答这个问题。

一、《资本论》翻译出版的历史背景

19世纪末20世纪初的中国,灾难深重。外有强敌虎视眈眈,日、俄、英、德等国强取豪夺;内有官僚地主盘剥、压榨百姓,水、旱、蝗灾肆虐大地,民不聊生。中国的有志之士,到处寻找救国救民的道路与方法。有的遍访欧美,有的渡海东瀛。各种各样的理论、主义、学说,潮水般涌入中国。

1917年俄国爆发十月革命,建立了世界上第一个苏维埃政权,这极大地鼓舞了中国的进步知识分子和爱国人士,决心走苏俄的道路。1921年,中国共产党成立。

实事求是地说,20年代初中国共产党成立时的理论准备是远远不足的。无论是在城市,还是在乡村,革命走了不少弯路。特别是1927年蒋介石、汪精卫先后背叛革命,大肆屠杀共产党员和革命群众,千万人头落地。痛定思痛,共产党人迫切感到需要革命理论的指导。如何认识中国社会的性质？如何取得革命的胜利，建设一个富强、民主的新国家？在众多外来的理论中谁能够给中国指出一条正确的道路？大革命的失败激发了人们的问题意识和理论需求，引发了中国社会广泛的大思考大论争。最终，中国共产党选择了马克思主义，走马克思、恩格斯、列宁的道路。学习、掌握、宣传马克思主义成为一项重要的任务，首当其冲的，就是翻译马克思主义的经典著作。

1867年9月，马克思撰写的《资本论》第1卷在德国汉堡出版，这是马克思倾注毕生心血铸成的科学结晶，是马克思主义最厚重、内容最丰富的著作，被誉为"工人阶级的圣经"。在19世纪末20世纪初，马克思和《资本论》的名字已经出现在中国的报刊上，梁启超、孙中山等人也都在他们的文章或讲演中提到《资本论》，不过这些介绍都是非常简略、粗浅的。到了20世纪二三十年代，各种介绍、评论多了起来，但《资本论》的引进出版仍是非常艰难，充满了曲折：1930年3月，上海昆仑书店出版《资本论》的第1卷第1分册（第1卷的第1篇"商品和货币"），由陈启修（陈豹隐）根据德文版参照日文版翻译。1932年8月、1933年1月，北平东亚书店出版了《资本论》第1卷第2、3、4分册，由潘冬舟翻译。1932年9月，北平国际学社出版《资本论》的上册，由王慎明（思华）、侯外庐翻译。1934年5月，商务印书馆出版《资本论》第1卷第1分册（即第1卷第1、2篇），吴半农译，千家驹校。1936年6月，北平世界名著译社出版《资本论》第1卷中册（即第3篇第8章至第4篇第13章）。世界名著译社出版《资本论》第1卷下册（即第5篇第14章至第7篇第25章），右铭、玉枢译。……从1930年到1936年间，经过京沪两地进步的学者和出版者的共同努力，《资本论》第1卷中文版全部出齐，但在中国仍然没有《资本论》三卷的全译本。① 出版《资本论》全译本的重任，历史性地落在了年轻的读书生活出版社的身上，落在了几个年轻的中国共产党人身上。

二、读书生活出版社

读书生活出版社的前身是1934年创刊的《读书生活》半月刊。此前

---

① 汪耀华：《中国出版家黄洛峰》，人民出版社2020年版，第54—55页。

在1932年,李公朴先生进入上海申报馆工作,在史量才先生的支持下创办了申报流通图书馆,设立了读书指导部,还在《申报》开辟了"读书问答"等指导性栏目,聘请艾思奇、柳湜、夏征农、廖庶谦等撰文解答读者带有普遍性的问题。随着读者队伍的不断扩大,需求的不断增加,《申报》"读书问答"栏目扩展成《读书生活》半月刊,脱离《申报》于1934年11月正式出版。该刊普及文化知识,宣传进步思想,从事救亡工作,在新文化运动中产生了极大的影响。有了强大的社会基础、广泛的社会需求,读书生活出版社于1936年2月正式成立了。由李公朴任社长,艾思奇任编辑部主任,柳湜任出版部主任,汪伦任经理和业务部主任,李公朴、陶行知、沈钧儒等任董事,郑易里是经常撰稿人。

以读书生活出版社名义出版的第一本书,就是艾思奇著作的《哲学讲话》,原为艾思奇在《读书生活》半月刊上连续发表的"哲学讲话"汇编成的单行本。这本通俗的哲学著作甫一出版,就受到广大读者的欢迎,很快销售一空,但也引起国民党宣传机关的注意,遭到当局的查禁,作者修改后以《大众哲学》之名再次行销于世。至1948年此书共发行了32版,数十万册,成为读书生活出版社的看家宝典。《大众哲学》的成功鼓舞了出版社员工的士气,也提高了出版社的社会声誉,同时为以后出版《资本论》等一系列马列著作积累了经验,打下了坚实的基础。

1936年11月,《读书生活》主编、社长李公朴因"七君子"事件入狱,杂志被查封,读书生活出版社陷于政治和经济的双重困境,濒于倒闭。迫于形势,1936年底出版社改组,由艾思奇任总编辑,郑易里任董事长及编辑、撰稿人,邀请身在南京的挚友、云南同乡又是同学的黄洛峰前来任经理,狱中的李公朴转任董事。三个年轻的云南人挑起了读书生活出版社的重担。

读书生活出版社本来就有办成"读者之家""作者之家"的宗旨,经过时任社领导的多次酝酿,此后的出版方针也定下来了:以传播马克思主义为长远任务和以抗日救国为现实任务。出版计划是由三位年轻的领导人精心研究之后提出的,计划中最引人注目的是出版《马克思恩格斯全集》,首先要出版的就是《资本论》。

图 1　李公朴

图 2　艾思奇

图 3　黄洛峰

图 4　郑易里

三、策划出版《资本论》

1928年,郭大力(1905—1976,经济学家、教育家)和王亚南(1901—1969,经济学家、教育家)已经着手合译《资本论》全三卷,曾几次与商务印书馆等接洽出版事宜,但都未能如愿。读书生活出版社的几位当家人从编辑夏征农那里得知了郭、王在合译《资本论》这一情况后,便决定即使困难再大,也要出版这部旷世之作。出乎译者的意料,这个财薄利弱又困难重重的小出版社不仅决定出版《资本论》,而且完全同意译者所提出的要求。

董事长郑易里与其兄郑一斋为出版社出资 3 000 元,黄洛峰上任时从南京带来了在南京亲友中筹集的 1 000 元。有了这 4 000 元股金(法币),马克思主义经典著作的出版事业开始了。此后郑氏兄弟又多次出资还清出版社的债务,支撑出版社的运转。

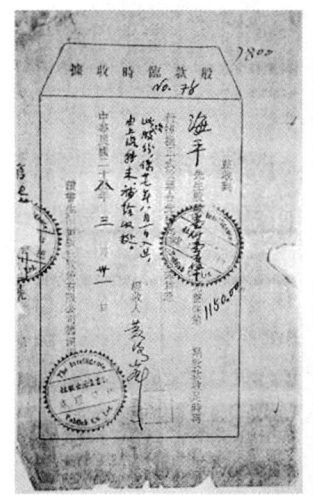 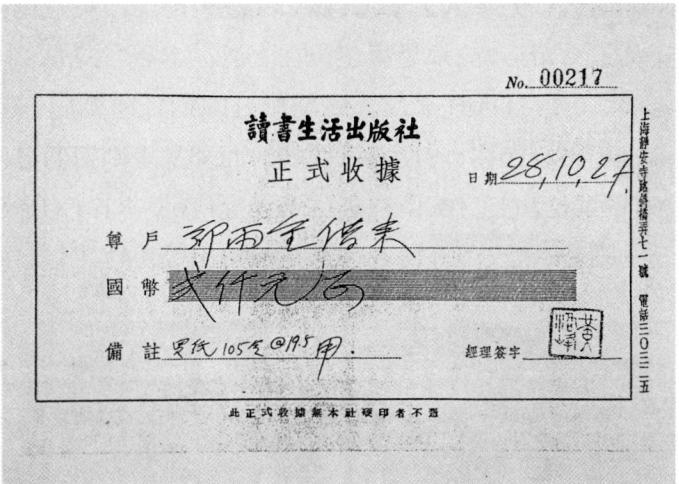

图 5　读书生活出版社收据

为了保证《资本论》翻译的顺利进行,出版社与译者签订了约稿合同。合同规定:每月由出版社支付郭大力、王亚南各 80 元预付版税。而且为了使这种支付不受日常业务资金周转的影响,出版社特意拿出 2 000 元在银行单立账户,专供支付译者预付版税之用。这个合同大大增强了两位译者的信心。尽管这个单立的专门账户占用全社资金近半,几位领导人也毫不动摇,为了"出大书",宁可在其他方面更艰苦些,缩紧开支,也不能失信于辛劳的译者和渴望的读者。黄洛峰召开动员会,号召全社人员,不管大气候怎么恶劣、小环境怎么困难,都要齐心协力,保证马克思的巨著《资本论》在中国的出版。此事在文化界不胫而走,传为佳话。可在出版界反应大不相同:有的钦佩出版者的胆识,很是赞叹;也有的持怀疑态度,不相信这合同会实现,后来的事实证明了他们判断的错误。

正当读书生活出版社的同仁努力克服困难,着手进行《资本论》的出版时,日军侵华的战火烧到了上海。1937年7月,日本帝国主义制造卢沟桥事变,抗日战争全面爆发。1937年8月13日,日军向淞沪铁路天通庵站至横浜路的中国军队开枪挑衅,八一三淞沪抗战打响。战争持续了三个月,11月12日,日军侵占上海。

淞沪会战对读书生活出版社的正常生存和运转影响很大。1937年7月31日,"七君子"之一的李公朴先生终于被释放回到上海,不久即与柳湜到华北前线慰劳军队去了。这时,艾思奇应党中央邀请奔赴延安,"读生"社领导集体只有黄洛峰、郑易里还留在上海。本着"在抗战中求发展"的方针,他们决定将"读生"社西迁武汉。先期派万国钧打前站后,黄洛峰带领大部分员工随着文化中心迁移,前往武汉发展。而郑易里则冒着危险坚守在"孤岛",主持出版《资本论》的工作,留在英法租界等待《资本论》的译稿,并处理书刊的其他事宜。刘麐、张汉清等协助他继续坚持出版发行工作,作为后盾。

图6 抗战期间读书生活出版社留守上海人员(前排右二为郑易里)

图7 汉口读书生活出版社同仁合影(1938年,后排右一为黄洛峰)

随着抗日战争的迅速蔓延,整个出版事业都遇到了前所未有的困难,读书生活出版社也不可幸免。但是,《资本论》的出版计划要继续执行,这是黄洛峰离开上海前,和郑易里一起向译者做的保证。郭大力的翻译工作,也受到了战争的严重干扰。当《资本论》第 1 卷译稿交到郑易里手中之后,郭大力提出,为了人和译稿的安全及后续工作,要撤往他的家乡江西赣州。他的计划得到了"读生"社的大力支持,"读生"社专门派人陪送他绕道香港等地,安全转移到达目的地。这样,郭大力在老家译完了第 2 卷和第 3 卷(其中部分稿件为王亚南所译)。

郭大力是位认真负责、一丝不苟的翻译家,他在非常艰苦的条件下,一边翻译,一边用航空信纸誊清,用航空挂号信件寄给在武汉的黄洛峰,再由黄洛峰分批寄给上海的郑易里。读书生活出版社从汉口迁往重庆后,郭大力就直接将译稿寄给上海的郑易里。在战火纷飞的年代,为无产阶级提供强大理论武器的《资本论》译稿在中国的上空传递着,直至 1938 年 3 月。

当时动荡的中国,邮件快慢不一,有的邮件先发后到,有的后发先到,致使译稿次序凌乱。郑易里一边整理译稿,一边用日文版《资本论》对译文进行仔细校对。一些郭大力拿不准的词语,通过日文版得到较为准确的翻译。同时郑易里又请章汉夫对照英文原版校阅过部分译稿。今天,我们能看到第一版《资本论》书末《译后跋》中印有的两行字:"最后,我们应当感谢郑易里先生,他不仅是这个译本出版的促成者和执行者,而且曾细密为这个译本担任校正的工作。"

其间郑易里集董事长、校对、编辑、组织工作于一身,自己不拿工资,反而和兄长郑一斋垫付了出版《资本论》所需的全部费用,包括工作人员的工资和中午的伙食费。全体工作人员在酷暑中挥汗如雨,坚持工作。在郑易里强大的资金支持下,二位译者仅用了一年多就把《资本论》的 1、2、3 卷全部翻译完成。

此时上海印刷业因战事而暂时萧条,印刷厂家无活可接,印刷、纸张、材料价格都较为低廉,在上海印制比大后方具有价廉、质优、时短等优越条件,黄洛峰考虑到这是出版《资本论》的有利时机,而上海已被日军占领,租界成为孤岛,若没有既熟悉上海情况又懂得出版印刷业务的内行去帮助郑易里是不行的,便派得力助手万国钧专程绕道返回上海,商定版式,联系适当印厂,接洽买纸、资金等事宜。这里要特别说明一下,当年从私人募集的资金,读书生活出版社(后名读书出版社)没有付给出资者股息,也未分过一分红利,中华人民共和国成立后也未给过私资定息,私资都上交国家了。黄洛峰在 20 世纪 70 年代写给一位三联老员工的信中特别提了这件事。是出资者的无私奉献成就了读书出版社。

书的装帧设计,按照郭大力的意见,尽量和德文原版保持一致。当时因为找不到德文版封面用的那种粗麻布,就改用细纹米色布代替。封面中间套印三厘米宽的红带,红带上写着闪光耀眼的《资本论》三个大字,下面印着"卡尔·马克思著,郭大力、王亚南译"。封面既严肃端庄,又美观大方。1938年8月31日《资本论》第1卷出版,9月15日第2卷出版,9月30日出齐了第3卷。至此,第一部《资本论》全译本在中国问世了。当黄洛峰看到第1卷样本时,激动不已,立即给艾思奇写了一封信,告诉他,两年多来多少人为此书付出艰辛劳动,而今终于问世了,这是件多么令人高兴的事啊!黄洛峰常常以《资本论》出版为例,提醒"读生"社的所有工作人员:"这就是我们的事业,对伟大人物的巨著,就要具备这样严肃的科学态度,来不得半点疏忽和马虎,因为巨著本身凝聚着科学结晶,参与制作的人,都必须具有老老实实的科学态度。"①

这部拥有200多万字的三大卷精装本巨著,第一版就印了3 000部(9 000卷)。

图8　第一版《资本论》书影和版权页

《资本论》的横空出世在出版界引起轰动,也得到兄弟书店的支持和帮助。生活书店1938年7月30日出版的《店务通讯》第19号刊登了《资本论》发售

---

① 《中国出版家黄洛峰》,第58页。

预约的消息:"读书生活出版社在沪赶排《资本论》,译者郭大力、王亚南。全书三大卷,约二百万字……预约截止期,上海八月底,外埠九月底止。预约价:精装全部五元五角(定价十元),平装四元五角(定价八元),邮费另加。"①

当预售《资本论》的消息一传出去,很多进步学者奔走相告,纷纷到"读生"社预定,不少社会知名人士,如宋庆龄、冯玉祥、邵力子等也预定了这部书。这套全译本受到学术界和文化界的广泛欢迎,后来多次重印,总印数达到三万多部,使马克思主义的经典著作在中华大地得到广泛传播。

这里要特别说一下,2021 年的春天,上海韬奋纪念馆的王草倩女士在整理旧上海的文物资料时,有了重大的发现,即民国二十七年(1938 年)"内政部著作权注册执照",准许出版郭大力、王亚南翻译的《资本论》。署名处盖有内

图 9 《资本论》内政部著作权注册执照

---

① 《中国出版家黄洛峰》,第 59 页。

政部长何键的印章和内务部印章,编号为"警字九八五三号",日期为"中华民国二十七年十二月三十一日"。此执照原件是由郭大力、王亚南收执的一联,另外应该有读书生活出版社的一联和内政部存留的一联。此执照还规定有该书的最初发行时间。

众所周知,20世纪30年代,国民党统治下的中国,书报检查制度是非常严格的。自20年代末起,国民政府就建立了以上海为中心的书报检查制度和意识形态监控体系,出台了一系列的法规条例,如《新闻法》《出版法》《宣传品审查标准》《查禁普罗文艺密令》等,所有宣传红色革命的书刊都禁止出版,甚至一般的进步书籍、反映各种思潮的书籍也难以出版。那么,这部被誉为"工人阶级的圣经"的《资本论》是如何得到反动政府批准出版的呢?年代久远,当事人均已离世,无法追考。但通过一些回忆中的片段,可以想见,读书生活出版社的几位当家人发挥了出色的政治智慧,巧妙与当局周旋,以出版经济学著作、帮助人们赚钱为理由,拿到了出版准许证。

书出版了,出版社面临的难题是如何找到一条安全的运输通道,把书运到各地,满足读者的需求。在战火纷飞的岁月中,要把《资本论》从上海运到重庆和桂林是十分艰险的,书从运出孤岛到抗日根据地和其他城市要突破多道日军封锁线,交通也十分不便,当时只能经过香港才能转运内地。为此,黄洛峰于1938年4月派万国钧到广州建立分社,以便《资本论》运到广州后由广州分社分发到各地。[1] 第一版中的2 000部《资本论》,装了20只大箱,费尽周折,绕路运达广州。不幸的是,广州被日军占领,这批书毁于战火中。黄洛峰得到消息,为之彻夜难眠,痛悔自己考虑不周,未能保证书的安全运转。为了满足需求,急电郑易里速赶印1 000部,于是郑易里再次投入资金赶印。考虑到战时运输不便,诸多危险,黄洛峰又致电郑易里专程携带纸型,绕道广州湾(即湛江)内运。

1938年8、9月间,郑易里携带《资本论》全部纸型,由上海经越南海防走滇越铁路到昆明再往重庆。当郑易里到达越南海防时,被法国海关人员盘查,打开箱子一看,别无他物,只是一箱纸版,引起海关人员的警觉,不仅扣押了箱子,还要追查持箱子的人。正巧此时刘惠之和乔丕成在河内,郑易里找到他

---

[1] 张文彦等:《三联书店简史(稿本)1932—2012》,生活·读书·新知三联书店2012年版。

俩,乔丕成法语很好,由他交涉沟通后,说是可以不追查持箱子的人,但箱子不予返还,必须经过当时国民政府驻越南领事馆的同意方准许领取。在此情况下,郑易里、刘惠之、乔丕成三人来到领事馆,对领事馆人员讲,箱子内无他物,只是一本谈商品、做买卖的书型,内容没啥问题,于是领事馆派员取回了箱子。郑易里带着大皮箱,乘滇越铁路的小火车到了昆明,与哥哥郑一斋见了一面就匆匆离去。当郑易里风尘仆仆经贵阳安全到达重庆读书出版社时,总经理黄洛峰兴奋地对郑易里说:"你到重庆来,周副主席都知道了,他亲自过问在重庆印刷《资本论》的事情呢！这是一件大事啊！"听到这鼓舞人心的话,郑易里心里别提有多高兴了。战争时期的重庆业界困难,没有白报纸,只得用土纸印了一版《资本论》。

《资本论》出版后在大后方的一些城市销售,其盛况很多老同志在若干年后仍然记忆犹新。云南地下党员浦光宗回忆道:"还记得抗日初期(1939年),他们(黄洛峰、冯素陶、陈端仪、郑易里)在昆明华山南路开了读书生活出版社的一个门市书店。……书店内已经陈列着《资本论》的第一个全译本,洛峰同志建议我们买一部,我们立即买了一部(三册),现在还完整保存下来,也作为我们之间战斗友谊的一个纪念吧！"[①]

《资本论》出版后如何将书安全送达延安,成为当务之急。通过邮寄肯定会被查扣,于是黄洛峰向中共中央南方局作了汇报,并作了妥善安排：从重庆、桂林分头运送。从重庆送达延安,是由南方局转运的。桂林送达延安这一线路,则安排读书生活出版社桂林分社(与新华日报社合作开设的门市"读者书店")与桂林八路军办事处联系,适逢该处有卡车往延安送纸张和印刷器材。通过这辆卡车,读书出版社的张汉清等几位同志把几十部《资本论》完好无损地送到延安。

送往延安的这批《资本论》,其中一套送到了毛泽东的手上,毛泽东阅读并留下了批注。王惠德(1922—1993,1938年到延安,同年加入中国共产党,1948年到中共中央宣传部工作,后历任中央编译局副局长、中宣部副部长)后来回忆这批《资本论》时说:"1939年,在延安得到了一套《资本论》。能得到这套书,当时的确很不容易。"陈其五(1914—1984,蒙古族,1938年加入

---

① 《中国出版家黄洛峰》,第61页。

中国共产党,曾任南京市市委委员、宣传部长,上海市委宣传部副部长)也回忆说:"我们在战争年代很困难时,《资本论》一直带在身边,没有丢掉,一直到进城。"① 胡绳曾回忆:"抗日战争初期……上海的出版工作方面至少有两件值得称道的大事:一是出版了《鲁迅全集》,二是出版了《资本论》的全译本。……1939年,我们在重庆拿到在当时来说装帧很讲究的这三大卷书的时候,实在感到高兴。这固然要感谢译者郭大力、王亚南两位同志的辛勤努力,也不能不归功于出版者的毅力。"②

四、轰动一时的"广告事件"

《资本论》于1938年出版后,受到各界读者的欢迎,供不应求,黄洛峰下决心在上海再版该书。但是在国统区出版鼓动人民起来革命的书是十分困难,更是十分危险的。抗日战争胜利后,国民党反动派对国统区的进步势力、进步文化出版进行更加残酷的迫害和打击,多家书店的分店被封,员工被捕,图书被没收,损失惨重。国统区新闻出版界针锋相对,掀起了一场声势浩大的争取新闻出版自由的拒检运动。1945年8月,为免遭国民党书刊检察官的删改,国讯书店在其他进步出版机构的支持下,决定不将黄炎培撰写的《延安归来》送国民党当局检查,并于8月7日正式自行出版发行,至此拉开了拒检运动的序幕。重庆十六家杂志社、出版社联合发表声明拒检,立刻得到全国文化界的强烈响应,并从出版界扩展到新闻界。风起云涌的拒检运动迫使国民党政府于10月1日废除了新闻检查制度。

拒检运动取得胜利之后,《资本论》经译者修订完稿,黄洛峰就加紧了准备工作。没有想到,当《资本论》修订稿交付印厂制作之际,内战炮火却又在中国大地燃起。黄洛峰认为,"你打你的,我打我的"原则也适用于出版阵地。他考虑的是,如何做好再版《资本论》的宣传工作。于是和范用一起精心制作了发售预约的广告,其全文如下:

读书出版社发行世界名著
资本论

---

① 郑璀、蓝德健:《郑易里,三联书店历史上不应被忽略的人物》,《纵横》2015年第8期。
② 胡绳:《追怀黄洛峰同志》,范用、刘大明主编:《出版家黄洛峰》,百家出版社2007年版,第439页。

卡尔·马克斯原著，郭大力、王亚南合译

　　是人类思想的光辉的结晶

　　是政治经济学不朽的宝典

本书三大卷，两百余万言，唯一的全译本，精印三巨册；用布面精装。

　　发售预约

（一）三月底出书。预约价每部国币 85 000 元，定价因成本飞涨，俟出书后另订之。

（二）预售期本年 2 月 15 日起。本埠 2 月底截止（邮戳为凭）。满额 500 部得随时提前截止。

（三）外埠一律挂号寄递，邮费另收（京沪杭沿江沿海各埠收费 2 000 元，西南西北各省收 8 000 元，香港南洋各地收 5 000 元，航空另加 15 000 元），多退少补。

（四）同业预约三部以上，九五折优待。

　　重庆预约处：三联分店（民生路）

　　特约代办处：联营书店（林森路）[①]

令人震惊的是这幅广告同一天（1947 年 2 月 20 日）刊登在了重庆出版的《新华日报》和南京出版的《中央日报》上。在重庆的《新华日报》上，2 月 20 日和 26 日均以极其显著位置刊出。看着是广告，对读者来说却是非常重要的消息。因为受"白色恐怖"袭击，重庆的《新华日报》即将被迫停刊，在停刊前夕能两次登出这幅广告，实属不易，很多读者对《新华日报》和读书出版社的勇气备感钦佩。

这幅广告同天出现在国民党的头号宣传工具《中央日报》上，而且登在头版报名旁边的最显著位置。同样的日期，同样的报头位置，各自向自己的读者宣告，这是在两家报纸的历史上，从来没有过的一致！这样的设计，是何等的机智与巧妙！《新华日报》还特别增加了一段说明文字："资本论的产生，正像一个新社会的产生一样，它的一切经过，都是斗争的、革命的，它虽然受到一部分人的嫉恨，但也受到更多人们的欢迎和拥护。它的理论是像钢铁那样坚密，利刃那样锋锐，它的内容是像海洋那样渊深宏富，它的文章又是那样健全，美

[①] 马仲扬、苏克尘：《出版家黄洛峰》，光明日报出版社 1991 年版，第 181—182 页。

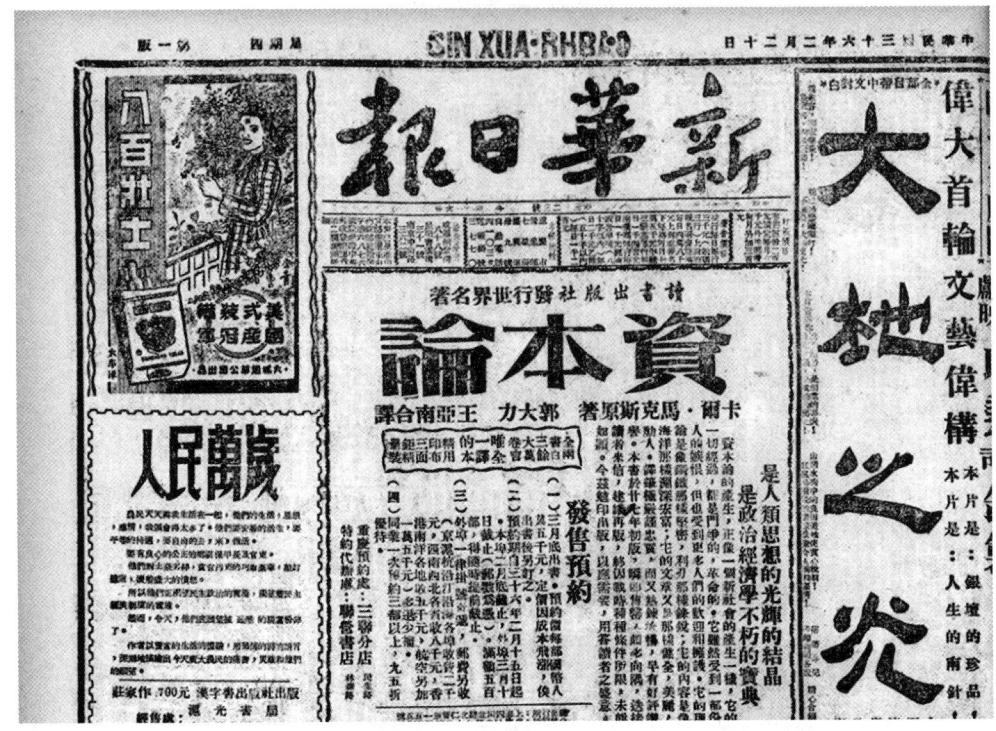

图10 《资本论》广告照片

丽,动人。译笔极严谨忠实,又熟练流畅,早有好评赞誉。本书于廿七年初版,瞬即售罄,颇多向隅,迭接读者来信,建议再版,终因战时种种条件所限,未能如愿,今兹勉印出版,以应需要,用达读者之盛意。"

　　果然,在南京,就像被投下一颗重型炸弹一样,国民党当局内部掀起了一场轩然大波,成了著名的"广告事件"! 具体经过还要从1947年的2月上旬说起。一天午后,黄洛峰在上海四川北路仁智里155号读书出版社,会见来自南京正风图书公司的经理陈汝言。"正风"是新出版业联合总处的成员,即由徐悲鸿、柳亚子支持和合作的正风出版社。陈汝言早在上海时是李公朴的学生,在重庆时得到过黄洛峰的帮助,成为进步出版业的积极分子,是黄洛峰经常交谈的对象之一。他参与了黄洛峰组织的"新出版业联谊会"活动。陈汝言在《良师益友》一文中回忆他同黄洛峰的这次会见,写道:"我们当时谈到时局的动向,对国民党悍然破坏和平,疯狂发动内战,非常愤慨,他(洛峰)深沉地说:

政治谈判结束,军事较量加剧,我们革命出版工作者,如何在国统区配合伟大的解放战争,在文化战线上主动出击,打掉敌人的嚣张气焰?面对这严峻的形势,我们留在上海、南京的人担子更重了。洛峰同志这番寓意深长的话,对我启发很大,我意识到,以后的斗争将进一步险恶。接着,他告诉我:马克思的经典著作《资本论》,已由郭大力、王亚南修订完毕,即将付印,这部书成本高,准备预约,想请正风南京门市部担任预约工作。"①

黄洛峰要陈汝言想办法,在国民党的《中央日报》上登一则预约广告。陈汝言有些犹豫,他回忆道:"《中央日报》是国民党反动派的重要喉舌,受国民党中央宣传部直接控制管理,在此报登刊《资本论》广告,谈何容易。"但他感到"这是革命的需要,斗争的需要,一定要尽最大的努力去完成这个任务"。黄洛峰又说:"广告属于商业性质,国民党新闻检查的官员们一般不会注意到这点。"陈汝言考虑如果拿原稿去刊登,势必要通过画样、排版、校对、制型等一系列工序。这样,环节多,耳目也多,必须尽可能减少环节。黄洛峰赞同这个意见,答应第二天送来纸型。次日,陈如约前往。黄洛峰给了陈 60 万元的广告费,并将纸型交陈。黄洛峰一直把他送到车站,待火车开动,方挥手告别,预祝他顺利完成任务。陈汝言回到南京,缜密筹划,多方活动,终于在 2 月 19 日将广告纸型交予与他接头的《中央日报》广告员,并一再拜托广告员"最好刊登在报名旁边"。②

2 月 20 日清晨,陈汝言去报馆门前看《中央日报》,"资本论"几个大字赫然在目!这幅广告以极显著的地位登出来了,他紧张的情绪才松懈下来。他赶回家中,疏散了家人,匆匆赶到下关车站,买了两份报纸,兴奋地乘快车去上海,同黄洛峰共享这次胜利的欢聚。

当天上午,蒋介石看到《中央日报》竟然登出宣传马克思主义的广告,勃然大怒,立即下令收回这一天的《中央日报》,并严令追查。这时国民党胡宗南的部队正向陕甘宁边区进攻,五路大军逼向延安,蒋介石在急于要看到他所希望的胜利消息之时,首先看到的却是那幅触痛他神经的广告!"著名"的反共报纸《救国日报》当即发表社论《中央日报竟为共党张目》,承认这件事"在国民党

---

① 马仲扬、苏克尘:《出版家黄洛峰》,第 181—182 页。
② 陈汝言:《〈资本论〉广告事件》,范用编:《战斗在白区:读书出版社 1934—1948》,生活・读书・新知三联书店 2001 年版。

的声誉方面和心理方面，招致了不可补偿的损失"。

  李公朴的女婿王健是经黄洛峰介绍到读书出版社工作的，他不仅回忆了亲身经历的广告事件，还回忆道："蒋介石看了广告大发脾气，大骂宣传机关负责人，但已成事实，出于无奈，不了了之。还听说预定《资本论》的有不少是银行家、资本家。那时我和范用的工作是看小样，看的是马克思有关剩余价值学说部分，约一百几十万字。范用白天到印刷厂，晚上在家看小样，我可以不上班拿稿子回家校，必要时我们在办公室碰头。"

  1948年，当读书出版社即将并入三联书店开始其新的战斗历程时，社里给每个员工发了一份纪念品："读社"所出的一部最重要的书——《资本论》。这部书有一处特别值得珍惜的地方，就是在书脊上印有"××藏"的手写金字，以此作为集体的荣誉和个人的纪念。

五、相关著作的出版

  以《资本论》这部马克思主义经典著作为核心，读书出版社出版了一系列宣传、介绍马克思主义的书籍，包括翻译的马恩其他著作和苏俄著作，以及以马克思唯物史观为指导撰著的史学著作、文艺理论著作和工具书。

  1947年底，读书出版社决定出版郭大力翻译的《剩余价值学说史》，这部书是卡尔·考茨基根据马克思的手稿整理编辑而成的，也是三卷，篇幅与《资本论》相差无几，从内容上看是《资本论》的重要补充，不可或缺。郑易里在这部书的出版工作中，用自己住的房子作抵押，从银行贷款3万多元，使这部书得以顺利出版。1949年5月上海解放，崭新的《剩余价值学说史》，成为读书出版社给新中国的第一份献礼。

  40年代后期，读书出版社出版或重印的书籍，除《资本论》外，重要的还有《恩格斯论资本论》（章汉夫、许涤新译）、《资本论通信集》（郭大力译）、《资本论的文学构造》（郑易里译），马克思、恩格斯的《科学艺术论》和《科学文学论》，《卡尔·马克思》《恩格斯传》《列宁战争论》，列宁的《社会主义与战争》《民族问题大纲》《唯物论与经验批判论》，普列汉诺夫的《论一元论历史观的发展》《思想方法论》，周扬编的《论文艺问题》（原名《马克思主义与文艺》），高烈（博古）编译的《辩证唯物主义与历史唯物主义基本问题》，以及苏联科学院编的《近代新历史》《殖民地附属国新历史》,范文澜的《中国近代史》,华岗的《中华民族解放运动史》,艾思奇的《大众哲学》《实践与理论》《论中国的特殊性及其它》《科学历史观教程》(与吴黎平合著),罗逊塔尔的《唯物辩证法》《辩证唯物论辞典》《西洋哲学史简编》,杨松、邓力群编的《中国近代史参考数据》等。还出版了林淡秋、蒋天佐主编的《新中国文艺丛刊》——《鹰》《高尔基与中国》《鲁迅纪念特辑》等书。

六、《资本论》在中国的深远影响

恩格斯对《资本论》有过这样的评价:"本书所作的结论日益成为伟大的工人阶级运动的基本原则,不仅在德国和瑞士是这样,而且在法国,在荷兰和比利时,在美国,甚至在意大利和西班牙也是这样;各地的工人阶级都越来越把这些结论看成是对自己的状况和自己的期望所作的最真切的表述。"(《全集》第23卷,第36页)"资本和劳动的关系,是我们现代全部社会体系所围绕旋转的轴心,这种关系在这里第一次做了科学的说明,而这种说明之透彻和精辟,只有一个德国人才能做到。"(《全集》第16卷,第263页)

正因为这部书是马克思主义者学习的宝书、中国革命的指南,读书出版社同仁才甘冒被捕、坐牢的风险,在极其艰苦的抗日战争以及国内战争时期,承担了《资本论》翻译、介绍和宣传的重要使命,承担了宣传马克思主义的历史使命。生活、读书、新知三家书店从20世纪30年代成立起,就不断地被警告、查禁、查封、停刊、停业、取缔。据不完全统计,在抗日战争如火如荼之时,宣传抗日的三家书店本店、各分店,以及各种出版物,遭到的查禁、停刊,被迫停业,竟达到50次之多!如果加上抗战前和抗战胜利后,可以说数不胜数。而书店的员工,更是付出了惨重的代价,每天都面临死亡的威胁。有的被日寇、国民党反动派逮捕、杀害,成为烈士;有的因在国民党政府压迫折磨下积劳成疾而过早离世。据不完全统计,抗日战争和解放战争期间,小小的读书出版社牺牲、殉职的就有5人。著名的有李公朴先生(1902—1946),国家级烈士,江苏武进人,读书生活出版社主要创始人,著名的"民主斗士","七君子"之一,被关押获释后游走敌后著书并宣讲抗战,反对独裁,1946年在昆明被特务暗杀,时年44岁。其他牺牲、殉职的人员有王兰芬(1919—1943),女,因病殉职。张汉卿(1917—1948),又名张汉清,在狱中牺牲。蒋绍先(1925—1948),烈士,原名蒋仲明。却有模(?—?),在滇南战斗中牺牲。加上生活书店、新知书店,牺牲、殉职的近40人。这些信念坚定、勇于担当、学养深厚、严谨求实的革命知识分子不怕牺牲,克服了无数困难,付出了大量心血,在战争的硝烟中将《资本论》的中文译本送到了中国人民手中,使这部理论巨著在革命斗争的峥嵘岁月发挥了极为重要的作用。据不完全统计,这个版本共重印七次,发行总量达三万多套,在国内得到了广泛传播,得到了社会和人民的称赞。

《资本论》在国统区是禁书,但在延安和其他解放区却被视为革命指南。《资本论》运抵延安后,党中央通过党校、马列学院、《资本论》研究小组等形式组织中共党员学习和研究。1939年,张闻天在延安学习运动中组织了《资本论》学习小组,参加者有王首道、王学文、吴亮平、王思华、艾思奇、何锡林等十余人。规定隔周在张闻天的窑洞里学习讨论半天,从未间断,一直坚持到把《资本论》第1卷全部学完,历时一年多。每次学习讨论均由张闻天主持。第一次由他讲学习体会,着重讲了《资本论》为什么从商品、货币讲起的问题。后来的讨论则由小组成员轮流做中心发言人,每人负责一章。通过学习和讨论,大家提高了马克思主义的理论水平和认识水平,通过联系中国革命的实际,开启了马克思主义的中国化进程,对指导中国革命发挥了巨大作用。

根据艾思奇夫人王丹一的回忆,1940年她在延安马列学院学习时,曾参加演出活动,排演话剧《马门教授》及《母亲》,"虽然没占用正常上课时间,但也分散了学习精力,何况《资本论》的课程即将开始,我实在不想再演戏了"(《磨砺一生——王丹一真情实录》)。说明早在1940年在延安就已经广泛开展《资本论》的讲授与学习。

毛泽东同志也曾认真研读了《资本论》,并且作了批注。如在第1卷版权页上有关出版时间原印的是"中华民国二十七年八月三十一日",毛泽东在下边写了"1938年",还写了《资本论》原文版本第一次问世是"1867年",又写着"在71年之后,中国才出版"。此前的1937年,毛泽东同志就在其撰写的《矛盾论》中引用了列宁的话,指出"马克思在《资本论》中模范地"运用了矛盾分析的方法,"这是研究任何事物发展过程所必须应用的方法"。1941年在《关于农村调查》一文中他又就社会研究中的分析—综合方法说道:"马克思的《资本论》就是用这种方法来写成的,先分析资本主义社会的各部分,然后加以综合,得出资本主义运动的规律来。""认识世界不是一件容易的事。马克思、恩格斯努力终生,作了许多调查研究工作,才完成了科学的共产主义。……中国革命也需要作调查研究工作……""我们是信奉科学的,不相信神学。所以我们的调查工作要面向下层,而不是幻想,同时,我们又相信事物是运动的,变化着的,进步着的。因此,我们的调查也是长期的。"1941年5月,毛泽东在《改造我们的学习》中说:"应当从客观存在的实际事物出发,从其中引出规律,作为我们行动的向导。为此目的,就要像马克思所说的详细占有材料,加以科学的分析和综合的研究。"

1942年4月,毛泽东在《整顿党的作风》中说:"马克思不但参加了革命的实际运动,而且进行了革命的理论创造。他从资本主义最单纯的因素——商品开始,周密地研究了资本主义社会的经济结构。商品这个东西,千百万人,天天看它,用它,但是熟视无睹。只有马克思科学地研究了它,他从商品的实际发展中作了巨大的研究工作,从普遍的存在中找出革命,创造了辩证唯物论、历史唯物论和无产阶级革命理论。这样,马克思就成了一个代表人类最高智慧的最完全的知识分子,他和那些仅有书本知识的人有根本的区别。"毛泽东的文章清楚地说明,他认真地阅读和研究了《资本论》,无论是方法论,还是认识论,都是对《资本论》融会贯通后的运用和掌握。

到了1954年,毛泽东再次阅读《资本论》时,在第一卷目次下又写了"1867年距今87年了"。1959年10月23日,毛泽东外出前指名要带走的书籍中就有《资本论》,可见《资本论》中文版的出版在毛泽东心目中的重要性。毛泽东当年读过的这部书至今仍保存着。[1]

关于《资本论》的翻译和出版,许涤新曾在20世纪80年代深情地回忆道:"国际无产阶级革命导师的这部光辉巨著之译成中文,那是大革命失败以后全国革命青年的热望。……在那个暗无天日的社会里,在那个被国民党反动派摧残得奄奄一息的出版界里,有谁能有条件把这部二百多万字的巨著全部译成中文呢?有哪个出版社有决心、有胆量敢出版这部使资产阶级反动派发抖的《资本论》呢?感谢郭大力、王亚南二同志的劳作!感谢读书生活出版社的大力支持,马克思这部前无古人的辉煌巨著,终于在战火纷飞的抗战中,在国

---

[1] 龚育之、逄先知、石仲泉:《毛泽东的读书生活》,生活·读书·新知三联书店2009年版,第26、29页。

民党反动派的心脏——雾重庆(引者按:实际是在上海)出了!……《资本论》中译本的出版,有力地推动了我国社会科学的发展,一直到今天,这个译本还具有重大的价值。"①

中华人民共和国成立之前,《资本论》传播的主要任务是向广大群众介绍马克思在这部巨著中运用的辩证唯物主义和历史唯物主义的世界观和方法论,从经济学的角度让广大群众了解阶级剥削和阶级压迫的制度根源以及资本的血腥本质,认识资本主义产生、发展和灭亡的历史规律,认识资本主义被共产主义取代的历史必然性,鼓动人民群众积极支持和参加中国共产党领导的人民革命,为推翻反动统治,实现民族独立、人民解放、国家富强而努力奋斗。

马克思的《资本论》诞生已经一百五十多年,这部皇皇巨著至今仍然具有强大的生命力,具有重要的现实意义。无论是市场经济体制改革,还是关于金融危机、资本的周转、资本的循环等经济理论问题,都必然涉及《资本论》研究的范畴,没有超出马克思阐发的基本原理。

《资本论》在中国的翻译、出版历经曲折,从摘译、节译到全译本,几代学人前仆后继,终成其稿,译文质量不断提高,翻译力量不断集中,传播范围不断扩展。《资本论》的翻译、传播促进了马克思主义中国化的历史进程,扩大了马克思主义的影响力,教育了广大党员,提高了他们的理论水平,为党储备了无产阶级革命队伍,为研究资本主义社会和社会主义建设提供了理论依据。

《资本论》在中国翻译出版的历史,是马克思主义经典著作和科学理论在中国传播的缩影。《资本论》的翻译与出版、研究与教学、宣传与运用,是与中国共产党领导的革命、建设和改革事业紧密联系在一起的,是随着中国人民实现民族复兴的伟大实践而不断深化的。读书出版社的前辈们克服困难,冒着危险出版《资本论》,将这部伟大的著作第一次完整地呈现在中国读者面前,是中国翻译史和出版史上光辉的一页,是马克思主义传播史上的一件大事,为中国革命的胜利立下了丰功伟绩,为中国社会科学的发展作出了卓著的贡献,历史将永远铭记这一壮举。

---

① 《三联书店简史(稿本)1932—2012》,第89页。

文化交流视域下《近世社会主义》
早期汉译考察

仲玉花

(天津外国语大学中央文献翻译研究基地)

  翻译本质上是不同文化间的交流活动。清末留日知识分子对日本明治时期社会主义学说的汉译，是中日文化交流史上的重要事件。清末经由日文译介的诸多西方社会主义学说著作中，《近世社会主义》是"中国近代第一本较系统介绍社会主义学说的译著"，译者赵必振被称为"中国译介马克思主义第一人"。《近世社会主义》汉译在国内学界颇受关注，一些学者借助原作与译作的对比，梳理了赵必振的翻译策略及马克思主义在中国的早期传播。[①] 也有些学者从历史学、传播学等角度考察中国马克思主义早期传播的同时，对《近世社会主义》等早期汉译社会主义学说和马克思主义著作译本质量作出了一些评价，探讨了某些术语的译法。[②] 以往的研究为我们提供了有益的借鉴，但同时也值得我们进一步反思。

  翻译作为某个特定历史时期的行为，"译者在翻译时，其方法必须要符合当时人们对翻译的认识，所以在评价译作时，需要把它放在译者所处的特定的时代当中"[③]。因此，清末知识分子取道日本对社会主义学说的汉译活动及汉译成果，应纳入文化体系当中，结合大语境即当时的中日社会文化语境，与小语境即中日文本语境去立体审视，以便公正、合理地看待百年前先驱译者的翻

[①] 鲜明：《晚清首部国人译介的社会主义著作的翻译史考察》，中央编译出版社 2016 年版。
[②] 谈敏：《回溯历史——马克思主义经济学在中国的传播前史》，上海财经大学出版社 2008 年版；孙建昌：《社会主义学说在中国的早期译介与传播(1900-1908)》，山东大学 2014 年博士学位论文；孙建昌：《社会主义学说在中国早期译介与传播的历史贡献》，《马克思主义理论学科研究》2017 年第 3 期。
[③] 杨仕章：《文化翻译论略》，军事谊文出版社 2003 年版，第 8 页。

译活动,客观深入地认识早期社会主义学说与马克思主义的汉译与传播。文章以福井准造著,赵必振译《近世社会主义》为主要案例,通过日语底本和中文译本的对比分析,在文化交流和文化翻译视域下考察早期马克思主义在近代中国的传入和传播,审视译介活动及译者在此过程中的作用与影响。

一、《近世社会主义》及其作者、译者

19世纪末,随着日本资本主义的飞速发展及社会主义运动的蓬勃开展,西方社会主义思潮开始在明治时期传播。一些受西方思潮启示的进步知识分子通过成立社会主义研究团体及出版相关著作等途径开始广泛传播社会主义思潮。

《近世社会主义》出版于1899年(明治三十二年),全书分为上下两册,共四编,约十六万字。具体来说,第一编为"第一期之社会主义——英法二国之社会主义",该编介绍了圣西门、傅立叶等人的学说主张及著作;第二编为"第二期之社会主义——德意志之社会主义",详细介绍了马克思、恩格斯生平及其学说;第三编和第四编分别为"近时之社会主义"和"欧美诸国社会党之现状",主要介绍了无政府主义、国家社会主义等社会主义各流派,并介绍了法国、德国等国社会党的活动情况。该书作者福井准造(1871—1937),生于日本相模国大住郡小岭村(现在的神奈川县平塚市),1891年(明治二十四年)毕业于庆应义塾大学。福井准造关心社会问题,研究社会主义,但并不是社会主义者。

《近世社会主义》出版时,作者友人栗原亮一在该书序中称:"政友福井直吉君之哲嗣准造君好学修文,研究社会主义,博采泰西诸家之说,顷者著书,题为社会主义,公之于世,夫社会问题之讲究,为近世之最急要者,而发明社会主义真相之著作,吾国尚阙而不详,以致研究社会主义者,每每误解,今此书出,关系于吾国者不浅,因赘一言以为叙。"①

19世纪末20世纪初,西方社会主义思潮在日本的广泛传播产生了大量社会主义学说著作,也为近代中国留日知识分子与社会主义思潮的相遇提供了便利条件。《近世社会主义》汉译本于1903年由广智书局出版,译者赵必振,又名震,武陵县(今湖南常德)人,1873年(同治十二年)生于广东南海县,

---

① 〔日〕福井准造著,赵必振译:《近世社会主义》,广智书局1903年版,第1页。

曾就读于常德德山书院、长沙岳麓书院、湘水校经书院。1900年,赵必振参加唐才常等组织的自立会,密谋反清起义,起义失败后逃亡日本。抵达日本后在《清议报》《新民丛报》任校对、编辑,常以赵振、民史氏等笔名在该报撰文揭露清廷黑暗统治。与此同时,赵必振还发奋学习日文,接触西方社会主义学说,广读卢梭、孟德斯鸠等著作,并和革命党人章炳麟、秦力山等人密切交往。赵必振认为要救中国,必先倡导新思想,催人觉醒。1902年(光绪二十八年),赵必振潜回上海,从事译述工作。同年,翻译出版《二十世纪之怪物帝国主义》《广长舌》,次年出版《近世社会主义》汉译版。赵必振潜心译书事业,从流亡日本到回国之后的短短两三年内就翻译了二十多部日本著作。除上述译著外,还有《世界十二女杰》《日本维新慷慨史》《东亚将来大势论》《戈登将军》《拿破仑》等。甚至,1902年至1903年广智书局出版的系列史学译著大部分都出自赵必振之手。1956年,赵必振病逝于长沙。赵必振一生译著等身,为西方新思潮的传播与中日文化的交流作出了重要的贡献。

二、《近世社会主义》的汉译

翻译活动与社会需求、文化需求密切相关。"某一文化领域(或物质文化、或意识文化、或行为文化)对文化的需求程度愈大,该领域里的翻译活动就会愈活跃。"①面对民族危亡的局面,寻求救国救民良方的清末留日知识分子掀起了汉译日本书籍的浪潮,在此期间诞生的社会主义学说汉译著作中,赵必振所译《近世社会主义》是近代中国最早系统介绍马克思主义的译著。

上引《近世社会主义》栗原亮一序认为该书的出版对于日本的社会主义研究而言十分重要,那么,这自然令赵必振认为该书对中国,乃至于对中国近代知识分子的社会主义认识而言同样具有借鉴作用。清末留日知识分子之所以希望通过译书活动引入新思潮以救国救民,就是因为明治维新后迅速强大的日本对他们产生了强烈的刺激。在他们看来,同属汉字文化圈的日本在明治维新后跻身强国之列,其中一个原因就是日本经过选择和译介引入了西方新思潮并在日本社会文化语境下进行了思想重构。正如赵必振在《土耳机史》汉译本序言中指出的那样:"昔日兴隆之要素,皆减皆灭。呜呼!土耳机之末世,

---

① 杨仕章:《略论翻译与文化的关系》,《解放军外国语学院学报》2001年第2期。

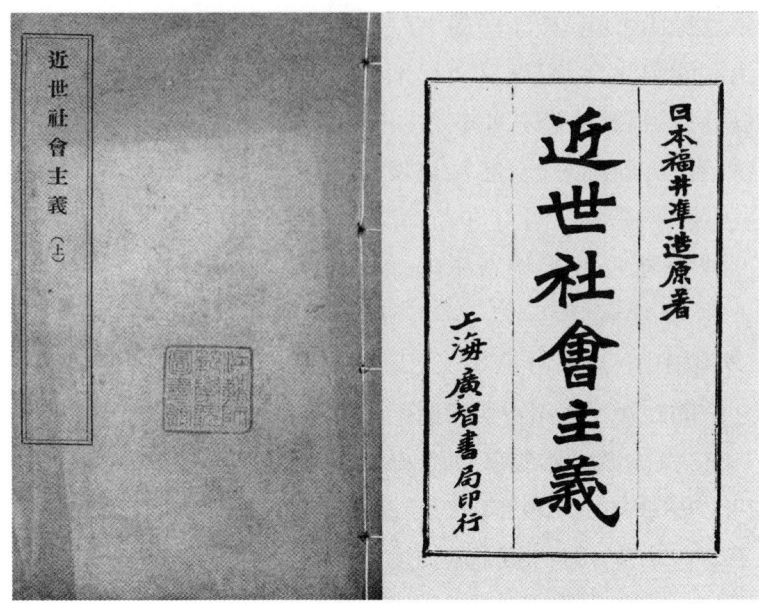

图 1　赵必振译《近世社会主义》封面

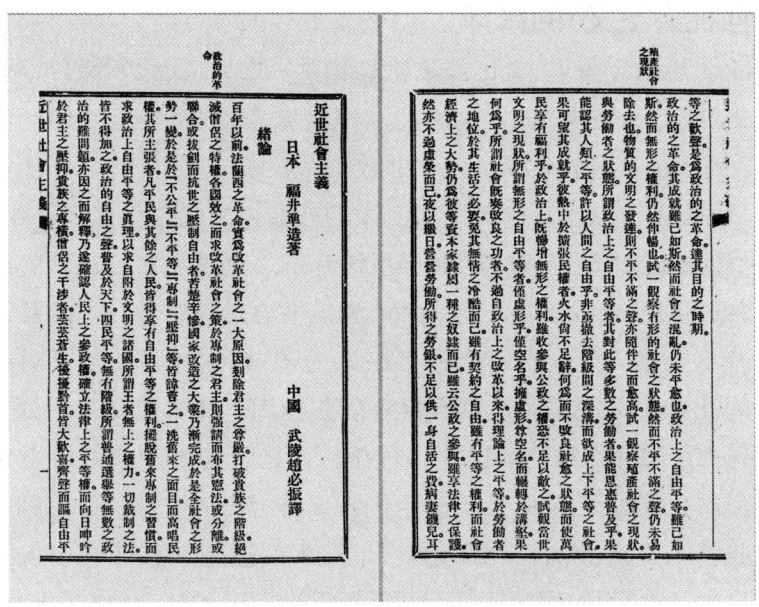

图 2　赵必振译《近世社会主义》正文①

---

① 〔日〕福井准造著，赵必振译：《近世社会主义》，广智书局1903年版。

所以不振者,非偶然也。紫山(引者按:即原作者北村三郎)此著,为东洋作焉。其寓意之深,亦可以想矣。"①由此可见,面对被列强瓜分的危险,及迫在眉睫的民族危机,赵必振希望将这些文明古国由盛转衰最后亡国的史学著作通过翻译途径介绍给国人,以催人觉醒,以史为鉴,探求救亡救国的途径。毫无疑问,将《近世社会主义》翻译成中文,对于清末中国和近代知识分子来说,自然也"关系""不浅"。

《近世社会主义》赵必振译本出版之际,《新民丛报》第二十九号也曾强调:"本书关系于中国前途者有二端:一为中国后日日进于文明,则工业之发达不可限量,而劳动者之问题大难解释,此书言欧美各国劳动问题之解释最详,可为他日之鉴法;一为中国之组织党派者,当此幼稚时代,宗旨混淆,目的纷杂,每每误入于歧途,而社会党与无政府党尤在疑似之间,易淆耳目。"②可见,清末汉译日本书籍热潮的掀起及《近世社会主义》汉译本的诞生,既是历史必然使然,也是译者使命使然。那么,面对日文语境中的西方社会主义学说,赵必振是如何认识和理解,又是如何在中文语境中阐释的呢?下面通过几组例文来考察。首先来看下面两组例子:

原文:是れ単に<u>私有資本家</u>の<u>競争</u>の<u>組織</u>たるに外ならず。即ち<u>原料</u>及び<u>器械器具</u>などは、比較的の少数なる<u>財産家</u>の私有に帰し、彼等は<u>労働者</u>を使役して以て有価の物品を<u>製造</u>せしむ。(福井准造,1899:14)

译文:除<u>私有资本家之竞争的组织</u>之外,凡<u>原料</u>及<u>器械器具</u>等,皆为比较的少数<u>财产家</u>之私有。彼等役使<u>劳动者</u>,而<u>制造</u>有价之物品。(赵必振,1903:5)

上述例文中,原文划线部分的词汇如"資本家""競争""原料""財産家""労働者""製造"等日文汉字词汇和概念几乎都原样使用到了中文译文中,这种词语被称为"和制汉语"。这是中文译本最直观、最主要的语言特征。再如:

原文:且又<u>労銀</u>の鉄則が千古不磨の真理にして、<u>貧富の懸隔</u>は人類社会の通則たりとすれば、彼等は非理の要求を以て富豪に逼るの策を探らざるべし、其非理たるやを究めんが為に、<u>歴史</u>、<u>法律</u>、<u>経済</u>、<u>統計</u>及び<u>哲理</u>、心理、論理など万般の学理を研究の材料とし、広く探り、深く稽へ、以て其主義方針を確定し、

---

① 〔日〕北村三郎著,赵必振译:《土耳机史》,广智书局1902年版,第1页。
② 梁启超主编:《新民丛报》(五),中华书局2008年版,第4166页。

然る後に社会改革の方策を計画せるなり。(福井准造,1899:151)

译文：且以劳银之铁则,为千古不磨之真理,贫富之悬隔,为人类社会之通则。于是彼等以非理之要求,以逼富豪。其所论非理者,皆未尝于历史、法律、经济、统计及哲理、心理、论理等万般之学理,为研究之材料,广探深稽,以确定其主针,然后计划改革社会之方策。(赵必振,1903:2)

与前面的例文一样,原文中的词汇如"劳银""贫富の懸隔""法律""经济""社会改革"也基本以其原来的形态"劳银""贫富之悬隔""法律""经济""社会改革"被引入译文中。清末留日知识分子为何多用这种引入大量"和制汉语"的"异化"翻译策略,这一问题需在当时的文化语境中来探讨。因为"无论从哪个角度思考,都要把等值问题放置在具体文化背景下讨论"①。从上面所举例子来看,中文译文带有较浓的日语味,但是在 20 世纪初,社会主义思潮尚为新鲜事物,在留日知识分子通过翻译大力引进这一思潮时,这种翻译未尝不是一种信息等值的翻译。再如下面例子：

原文：資本主義の今日ある所以を知らんと欲せば、須らく余剰価格の性質如何を知らざるべからず、マルクス是に於てが価格を分離して其本質如何を吟味せんとせり。有名なるマルクスの価格論は即ち是なり。(福井准造,1899:162—163)

译文：欲知今日之资本主义,须知余剩价格之性质如何。马陆科斯乃分离其价格与本质,而著《价格论》。(赵必振,1903:6)

显而易见,原文中划线部分的术语也都以日文汉字的形态挪用进了中文译文中,尤其明显的是"资本主义""余剩价格""性质""价格论"等词汇和术语的使用。在这里需要特别指出的是,有研究曾对早期汉译日本书籍中"价格"与"余剩价格"等术语译法产生质疑,认为那是误译或者译者不懂马克思主义所致。通过上述译介底本与译本的对比考证,可以为此类质疑提供史料和文本证据。也就是说,当我们考察早期汉译著作或者评价译文质量时,有必要将其还原到当时的历史文化语境中,以获取更加客观而公正的结论。如果对比同时期日本书籍汉译,就可发现事实上这也是当时汉译日本书籍的整体译文特征。例如,从同样出版于 1903 年的《社会主义神髓》的中国达识译社译本中随机举例

---

① 刘军平编著：《西方翻译理论通史》,武汉大学出版社 2009 年版,第 400 页。

来看:

> **原文**: 社会的生産と資本家的領有の間に生ぜる一大矛盾は、如此にして先づ其一端を、地主資本家と賃銀労働者との衝突に現ぜる也。(幸德秋水,1903:36)

> **译文**: 此社会生产与领有之间,已现地主资本家与赁银劳动者之冲突。(高军等,1986:159)

如上述例文所示,原文画线部分"社会生产""领有""地主资本家""赁银劳动者"的许多词汇也都以原文词汇即"和制汉语"的形态被吸收进译文中。"在吸收外来文化(包括语言文化)时,译者的心态是开放还是保守,对译文的内容和风格都有很大的影响。翻译是不同语言之间的转换,所以吸收原语中的一些语言手段不仅是必要的,而且还是必然的。"① 再如1903年出版的久松义典著杜士珍译《近世社会主义评论》中的译文表述:

> 世人往往仅于劳动问题,关于斯主义之目的与心得,一读二三所著之书及杂志等,直着眼于资本主及职工间之利害,试轻躁浅薄之言论,至于害事业家之感情而不顾,岂非最可痛戒之事耶? 产业社会之要素,在于职工赁银之高低。而欲辨明其是非得失,不可不先攻究斯主义之原理,而探进化之次第。(高军等,1986:137)

这段话在久松义典原著中则为:

> 世人往々労働問題のみを以て、斯主義の目的心得、これに関する二三の著訳書及雑誌等を一読して、直に資本主と職工間の利害に着眼し、軽躁浅薄なる言論を試みて、著実なる事業家の感情を害するに至は、最も痛戒を加ふべき事ならずや、産業社会の要素は、職工にしてその賃銀の高低は、固より重要なる関係に相違なきも、これが是非得失を辯明するまでには、先づ斯主義の原理を究めてその進化の次第を知らざる可からず。(久松义典,1900:30)

由上面的译文和原文对比可以看出,《近世社会主义评论》汉译本和《社会主义神髓》汉译本一样也都大量使用了原文中的日文词汇。文化影响翻译,文化的强弱同样影响翻译,强势文化往往会通过翻译等途径向弱势文化渗入。"翻译是把根植于源语民族文化土壤中的文化素移植到译语民族文化的过程与结

---

① 《文化翻译论略》,第42页。

果。在移植过程中,是促进文化沟通、展示文化差异,还是顺应译语文化、遮蔽差异,通常取决于异语文化或译者个体。"①清末的中国文化相较明治维新后的日本文化而言处于弱势的地位。再者,"近代中国由于西方国家这一'他者'的强行闯入,致使'世变'日亟,创剧痛深,'自我'即民族的生死存亡遂成为最为迫切的问题,而固有的文化不足以应对危机,因此,对西方这一异质的'他者'文化的理解和应对,遂成为一个时代性的重建'民族'所必须首要解决的重大课题"②。在中国固有文化不足以应对危机而急需引进西方先进思潮的清末,通过汉译日本书籍大量引入日文词汇及负载于其中的思想,既是强势文化对弱势文化的渗入,也是应对"他者"文化并将其中的文化素"移植"进中文的文化交际活动。"两种文化的交融,往往首先取决于文化接受者有否吐纳异质文化的胸襟和姿态。"③可以认为,赵必振译《近世社会主义》不仅站在了译介浪潮的前列,而且以一种主动迎受的态势引入了西方社会主义思潮,从而使这种异质文化适应中国社会文化语境并与之相交融。

前述赵必振译文中的"价格"即"价值","余剩之价格"即"剩余价值"。正如文中所揭露的"资本家所以蓄积其利润,增加其财产者,则以生产社会余剩价格之故",即资本家发家致富的秘密就是占有剩余价值。这段论述就是著名的剩余价值理论。马克思剩余价值理论得以通过汉译日本书籍进入中国社会文化语境,进入近代中国知识分子的视野,离不开赵必振对于社会主义思潮这种"异质文化"的主动迎受态度。正是缘于清末留日知识分子译者对这种外来文化的"主动迎受",才使社会主义学说和马克思主义得以传入中国。

三、《近世社会主义》汉译在文化交流中的作用

翻译对文化有极大的促进作用,梁启超曾主张"以东文为主,而辅以西文",大量译介日本书籍,并将其作为改良社会与文化的一种重要的手段。翻译除了传入新思想和新知识外,还会引入一些"副产品",其中最主要的表现就是丰富了译语的语言和文学。④ 前面例文中已分析了部分来自日文原文的词

---

① 杨仕章:《文化翻译学界说》,《外语教学理论与实践》2016年第1期。
② 王宪明:《语言、翻译与政治——严复译〈社会通诠〉研究》,北京大学出版社2005年版,第4页。
③ 王嘉良等:《"浙江潮"与中国新文学》,文化艺术出版社2004年版,第13页。
④ 杨仕章:《略论翻译与文化的关系》。

汇和术语,再如下面例文中也有大量的"副产品":

> 马陆科斯之"价格论",以价格之分离为始。彼论价格分离之道,分"使用价格"及"交换价格"二种。①(赵必振,1903:6)

如上述译文指出的那样,将商品价值分为"使用价格"和"交换价格"的"价格论",为揭露资本家实现财富增值的剥削本质提供了证据,即资本家对剩余价值的占有。赵必振译"使用价格""交换价格",无疑就是翻译活动的"副产品"。再如以下例文:

> 其使用、交换两价格之差,以是而比,其余剩之价格,又为资本家之资本,更以维持扩张其事业,以蓄积增集其财产。是彼资本制度之发达,其余剩之价格,而所以专归资本家之占有。②(赵必振,1903:7)

文中"使用价格""交换价格""余剩之价格""专归资本家之占有"等术语和概念,都是译者采取"异化"的策略从原文中输入的。在清末留日知识分子刚刚在明治日本接触来自西方的社会主义思潮时,"资本家""竞争""余剩之价格"这样词汇和术语,尚为新鲜的概念。这些概念进入中文,毫无疑问会发挥"丰富译语语言"的作用。日本学者石川祯浩认为,清末以来中国介绍西方思想时往往把已经翻译成日语或者已经介绍过的内容重译成汉语,并大量使用原文中的"和制汉语"。那些来自日语的马克思主义术语,到了五四时期则逐渐以日文汉字形式固定了下来。③《近世社会主义》汉译中,除上面例文中的新词和术语之外,还有"阶级""权利""选举""自由平等""利润""分配""劳动时间"等大量的"和制汉语"词汇。伴随着日本书籍大量汉译的这种文化交流方式,近代中日间的文化交流对中国语言文化产生了极大影响。据统计,中国人承认来自日语的现代汉语达 800 多个。④ 可见,近代留日知识分子通过翻译日本书籍,大量引入了源语中的新概念和新术语。经过数十代译者的艰辛译介,经过数十年社会主义学说著作汉译,这些新词和术语逐渐融入了中文,并在中

---

① 原文为:"マルクスの価格論は価格の分離に始まる。彼は価格を分離して之に「使用価格」及び「交換価格」の二種類ありとせり。"(福井准造,1899:163)
② 原文为"使用、交换两価格の差は間の如くにして生じ、生ずる余剰価格を以て、资本家は資本の上に、資本を重ね、以て其事業を維持拡張し以て其財産を蓄積増集すと。是れ彼が資本制度の発達を以て之を余剰価格の専占に帰する所以なり。"(福井准造,1899:167)
③ 〔日〕石川祯浩著,袁广泉译:《中国共产党成立史》,中国社会科学出版社 2006 年版,第 15 页。
④ 〔日〕实藤惠秀著,谭汝谦、林启彦译:《中国人留学日本史》,生活·读书·新知三联书店 1983 年版,第 326—335 页。

国文化语境中扎根,演变而为中国化了的马克思主义术语。

本质上来说,翻译活动终归是一种文化的传输活动,也是"文化传输与移植的过程"①。通过赵必振译《近世社会主义》进入中国的,除了剩余价值理论外,还有马克思经典著作《共产党宣言》的重要论断:"同盟者望无隐蔽其意见及目的,宣布吾人之公言,以贯彻吾人之目的,惟向现社会之组织,而加一大改革,去治者之阶级,因此共产的革命而自警。然吾人之劳动者,于脱其束缚之外,不敢别有他望,不过结合全世界之劳动者,而成一新社会耳。"②此前,马克思的名字最早被提及是在1899年刊登在《万国公报》上的《大同学》中:"其以百工领袖著名者,英人马克思也。"③1902年,梁启超在《新民丛报》撰文《进化论革命者颉德之学说》称:"麦喀士,日耳曼人,社会主义之泰斗也。"④文中的"麦喀士"即马克思。相较而言,出版于1903年2月的汉译《近世社会主义》对马克思、恩格斯生平及其学说的介绍,对《共产党宣言》经典论断等内容的译介,是近代中国汉译日本社会主义学说著作中最早最详细的介绍,不愧为"近代中国系统介绍马克思主义的第一部译著"。

在社会主义思潮传入中国的进程中,作为西学东渐的代表之作,《近世社会主义》汉译本以其对马克思主义全面而系统的介绍,对中国早期进步知识分子影响较大。最为著名的例子莫过于郭沫若对《近世社会主义》的回忆和评价。郭沫若与九州大学名誉教授向坂逸郎⑤(1897—1985)座谈时曾说他的"社会主义思想是从日本传来的",并强调是因为读了"福井准造先生的《近世社会主义》"。⑥ 福井准造出生地的《湘南新闻》于2017年也曾报道称郭沫若在访日时谈到自己最初对社会主义的了解来源于福井准造著《近世社会主义》,并指出该书为最早向中国介绍社会主义的著作。⑦ 蔡元培在《社会主

---

① 《文化翻译论略》,第42页。
② 《近世社会主义》,第13页。原文为:"同盟は其の意見及び目的を隠蔽するを望まず、故に吾人は公言す、吾人の目的を貫徹せんが為めには、只現社会の組織に向て一大改革を加ふるの要あることを、治者の階級は此共産的の革命を戦慄すべし、然れども吾人労働者は只其束縛を脱するの外敢て他意なく、斯くの如きにして以て更に一新社会を作為せんとす、全世界の労働者よ、来りて以て結合せよ。"(福井准造,1899:187)
③ 林代昭、潘国华编:《马克思主义在中国——从影响的传入到传播》上册,清华大学出版社1983年版,第44页。
④ 梁启超:《进化论革命者颉德之学说》,《马克思主义在中国——从影响的传入到传播》上册,第69页。
⑤ 日本马克思经济学家、社会主义思想家,曾任九州大学教授和社会主义协会代表。
⑥ 中国郭沫若研究学会《郭沫若研究》编辑部编:《郭沫若研究》7,文化艺术出版社1989年版,第282页。
⑦ 具体报道参见《湘南ジャーナル》:http://www.shonan-journal.com/archives/17661。

史》序中指出西方社会主义学说"一方面是留日学生从日本间接输入的,译有《近世社会主义》等书"①。可见《近世社会主义》的汉译不仅对近代知识分子的社会主义认识产生了一定程度的影响,而且在早期社会主义学说和马克思主义传入中国的过程中发挥了重要的作用。学者李博也指出,大约到五四运动那一年,中国人对西方社会主义思潮及马克思主义的了解几乎都来自日语,或者来自已翻译成日文的欧洲著作或是日语的社会主义著作。②

因此,作为中日文化交流史上的重要一环,近代日本在词汇和术语方面,对中国的马克思主义术语产生了较大的影响,也为近代中国在接受和理解来自西方的新概念、新思想上作出了一定的贡献。③ 在西学东渐的中西文化交流与融合的过程中,以赵必振为代表的清末留日知识分子扮演了极其重要的角色,他们通过译介《近世社会主义》等日本早期社会主义学说和马克思主义相关书籍,向近代中国输入了西方异质文化,推动了中国近代文化的发展。

---

① 高平叔编:《蔡元培全集》第三卷,中华书局1984年版,第435页。
② 〔德〕李博著,赵倩等译:《汉语中的马克思主义术语的起源与作用:从词汇—概念角度看日本和中国对马克思主义的接受》,中国社会科学出版社2003年,第79页。
③ 陈力卫:《东来东往:近代中日之间的词语概念》,社会科学文献出版社2019年版,第13页。

中国共产党人的《共产主义 ABC》阅读史 *

王 玉　徐小良

（中共上海市委党校　古吴轩出版社）

一、引言

《共产主义 ABC》是早期中国共产党人最重要的启蒙读物之一。虽然它只是一本介绍共产主义的通俗理论读物，但在 20 世纪二三十年代的中国，它的影响力甚至可以与《共产党宣言》相媲美。近年来，开始出现专门介绍《共产主义 ABC》的学术文章。比如《档案春秋》2011 年第 6 期发表的《启蒙中国——〈共产主义 ABC〉对中共的历史贡献》和《决策与信息》2016 年第 4 期发表的《马克思主义经典通俗中译本——〈共产主义 ABC〉》。现有研究数量不多，深度也有限，但毫无例外地都高度评价了《共产主义 ABC》对中国共产党人的启蒙作用，这为后续研究提供了方向和线索，特别是在该书的翻译、出版、传播、接受等环节中，仍有不少问题值得学术界深入探讨。

比如，李大钊的好友高一涵在《回忆五四时期的李大钊同志》中说："1917 年，十月革命的消息不断传来，守常又认识了俄国的外交人员。同时，布哈林的著作《共产主义 ABC》的英文译本也有了。这种种因素，加深了守常对马克思主义和十月革命的认识。就在这年十一月，他第一个撰文颂扬布尔什维克的胜利（引者按：指 1918 年发表于《新青年》第 5 卷第 5 期的《BOLSHEVISM

---

* 基金项目：2021 年上海市党校（行政学院）系统课题"《共产主义 ABC》在上海的出版与传播（1921—1949）"（课题编号：2021SHB002）。

的胜利》),那已是明确站在马克思主义的立场上了。"①按高一涵的说法,李大钊早在1917—1918年间就受到了《共产主义ABC》英文译本的影响,但实际上《共产主义ABC》是1919年才写成的,该书英文版出版于1922年。这说明高一涵的回忆并不可靠,李大钊可能读过《共产主义ABC》,也可能是英文译本,但不会在1917—1918年间。这里就引出一个值得探讨的全新问题:《共产主义ABC》在中国的出版传播史以及中国共产党人的《共产主义ABC》阅读史。

二、《共产主义ABC》的翻译出版情况

1919年3月,俄共(布)第八次代表大会通过了新党纲。《共产主义ABC》就是为了配合党纲宣传而写的一本通俗性的理论读物。根据该书前言可知,该书于1919年10月15日前写成。② 该书初版于1920年。1922年,英文版问世。1926年1月由位于上海的新青年社初版的《共产主义的ABC》,是目前所见的最早中文译本。(这个版本的中译本叫《共产主义的ABC》,后来的中译本径直称《共产主义ABC》,少了一个"的"。)

新青年社出版的这部《共产主义的ABC》,没有标注译者姓名。不过有资料显示,该书译者是郑超麟。郑超麟(1901—1998),福建漳平人,1919年赴法勤工俭学,1922年6月参加创建旅欧中国少年共产党,1923年春到苏联莫斯科东方劳动者大学学习,1924年春加入中国共产党。1924年9月回国后,郑超麟担任中共中央宣传部秘书,编辑中央机关报《向导》。在此期间,他翻译了布哈林写的《共产主义ABC》。③ 郑超麟研究唯物史观与法国政治经济,能够使用法文、俄文和世界语,他应该是直接从俄文底本翻译的。查阅相关资料可见,1924—1926年间,郑超麟确实翻译了不少"外国人的文章",大部分刊载在《新青年》杂志上,其中就包括《共产主义ABC》作者布哈林撰写的《马克思主义者的列宁》(1926年第3、4期)一文。从时间、身份、外语能力来看,郑超麟非常符合《共产主义ABC》译者的身份,但他在回忆录(《郑超麟回忆录》)中并

---

① 中国社会科学院近代史研究所《近代史资料》编译室主编:《五四运动回忆录》,知识产权出版社2013年版,第154页。
② 〔苏〕尼·布哈林、叶·普列奥布拉任斯基:《共产主义ABC》,东方出版社1988年版,前言。
③ 李蓉、张延忠主编:《中国共产党第一至第六次全国代表大会代表名录》(增订本),中共党史出版社2014年版,第260页。

未提及自己翻译了该书,所以此处仍然存疑。不过,"大胆假设"来说,有可能是当时宣传共产主义的需要,郑超麟接受了党布置的翻译《共产主义 ABC》的任务;还有一种可能,该书翻译时采取了集体工作的方式,郑超麟在其中起了重要作用,但并非他一人之力。这些,都可以解释新青年社出版《共产主义的 ABC》时未署名的原因,这既是保密的需要,又是组织安排的集体任务。

《共产主义的 ABC》的出版机构是新青年社,但 1927 年 2 月的版本多出了一行字:"总代售处　汉口长江书店"。谈到新青年社的历史,必须提到著名的、由我党创始人之一陈独秀创办的《新青年》杂志。1920 年 9 月,《新青年》杂志成为上海共产主义小组的机关刊物,新青年社同时成立。1921 年底,新青年社被上海法租界巡捕房封闭,遂南下迁至广州。1923 年,党中央的出版机构人民出版社在广州与新青年社合并,随后迁回上海,取名上海书店,11 月 1 日正式开业。① 到了 1926 年 2 月,上海书店又被直系军阀孙传芳查封,中共中央决定在汉口设立长江书店。长江书店除重印新青年社、上海书店出版过的一部分书刊外,也出版了许多新书。大革命失败后,长江书店出版活动由公开转入地下。② 这就是《共产主义的 ABC》1927 年 2 月版上,既印有新青年社,又印有汉口长江书店的原因。

新青年社出版的《共产主义的 ABC》版权页显示,该书著者是马克思主义理论家布哈林,卷首还刊登了布哈林的半身照。对于只署布哈林一人的情况,有文章猜测,"可能其时普列奥布拉任斯基已经因'托派'问题而在本国受批判了,中共宣传机关再推出他有所不便"③。这是没有根据的推测。实际上,1926 年的新青年社版本,只翻译了该书的第一部分,即理论部分。而整个理论部分都是布哈林一个人写的。④ 所以,著者只署布哈林不仅没有问题,而且非常准确。

三、《共产主义 ABC》中文译本的阅读

《共产主义 ABC》中译本的具体印数,现在已经不得而知了,但从中国共产党人的回忆录来看,它曾经风靡一时。

---

① 中国大百科全书总编辑委员会:《中国大百科全书(新闻出版)》,中国大百科全书出版社 1990 年版,第 395 页。
② 王宗华主编:《中国现代史辞典》,河南人民出版社 1991 年版,第 266 页。
③ 司徒伟智:《启蒙中国——〈共产主义 ABC〉对中共的历史贡献》,《档案春秋》2011 年第 6 期。
④ 《共产主义 ABC》,前言。

有一份地方报纸上的一篇文章说，1980年5月，该文作者和一位作家应邀为当时的中共四川省委书记谭启龙整理回忆录。在四川省委的一个小会议室里，谭启龙回忆了1927年底在井冈山根据地第一次参加团务训练班的情景。他说："我在那里学习了《共产主义ABC》，确立了共产主义信念。虽然直到现在我还不知道'ABC'是什么意思。""A、B、C就是1、2、3，就是常识，就是共产主义常识。"听了该文作者的解释，谭老笑了："我还以为这几个洋文有什么奥秘。"①谭启龙的回忆录中还写到，1928年他入团受训时，才十五岁。他回忆，教官讲了《共产主义ABC》。"这是苏联布哈林等人编写的初级共产主义读物。我记得他讲这本书的内容分为'三点六步'，意思是要达到共产主义社会，有三点内容，还要分六步走。这种课当时听起来比较费劲，感到朦朦胧胧，但是已经从朦胧中看到了美好前景。"②

在老一辈革命家中的回忆录中，《共产主义ABC》这本书的出镜率非常高。萧克将军早年在军队中也读到了《共产主义ABC》，他在回忆录中写道："这本书深入浅出，通俗易懂，很好看。"③抗战时期，萧克在接受外国记者采访时也说过这个话题："民国十六年三月，我充武汉叶挺师分队中的教官。当第二次北伐进入河南时，我是一个陆军中尉。在这次征战的两个月中，我读到《共产主义ABC》和《共产主义的计划》（我看了共产主义刊物《向导》，已有三年）。这时我便成了一个共产党员。"④

据薄一波回忆，20世纪20年代初，基本上没有什么马列著作可读。只有《共产党宣言》，大革命时又译出布哈林写的《共产主义ABC》。一般党员就靠这两本书来进行活动。⑤

除了回忆录外，还有更直接的档案证明。1926年2月12日，《宁乡特支戴卓良给贤江的信》称："《共产主义的ABC》已经收到，兹汇来洋肆元，请再寄十本，所剩的钱请代派《中国青年》十份，《中国妇女》十份，《向导》周报十份。"⑥1927年4月，李大钊在北京被捕时，一并被抄获的文件中也有《共产主

---

① 陈建军：《我读〈共产主义ABC〉》，《北海日报》2011年7月2日。
② 谭启龙：《谭启龙回忆录》，中共党史出版社2003年版，第13—14页。
③ 萧克：《萧克回忆录》，解放军出版社1997年版，第40页。
④ 〔新西兰〕勃脱兰著，伍叔民译：《华北前线》，上海科学技术文献出版社2015年版，第171页。
⑤ 王震、乌兰夫、薄一波、姜椿芳：《在中国翻译工作者协会成立大会上的讲话》，《中国翻译》1982年第5期。
⑥ 易亮如等：《湖南革命历史文件汇集（群团文件）》1926年甲，中央档案馆、湖南档案馆，1983年。

义 ABC》等材料。据当时的《申报》报道,"《共产主义的 AB(C)》说明工人被资本主义剥削,提倡共产革命"①;又"《柏桂通讯》一厚册,书面绘俄国国旗,内分《共产主义 ABC》提纲等篇"②。

从这些回忆录和档案中,可以得出两点结论:一是《共产主义 ABC》是推动马克思主义大众化的优秀著作;二是 20 世纪 20 年代马克思主义在中国的出版传播,《共产主义 ABC》与《共产党宣言》双峰并峙。

四、《共产主义 ABC》外文版本的阅读

邓小平曾说:"学马列要精,要管用的。长篇的东西是少数搞专业的人读的,群众怎么读? 要求都读大本子,那是形式主义的,办不到。我的入门老师是《共产党宣言》和《共产主义 ABC》。"③这里有一个非常有意思的问题:邓小平读到的是 1926 年 1 月新青年社出版的《共产主义的 ABC》吗? 1920 年至 1927 年,邓小平正在法国、苏联学习工作,根据常识推断,他及时接触到中译本的可能性比较小。据有关资料,1926 年 1 月,在邓小平等住过的 5 号客房,法国警方发现了"大量的共产党的中、法文宣传小册子,如《中国工人》《孙中山遗嘱》《共产主义 ABC》等等"④。这里的《共产主义 ABC》只能是法文版,因为中译本正是在 1926 年 1 月出版的,在当时的交通运输条件下,不可能第一时间到达邓小平手中。

邓小平这种经历不是个别现象,刘少奇早年也有相似的经历。1921 年 8 月,刘少奇进入莫斯科东方大学学习,接受《共产党宣言》、国际工人运动史、《共产主义 ABC》、政治经济学等课程的教育。⑤ 所以,刘少奇读过的是俄文原版《共产主义 ABC》,因为当时中译本尚未出版。

1923 年 5 月,朱德赴德国哥廷根考察学习军事,他学习德文教材正是《共产主义 ABC》和《共产党宣言》两部书。⑥ 所以,朱德看过的是德文版《共产主

---

① 《京警厅发表俄馆党案文件》,《申报》1927 年 4 月 24 日。
② 《京警厅继续发表俄馆党案文件》,《申报》1927 年 4 月 30 日。
③ 邓小平:《邓小平文选》第 3 卷,人民出版社 1993 年版,382 页。
④ 张士伟:《近代中法教育交流史》,南开大学出版社 2014 年版,第 81 页。
⑤ 中共中央文献研究室、刘少奇研究组编著:《开国领袖画传系列:刘少奇》,辽宁人民出版社 2016 年版,第 16 页。
⑥ 王伯琰:《魏自珍:朱德当年的德文教师》,金正基主编:《同济的故事》,同济大学出版社 2015 年版,第 75 页。

义ABC》。

还有张国焘,据其回忆录记载,1920年前后,"布哈林的《共产主义ABC》的英文本,就是这个时候带到北大图书馆的,也是我所阅读过的第一本在莫斯科出版的小册子"①。所以,张国焘看到的是英文版《共产主义ABC》。

此外,1920年12月21日的俄国档案载:在海参崴地区,包括《共产主义ABC》在内的一些小册子已经被翻译成日文,准备发给驻扎于滨海省的日本占领军。② 那么,这些《共产主义ABC》日译本有没有流入中国东北的可能?有没有被懂得日语的中国共产党人接触到?这也是值得继续留意的。

总之,新青年社在为《共产主义的ABC》打广告时,曾表示该书"早经译成英、法、德、意、日各国文字,风行全球"③,这倒不是虚构夸张,因为中国人在阅读接受的过程中,正是多语言进行的。一方面,《共产主义ABC》在中国的出版传播,除了中译本,还有英译本等外文版本;另一方面,对于《共产主义ABC》的外文版本,中国共产党人有些是在国内读到的,更多则是在国外读到的。

五、结论

从出版传播视域来看,中国共产党人对《共产主义ABC》的阅读和接受,不是一个简单的线性过程——翻译俄文版、出版传播中译本、阅读中译本,而是复杂的多语种、多国家交织的过程——俄文版、英文版、德文版、中文版均有人在不同国度阅读。这既说明了《共产主义ABC》风靡一时的全球影响力,也说明了中国共产党人接受共产主义思想的及时性和多元渠道。除了俄国路径外,还有法国、德国等路径也产生了不可忽视的影响。多国度多语种的阅读有两大特点:一是中译本经由新青年社出版传播,毫无疑问影响的人数最多,既有中国共产党人,也有广大普通读者;二是受外文版本影响的人数虽少,但都

---

① 张国焘:《我的回忆》,东方出版社1991年版,第85页。
② 中共一大会址纪念馆编:《中共首次亮相国际政治舞台(档案资料集)》,上海人民出版社2016年版,81页。
③ 国光书店广告,《民国日报》1926年4月17、18日。

是当时留学生、高级知识分子等群体,他们不少人后来成了党的早期领导人。总而言之,这些中国共产党人,都是建党初期和大革命时期完成了《共产主义ABC》的阅读,从而坚定了共产主义信仰,由此可见《共产主义 ABC》的出版传播和阅读接受在不同的时空里都对早期中国共产党人产生了重要影响。

马列文献的译刊机构

清末广智书局与社会主义学说在中国的早期译介与传播

潘喜颜

(上海应用技术大学马克思主义学院)

甲午战败后,中国掀起了向日本学习的热潮,出现了大量留日学生,他们从日文译介了大量书籍,在中国的近代化道路上留下了不可泯灭的痕迹。上海广智书局正是由一家由留日学生主办的重要翻译出版机构,该机构 1901 年在上海成立,名义上由广东华侨冯镜如主持,实际上梁启超以提供文稿作为"技术股",占有三分之一的股份。书局由梁启超总负责,在海外遥控运作。译员有梁启超梁启勋兄弟、麦鼎华麦孟华兄弟、赵必振、罗大维等,其中不少人是康有为的弟子。广智书局翻译出版了大量介绍西方新学术、新思想的著作,为后人留下了一笔宝贵的文化财富。清末翻译出版了多本与社会主义相关的译作单行本,其中广智书局出版的数量最多,产生了重要影响。因此本文拟对清末广智书局出版的社会主义相关译作加以梳理,以求抛砖引玉。

一、清末社会主义相关译著单行本的出版概况

清末国人翻译出版了多种跟社会主义相关的著作,笔者将目前收集到的译作单行本列表如下[①]:

[①] 本表主要根据熊月之主编《晚清新学书目提要》(上海书店出版社 2007 年版)、张豹《马克思主义在中国早期传播的日本渠道研究(1899—1921)》(西北农林科技大学 2020 年硕士学位论文)及其他学界研究成果整理编制。

清末社会主义相关译著单行本出版概况一览

序号	译作名称	原著者	译者	出版机构	出版年份
1	二十世纪之怪物帝国主义	〔日〕幸德秋水	赵必振	广智书局	1902
2	帝国主义	〔日〕浮田和民	出洋学生编辑所	商务印书馆	1902
3	社会主义广长舌	〔日〕幸德秋水	国民丛书社	商务印书馆	1902
4	十九世纪欧洲文明进化论	〔日〕民友社	陈国镛	广智书局	1902
5	社会党	〔日〕西川光次郎	周子高	广智书局	1902
6	十九世纪世界大势论	〔日〕高山林次郎	夏清贻	开明书店	1902
7	十九世纪大势变迁通论	〔日〕大隈重信、加藤弘之等	吴铭	广智书局	1902
8	十九世纪大势略论	〔日〕加藤弘之等	养浩斋主人	广智书局	1902
9	社会改良论	〔日〕鸟村满都夫	赵必振	广智书局	1902
10	社会问题	〔日〕大原祥一	高种	东京闽学会	1903
11	近世社会主义	〔日〕福井准造	赵必振	广智书局	1903
12	社会主义	〔日〕村井知至	罗大维	广智书局	1903
13	社会主义	〔日〕村井知至	侯士绾	上海文明书局	1903
14	社会主义神髓	〔日〕幸德秋水	中国达识译社	东京《浙江潮》编辑所	1903
15	世界之大问题	〔日〕岛田三郎	通社编辑部	上海通社	1903
16	新社会	〔日〕矢野龙溪	作新社	上海作新社	1903
17	世界进步之大势	〔日〕民友社	曾剑夫	上海文明书局	1903
18	社会主义概评	〔日〕岛田三郎	作新社	上海作新社	1903
19	最新经济学	〔日〕田岛锦治	作新社	上海作新社	1903
20	社会经济学	金井延	陈家瓛	上海群益书社	1905

续　表

序号	译作名称	原著者	译者	出版机构	出版年份
21	社会主义神髓	〔日〕幸德秋水	蜀魂	中国留学生会馆社会主义研究社	1906
22	社会主义神髓	〔日〕幸德秋水	创生	东京奎文馆书局	1907
23	最近时政治史	〔日〕有贺长雄	不详	东京闽学会	1911年前
24	经济学	〔日〕小林丑三郎	李佐廷	天津丙午社	1911年前

从上表中可以看出，清末至少出版了与社会主义有关的单行本译作 22 种，其中上海广智书局出版的就有 8 种，占了三分之一强，可见广智书局是清末出版社会主义译作最多的出版社。清末广智书局出版的社会主义相关译作主要有以下两类：第一类是直接介绍社会主义流派和活动的译作，如《近世社会主义》《社会党》《社会主义》；第二类是政治类、大势类著作中涉及社会主义思想的译作，如《二十世纪之怪物帝国主义》《十九世纪大势变迁通论》《十九世纪欧洲文明进化论》等。下面分类择要论述。

二、清末广智书局出版的社会主义类译著

1. 赵必振译《近世社会主义》

1903 年 2 月，上海广智书局出版了日本著名学者福井准造原著、赵必振翻译的《近世社会主义》一书，这是日本较为系统地介绍马克思主义和各国社会主义运动发展概况的第一部著作，原书 1899 年由有斐阁出版。

赵必振译《近世社会主义》铅印线装，分上下两册，共约十六万字。全书共四编：第一编"第一期之社会主义——英法二国之社会主义"；第二编"第二期之社会主义——德意志之社会主义"；第三编"近时之社会主义"；第四编"欧美诸国社会党之现状"。

该书被学界认为是"近代中国系统介绍马克思主义的第一部译著"[①]，这是该书的第一个贡献：在第二编第二章中系统地介绍了马克思的生平，详述

---

① 熊月之：《西学东渐与晚清社会》，上海人民出版社 1994 年版，第 643—644 页。

了马克思与恩格斯的深厚情谊,叙述了《哲学的贫困》《共产党宣言》《英国工人阶级状况》《政治经济学批判》《资本论》等马克思主义经典著作的写作过程和主要内容,论述了剩余价值学说的基本内容和马克思对资本主义制度内在矛盾所作的深刻分析,在译介马克思主义学说时,引进了许多马克思主义的相关日制术语,如"价格""使用价格""交换价格"以及"余剩价格"等,在该书中卡尔·马克思译作"加陆·马陆科斯",恩格斯译作"野契陆斯"。该章还提到1864年国际工人协会的成立及日内瓦代表大会的情况、1872年海牙代表大会和巴枯宁所代表的无政府主义者的分裂活动。

该书第二个贡献是把马克思主义与空想社会主义区别开来,并对马克思及其主义大加赞扬:"马露科斯之主义,虽欲设立无政府的组织,而其归著,与无政府党之希望颇有异者。盖无政府党之目的,以暴力而打破国家之组织。马陆科斯则由自然之趋势,以俟国家绝灭之期。"①称赞马克思"为社会主义定立确固不拔之学说,为一代之伟人";"《资本论》为一代之大著述,为新社会主义者发明无二之真理,为研究服膺之经典"。批判空想社会主义:"大都架空之妄说,不过耸动社会之耳目,以博取其虚名。"②

该书第三个贡献是摘录了共产主义运动史上一些重要文献的部分内容,如《共产主义者同盟章程》第一章第一条:"同盟之目的,以平民(即劳动者)之束缚者,与市民(即资本主)而平夷,全灭阶级之争斗,与旧社会之基础,撤去阶级制与私有财产制,以组织一新社会。"③

摘录了《共产党宣言》的最后一段话:"同盟者望无隐蔽其意见及目的,宣布吾人之公言,以贯彻吾人之目的……不过结合全世界之劳动者,而成一新社会耳。"④这是目前所知,《共产党宣言》最早的一段节译。

摘录了1866年第一次国际日内瓦代表大会通过的《国际工人协会共同章程》的一段话:"我党以解除劳动者之束缚,须自劳动者自身之运动。劳动者为解除其束缚,所以有奋斗之举,以谋分与其特权及专有权,与万人共负担平等之权利与义务,以全灭阶级之组织。……不以国民信仰及人种之异,而差异于

---

① 姜义华编:《社会主义学说在中国的初期传播》,复旦大学出版社1984年版,第162页。
② 《社会主义学说在中国的初期传播》,第155页。
③ 《社会主义学说在中国的初期传播》,第166页。
④ 《社会主义学说在中国的初期传播》,第166页。

其间。义务者权利之随伴,尽义务者必保其权利,保权利者必尽其义务。"①译文有四百多字,这种篇幅是在此前的译作中未见到的。

该书另一个重要贡献是书后附录了《社会主义及其党与之重要诸件表》,其中包括《资本论》等马克思主义经典著作,为研究国际共产主义运动的历史提供了参考。

当然该译本也有不足之处。有一些内容记载错误,如将路易·勃朗的出生年写成 1813 年(实际为 1811 年),将马克思的卒年记成 1882 年(实际为 1883 年)等,将马克思三个女儿写成两个等。此外,该书在人名、物名翻译的时候经常出现前后不统一的现象,如新拉纳克译作意野拉纳克、意野拉纳苛,傅立叶译作洛西路、列希路、列利路、列厘陆等,马克思译作马陆科斯、马露科斯,恩格斯译作野契陆斯、意契陆斯,剩余价值翻译成余剩价格、剩余价格等,不一而足。

2. 周子高译《社会党》

1903 年 3 月,广智书局出版了日本西川广次郎撰,周子高译的《社会党》一书。该书日文原本 1901 年由内外出版协会出版,分前后二编:前编十四节,依次介绍了德国、比利时、荷兰、丹麦、波兰、俄国、奥地利、法国、意大利、西班牙、英国、爱尔兰、美国、加拿大等国社会党和工人运动的发展情况;后编专门介绍瑞士各种社会保护和福利制度。

该书比较集中和系统地介绍了十四个国家社会党的历史和现状,对社会民主党及其领袖(包括普列汉诺夫)这样的人物作了详细的介绍。书中说欧洲的社会主义分为三派:虚无主义、基督教社会主义和马克思主义,还论述了社会民主主义与国家社会主义的不同,为国人了解西方社会党的历史和实践提供了文本支持。当然该书也有一些不足之处,如赞扬各国争取普选权与议会议席的斗争,表现了明显的议会主义倾向。后编专门介绍瑞士各种社会保护和福利制度时,将瑞士和新西兰说成"今日之世界上社会主义者之理想国"②。这反映出作者并没有把社会主义与资本主义制度中的福利、保护等很严格地

---

① 《社会主义学说在中国的初期传播》,第 167—168 页。
② 《社会主义学说在中国的初期传播》,第 224 页。

分开,而是将二者混为一谈。①

该书在"德意志之社会党"一节中详细叙述了德国社会党的发展过程,还提到了马克思和马克思主义、恩格斯、拉萨尔、李卜克内西、倍倍儿等,文中多次提到马克思,如指出自黑格尔与费希特发明社会思想之后,"及罗特海得司与马克(引者按:即马克思)出,其思想益扩充"②。李卜克内西寄居英国后,因与隐垓氏(即恩格斯)相识,"遂得与马克往来"③。在讲到倍倍儿的时候称:"及闻立夫奈(引者按:即李卜克内西)之说,遂弃旧而从之,信马克之说"④等。

该书有一些记载不确之处,如在记载李卜克内西葬礼之后,称:"立夫奈虽亡,而培勃(引者按:即倍倍尔)、阴垓(引者按:即恩格斯)诸伟人尚在。"⑤实际上恩格斯1895年去世,李卜克内西于1900年去世,该书误认为恩格斯在李卜克内西之后去世,说明作者对德国社会主义者的生平不太清楚。

另外该书翻译人名时因为是音译,有前后译名不一的现象,如仅在德意志之社会党一节,恩格斯的译名就有两个:隐垓氏、阴垓氏。

3. 罗大维译《社会主义》⑥

《社会主义》写于1899年初夏,其原作者村井知至是日本社会主义研究会会长,这是他系统阐明自己社会主义观点的一部理论著作。本书最初由支那翻译会社编辑发行的《翻译世界》译成中文,刊登于1902年12月至1903年1月出版的《翻译世界》第一至第三期,作者误刊为"村上知玄"。1903年4月上海广智书局出版了罗大维的中译本,1903年6月文明书局出版了侯士绾的中译本。⑦

罗大维译《社会主义》除绪言外共十章:第一章"欧洲现时之社会问题";第二章"社会主义之定义";第三章"社会主义之本领";第四章"社会主义与道德";第五章"社会主义与教育";第六章"社会主义与美术";第七章"社会主义

---

① 王先俊:《清末民初社会主义在中国的传播》,安徽师范大学出版社2018年版,第211页。
② 《社会主义学说在中国的初期传播》,第225页。
③ 《社会主义学说在中国的初期传播》,第227页。
④ 《社会主义学说在中国的初期传播》,第228页。
⑤ 《社会主义学说在中国的初期传播》,第230页。
⑥ 罗大维译《社会主义》(广智书局1903年版)被高军等主编《五四运动前马克思主义在中国的介绍与传播》(湖南人民出版社1986年版)全文收录,本文所引《社会主义》译文均采用此版本。
⑦ 《社会主义学说在中国的初期传播》,第265页。

与妇人";第八章"社会主义与劳动团体";第九章"社会主义与基督教";第十章"理想之社会"。

在绪言中,村井知至自称在美国学习研究社会问题和社会主义,非常钦佩社会主义的妙理,想传播社会主义于日本,所以写作此书。① 该书跟以前附带提及或不系统的零星叙述相比,对社会主义学说有一个比较系统的介绍和转述,不仅阐述了社会主义的定义、社会主义与道德、美术、妇女问题、工人运动、基督教的关系,而且还论述了社会主义要建设的理想社会是"个人对社会负责任、社会亦对个人负责任"的责任社会。

该书对马克思的剩余价值理论、第一国际等也有提及。在第三章中,作者认为社会主义反对"私有资本制度",绝非反对"私有财产","其意在变资本之私有为共有,则少数者无垄断之私利,得共图社会之公益"。② 指出资本家与劳动者阶级形成之后,产生了贫富悬隔,种种社会问题产生:"资本家劳动者之二阶级划然以定,而有资本者终不过少数。以有资本故,乃占威权于多数人之上,挥其权能,肆行压制,莫或御之。劳动者既无主张其权利之力,惟唯唯迎资本家意。劳动之事务时间工资等,一切为资本家所定。抗之则不免沉沦饿莩之悲境,其状实奴隶不若也。其余利益莫不为资本家之垄断。"③罗氏将"剩余价值"翻译成了"余利益"。

在本书第九章,第一次将马克思译为"卡尔",并节译了1864年《国际工人协会临时章程》的一句话:"故卡尔氏主唱此主义,组织万国劳动者之同盟会。"并指出其纲领曰:"吾党无国种之区别,惟依真理正义道德以立此主义,以期传于万国。"④这是马克思《国际工人协会共同章程》中的一句话。在第八章"社会主义与劳动团体"结尾又节译了《国际工人协会共同章程》的一段话:"我党信否?劳动者欲脱资本家之羁绊,斯劳动者不可不自战!而欲劳动者之自战者,为使分资本家阶级制度之特权,全废灭阶级制度,得万人均等之权利,负万人共有之义务是也。……劳动者欲解经济的束缚,为最重大之目的,故为百般之政治的运动,单在扶此目的。"⑤

---

① 《五四运动前马克思主义在中国的介绍与传播》,第45页。
② 《五四运动前马克思主义在中国的介绍与传播》,第52—53页。
③ 《五四运动前马克思主义在中国的介绍与传播》,第53页。
④ 《五四运动前马克思主义在中国的介绍与传播》,第78页。
⑤ 《五四运动前马克思主义在中国的介绍与传播》,第74页。

该书作者坚定地信仰社会主义，认为社会主义是解决现时社会贫富悬绝、金钱政治、自私自利、教育不公、美术、妇女问题的完策，强调"**舍社会主义外，无可归着**"①。最后得出结论："社会主义行，达社会之理想，基督教所谓'天国'，社会主义所谓'优特比亚'，是非为人类时代，乃道德时代也。社会之进步至兹，可谓达完全之点矣。"②

当然，该书也有一些不足之处，如将国际工人协会成立时间误译成1846年等。加上作者是一个基督教徒，所以侧重用基督教的教义与社会主义相比附，如在第九章"社会主义与基督教"中，作者认为"古代基督教代表近时之社会主义，以近时社会主义代表古代之基督教"，并列举以下相同之处："理想与目的为一""传道之热心亦相似""同遭社会之患害""传播之速亦相似""同为世界的思想""同对民溅同情之泪""同富于兄弟相爱之精神"。③

三、清末广智书局出版的其他涉及社会主义的译作

清末还出版了不少关于世界政治、经济、社会科学等发展趋势的译著，这些大势类译著重在探讨世界发展大势，兼及议论西方各种社会主义思想，侧重于将社会主义置于世界发展变迁的动态过程中加以考察，故其重心不在社会主义的思想内容本身，而在社会主义思想产生的原因、人们对社会主义的态度及目的，因而这类著作能够更直观地反映社会发展变迁和人们对待历史、现实及未来的思想态度。④ 其中广智书局出版的主要有《十九世纪大势略论》《十九世纪大势变迁通论》《十九世纪欧洲文明进化论》等几种。

1.《十九世纪大势略论》

加藤弘之、有贺长雄等著，养浩斋主人辑译，1902年印行，"史学小丛书"第二种。前有养浩斋主人叙目，全书不分卷章，共五部分，依次为"十九世纪思想变迁论""十九世纪外交大势论""十九世纪海军进步论""十九世纪陆军进步论""两世纪之大观"。该书与吴铭译《十九世纪大势变迁通论》（广智书

---

① 《五四运动前马克思主义在中国的介绍与传播》，第74页。
② 《五四运动前马克思主义在中国的介绍与传播》，第79—83页。
③ 《五四运动前马克思主义在中国的介绍与传播》，第75—79页。
④ 裴植、周东娜：《清末"大势"类译著及其对社会主义思想的传播》，《当代世界社会主义问题》2018年第4期。

局1902年版)、夏清贻译《十九世纪世界大势论》(开明书店1902年版)为同书异译本,不过该译本是节译本,吴铭本比较完整。在"十九世纪思想变迁论"中,加藤弘之认为19世纪欧洲思想界最有影响者一为国家思想,一为社会思想;在"两世纪之大观"部分,作者指出随着蒸汽机电气的发明,欧美变成了资本主义社会,也产生了贫富悬绝的问题,导致了无政府党的盛行,且这种潮流不可阻挡:"思欧美各国及支那因蒸汽电气之发明,劳力(人工)社会变而为资本社会,社会权力全然握之于资本家,而劳力者遂如鬻身之奴隶矣。夫贫富之界既甚悬绝……是故论社会进步之极点,则人间世非荡平品位之高下,均贫富于一致,破无穷之蛮习,侪终生于平等,则所谓无政府党正不得绝迹于天壤间也。然试观今之世界,固犹若山岳河流,然高深屈曲之在目,而顾欲化之为平河万里无远近大小之或异,是不有震动天地之大风雷,其何由转移而改造之,当大造于二十世纪乎?"①

2.《十九世纪大势变迁通论》

大隈重信、加藤弘之等撰,吴铭译,1902年印行。该书共十一篇,依次收录"去来两纪日本与世界列国之关系""十九世纪之思想变迁""十九世纪之思想""十九世纪之宗教""十九世纪陆军之进步""十九世纪海军之进步""十九世纪之哲学""豫想将来世纪列国势力之消长""十九世纪及未来之大势""今日社会之问题""序论"。

其中"十九世纪之思想变迁"部分,通过对英国穷人居住之所竟不如贵族之犬的描述,深刻反映了资本主义社会的贫富悬殊与对立:"忽睹门闾崇宏,建筑壮大者,是必贵族之邸宅也。携手下车,共入巡览,不禁哑然,非盖其邸宅,乃饲畜猎犬之所……览毕而出,则见其近旁贫民之居住,尚劣于畜犬之屋数百十等。"②

另外在"社会问题""劳动问题"等节也谈到欧洲近年来取得的物质进步,及随之而来的贫富分化问题。如在"社会问题"一节提到社会问题是19世纪文明的暗面,科学之发达、富者之增殖、教育之普及、宗教之进化的影响集中于社会问题:"贫民者自己抛弃无数之幸福,而因人类之阶级不获享受之,其切肤

---

① 〔日〕加藤弘之、有贺长雄等著,养浩斋主人辑译:《十九世纪大势略论》,上海广智书局1902年版,第22页。
② 〔日〕大隈重信、加藤弘之等撰,吴铭译:《十九世纪大势变迁通论》,上海广智书局1902年版,第5页。

之痛,久不忍言,社会之特权,皆分配于少数富贵之人。"①然后就产生了国家社会主义、无政府主义等潮流。

在"劳动问题"一节,指出劳动者现在的生活状态虽然比以前进步,但因为平权平等理念的流行,劳动者对于劳资之间的贫富悬隔产生了不平之念,将来必然成为社会主义的预备兵:"然而劳动社会之生活状态与百年前相比较绝非退步,唯当今世纪,平权平等之理渐明,彼等自觉自己之地位与之相殊,是其所以不平也,故今日之劳动者,宛然社会主义无尽藏之预备兵者。欲与社会主义相战者,先与劳动者以安住之地位是为上策也。"②

3.《十九世纪欧洲文明进化论》

日本民友社著,顺德陈国镛侣笙译述,1902年印行。该书与民友社著、瓯江曾剑夫译《世界进步之大势》和《浙江潮》1903年第3、第6和第7期连载的大陆之民译《最近三世纪大势变迁史》为同书异译本。该译本共两章。第一章"十九世纪前纪":第一节"十八世纪之地位";第二节"革命时代";第三节"殖产界之革命";第四节"思想界之革命";第五节"道德之革命";第六节"法国革命之危机"。第二章"十九世纪":第一节"总论";第二节"物质进步";第三节"物质进步之于文明";第四节"英国之物质进步";第五节"物质进步之于思想界";第六节"物质进步之功德如何";第七节"物质进步之于贫富悬隔";第八节"十九世纪文明之前途";第九节"法国革命之影响";第十节"平民大势";第十一节"政治界之平民主义";第十二节"法国革命之反动";第十三节"有望时代";附录"二十年生计界剧变论"。

该书先是肯定了"物质进步"的重要作用和资产阶级革命的伟大意义,但同时也指出资本主义制度下物质进步所造成的贫富悬隔必然导致社会革命,认为法国革命的影响波及整个欧洲,给世界带了平等、自由的思想,也即平民主义,认为19世纪末20世纪初会变成社会主义的世界。该书见识独特,虽然认为欧洲物质文明非常灿烂,但不会征服世界,尤其是亚洲。在西学东渐的热潮中,作者的这种观点可以提醒大家不要醉心于欧洲文明而不返,这点译者陈国镛在叙例中也表示赞同:"欧洲于最近数百十年间声名文物灿然足观,欧洲

---

① 《十九世纪大势变迁通论》,第49页。
② 《十九世纪大势变迁通论》,第49—50页。

人固以此自豪,即非欧洲人亦以此推重之,此欧洲文明之声所以达乎五洲也。虽然欧洲有形之文明吾无间然矣,至其无形之文明,则疑其尚为伪统,而未敢遽许之,即真也,近见吾国人读西书谈西事者日多,惧其眩惑于欧洲文明,心醉之一迷而不返。"①

四、清末广智书局社会主义相关译作的传播与影响

甲午战争后,中国的爱国进步人士为挽救民族危亡,在倡言变法的同时积极"走出去""引进来",由此,留学东洋、译介日文书籍成为中国知识界的一股热潮。在这一热潮的影响下,日文社会主义著作经由翻译传入中国。广智书局翻译的社会主义相关译作为苦苦寻求救国方策的爱国进步人士提供了可资参考的思想指引,在近代中国产生了深远的影响。

1. 为近代中国引进了新的思想,促进了国人的思想进步

近代日本跟中国一样面临西方入侵之后向西方学习的问题,一些著名学者如幸德秋水、村井知至、福井准造、加藤弘之、高山林次郎等,在研究欧美资本主义文明的时候也看到了欧美资本主义制度下的种种弊病,有人提出要"均贫富""脱资本家之羁绊"和"废除私有制",有人提出"与劳动者以安住之地位"等。上述广智书局的译作大多取自这些日本知名学者的著作,介绍了欧美各国的工人运动和各种流派的社会主义学说。当时中国正值西学东渐的热潮,这些译作为国人提供了新的思想营养,让国人对欧美资本主义社会有更全面的认识,避免陷入全面欧化的歧路,促使先进的中国人开始探寻自己的救国之路,避免出现欧洲贫富分化的弊端。这些译作有的有三个以上的译本(如罗大维译《社会主义》、吴铭译《十九世纪大势变迁通论》、陈国镛译《十九世纪欧洲文明进化论》等),有的多次再版(如赵必振译《近世社会主义》等),说明国人对这些译作的价值非常认可,这在《近世社会主义》出版广告中也可得以验证:"本书关系于中国前途者有二端:一为中国后日日进于文明,则工业之发达不可限量,而劳动者之问题大难解释,此书言欧美各国劳动问题之解释最详,可为他日之鉴法;一为中国之组织党派者,当此幼稚时代,宗旨混淆,目的纷杂,每每误入歧途,而社会党与无政府党尤在疑似之间,易淆耳目,如社会党本世

---

① 〔日〕民友社著,陈国镛译:《十九世纪欧洲文明进化论》,上海广智书局1902年版,第1页。

界所欢迎,而无政府党乃世界所嫌恶,混而一之,贻祸匪浅,是书晰之最详,俾言党派者知有所择。即此二端,此书之价值可知,有志者请急先睹。"①

2. 系统介绍了马克思、恩格斯的生平、学说,促进了马克思主义在中国的早期传播

虽然 1899 年蔡尔康在翻译英国学者的著作时就提到过马克思和《资本论》,但只寥寥数语,也没有正面阐述马克思与《资本论》的关系。上述广智书局的译作不仅介绍了社会主义各个流派和社会主义思想发展史,其中一些著作还系统介绍了马克思的生平,并对《共产党宣言》《资本论》《国际工人协会临时章程》《国际工人协会共同章程》等文献作过引用和阐发,《近世社会主义》等译作还对马克思及其学说给予了肯定与赞扬,促进了马克思主义在中国的接受与传播。正是因为译作的宣传和介绍,马克思主义才得以在中国生根发芽并进入国人的思想。如 1955 年郭沫若访问日本期间,在早稻田大学的一场演讲中提到:"中国人民知道马克思、恩格斯,是中国的学者通过翻译日本书籍介绍到中国的。1903 年,《近世社会主义》一书经过翻译介绍到中国来,使我们知道了马克思和恩格斯。"②

3. 引进了大批马克思主义的术语,为以后马克思主义中国化作了前期铺垫和准备

广智书局的这些译作,在介绍社会主义和马克思主义的时候,也带来大量源自日本的相关概念和术语。近代日本用于翻译马克思主义基本范畴的语词大都源于汉语,无论使用经典的汉源原词还是采用独创新词,都做到了既忠实于西文原意,又尽量在古汉语文献中找到相应的出处,在客观上不仅省去了中国学者再次翻译之苦,而且给中国读者带来了文化上的亲和力,有利于中国人理解和接受马克思主义。根据学者统计,仅《近世社会主义》一书译介的马克思主义相关术语就包括"劳动者同盟""无政府主义""社会民主主义"等 80 个以上,这在马克思主义中国化的历史进程中具有重要的意义。因为马克思主义是外来文化,它与中华文化在语境上存在较大差异,只有将马克思主义的有关概念翻译成中文,中国的共产主义者才能进入马克思主义的思想范畴,中国

---

① 梁启超主编:《新民丛报》,1903 年 3 月第 27 号等插页。
② 刘德有:《随郭沫若战后访日——回忆与纪实》,辽宁人民出版社 1988 年版,第 349 页。

人民才能接受和掌握马克思主义,才能将马克思主义与中国实际相结合,才能实现马克思主义的中国化。①

当然,由于清末处于社会主义传播的早期阶段,广智书局的相关译作也存在一些不足之处。

首先,译本内容混乱驳杂。由于早期广智书局的译介者大多是资产阶级或者小资产阶级,对马克思及其学说是在介绍西方各种思想和政治学说时附带介绍过来的,导致翻译日本社会主义相关著作的时候没有甄别筛选,不同学派的社会主义学说一涌而来,其中既有马克思主义的,也有改良主义的,有附会于基督教社会主义的,也有无政府主义的;有的赞成社会主义,有的反对社会主义;众说纷纭,莫衷一是,往往给接受者思想上造成对社会主义认识的混乱,这从清末国内流行各种各样的社会主义流派中可见一斑。

其次,译者和传播者喜欢用中国传统思想对社会主义进行附会或者解读。由于译者和传播者本身并不信仰社会主义或者马克思主义,对社会主义或者马克思主义理解上存在偏差,往往用"均产之说""大同"等中国传统文化观念去附会和解读社会主义,或者把马克思看成经济学家,如广智书局《社会党》出版广告就是如此:"均产之说,出现于十九世纪之欧洲,虽未易达其目的,而掷汗血为最大多数谋最大幸福者,已非鲜浅。我国劳动者一蜷伏于资本家之肘腋,曾未一伸其气,亦可谓放弃自由权利之甚者也。此篇胪叙欧洲劳动社会之举动,其发因结果,盛水不漏,而译笔足以副之。留心经济问题者,不可不以为觉筏也。"②

再次,由于译者译介水平不一,翻译仓促,存在语句不通,译本内部和译本之间译名不统一的现象。由于社会主义在中国传播处于初始阶段,各个译本之间存在译名不统一的现象,如马克思的名字,赵必振翻译成"加陆·马陆科斯",周子高翻译成"马克",罗大维翻译成"卡尔";"剩余价值"一词,赵必振翻译成"余剩价格""剩余价格",罗大维翻译成"余利益"等。至于像《近世社会主义》一书将傅立叶译作洛西路、列希路、列利路、列厘陆等四个以上不同的名字,《社会党》将恩格斯翻译成隐垓氏、阴垓氏等不同名字,是这些译书的常见

---

① 鲜明:《晚清首部国人译介的社会主义著作的翻译史考察》,中央编译出版社2016年版,第62页。
② 梁启超主编:《新民丛报》,1903年3月第27号等插页。

问题,这对于刚刚接触社会主义或者马克思主义的没有外文背景的中国人来说,可能会造成误解,影响社会主义和马克思主义的顺利传播。但这些问题大多是译者急于传播新思想、来不及详细雕琢的缘故,瑕不掩瑜,读者自能明白译者在译作中蕴含的爱国之情。

生活书店出版马列著作的译者群体研究（1937—1947）

刘 洁

（国家图书馆/国家典籍博物馆）

一、生活书店出版译著的背景

生活书店选择出版译介著作与其存在的时代背景密不可分。生活书店在《生活》周刊社书报代办部的基础上于1932年7月在上海成立，这个时间恰是民族处于危亡的时刻。中国共产党当时在国统区内开展工作困难重重，党员在困难中团结广大爱国者，发展进步力量传播马克思主义，通过文化战线的斗争扩大党的影响，生活书店就是这一战线的一个缩影。生活书店介绍国外知识和理论的刊物与书籍，其作者和译者群体并非单纯的出版商与译者之间的关系，他们中的许多人有的已经参与到生活书店的组织和管理体系中，有的则主持编辑过生活书店出版发行的刊物，还有的则经社会进步人士介绍向生活书店供稿。生活书店的译者群体是一个由进步文化人士组成的群体，他们与生活书店在《生活》周刊创办之初就走向新民主主义的道路，并积极向党靠拢。受到生活书店委托创办译介刊物或译介著作，或在此出版过译著的译者们，也成为生活书店在文化战线的共同战友。

1937年至1947年间，生活书店出版的马、恩、列、斯著作主要有引进翻译和外译两个方向，其中大部分是引进翻译著作。如巴比塞著，徐懋庸译《列宁家书集》；马克思、恩格斯著，成仿吾、徐冰译《共产党宣言》；马克思著，沈志远译《雇佣劳动与资本》；恩格斯著，钱亦石译《德国农民战争》。此外，还有大量宣传唯物主义思想，与马、恩、列思想相关的哲学、社会学、政治经济学等社会科学著作被翻译出版。如卢波尔著,李申谷译《五大哲学思潮》;米丁著,沈志远译《历史唯物论》(上、下);狄芝根著,柯柏年译《辩证法唯物论》;普列汉诺夫著,张仲实译《社会科学的基本问题》;斯隆著,韬奋译《苏联的民主》等。外译方面最具影响力的是莫师古译《共产党党章》。从原版文种来看主要是英文、德文和俄文,部分德文原著由英译本译介而来,如《社会主义从空想到科学的发展》是抗日战争时期由生活书店出版后,再版次数较多的一本关于科学社会主义的译著,生活书店版由吴黎平译,后出的博古译本方才根据德文版进行翻译校对。

二、生活书店的译者群体

1. 翻译家张仲实

张仲实,陕西陇县人,著名理论家、翻译家,1924年加入中国社会主义青年团,1925年1月转入中国共产党,任中共三原特支第一任书记、陕西省学联主席等。1926年受党中央派遣赴莫斯科东方大学、中山大学学习。1930年回国后,先后在上海、武汉、新疆等地从事进步文化活动和马克思主义哲学理论的传播工作,其主要译著有恩格斯《家庭、私有制及国家的起源》《新哲学读本》等。早年前往苏联留学,回国后在上海中山文化教育馆工作,开始在《时事类编》上发表介绍国际政治的文章。他根据苏联刊物编译的《给初学写作者的一封信》受到胡愈之的关注,因而胡愈之在创办了《世界知识》半月刊后推荐张仲实参与编辑,由此张仲实进入生活书店工作。1935年邹韬奋回国后,开始请张仲实担任生活书店总编,主要致力于马列主义经典著作、社会科学的基础理论读物的出版。1936年生活书店到香港去办报。8月底召开了生活出版合作社第二次临时社员大会,成立临时管理委员会,邹韬奋、徐伯昕等任委员,张仲实为主席。1937年10月上海沦陷后,张仲实被迫随生活书店转移到内地,8月中旬抵达汉口,与"救国会"主要人物邹韬奋会合,继续在武汉开展抗日救亡活动。1937—1939年,生活书店出版了张仲实翻译的恩格斯《费尔巴哈论》《家族私有财产及国家之起源》,及斯大林《论民族问题》,苏联柯斯明斯基的《封建主义》(百科),编译了《苏联新宪法》。在延安期间,张仲实在宣传部工作,曾担任马列学院编译部主任、中央研究院国际问题研究室主任、中央政治研究室国际问题研究组组长等重要职务,在周恩来等同志直接领导下工作。1944年7月,杰出的共产主义文化战士邹韬奋逝世,周恩来安排张仲实代党中央草拟了致韬奋家属的唁电。10月11日,延安召开韬奋先生追悼会发起人第一次会议,张仲实与周恩来、吴玉章、博古、邓颖超、周扬等十三人参加。周恩来指定张仲实负责治丧委员会的具体工作。由此可见,张仲实与生活书店的灵魂人物邹韬奋有着深厚的情谊,在生活书店出版译著也顺理成章。

张仲实翻译的《费尔巴哈论》应为《费尔巴哈论纲》的恩格斯修改版。马克思原本第三条提到了环境的改变、人的活动的改变和人的自我改变,修改本删去了"自我改变";原本第四条提出"消灭"(verinchtet)家庭,修改本则使用"改造"(umgewälzt)家庭;原本第九条指出直观唯物主义"至多也只能做到对单个人和市民社会的直观",修改本改为"至多也只能做到对'市民社会'的单个人的直观";原本第十条提到的是"社会的人类",修改本改为"社会化了的人类"等。尽管恩格斯修改本与马克思原本思想有诸多相左之处,但是作为马克思哲学思想的第一个论纲性质的著作,《费尔巴哈论》的译介是向国人系统展现马克思哲学整体面貌的一次伟大的翻译实践。①

《家族私有财产及国家之起源》最早的译本是1929年由上海新生命书局出版的李膺扬译、周佛海校本,张仲实在生活书店出版的译本于1938年出版,同年还有一本明华出版社出版的,另有译为《家庭私有财产及国家的起源》的版本于1949年由新中国书局出版。张仲实译本与李膺扬译本有所不同。孙冶方曾指出将"eigentum"译为"所有制"不如译为"财产",因为恩格斯所论主要是氏族酋长或部落中首领是如何占有剩余产品的客观事实,并未涉及关于财产的法律制度问题。② 此外,无论摩尔根的《古代社会》还是恩格斯本人的著作,着重文本叙事而非理论演绎,所阐述内容包括更广泛意义上的"以婚姻和血缘关系结成的社会单位"③,诸如由群婚、一妻多夫(母系)、一夫多妻(父系)而形成的不同形式的家族,远非限于一夫一妻制所形成的以私有制为基础的家庭,故将德文"familie"译为"家族"更为妥当。

---

① 刘明:《〈家族私有财产及国家的起源〉译者与译名考》,陕西师范大学学报(哲学社会科学版)2003年第3期。
② 参见《经济研究》1979年第8期。
③ 参见《辞海》,1979年缩印本第1023页"家族"条。

2. 成仿吾、徐冰译《共产党宣言》

成仿吾,原名成灏,笔名石厚生、芳坞、澄实,湖南新化人,无产阶级革命家,忠诚的共产主义战士,新文化运动的重要代表,无产阶级教育家和社会科学家、文学家、翻译家。早年留学日本,1921年回国。五四运动后,与郭沫若、郁达夫等人先后在日本和国内从事反帝反封建的革命文化活动,建立了著名的革命文学团体"创造社"。1926年3月,成仿吾到当时的革命中心广州,任教于广东大学,同时兼任黄埔军校兵器处代处长。大革命失败后,成仿吾经上海、日本,流亡欧洲,坚持革命,学习马克思主义。1928年8月,成仿吾在巴黎加入中国共产党,主编中共柏林、巴黎支部机关刊物《赤光》。在巴黎期间,他就曾经译过《共产党宣言》,并请人将译稿带往莫斯科转交给蔡和森,但因蔡和森回国后牺牲,译稿并未问世。

1938年,中央宣传部门为寻找更加忠实于原文的版本,委托时任陕北公学校长的成仿吾和《解放日报》编辑徐冰共同翻译德文版《共产党宣言》。同年8月,该译本在延安解放社作为"马恩丛书"第四种出版,目前比较常见的是由中国出版社、新中国出版社、新文化书房出版的译本。成仿吾、徐冰译本第一次在书前刊登了马克思和恩格斯的标准像,语言更规范,表达更准确,除竖排版外,还有横排版,开始向现代书籍形式过渡。这个译本曾经作为陕北公学的马列主义课教材,是当时中共干部的必读书籍。

3. 生活书店的译者群体

作为生活书店的引领者,由于邹韬奋与译者建立联系,并积极向进步人士靠拢,因此团结了一批译者加入进步刊物的译介中。如徐懋庸、瞿秋白、曹靖华等就与邹韬奋参与中国民权保障同盟的政治活动,经由鲁迅介绍等原因相关。在译者的选择上,生活书店倾向于马克思主义社会、政治和经济理论的研究者,如沈志远、钱亦石、王学文等。沈和钱也是生活书店图书出版编审委员会的成员。沈志远主编了生活书店的《理论与现实》季刊。钱先生逝世,韬奋还专门撰写了《悼钱亦石先生》发在他主编的刊物《抗战》(1938年第42期)上。译者中还有战斗在新闻战线志同道合的同仁,如邵宗汉,他是国际新闻社的创始人,曾在上海《大晚报》担任编辑,与胡愈之、邹韬奋等进步人士结交,撰写了大量文章宣传抗日。

生活书店吸引了许多左翼社会团体的译者加入翻译图书的出版。1921年9月,中央在上海建立了第一个出版机构即人民出版社,1923年又建立了上海书店。柯柏年作为我国著名的马克思主义著作翻译家,成为当时上海书店的重要译者。他先后在沪江大学社会学系和上海大学就读,与邓中夏、瞿秋白、蔡和森、张太雷等人都有交往。他的第一本译作是列宁的《帝国主义论》,后又相继翻译了《社会主义由空想到科学的发展》、马克思的《哥达纲领批判》、列宁的《农业税的意义》和考茨基的《社会革命论》。1929年,他加入左翼文化团体中国社会科学家联盟(简称"社联")。抗战期间,他在生活书店出版的主要译著是马克思的《拿破仑第三政变记》,此外还有德国狄之根的《辩证法的逻辑》。许涤新也是一位战斗在左翼文化战线的党员,1933年加入中国共产党,曾任社联党团书记。1934年起,在上海任中共中央局文化工作委员会委员,中国左翼文化总同盟组织部长。1935年2月被捕,1937年卢沟桥事变后被释放。抗日战争期间,先后在武汉、重庆任《群众》周刊、《新华日报》编辑,社论委员会委员和党总支委员、书记,中共南方局宣传部秘书、经济组组长等。章汉夫1937年也先后任《群众》周刊和《新华日报》的编辑,二人合译的《恩格斯论〈资本论〉》由生活书店出版。章汉夫的著作《三民主义读本》也于1938年由生活书店出版。左翼作家群体的翻译活动则以茅盾、曹靖华等为代表。

三、抗战时期生活书店出版的进步译著

1937年9月,随着抗战形势的升级,国共开始第二次合作,此时的出版自由限制有所缓和,因而生活书店出版了大量的马列主义经典著作和进步书籍。

抗战时期的翻译出版,绝大部分是译介国外作品,主要表现在马恩列著作的译著出版、苏俄文学作品的翻译出版和译文刊物出版三个方面。同时,也有少量介绍中国共产党和马克思主义在中国的外译著作,如1938年出版的由莫师古翻译的《共产党党章》。在马列著作翻译中最突出且珍贵的一种是三卷本《资本论》,由郭大力、王亚南译,重庆读书生活出版社于1938年出版。译介国外作品方面有介绍国际形势和国际知识的译著,如雷生译《军部财阀统治下的日本》、尊闻(罗稷南)译《日本的间谍》、邵宗汉译《六年来的美国远东政策》等。

在此期间，生活书店开始有计划地出版马列主义理论书籍的原著中译本和与中国社会实践紧密结合的理论读物。如 1937 年出版了恩格斯著、吴理屏译《反杜林论》，巴比塞编、徐懋庸译《列宁家书集》，斯大林著、博古译《辩证唯物论与历史唯物论》，斯大林著、张仲实译《论民族问题》，马克思著、吴黎平译《政治经济学论丛》等。1940 年，仅出版了马克思著、柯伯年译《拿破仑第三政变记》，列宁著、杨作才译《列宁读战争论的笔记》。为帮助广大进步青年读者学习马列基本原理，生活书店专门选译出版了"百科小译丛"，包括《社会经济形态》《形式逻辑》等。抗战时期也有大量的外国文艺作品出版，其中大部分为俄罗斯文学与苏联文学，主要有高尔基的《三人》《磁力》《奥洛夫夫妇》《和列宁相处的日子》，还有曹靖华翻译的《铁流》《苏联作家七人集》《我是劳动人民的儿子》等。

翻译出版译著和介绍国外社会情况的刊物有多方面的原因。从出版的杂志来看，1934 年 9 月创刊的《世界知识》半月刊是生活书店出版的一种国际政治经济文化综合刊物，创办人胡愈之。一些研究国际问题的地下党员和进步学者组建了"苏联之友社"，他们想办一个刊物来传播国际无产阶级革命和民族解放运动的情况，报道世界革命的形势和动向，帮助人们特别是要求进步、要求革命的青年认识世界。从翻译出版的特殊性来看，尽管国共合作早期出版了大量的译著，但是 1938 年 7 月，国民政府颁布《战时图书杂志原稿审查办法》，限制言论出版自由，规定图书报刊的原稿一律送审，经国民党图书杂志审查委员会检查通过，方能付印。尽管影响到进步作品的译介出版数量，但翻译出版仍不失为一种可以迂回传播马克思主义理论的有效途径。

五四期间，科学启蒙主要由两部分构成：一是宣传自然科学知识；二是提倡认识世界的科学精神、科学方法和科学态度。一方面，自然科学知识的传播主要由任鸿隽、胡明复、赵元任、杨铨等自然科学家在进行。1915 年中国科学社的成立，以及学术月刊《科学》刊物的创办，使自然科学知识和技术得到介绍和推广。"科学"是陈独秀在《敬告青年》一文中提出的口号。"科学者何？吾人对于事物之概念，综合客观之现象，诉之主观之理性而不矛盾之谓也。想象者何？既超脱客观之现象，复抛弃主观之理性，凭空构造，有假定而无实证，不可以人间已有之智灵，明其理由，道其法则者也。"陈独秀希望青年坚信"科学"

可以用来谋求世界的发展与进步。① 另一方面,对"科学"的理解主要侧重于精神层面,提倡用科学的态度去认识世界。如胡适《文学改良刍议》提倡"实验主义"的科学精神和方法,引发文学革命。他在《新思潮的意义》中主张"要用评判的态度,科学的精神,去做一番整理国故的功夫"。陈独秀说:"吾人首当一新其心血,以新人格,以新国家,以新社会,以新家庭,以新民族,必迫民族更新,吾人之愿始偿。"②生活书店许多译著的出版更多属于第二个层面,即用科学的态度去认识世界,也是引导进步民众致力于实现社会变革和民族更新的出版实践。

邹韬奋在其译作中充分体现了对德国古典哲学理论和苏联社会主义改革实践的关注,这一倾向也直接体现在此时出版的其他译著中。以普列汉诺夫著、张仲实译《社会科学的基本问题》(1937年)为例,张仲实在序言中表明了社会科学基本理论及研究译著出版的意义。"关于各科基本知识的通俗读物,出版的很多,这的确是一个很好的现象。可是跟着来了一个缺点,那就是内容的公式化。你不论揭开那一本小型的读物,都可看到,内容和写法差不多都是千篇一律的。……只有多多介绍世界的古典著作,加深研究工作,这也是谁都不能否认的。""他(引者按:普列汉诺夫)早年关于哲学和历史唯物论的许多劳著,是千古不朽的名作。""虽然内边有好多错误……但是全书却很有价值,它以很通俗的方式,关于新哲学的各种基本问题(如辩证唯物论,历史唯物论)都一一给了个简单扼要,明白而有系统的阐释。"伊里奇曾指出,普列汉诺夫阐释新哲学问题的各种书籍应列在研究新哲学的必要的教科书以内,本书就属这几部书籍当中之一种。原书于1908年出版,十月革命后列入马恩学院所编"马克思主义者丛书",主要回答了科学社会主义的相关问题,是对德国古典哲学到马克思哲学发展的理论认识与总结,系统阐述了马克思的唯物史观与批评黑格尔的法律哲学之间的关系,集中对唯物论和辩证法进行解读。该译著于1937年6月由上海生活书店出版,后于1947年作为"世界学术名著译丛"中的一部再版,由生活书店发行,光华书店总经售。由张仲实翻译的恩格斯的《费尔巴哈论》、苏联柯斯明斯基的《封建主义》、A. 李昂吉叶夫的《政治经济学

---

① 陈独秀:《敬告青年》,任建树等编:《陈独秀著作选》第一卷,上海人民出版社1993年版,第134页。
② 陈独秀:《一九一六年》,《陈独秀著作选》第一卷,第171页。

讲话》、斯大林的《论民族问题》等都是首次由生活书店出版发行介绍给中国读者的,在此期间,生活书店出版的其他译著中也都有张仲实译介的篇章,如叶文雄译《苏联红军是怎样长成的?》收录了张仲实翻译的文章《苏联红军的特质》,在《外国人眼中的中国战争》中收入 K. Levitsky 著、张仲实翻译的《论日寇在中国战场上的"色当"战略》。

这些译著参考的原本多为英文或俄文,包括很多德语著作大都经由英文版翻译而来。如恩格斯著、钱亦石译的《德国农民战争》(1939 年),钱亦石写道:"我在翻译的过程中,时时感觉到这本书确是唯物史观的开山祖,用其自己新创的方法,解释历史的具体模范。""我译此书参考过三种译本:一是 Moissaye J. Olgin 一九二六年的英文译本;一是 D. Riazanov 一九二六年的俄文译本;一是八木泽善次一九二八年的日文译本(改造社版)。主要的根据却是英译本……"这本书应该是被当作传播先进理论的小手册由生活书店出版,但本书原本纯粹是社会科学著作,译作中注意保留有关科技术语的德文或英文词汇也是译者的用心所在,在 1939 年版中还加入了三篇文章作为附录,即《中央委员会致共产主义者联盟的信》《共产主义同盟史》《马克思与新莱茵报》。由于作为宣传小手册发行,故在 1947 年由生活书店再版,1949 年解放社再次出版。

还有一本比较孤罕的译著是马克思著、沈志远译的《雇佣劳动与资本》(1939 年)。原作从 1849 年 4 月 5 日起以社论的形式陆续发表在《新莱茵报》上。它的基础是 1847 年马克思在布鲁塞尔德意志工人协会作的几次讲演。这部著作没有全文刊载,其续稿也始终未在马克思的遗稿中发现,因此具有很高的文献价值。

《社会主义从空想到科学的发展》是抗日战争时期由生活书店出版后再版次数较多的一本关于科学社会主义的译著,尽管当时大部分译著再版都沿用了最早译者的版本,但这本比较特殊之处在于,1947 年 7 月初版由生活书店发行,吴黎平翻译后又出现了博古的校译本。吴本中恩格斯在第四版所增改的部分并未译出,生活书店版依据傅古本对此部分进行了校译。这版依然没有参照德文本,主要根据马克思恩格斯列宁学院的《马克思恩格斯选集》俄文标准本译成,并参考选集的英文本,绝大部分依照俄文翻译。此外,还加入了三种注解:一是恩格斯自注,二是马恩列学院编辑部注释,三是译者注。其他版本还有收入"马恩丛书"的1938年本,1946年6月博古校译的新华书店初版校正本,此后再版的均为博古本,如1947年12月太行群众书店印行本、1948年解放社印行本和1949年4月东北书店印行本。1948年9月翻印本即华北大学出版社出版的版本含有德文本的第一版和第四版序。博古校译的意义主要在于和德文本的对照。从首次译介和英文版译介的角度来看,吴黎平翻译的生活书店版本十分珍贵,后列入"世界学术名著译丛"。

抗战时期的生活书店翻译出版主要选择德文著作和俄文著作,这与我党积极吸收马克思思想指导社会实践及其在诞生早期保持与共产国际紧密的关系有关。除上述译著,还有来自法国第一次大革命的历史反思,如马克思著、柯伯年译《拿破仑第三政变记》(1940年),主要介绍了法国经历大革命后破除封建制度,建立资产阶级统治的事实,解释了马克思研究法国历史的原因在于法国无产阶级与统治阶级之间的斗争采用了具有法国特色的尖锐形态。译校者对本书原文的文学性给予了高度评价:"这部名著也可在文学上占最高的一个位置。"该版本在每章的开头部分都加入了内容提要,便于中国读者理解。关于俄国和苏联革命著作的译介也有珍贵版本存世,如《列宁家书集》《列宁读战争论的笔记》《苏德战争中的战略与战术》《和列宁相处的日子》等。

1939年,国民党启用严苛的图书杂志原稿审查制度,生活书店在共产党的帮助与支持下继续在延安、华北、华中抗日根据地开设分店,上述译介著作中的许多在根据地和国统区都大受欢迎且传播甚广。在共产党的帮助下,生活书店在汉口、重庆、西安、兰州、长沙、桂林等地的工作得以维持。1940年,书店党支部的领导关系由市委领导转为八路军办事处领导,由徐冰担任联系人,后由胡绳接任编审工作,因此生活书店在抗战时期不仅在共产党的支持下坚持出版了大量传播马、恩、列思想的著作,而且其组织领导日益与共产党的领导统一起来。

刍议大江书铺

孟 瑶

(复旦大学档案馆)

大江书铺自 1928 年创办，短短六年间出版了不少有影响力的书籍，如在修辞学上有划时代意义的《修辞学发凡》、苏联社会主义现实主义文学的奠基作品高尔基的《母亲》等。当时"左联"(中国左翼作家联盟)的主要成员鲁迅、茅盾等也通过大江书铺出版了不少著作。大江书铺以"出版进步书刊，宣传马克思主义著作，翻译介绍先进的文艺理论等特点活跃在上海的出版业中，成为推动当时左翼文艺运动的一个重要据点"[1]。但目前可见的几篇文章仅对鲁迅与大江书铺[2]、大江书铺广告[3]、大江书铺出版《修辞学发凡》版本[4]、陈望道与大江书铺进行研究。文章中关于其创办的叙述还存在不少谬误，而且目前并无文章就大江书铺的创办历史进行考证梳理，也未见研究对大江书铺出版物进行梳理。本文就大江书铺创办、发展、衰败及出版书刊情况进行梳理，试图阐释大江书铺作为左翼文艺运动重要据点的作用。

一、大江书铺创办始末

1. 大江书铺创立

从 1927 年南京国民政府建立至 1937 年抗日战争全面爆发，在"民国出版

---

[1] 上海市出版工作者协会《出版史料》编辑组编：《出版史料》第一辑，学林出版社 1982 年版，第 87—94 页。
[2] 俞宽宏：《浅谈鲁迅与北四川路几家出版社的关系》，上海鲁迅纪念馆编：《纪念鲁迅定居上海 90 周年学术研讨会论文集》，上海书店出版社 2018 年版，第 93—106 页。
[3] 何格格：《浅析民国时期书籍广告——以〈文艺研究〉附大江书铺广告为例》，《新闻研究导刊》2018 年第 16 期。
[4] 张虹倩：《大江书铺〈修辞学发凡〉系列版本研究——基于副文本版权页与〈正误表〉的考察》，《当代修辞学》2014 年第 2 期。

业的黄金十年"内,大书局规模不断扩充,中小书局的力量也在不断壮大。原有的中小书局不断发展,同时又有更多的中小书局不断创办,1927年至1930年四年时间内,先后成立的书局书店资料可查的有30余家。① 而大江书铺,正是在当时书店林立、竞争激烈的市场中创立的。

1927年6、7月间,陈望道筹备出洋,便包好了一间书铺,在1928年1月31日给汪馥泉的信中说明自己的想法,并交代关于书店所做的前期筹备工作。1928年,大江书铺在上海开业。《申报》上可见的关于大江书铺最早的报道时间是9月10日:"大江书铺昨日宴客,本埠东横浜路景云里大江书铺,为陈望道、汪馥泉、冯三昧等所发起,近以各种书籍将次出版,特于昨晚假座爱多亚路都益处,宴请各文艺家,到者有郑振铎、王世颖、章锡琛、傅东华、谢六逸、郭任远、赵景深、刘侃元、李平凡、胡仲持、许德珩、施复亮等数十人,济济一堂,备极欢畅直至九时,始各尽欢而散云。"② 而陈望道于1928年8月4日在给汪馥泉的信中还在商讨书店资本问题,9月9日大江书铺即宴请宾客,不难推断,大江书铺是在1928年8月4日至9月10日间成立的。但这期间尚未发现其他关于书铺开业时间的佐证,笔者大胆推断大江书铺开业时间很可能就是1928年9月9日宴客之日。

目前发现的大江书铺出版的最早一册书是1928年9月裘梦痕编《中等学校唱歌》。书铺成立最初就有书籍出版,可见在大江书铺还未成立之前创办人就已经为后续约稿进行了筹划。陈望道于当年3月4日给汪馥泉的信中写道:"杂志方面,我也已略和几个健于做文译文——如新出著名作家茅盾,及傅东华等——商量,大抵可以集合十个人来作基本人,连你和我算在内。"《申报》9月10日报道宴请的"各文艺家",后来也多成为大江书铺供稿作者。

陈望道为大江书铺最早发起人,也是书铺创办人,书铺合伙人有汪馥泉、冯三昧等人。陈望道关于书铺名字曾和汪馥泉多次函商,陈望道一度主张叫"卖文社",并在1928年6月2日给汪馥泉的信中写道:"店名觉得大江亦不好,最好另外想一个。以现在环境而论,你那名亦不能动人心神,亦得再想。我如想得好名,当再函商。"从这段回信内容推断,"大江"一名很可能非陈望道

---

① 吴永贵:《民国出版史》,福建人民出版社2011年版,第54—147页。
② 《大江书铺昨日宴客》,《申报》1928年9月10日。

提议,而为汪馥泉或他人提议。要在20世纪20年代末30年代初书店林立的环境下办好书店,陈望道提议书店需要像章锡琛一样当作一件"生意"干,才能有出色,并提议资本最好筹足一万元再开办,小资本不易得好书。① 在书店设立之初,陈望道对书店出版书籍"质上量上"订立了较高标准,他提出一大方针,即经济条件与人同等,而以我们质上量上的努力竞胜它。对于书店工作倾向,陈望道提议最好范围略宽,书店应为"科学、思想、文艺的传播机关"。换言之,陈望道是想把大江书铺办成一个传播先进科学、马列主义思想及新兴文艺的机构。

2. 大江书铺地点变更

大江书铺从1928年创办至1934年,短短不到六年间,地点多次变更,根据《申报》上关于大江书铺的地点统计,书铺至少变更过四次地址。大江书铺创办时地点暂设东横浜路景云里4号。在此出版了陈望道译《艺术简论》,汪静之著《父与子》初版。1929年因"出书渐多原有房屋不敷应用自六月一日起移至虹口狄思威路九七三号临街洋房"②,刘大白的《白屋说诗》,日本诸家著、沈端先译《初春的风》等书的初版均在此出版。

1930年5月28日,《申报》上登载书店启事,"书店为谋发行事务便捷起见特设批发所于上海五马路宝善里五百念一号"③,书店再次搬迁至上海五马路宝善里521号。在此出版了玛察著、冯雪峰译《现代欧洲的艺术》,该书版权页中关于出版地写着"上海棋盘街宝善里五二一号"。而后来在此出版的刘侃元译《社会政策原理》初版,冯雪峰译《艺术社会学底任务及问题》初版,施复亮译《资本论大纲》初版,版权页上的出版地均为"上海五马路宝善里五二一号"。同一出版地,但书籍版权页对地名进行了更改,原因不得而知,或许可能仅是因为写五马路更易找到批发所吧。

1931年,书铺又因房屋不敷应用,于3月5日迁至上海北河南路景兴里584号办公④,刘大白《文字学概论》等书在此出版。1934年2月20日起,大江书铺因旧址偏僻,特为此移设发行部于福州路85号开明书店上海总店内

---

① 以上均见孔另境编:《现代作家书简》,花城出版社1982年版,第112—116页。
② 《大江书铺迁移声明》,《申报》1929年6月8日。
③ 《大江书铺设批发所启事》,《申报》1930年5月28日。
④ 《大江书铺》,《申报》1931年3月22日。

并举行大廉价活动,大廉价从2月20日起至3月20日止。① 自此,直至大江书铺盘出给开明书店。

大江书铺从创办初设置在东横浜路景云里4号,到搬迁至虹口狄思威路973号、五马路宝善里521号、北河南路景兴里584号,最后在福州路85号开明书店举行大廉价活动,短短不到六年间地点变换四处之多,可见大江书铺经营之困难。

3. 大江书铺倒闭

大江书铺创办期间,就曾发生股东间矛盾。1931年5月6日,《申报》刊登了一则理事吴泽春、吴梓权相关启事,究其原因似大江书铺内部查账出现纠纷。5月8日,《申报》刊登了对吴泽春予以免职的消息。② 之后没几天,《申报》上又刊登一条吴泽春驳斥常务理事施存统、陈望道、冯三昧、汪馥泉等人的启事。③ 对于这件纠纷,5月11日《文艺新闻》上刊登了一条《文人重文化　商贾重黄金:大江书铺受人捣乱》的报道,指责吴泽春等人的股本加入,意图把持全铺,把持不得,则要求退股,既允其退股,于是又借口查账而捣乱。而大江书铺从创办之初,就以"附股"形式不断有股东入股,股东间的矛盾最终导致书铺的盘出。

虽然大江书铺出版书籍很多,而且也能获利,但后来因为资金不充裕、周转不开,加上陈望道在安徽大学任教,而且施存统也在金华,所以上海书店主持无人,1934年书铺仅以3000元出盘给开明书店。根据当时报道,书铺出盘的根本原因在于陈望道与其他股东意见不合,而经济上也没有办法,所以才将书店全部存书及纸版,外埠所有账款全部盘给开明书店。④ 而从当时时代大背景来看,1934年2月,国民党中央宣传部突然发文,一举查禁上海出版的149种文艺图书,其中涉及鲁迅、郭沫若、陈望道、茅盾、夏衍、巴金、丁玲、田汉等28位进步作家,涉及商务、中华、北新、亚东、光华、大江和开明等25家书店。⑤ 由

---

① 《大江书铺迁移大廉价》,《申报》1934年2月20日。
② 《大江书铺经理部启事》,《申报》1931年5月8日。
③ 《吴少山律师代表大江书铺股份有限公司理事吴泽春驳斥常务理事施存统陈望道冯三昧汪馥泉郭绍熙等启事》,《申报》1931年5月11日。
④ 《党政文化秘闻:大江书铺出盘》,《社会新闻》1934年7月。
⑤ 宋应离、袁喜生、刘小敏编:《20世纪中国著名编辑出版家研究资料汇辑》第2辑,河南大学出版社2005年版,第487页。

此可见,当时来自国民党当局的外部打压也是大江书铺倒闭的原因之一。

二、大江书铺出版书籍及刊物

1. 大江书铺出版书籍

大江书铺主要出版文艺作品、理论论著、译著等。将《申报》上刊登的大江书铺书籍广告及现存的实体书进行一一核实,可知除了 1931 年 5 月 27 日《申报》上刊登的大江计划出版两种丛书之一,即由陈望道主持的"大江百科文库"①没有出版外,其他在《申报》上刊登广告的书籍几乎均得以出版。但大江书铺并未对其出版的书籍作统一分类,广告上所见的书籍分类也在不断变动。据 1931 年 5 月 24 日《申报》上关于大江书铺的广告,书籍被分为文艺类、社会科学类、自然科学类三大类;而 1933 年 2 月 18 日《申报》上刊登的广告,书籍被分为小说散文诗歌、文艺论著、社会历史三大类。

大江书铺创办人也曾在大江书铺出版了大量著作。以陈望道为例,因早年间在日本留学,翻译了大量日本文学作品,也为当时社会注入了很多新思想,如被誉为"日本无产阶级文艺评论的先驱"的平林初之辅②所著的《文学及艺术之技术的革命》以及 20 世纪二三十年代在日本极其活跃的无产阶级文艺理论家青野季吉③所著的《艺术简论》、波格达诺夫的《社会意识学大纲》、冈泽秀虎的《苏俄文学理论》。陈望道的学术名著,被誉为"修辞学奠基之作"的《修辞学发凡》也是在大江书铺出版的。

汇总《申报》上刊登并确认出版的大江书铺书籍以及国家图书馆目前所藏的大江书铺书籍,总数近 60 册(见附录)。按照中国图书馆图书分类法对大江书铺出版的这些书籍进行分析,大江书铺出版书籍以文学类、艺术类、经济类和社会科学类为主,而且确认出版的近 60 册书籍中占比近四分之三为译著,这些译著多具有很强的无产阶级倾向。

2. 大江书铺出版刊物

大江书铺经营期间,出版了两本刊物:《大江》月刊和《文艺研究》。

---

① 《出版界消息:大江书铺发售修辞学发凡预约》,《中国新书月报》1931 年 1 月。
② 刘晓芳、蔡蕾:《平林初之辅的文艺理论及其在中国的译介与接受》,《日语教育与日本学》2017 年第 1 期。
③ 刘畅:《青野季吉文艺思想在中国的译介与接受》,厦门大学 2014 年硕士学位论文。

《大江》月刊创刊于1928年10月15日,由陈望道主编,之后于11月15日、12月15日一共出版三期后终刊。其出版的三期几乎沿袭同样版式,分为"创作""随笔""诗""是非场""补白"几个板块刊载文章。对《大江》月刊出版三期的文章进行统计,第一期25篇文章,译作占7篇;第二期32篇,译作占2篇;第三期32篇文章,译作占4篇。相比于大江书铺出版的书籍,《大江》月刊发表的则多为原创文章,同样具有鲜明的无产阶级文艺属性。如鲁迅曾在《大江》月刊上发表了《捕狮》《北欧文学的原理》《关于粗人》等意识形态倾向明显的革命文艺作品。在日本无产阶级文学家片上伸去世后,陈望道在《大江》月刊上发表《关于片上伸》一文,介绍片上伸的文学评论。汪馥泉也曾翻译毕力涅克的《现代俄国文学与社会性》,介绍俄国文学。

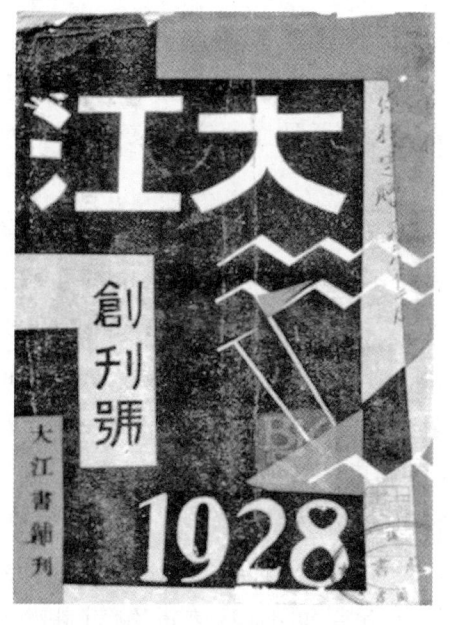

图1 《大江》月刊创刊号(1928年10月) 　　图2 《文艺研究》第1期(1930年2月)

《文艺研究》创刊于1930年2月15日,由大江书铺发行,鲁迅主编。《文艺研究》专载研究文学、艺术的文字,不论原创翻译,并且延及文艺作品及作者的介绍和批评。原定"每年二月、五月、八月、十一月十五日各印行一本;每四本为一卷,每本约二百余页,十万至十二万字,倘多得应当流布的文章,即随时增页",但第一卷第一本出版即被禁。该刊物出版的唯一一期的文章,介绍了大量马克思主义文学理论，如匈牙利玛察作、冯雪峰译《现代欧洲无产阶级文学底路》，日本平林初之辅作、陈望道译《自然主义文学底理论的体系》。该刊物也为中国文学发展引入很多新思想，如1927年芥川龙之介去世后，中国文艺界很关注他的思想，1930年《文艺研究》上就登载了日本唐木顺三作、侍桁译《芥川龙之介在思想史上的位置》，还登载了普列汉诺夫作、鲁迅译《车勒芮绥夫斯基的文学观》。《文艺研究》上发表了鲁迅、冯雪峰、陈望道等人的具有鲜明无产阶级立场的文艺理论译作，其中大量译作都具有很强的进步性，故在出版一期后就被当局查封。

三、大江书铺：左翼文艺运动的重要据点

1. 大江书铺：重要的左翼出版机构

从1928年创办至1934年倒闭，大江书铺存在时间虽短，但和新垦书店、南强书局等一样，出版了大量优秀文学作品，传播了马克思主义文艺理论，成为当时重要的左翼出版机构。

"左联"旗帜人物鲁迅曾把大江书铺当作传播自己文艺理论的一个重要阵地，他曾在陈望道主编的《大江》月刊上发表了不少译作，还在大江书铺主编了《文艺研究》季刊，但仅出一期就被查禁。大江书铺出版的"文艺理论小丛书"中还收有鲁迅所译《现代新兴文学的诸问题》，"艺术理论丛书"收录了鲁迅译的《艺术论》，鲁迅以笔名隋洛文译的长篇小说《毁灭》也在书铺出版——大江书铺成为"左联"旗帜人物鲁迅展开文化斗争的重要场所。

大江书铺还出版了丁玲、茅盾、冯雪峰、夏衍、任钧等"左联"作家的作品，其中部分作品作为这批"左联"作家的文学尝试，在当时具有很强的先进性。如丁玲的《韦护》，是丁玲尝试创作革命文学的第一部小说；茅盾的《野蔷薇》，是茅盾最早的短篇小说集。还有部分作品的出版具有重要价值，如沈端先翻译的高尔基《母亲》，是苏联社会主义现实主义文学的奠基作品，该作品第一、第二部均由大江书铺出版。

除了"左联"作家之外，陈望道、施存统、刘大白、谢六逸、傅东华、方光焘、匡静之、陆侃如等知识分子也在大江书铺出版了《苏俄文学理论》《工会运动底理论与实际》《近代社会思想史要》等书籍传播马克思主义思想。

图3　大江书铺出版的《毁灭》等文学作品

2. 大江书铺：知识分子间的联络中心

1930年3月2日，上海中华艺术大学举行"左联"成立大会，举办地在离大江书铺创办地景云里4号不远的今多伦路201弄2号。虽然此时大江书铺已搬离景云里，但"左联"旗帜人物鲁迅曾长期居住于此，其居住地离大江书铺创办地也仅二三十米之遥。陈望道曾经回忆："我在大江书铺当编辑时曾请鲁迅翻译文艺理论，并鼓励他多多译作。……鲁迅发往大江书铺的稿子，都经我看过。"①从1928年5月至1930年5月，鲁迅日记中记载与陈望道往来二十余次，书信内容大多围绕大江书铺和《文艺研究》的组稿等事宜。除了鲁迅外，"左联"作家冯雪峰、茅盾也曾在景云里11号居住过。大江书铺优越的地理位置为作家间的联络提供了便利。

目前尚存的大江书铺不少书信，都和书铺创办以及约稿有关，成为研究大江书铺的一手资料。除了陈望道和汪馥泉就书店筹备一事的往来书信外，汪馥泉在书店开业之前就开始为书稿一事筹谋。赵景深在1928年4月29日给汪馥泉的信中询问汪馥泉在上海开书店一事，可见在书店开业之前，声名在当时作家群内就已传开。钟敬文在1928年1月14日回复汪馥泉的信中也谈到开办书店一事，也有书信记载了大江书铺的约稿情况。汪馥泉曾在大江书铺

---

① 邓明以：《陈望道传》，复旦大学出版社2005年版，第115页。

刚刚开业不久向丰子恺约稿音乐类书籍,信中丰子恺回复道:"弟拟于下月起动手译《现代人生活与音乐》,预计两个月脱稿。"①结合丰子恺在大江书铺出版书籍分析,信中所述这本书应为1929年10月1日大江书铺出版的田边尚雄著、丰子恺译的《生活与音乐》;刘大白在1928年10月4日就《白屋说诗》稿的发表写信给陈望道说明情况,而该书于1929年7月10日在大江书铺初版。除了上述考证确为大江书铺相关往来书信外,汪馥泉和胡愈之、曹聚仁、章锡琛、章铁民、赵景深、鲁迅等人均保持书信往来,大部分与约稿有关,这种书信往来的组稿方式使得当时知识分子间建立起紧密联系。

3. 大江书铺:"革命文学"论争的重要平台

1927年起,大批先进知识分子涌入上海,开展"革命文学"论争,推动马克思主义理论的传播,大江书铺为当时"革命文学"论争提供了重要平台。

作为重要的左翼出版机构,大江书铺出版的书籍刊物成为"革命文学"论争的基础。其出版的大量译作,将国外先进文学思想引入国内,如刘侃元翻译的日本波多野鼎的著作《社会政策原理》,施复亮翻译的阿部贤一的著作《新财政学》,沈端先翻译的日本新写实派作品集《初春的风》等,为当时国内引入先进的思想文化。除了译作外,还有不少知识分子的创作,如陈望道撰文《关于片上伸》的发表,直接展现了知识分子个人的思想倾向。在大江书铺出版三期的《大江》月刊中,每期都设有"文坛逸话"和"文坛近讯"栏目,使得当时更多的人能够了解文坛近况。这些在大江书铺出版的译作、著作和时事近讯等,都为"革命文学"论争提供了基础。

除此之外,在大江出版的刊物中,还可见到不少论争性质的文章在知识分子间形成的共鸣。如《大江》月刊第三期上曾发表"左联"作家茅盾来信《陈因女士底归家》,称:"不知此女士为新近作家乎?抑老作家乎?《归家》一篇的风格是诗的风格,动作发展亦是诗的发展,此等风格,文坛上不多见。"茅盾该回信是对《大江》月刊第二期中复旦大学中文系学生樱(陈因)的一篇文章《回家》所作的评论,表明了自己对《回家》一文的欣赏。赵景深也曾在《大江》月刊创刊号上发表文章《朱湘的短诗》,对"清华四子"之一朱湘的《草莽集》中短诗进行分析,发表个人感想。大江书铺出版刊物中可见大量这种带有知识分子论

---

① 《现代作家书简》,第205—206页。

争性质的文章,为"革命文学"论争提供了重要平台。

附表 大江书铺出版书籍整理(部分)

序号	书 名	作 者	出 版 信 息
1	《中等学校唱歌》	裘梦痕编	1928年9月
2	《艺术简论》	〔日〕青野季吉著,陈望道译	1928年12月10日初版
3	《文学及艺术之技术的革命》	〔日〕平林初之辅著,陈望道译	1928年12月
4	《文学之社会学的研究》	〔日〕平林初之辅著,方光焘译	1928年12月10日初版
5	《父与女》	汪静之著	1929年4月1日初版
6	《日本近代小品文选》	日本诸家著,谢六逸译	1929年5月1日初版
7	《艺术论》	〔苏〕卢那卡尔斯基著,鲁迅译	1929年6月15日初版
8	《经济科学大纲》	〔俄〕波格达诺夫著,施存统译	1929年6月15日初版
9	《经济学大纲》	施存统译	1929年6月初版
10	《白屋说诗》	刘大白著	1929年7月10日初版
11	《初春的风》	日本诸家著,沈端先(夏衍)译	1929年9月15日初版
12	《生活与音乐》	〔日〕田边尚雄著,丰子恺译	1929年10月1日初版
13	《接吻》	谢六逸辑译	1929年10月20日初版
14	《生物进化论》	〔英〕古特拉区著,周建人译	1929年10月20日初版
15	《两个青年的悲剧》	〔英〕哈代著,傅东华译	1929年10月20日初版
16	《近代社会思想史要》	平林初之辅著,施复亮(施存统)、钟复光译	1929年11月1日初版
17	《爱的成年》	〔英〕卡本忒著,郭昭熙译	1929年12月15日初版
18	《母亲》	〔苏〕高尔基著,沈端先(夏衍)译	1929年
19	《社会意识学大纲》	〔俄〕波格达诺夫著,陈望道、施存统译	1929年
20	《社会进化论》	〔日〕北条一雄著,施复亮(施存统)译	1930年2月10日初版

续 表

序号	书 名	作 者	出 版 信 息
21	《世界史纲》	〔日〕上田茂树著,施复亮(施存统)译	1930年2月
22	《蟹工船》	〔日〕小林多喜二著,潘念之译	1930年4月15日初版
23	《音乐的听法》	〔日〕门马直卫著,丰子恺译	1930年5月1日初版
24	《苏俄文学理论》	〔日〕冈泽秀虎著,陈雪帆(陈望道)译	1930年5月1日付排,1930年12月25日出版
25	《女战士社会考》	坎特尔著,董绍明译	1930年5月10日初版
26	《现代欧洲艺术》	〔匈〕玛察著,雪峰(冯雪峰)译	1930年6月28日初版
27	《中国诗史》(上中下)	陆侃如、冯沅君合著	上:1930年7月1日付排,1931年1月1日出版;中:1931年1月1日付排,1931年7月1日出版;下:1931年7月1日付排,1931年12月31日出版
28	《社会政策原理》	〔日〕波多野鼎著,刘侃元译	1930年7月15日初版
29	《消费合作论》	〔日〕山村乔著,刘侃元译	1930年7月15日
30	《艺术社会学底任务及问题》	〔苏〕弗理契著,雪峰(冯雪峰)译	1930年8月10日出版
31	《韦护》	丁玲著	1930年9月15日初版
32	《资本论大纲》	〔日〕高畠素之著,施复亮(施存统)译	1930年12月1日初版
33	《新经济学讲话》	钟复光、施复亮(施存统)合译	1930年
34	《工会运动底理论与实际》	〔日〕山川均著,施复亮(施存统)、钟复光合译	1930年4月15日初版
35	《荡气回肠曲》	王悠然辑	1931年3月20日初版
36	《经济史纲》	〔日〕石滨知行著,施复亮(施存统)、周白棣译	1931年5月10日初版
37	《宿莽》	茅盾著	1931年5月10日初版

续 表

序号	书 名	作 者	出 版 信 息
38	《毁灭》	〔苏〕法捷耶夫著,隋洛文(鲁迅)译	1931年6月1日付排,1931年9月30日出版
39	《新财政学》	〔日〕阿部贤一著,施复亮(施存统)译	1931年8月1日初版
40	《世界文化史》	〔英〕韦尔斯著,蔡慕晖、蔡希陶译	1931年8月25日付排,1932年6月15日出版
41	《修辞学发凡》(上下)	陈望道著	1932年1月15日上册出版,同年8月30日下册出版
42	《中国文学史简编》	陆侃如、冯沅君合著	1932年10月15日初版
43	《小品文作法》	冯三昧著	1932年11月15日初版
44	《现代新兴文学之诸问题》	〔日〕片上伸著,鲁迅编译	1932年
45	《野蔷薇》	茅盾著	1932年
46	《屠格涅夫小说集》	〔俄〕屠格涅夫著,赵孤怀(赵宋庆)译	1933年1月10初版
47	《社会制度发展史》	〔日〕高桥清吾著,潘念之译	1933年2月15日初版
48	《文字学概论》	刘大白著	1933年3月10日初版
49	《艺术方法论》	〔日〕川口浩著,森堡(任钧)译	1933年5月15日付排,1933年5月30日出版
50	《巴比塞短篇作》	〔法〕巴比塞著,祝秀侠译	1933年8月15日初版
51	《法国社会经济史》	〔法〕赛昂里著,陆侃如译	1933年8月15日付排,1933年10月1日出版
52	《金钱问题》	〔法〕小仲马作,陆侃如译	1933年8月20日付排,1933年12月10日出版
53	《上海》	韦息予著	1933年
54	《财政学大纲》	〔日〕大内兵卫著,施存统译	1933年

续表

序号	书名	作者	出版信息
55	《现代物理学》	〔日〕佐藤充、庄司彦六著，夏承法译	1933年3月10日初版
56	《中国文学史》	刘大白著	1933年
57	《从社会学的见地来看艺术》	〔法〕居友著，王任叔译	1933年

图4　大江书铺出版的《现代欧洲艺术》等出版物

马列文献的传播与影响

百年前马列主义对郑振铎的影响

陈福康

(福州外语外贸学院郑振铎研究所)

郑振铎,我国近代最杰出的人文社会科学家和著作家。中共党内大学问家李一氓曾说:"我认为他是中国文化界最值得尊敬的人。"①人们钦佩郑振铎的学问和成就,但有不少人往往有意无意地忽视或者无知于一个十分重要的事实:郑振铎所以能获得很高的成就,是与共产主义和中国共产党人对他的重要影响分不开的。仅以五四时期为例,他在当时的思想起点,就远高于近代很多学者和作家。因为从那时起,他就开始接受马列主义的引导。五四时期他还翻译过马列主义的文章。只是这些事实后来似乎被湮没和忽略了,如今回顾百年,应该重提,甚至应该做些发掘工作。

与郑振铎同龄,五四时期他即认识的周恩来,曾经这样评说过郭沫若:"……一出手他就已经在'五四'前后。他的创作生活,是同着新文化运动一道起来的,他的事业的发端,是从'五四'运动中孕育出来的。"②这段精彩的论述,如果用在郑振铎身上,我认为也是非常合适的。郑振铎就是五四所孕育的"一代才华"③。他是在俄国十月革命爆发那年,从温州上北京读书的。课余,他在住地附近的基督教青年会的阅览室里,开始大量阅读社会科学和俄国文学的书,并认识了同样也来看书的瞿秋白,成为挚友。五四运动爆发后,他和瞿秋白都成了各自学校的学生代表,冒着"随时有被逮捕的危险"④,积极投身

---

① 李一氓:《怀念郑西谛》,《解放日报》1986年8月3日。
② 周恩来:《我要说的话》,《新华日报》1941年11月16日。
③ 郭沫若:《悼郑振铎同志》,《考古学报》1958年第4期。
④ 郑振铎:《回忆早年的瞿秋白》,《文汇报》1949年7月18日。

于运动。暑假他回温州,又把北京学生运动的经验带到瓯海之滨,参与发起"救国讲演周报社",创办了该刊并发表文章。他还参与发起温州最大的新文化团体"永嘉新学会",提议创办会刊《新学报》,后并被推举为编委。暑假后他回京继续参加运动。11月,日本侵略军在郑振铎原籍福州开枪行凶,他又积极参与组织旅京福建学生联合会和旅京福建各界联合会。如1920年1月29日北京《民意日报》便报道了郑振铎等六位福建各界联合会代表赴东堂子胡同外交总长陆徵祥宅请愿的消息。他还参与主编福建学生联合会的抗日刊物《闽潮》周刊和《闽江新潮》半月刊。① 郑振铎在1919年11月26日致张东荪信中说自己"奔走忙碌得了不得"。②

而当时他最重要的工作,是与瞿秋白等人创办《新社会》旬刊。该刊1919年11月1日创刊,郑振铎主编,北京基督教青年会所属"社会实进会"刊行。社会实进会成立于1913年11月,以学生为主,原带有宗教性质;此时由于新思潮的冲击,宗教色彩减淡,郑振铎与瞿秋白等人参加进去,更将它改造为一个强调"社会改造"的进步社团,郑振铎担任了该会的编辑部部长。《新社会》的《本报简章》中说明它的主要内容是:"(一)提倡社会服务;(二)讨论社会问题;(三)介绍社会学说;(四)研究平民教育;(五)记载社会事情;(六)批评社会缺点;(七)述写社会实况;(八)报告本会消息。"这些都紧紧扣着"社会"二字,《新社会》实际就是我国近代最早的一本社会学专刊。该刊《发刊词》是郑振铎写的,强调提出"我们是向着德莫克拉西(引者按:即民主的音译)一方面以改造中国的旧社会的。我们改造的目的就是想创造德莫克拉西的新社会——自由平等,没有一切阶级一切战争的和平幸福的新社会"。这些观点已经鲜明显示该刊突破了一般西方社会学的藩篱,完全符合后来中国共产党领导的新民主主义革命方向。创刊号一出,郑振铎便携带刊物拜访陈独秀,听取陈独秀的指示,并在陈独秀的启发下写了《我们今后的社会改造运动》③。

郑振铎当时不仅认真地学习和运用西方的社会学理论,甚至还如饥似渴地学习西方哲学,并发表了论文。这也是长期被淹没了的中国近代哲学史上

---

① 此事已长期被湮没。今仅知《闽潮》创刊于1919年12月21日,翌年2月1日第5期上发表郑振铎《中日亲善之研究》,此后出版情况不详,今未见保存。又知该刊后来重组,改出《闽江新潮》,1920年4月1日创刊,郑振铎主编,创刊号首篇即他写的《我们以后怎么样?》,此后出版情况亦不详,今亦未见保存。
② 信载1919年12月8日《时事新报》。
③ 发表在1919年11月21日该刊第3期上。

的一件重要事实。1920年7月21日起,天津《大公报》曾连续三天在"哲学研究"版发表郑振铎的《哲学史的三时期》。他指出:"中国学术界里,到现在还没有一部哲学史发现。一般社会里的人都是昏昏沉沉,醉生梦死,不知哲学为何物,这真是中国莫大的国耻吓!"7月24日至8月3日,又连续十一天,《大公报》"哲学研究"发表了郑振铎的《古代哲学史上的希腊哲学》。郑振铎把西方哲学史分为上古、中古、近代三时期,但他只发表了《古代哲学史上的希腊哲学》,后来没有继续发表(然而却不可否认他实际就是五四时期中国最早介绍西方哲学史的学者之一)。郑振铎没有再写下去,我想,应该是他将更多的精力投入了现实的政治斗争,同时,也可能因为马列主义、俄国十月革命对他的吸引力更强烈。

1920年1月21日《新社会》第9期,郑振铎发表《再论我们今后的社会改造运动》,便明确指出青年们应该"学那俄罗斯的青年男女的'去与农民为伍'的精神"。在2月21日《新社会》第12期发表的《学生的根本上的运动》中,他再次号召:"我亲爱的同学们!去!到田间和工厂里去!"反复强调了辛亥革命脱离工农的历史教训。郑振铎还在《新社会》上发表了不少揭露资本主义的罪恶和必然被推翻的趋势,以及论述世界各国社会改革运动的论文。如在2月11日第11期发表的《现代的社会改造运动》中,他高度评价了"信奉马克思的国家主义"的"俄国的广义派"(引者按:这是当时对"布尔什维克"的不甚妥确的意译),指出"这种主义,实在是社会改造的第一步。有许多人称他们为过激派,确是不对"。最值得提起的是,1920年4月国际劳动节三十周年前夕,为密切配合中国工人阶级和早期共产主义者第一次大规模庆祝该节日,他还特地把《新社会》第17至19期(分别于4月11日、21日与5月1日出版)连续三期都办成了"劳动号",并写了好几篇有关劳动问题的重要论文,论及推翻剥削制度的根本问题。须知,这是在中国共产党还没正式诞生之前,一个青年学生能这样提出问题,实可谓石破天惊!

郑振铎在当时发表的重要论文《新文化运动者的精神与态度》[①]中,甚至还公开地大力号召"新文化运动者"(引者按:这应该是他创用的一个名词)向全世界无产阶级革命领袖马克思和列宁学习,学习他们"实践的精神"和"彻底

---

① 载《新学报》1921年6月1日第2期。

坚决的态度"。尤其值得提到的是,郑振铎也是我国最早翻译发表列宁(他译作"李宁")文章的人之一。早在1919年12月15日《新中国》第1卷第8期上,他就发表所译列宁在1917年4月初写的《俄罗斯之政党》和《对于战争之解释》。这是列宁最早被译成中文的两篇重要文章。前文之今译收入中文第二版《列宁全集》第29卷,题为《俄国的政党和无产阶级的任务》。郑振铎在译序中说:"本文为尼古拉·李宁所著,载在1917年11、12月号的社会党机关报《阶级竞争》(The Class Struggle)中。法宁(Fauning)所编之《俄罗斯》(1918年出版)亦尝转载之。以下译文,即根据法宁所载者译出。"又说:"此篇所载,于各政党之内容,主张,及态度,皆极明确,而又要言不烦。关于世界问题之广义派主义(引者按:即布尔什维克主义)亦可因此略见一斑。文末所附《对于战争之解释》一篇(引者按:今译作《关于战争的决议》,亦收中文第二版《列宁全集》第29卷)尤足见广义派之精神,实当今研究俄事者之最好的参考资料也。"在1921年11月5日《时事新报》上,他又发表了从1921年9月 Soviet Russia(《苏俄》)月刊上翻译而来的《李宁的宣言》(列宁告全世界工农书)。郑振铎并作短序:"俄国今年饥荒之大,为二十年来所未有。刚才寄到的9月份的 Soviet Russia 月刊(此报本为周刊,自本年7月起,改为月刊)上,曾载有李宁(N. Lenin)告诉于全世界的劳农的宣言一篇。现在译出,以供大家参考。未知中国的劳农能注意及之否?"他还与耿济之最早翻译了全世界无产阶级的战歌《国际歌》的歌词。①

以上举出的事实,都印证了毛泽东在《新民主主义论》中的一个著名的判断:五四以后中国的文化生力军有了"新的装束和新的武器"。

《新社会》连出三期"劳动号"后,北洋军阀政府惊恐万分,便以"主张反对政府"②的罪名把它扼杀了。其实,早在该刊刚创刊时,远在南方的浙江"督军"和"省长"就在1919年11月27日密电"大总统""国务院""内务部""教育部"等处:"如《新社会》《解放与改造》《少年中国》等书以及上海《时事新报》,无不以改造新社会、推翻旧道德为标帜,掇拾外人过激言论,迎合少年浮动心理,将使一旦信从,终身迷惘。"而所谓的"国务院"则在12月2日即密令各省"督

---

① 后来发表于《民国日报》1921年5月27日,和《小说月报》同年9月第12卷增刊《俄国文学研究》。
② 见郑振铎1920年5月20日致张东荪信,《时事新报》5月25日。

军""省长""都统""护军使"等:"此种书报,宗旨背谬,足为人心世道之忧。……应即随时严密查案。"①这些密电咬牙切齿地把《新社会》列于许多刊物之首,正是它莫大的光荣。而《新青年》杂志则称《新社会》"是现在一个最有进步最切实的杂志"②。毛泽东的老师(后来的岳父)、北大教授杨昌济曾在《达化斋日记》中详尽地摘录了郑振铎写的发刊词。《新社会》被禁后,郑振铎等人不畏强暴,继续创刊了《人道》月刊。

与《新社会》同时,北京还出现了一本由郑振铎友人宋介主编的《曙光》杂志(该刊未久即成为共产党北京早期组织的宣传阵地)。郑振铎参加了"曙光社"(宋介后来也参加了郑振铎组织的"文学研究会"),对该刊的编辑工作也作出过重要贡献。例如,现在研究者公认该刊从第1卷第6期起发生很大转变,登载了许多宣传马克思主义和俄国革命的译文,而郑振铎就正是从这一期开始发表译文的。1920年8月22、23日,郑振铎从国外出版的《劳动周报》上翻译了一篇论述苏俄红军的无产阶级性质的《红色军队》一文。又从国外出版的《苏俄》周刊上翻译了托洛茨基论述苏俄人民如何发展生产战胜困难的《我们从什么着手呢?》一文,郑振铎并作短序:"这篇托罗斯基做的短论,原名 *What Should We Begin With?*,登在1920年4月19日的基辅 Kiev 出版的《劳动周报》(*Trudovaya Nedelia*)上。1920年6月12日的《苏维埃俄罗斯》周刊(*Soviet Russia*)曾译载之。这篇译文就是从这个周刊重译的。"同时他又从6月19日《苏俄》周刊上翻译了《彼得·克罗泡特金与苏维埃》一文,驳斥了关于苏俄政府"迫害"克罗泡特金等各种谣言。郑振铎并作附记:"克罗泡特金的近况如何,是我们所极愿意知道的。得这一篇叙述,似乎可以稍慰我们的欲望。"这三篇译文及译序均发表于《曙光》第6期上,分别论述了苏俄的军事、生产和文化状况,意义非常重大。

除了上面提到的这些,郑振铎在五四时期还参加或组织了好几个进步社团。例如,1920年春他和郑天挺等福建籍学生组织了"S. R. 学会"(Social Reformation,意即社会改造)。8月,周恩来率邓颖超等天津觉悟社社员赴京请李大钊指导,李大钊便召集北京的人道社(郑振铎是负责人)、曙光社(郑振

---

① 见北洋政府国务院档案[(一〇〇二)51],原件今存中国第二历史档案馆。
② 见《新青年》1920年5月1日第6期所刊广告。

铎是社员)等四个团体的成员,与觉悟社成员在陶然亭开茶话会。李大钊并提议他们成立了一个名叫"改造联合"的组织。9月,郑振铎与北京大学学生罗敦伟等组织"批评社",随即他主编《批评》半月刊,并发表了《新的中国与新的世界》等文。同时,他又与北京大学学生易家钺等发起"青年自立会"。最重要的是,他这时参加了李大钊领导的秘密组织的活动,"经常的在北大图书馆或教室里开会"①。我认为,他当时参加的秘密组织应是北京社会主义青年团,因为他在北京社会主义青年团1921年3月30日的大会上与李大钊一起被选为出版委员。②

更少为人知的是,郑振铎当时主编或参与编辑的杂志以及他的翻译工作,甚至在中国早期共产主义运动史上也留下了光荣的印痕。例如,在1921年2月莫斯科出版的《共产国际远东书记处公报》第1期上,瞿秋白发表《中国工人的状况和他们对俄国的期望》③一文,就提到《人道》是一本"从事社会主义学说的宣传"的"最受欢迎的"杂志,并代表《人道》等"向俄共(布)党表示衷心的敬意"。7月,在中国共产党第一次全国代表大会上,张国焘作《北京共产主义组织的报告》,其中就提到《曙光》,并特别提到该刊所登载的译文。④

郑振铎在五四时期不仅与中国共产党创始人李大钊、陈独秀有较密切的联系,而且与后来成为周恩来、朱德入党介绍人的张崧年也熟悉。例如他在《新青年》上发表所译高尔基的《文学与现在的俄罗斯》,就是他从张崧年处所借的苏俄杂志上看来的。五四以后,郑振铎继续长期与中国共产党的重要人物保持密切联系,如瞿秋白、沈雁冰、张闻天、恽雨棠(陈云的入党介绍人)、邹韬奋(逝世后中共中央追认为党员)、夏衍等人,还有一些当时更其秘密的特别党员如胡愈之、胡咏骐等人,也是他最亲密的挚友。限于篇幅就不多写了。

郑振铎的好友、早期曾加入文学研究会的陈毅,在《纪念邹韬奋先生》一文中曾指出:"以一个中国最优秀的知识分子的代表而坚决走上为工农兵大众服务的道路,这是韬奋先生永垂不朽,可为范式的地方。我们熟知韬奋先生的历史。他是以一个民主主义者走入战场,伟大的革命实践推动他向前迈步,直至

---

① 郑振铎:《回忆早年的瞿秋白》。
② 此据当时混入社会主义青年团大会的内奸关谦写给北洋政府的秘密报告,原件今存中国第二历史档案馆。
③ 今收入《瞿秋白文集》政治理论编第一卷,人民出版社1987年版。
④ 见中共中央党史资料征集委员会编:《共产主义小组》,中共党史资料出版社1987年版。

与共产主义相结合,最后以他的为国家为民族为人民服务的品质和事业说,置诸共产主义者前列,可说毫无愧色。因此邹先生的道路是彻底的革命民主主义者与共产主义最终结合的道路。彻底革命的民主主义者与共产主义的一致性在邹先生一生历史实践中,又一次证明了。"我认为,郑振铎除了五四时思想起点高于邹韬奋以外,几乎完全走着相同的道路。正如陈毅接着又极其庄严郑重地指出的:"那么,我们想一想这是一件偶然巧合吧?我想不是的,我想这里极其庄严郑重地指出了中国革命的总规律,这一条定理有不可拒抗的伟大力量。"①

是的,在郑振铎身上,确实能看到中国革命运动不可拒抗的伟大力量!

---

① 上海韬奋纪念馆编:《韬奋的道路——纪念韬奋先生论文集》,生活·读书·新知三联书店香港分店1978年版,第12—13页。

杨匏安革命思想与马克思主义在华南的传播

吴石坚

(中共三大会址纪念馆)

杨匏安是马克思主义在华南地区最早的传播者,五四精神在华南传播的先驱。杨匏安有"北李南杨"之誉,他发表《马克斯主义(一称科学的社会主义)》,与李大钊发表的著名的《我的马克思主义观》几乎同时促进了五四精神在华南的传播。在大革命时期,他从事国共合作的组织工作,积极推动革命统一战线的发展。杨匏安曾任中共广东区委监委委员、中共中央监察委员会副主席,是中国共产党纪检监察工作的先驱。杨匏安在杨家祠居住和宣传马克思主义,使得杨家祠这座独具岭南文化特色的祠堂,成为马克思主义早期传播的重要红色据点,成为五四精神的重要史迹。

习近平总书记在纪念五四运动一百周年大会上发表重要讲话指出:"新时代中国青年要继续发扬五四精神,以实现中华民族伟大复兴为己任,不辜负党的期望、人民期待、民族重托,不辜负我们这个伟大时代。"①我们纪念五四精神在华南传播的先驱杨匏安,学习他的思想和业绩,就是为了继续发扬五四精神,以新担当新作为推动新时代红色文化事业不断走向新繁荣,为实现"两个一百年"奋斗目标、实现中华民族伟大复兴的中国梦而奋斗。

一、现在之社会状态实劳动者奋起革命以求改造之时期

杨匏安是广东香山县南屏乡北山村人(今属珠海市南屏区)。杨家历代是

---

① 习近平:《在纪念五四运动一百周年大会上的讲话》,《人民日报》2019年5月1日。

香山(今中山市)一带的著名富商,到广州、澳门等地贩卖茶叶、瓷器、布匹和丝绸等大宗商品,他的祖父杨训常时达到鼎盛阶段,到南洋、斯里兰卡、印度和拉丁美洲西印度群岛等地贸易。

杨匏安父亲杨福祥继承家业。他娶香山县三乡古鹤镇商人陈世棠之女陈智为妻,是杨匏安的母亲。陪嫁有关秀英,是杨匏安的庶母。杨富祥去世后,杨家开始家道中落。

杨家是与著名的岐澳古道的历史联系在一起的,是岐澳古道走出来的著名商人家族。岐澳古道是从香山石岐连接珠海到澳门的一条著名商路,向北到达广州、佛山,然后往北江到达韶关大庾岭,是南北贸易大动脉的重要组成部分。

杨匏安早年毕业于广东省立第一中学(原广雅书院,今广雅中学)。1915年,杨匏安和族叔杨章甫到日本横滨工读,开始接触社会主义思想。1916年回到家乡后,娶翠微村吴佩琪为妻。他们都是岐澳古道走出来的历史人物。

1918年,杨匏安一家来到广州,担任时敏中学教务部主任,并兼职《广东中华新报》。1919年,转到南武中学和省立甲种工业学校任教。他和杨章甫一起住在司后街杨家祠(今广州市越秀区越华路116号),又称泗儒书室,原是杨氏族人在广州经商和读书考科举的地方。杨匏安在杨家祠前后住了九年,一直到1927年离开,这里均是杨匏安的主要住所。

杨家祠始建于乾隆三十七年(1772年),杨作凤督建。咸丰《北山杨氏族谱》卷七云:"公性情正直,志气刚大。于乾隆丁丑督建凤山书院,又于乾隆壬辰督建羊城大宗祠,自始基以至落成,无私无懈。且西窗祖、佛仔阁等处数十亩之田,及锦岳祖、南大涌等处五十余亩皆公司理。所置尝业,赖以丰盈。晚年念先身未荣,子职有忝,爰是奉天朝例,诰轴宠锡,赐赠乃父乃母。"

杨作凤娶澳门梁氏为妻。他善于经营致富,后来捐功名,为登侍郎,拥有九品功名,妻梁氏为孺人,父杨文昭被赐赠登仕郎,其子杨邦光为国子监生。这就解决了他"先身未荣,子职有忝"的问题。杨作凤又在广州兴建杨家祠,位于两广总督府旁,可见其作为一代富商的影响力。2019年,杨家祠修缮时在门额上发现"雁塔题名""东坡笠屐""兄贤弟孝"等珍贵的壁画,为广府祠堂画师陈灼文所作,生动体现了杨氏家族亦儒亦商的传统。杨匏安就是成长在这样一个儒商传统的家庭里。

1917年,俄国十月革命取得伟大胜利,建立苏维埃政权。1918年11月,李大钊发表《庶民的胜利》《布尔什维主义的胜利》,率先宣传俄国十月革命和马克思主义。1919年五四运动,积极促进了马克思主义的传播,激发先进中国人以俄为师,探索救国救民的真理。

1919年7月,胡适在《每周评论》发表《多研究些问题,少谈些主义》,提出反对过激主义等观点。8月,李大钊发表《再论问题与主义之争》,明确宣布:"我可以自白,我是喜欢谈谈布尔扎维主义的。"①

这一时期,广州形成声势浩大的学生运动,是五四运动的继续和发展。7月至12月间,杨匏安以"世界学说"为题,在《广东中华新报》发表四十多篇系列文章,介绍西方各种流派的政治哲学和社会科学,并专门介绍社会主义和马克思主义学说。杨匏安积极支持李大钊的主张,促进爱国、进步、民主、科学为主要内容的五四精神在华南传播。

杨匏安提出,实用主义是一种调和说,是改良说。8月,他发表《实用主义》一文说:"实用主义,于两者而得其中,谓世界之救济,非必然者,亦非不可能者,盖可能者也。人间改良条件增加,斯则救之方法亦臻于美备矣。故实用论非乐天说,非厌世说,乃一种调和说,又曰改良说,今日盛行于英美法意等国。"②

杨匏安提出,现在之社会状态实劳动者奋起革命以求改造之时期。10月,他发表《社会主义》一文说:"所谓资本的生产者,乃资本家役使劳工,或利用机械,而由伟大工场以成产物是也。资本家既夺取生产结果,其势遂酿成人与机械之争。近代生产事业,虽以资本制度而益形发达,然今日贫富之悬隔,及社会上各种罪恶,莫不由是而生。然则现在之社会状态,实劳动者奋起革命,以求改造之时期也。"③

杨匏安是五四精神在华南传播的杰出代表。他把社会主义和改造社会联系起来,积极支持李大钊的主张,开始向马克思主义者转变。

二、马克思主义以革命思想为纬

杨匏安是华南马克思主义传播第一人。他发表《马克斯主义(一称科学的

---

① 李大钊:《再论问题与主义》,《李大钊文集》下卷,人民出版社1984年版,第35页。
② 杨匏安:《实用主义》,《杨匏安文集》,中央文献出版社1996年版,第129页。
③ 杨匏安:《社会主义》,《杨匏安文集》,第161页。

社会主义)》，这是华南地区第一篇系统宣传马克思主义的文章，阐明马克思主义以革命思想为纬。这篇光辉的文章写于广州杨家祠，杨匏安在这里奏响马克思主义在华南传播的先声，这是民主、科学为代表的五四精神在华南传播的最强音。

1919年9月至11月，李大钊在《新青年》发表著名的《我的马克思主义观》，在中国第一次系统介绍马克思主义的理论体系。李大钊介绍马克思主义的革命学说，说："资本主义是这样发长的，也是这样灭亡的。他的脚下伏下了很多的敌兵，有加无已，就是那无产阶级。这无产阶级本来是资本主义下的产物，到后来灭资本主义的也就是他。"①

11月至12月，杨匏安在《广东中华新报》发表《马克斯主义（一称科学的社会主义）》，系统介绍马克思主义理论。他提出马克思主义以革命思想为纬，说："马氏以唯物的史观为经，以革命思想为纬，加之以在英法观察经济状态之所得，遂构成一种以经济的内容为主之世界观，此其所以称科学的社会主义也。"②

杨匏安的文章与李大钊《我的马克思主义观》几乎发表在同一个时期，两篇文章均是马克思主义在中国传播的光辉文献。

杨匏安宣传马克思的革命学说，他说："马克斯谓阶级竞争之所由起，因土地共有制度既坏之后，经济的构造，皆建在阶级对立之上。"又说："而资本家的生产方法，在社会生产方法中，乃采敌对形式之最后者；阶级竞争，亦将随此资本家的生产方法同时告终矣。"③

杨匏安肯定俄国十月革命的道路，说："马氏之言验矣，今日欧美诸国已悟Bolsheviki（引者按：即布尔什维克）之不能以武力扫除矣。"④

12月，陈独秀应粤军总司令、广东省长陈炯明的邀请来到广州，担任广东省教育委员会委员长。1921年1月，他在素波巷筹设广东省立宣讲员养成所，并推动广东共产党早期组织的创建。

2月，杨匏安、杨章甫等在杨家祠举办注音字母训练班。杨匏安、杨章甫、

---

① 李大钊：《我的马克思主义观》，《李大钊文集》下卷，人民出版社1984年版，第84页。
② 杨匏安：《马克斯主义（一称科学的社会主义）》，《杨匏安文集》，第168页。
③ 杨匏安：《马克斯主义（一称科学的社会主义）》，《杨匏安文集》，第172页。
④ 杨匏安：《马克斯主义（一称科学的社会主义）》，《杨匏安文集》，第174—175页。

谭平山、谭植棠等担任教员,教注音字母以及进步文章、书刊,宣传革命思想。学员有阮啸仙、刘尔崧等。广东共产党早期组织建立后,注音字母训练班成为掩护党组织开展革命宣传、培养干部的重要机构。

3月,陈独秀领导成立广东共产党早期组织,最初名为广州共产党,成员有谭平山、陈公博、谭植棠、沈定一等人。不久,杨匏安成为中国共产党的早期成员。

7月,中共一大在上海召开,宣告中国共产党的成立,陈独秀当选中共中央书记。陈独秀还在广州,没有出席这次会议。

当时,黄凌霜、区声白、梁冰弦、刘石心等主张无政府主义,在广州社会上有着很大影响。杨匏安十分重视意识形态工作,反对基尔特社会主义即无政府主义,积极向广大青年宣传马克思主义。

马克思的革命的无产阶级学说,是指示实现社会主义的正确道路。1922年2月,杨匏安发表《〈青年周刊〉宣言》说:"我们最服膺马克斯主义!因为他的经济学说,能把资本制度应当崩坏的纯经济的、纯机械的历程阐明。他的革命的无产阶级学说,就是指示我们实现社会主义的实际道路。"①

杨匏安提出反对缓和阶级斗争的基尔特社会主义。他说:"我们所反对的,就是冒着社会主义招牌、缓和阶级争斗、而使资本家间接收受利益的基尔特社会主义者。我们仍然希望他们多读点共产党的著作,生发点奋斗的精神!"②

杨匏安提出无产阶级实行阶级斗争,不可不夺取政权。3月至4月,他发表《马克斯主义浅说》说:"社会革命,不独解放无产阶级,并且解放受现在社会不公平状态所苦恼的一切人类。"又说:"劳动者实行阶级竞争,尤不可不夺取政权。倘若不占了政治上的权力,徒然使经济的战斗延长,那就不能构成理想的经济组织,这个生产手段的所有权,也断不能从私有移到社会公有。"③

李大钊、杨匏安的马克思主义理论,均吸收日本学者的成果。李大钊的《我的马克思主义观》引用日本著名经济学家、京都帝国大学教授河上肇的译著,杨匏安的《马克斯主义(一称科学的社会主义)》则参考日本著名社会主义

---

① 杨匏安:《〈青年周刊〉宣言》,《杨匏安文集》,第187页。
② 杨匏安:《〈青年周刊〉宣言》,《杨匏安文集》第189页。
③ 杨匏安:《马克斯主义浅说》,《杨匏安文集》,第195页。

活动家、后任日本共产党委员长堺利彦的研究成果。①

杨匏安是五四精神的杰出代表。他的《马克斯主义(一称科学的社会主义)》是马克思主义在华南早期传播的一座丰碑,与无政府主义划清界限,促进了马克思主义的传播,推动了共产党广东早期组织的创建。

三、无产阶级拒绝协助民治主义的确立自然是谬误政策

杨匏安积极支持国共合作的统一战线政策,从事统一战线的组织工作。他参加国民党一大和二大,历任国民党中央组织部秘书、代理部长、国民党中常委等职,对大革命的发展作出重要贡献。

1919年10月,广州爆发学生抵制日货、反对"三公司"的风潮。这三大公司是当时广州商贸的三大龙头企业,包括黄在朝的真光公司、马应彪的先施公司和蔡昌的大新公司。这次运动是五四运动在广州的继续。

10月至11月,《广东中华新报》以某学者的署名发表文章,肯定学生的爱国行为,同时呼吁理智处理,为全省金融计,设法维持三大公司。该文说:"又学生团此次奋起救国,事至可敬,吾人应援助之。但吾人不能因认此事大礼适当,便即不管三七二十一,拼命附和雷同,以致学生青年辈所犯诸种过失,而亦不与匡正,遂陷学生于不义。"又说:"非为三公司计,实为全省金融计,为全省前途计,不得不尔也。"②

该文署名某学者,而杨匏安素有学者之雅誉,全篇运用唯物辩证思路议论,符合他的写作风格。而且杨匏安出身商人家庭,对商业于国计民生的影响十分敏感。逆料该文为杨匏安撰写。

该文与《马克斯主义(一称科学的社会主义)》的发表为同一时期。可见,在宣传马克思主义的同时,杨匏安已自觉不自觉地用统一战线的方法观察社会和分析问题。

1922年8月,中共中央特别会议在杭州西湖召开,会议接受共产国际驻中国代表马林(Hendricus Sneevliet)的主张,寻求与国民党建立统一战线。在党内热烈讨论国共合作的时候,杨匏安明确主张统一战线的政策。

---

① 李坚主编:《杨匏安传论稿》,《广东党史资料丛刊》2003年第1期。
② 杨匏安:《三公司风潮之观察与批评》,《杨匏安文集》,第186、180页。

无产阶级拒绝协助民治主义的确立,自然是谬误政策。10月,杨匏安在《珠江评论》发表文章说:"如果一个国家资本主义发达(展)的状态和趋势是与欧洲先进资本主义国家相同,要先使产阶级民治主义经过了五十年或一百年的发达,才能进行无产阶级革命的,那就无产阶级拒绝协助民治主义的确立;〔因其〕不过助长反动的势力,自然是谬误政策。"①

1923年6月,中共三大在广州召开,正式确立革命统一战线的方针。中共三大后,杨匏安积极参加国民党的改组工作。1924年1月,国民党一大在广州召开,以国共合作为基础的革命统一战线正式建立。杨匏安当选候补中央委员,担任国民党中央组织部秘书(秘书长)。当时,共产党人谭平山任国民党中央组织部部长,林伯渠任国民党中央农民部部长。其后,杨匏安任国民党中央组织部代理部长。

10月,周恩来任中共广东区委委员长,陈延年任秘书,杨匏安任监察委员。由于杨匏安与周恩来、陈延年一起在区委工作,他们经常到杨家祠开会。

1925年2月,中共广东区委监委成立,林伟民任监委书记,杨匏安等任委员。这是中国共产党历史上第一个地方纪律检查机关。杨匏安是中共广东区委监委委员,成为中国共产党纪检监察工作的先驱之一。

7月,杨匏安在香港参加领导省港大罢工的工作,被港英当局逮捕。8月,杨匏安得到社会各界的广泛声援,港英当局只好将他驱逐出港,回到广州。

同月,国民党左派领袖、国民党中常委、农工部长廖仲恺在广州国民党中央党部门前被暗杀。杨匏安等担任审判员,参与审理廖案。大本营粮食处长、胡汉民堂弟胡毅生等涉嫌廖案,流亡香港。最后,大本营代理大元帅胡汉民被派往苏联考察,许崇智被解除粤军总司令职务。

杨匏安出席省港罢工工人第十八次代表大会,提出凡属中国人想反抗帝国主义的都应参加,鼓舞省港罢工工人的斗志。

反抗帝国主义,比工人为自身的经济罢工还重要。8月,杨匏安在讲话中说:"在总罢工命令未发出以前,有许多工会领袖,远未甚觉悟,以为在上海的当然要罢工,香港的可以不必,只捐些款接济他们便是。这就因为他们不明白这次罢工的意义,不知政府罢工,比较工人为自身的经济罢工还重要;凡属中

---

① 杨匏安:《无产阶级与民治主义》,《杨匏安文集》,第200页。

国人,想反抗帝国主义的,都应参加;不可如从前征兵时候,出些兵饷,便可不自行上阵。"①

9月,省港罢工工人代表大会聘请杨匏安为顾问。省港大罢工把反对英帝国主义的坚决斗争长期坚持下去,与杨匏安的主张是一致的。

11月,国民党广东省党部成立,杨匏安任省党部常委、组织部长。当时,国民政府发起第二次东征,统一广东。杨匏安参与指导国民党各市县党部相继建立起来。

1926年1月,国民党二大在广州召开,杨匏安当选中央委员、中常委,并继续担任国民党中央组织部秘书。3月,国民党中常会决定毛泽东担任中央农民运动讲习所所长。他的任命书是由杨匏安和国民党中央农民部长林伯渠共同签署的。

5月,国民党二届二中全会上,蒋介石提出整理党务案,谭平山辞去国民党中央组织部长,林伯渠辞去国民党中央农民部长,毛泽东辞去国民党中央宣传部代理部长,杨匏安辞去国民党中央组织部秘书职务。

北伐战争胜利进军。12月,国民政府北迁武汉。1927年3月,谭平山、杨匏安和共产国际新任驻中国代表罗易(Manabendra Roy)一起离开广州,4月到达武汉。

4月至5月,中共五大在武汉召开,杨匏安介绍广东区监察委员会的重要经验。会议继续选举陈独秀任中共中央总书记,决定成立中央监察委员会,王荷波任中共中央监察委员会主席,杨匏安任副主席。中央监察委员会是中国共产党最早的纪律检查和监察机关,是中央纪律检查委员会的前身。杨匏安是该机构的负责人之一。

随着大革命的失败,中国共产党人领导人民开展武装斗争。8月7日,中共中央在汉口召开紧急会议,制定开展土地革命、武装反抗国民党统治的总方针,决定撤销陈独秀的中央领导职务,瞿秋白任中共中央政治局常委,总负责。杨匏安作为中央监察委员,列席这次著名会议。

八七会议后,杨匏安到国民党军第二方面军总指挥张发奎部做统战工作,对他进行争取,但没有成功。

---

① 杨匏安:《在省港罢工工人第十八次代表大会的讲话》,《杨匏安文集》,第202页。

11月,瞿秋白为首的中共中央犯"左倾"盲动主义错误,处分毛泽东、周恩来等人,杨匏安被免去中央监察委员、中央监察委员会副主席职务,并受到留党察看处分。

其后,杨匏安到达南洋从事党的工作。1929年,杨匏安回到上海中共中央机关工作,参加党的报刊的编辑。1930年,担任中共中央农民部副部长。这一时期,他编著《西洋史要》,翻译苏联经济学家拉比杜斯(Lapidus)《地租论》等,均署名王纯一。杨匏安为革命理论、农民运动理论的研究和宣传而坚持不懈、笔耕不辍。

1931年7月,时任中共中央宣传部副部长罗绮园由于生活作风问题,被所涉女子的丈夫、叛徒胡章原出卖,连累同住址的杨匏安等人被捕。8月,杨匏安在狱中英勇不屈,在上海龙华英勇就义。杨匏安写下《示狱友》一诗,其中说:"知止穷张俭,迟行笑褚渊。"①他激励大家学习东汉名士张俭坚持大义,而不要像南朝宋大臣褚渊那样做叛徒。东汉桓帝党锢之祸时,张俭逃亡,望门投止,人们不惜破家相容。南朝宋时,宋明帝尝谓:"褚渊能迟行缓步,便持此得宰相矣。"②他临终前任命褚渊为中书令,与尚书令袁粲受遗命同辅幼主。但褚渊助萧道成篡宋建齐,而袁粲死节于宋。诗中的褚渊,也是对罗绮园在狱中写自首书的规讽。这首诗充分表现了杨匏安坚贞不屈的革命气节。

邓颖超把杨匏安《示狱友》一诗抄在笔记本上,后来交给在延安学习的杨匏安次子杨宗锐。1941年1月,国民党发动屠杀新四军的皖南事变后,周恩来在中共中央南方局、八路军驻重庆办事处的一次会议上,背诵《示狱友》一诗,并缅怀杨匏安奋斗不息的英勇事迹和忠诚如铁的革命精神,与大家共勉。

杨匏安是五四时期成长起来的共产党人和革命家。他积极传播马克思主义,投身大革命的斗争,提出现在之社会状态实劳动者奋起革命以求改造之时期,马克思主义是以革命思想为纬的马克思主义,无产阶级拒绝协助民治主义的确立自然是荒谬的等系列思想,推动中国革命的发展进程。杨匏安的革命思想和实践是五四精神的体现,进一步丰富了岭南文化的时代特色,是粤港澳大湾区文化发展的宝贵财富。

---

① 杨匏安:《示狱友》,《杨匏安文集》,第6页。
② 萧子显:《南齐书》卷二十三《褚渊传》。

译作、译者和中国化
——生活书店版马列经典著作的影响力探析

黄 勇

（文汇出版社）

生活书店自1937年开始，大量出版马列经典著作，产生了较大的影响力。本文从三个方面探讨这一尚未引人注意的问题：一、出版了哪些马列经典著作？通过对1937—1941年生活书店书单的分析，列示出经典著作的书目，从而说明这一时期，生活书店出版马列经典著作不仅数量多，而且质量高。二、哪些人成为马列经典著作的译者？张仲实、沈志远、钱亦石、吴亮平、徐冰、柯柏年等成为马列经典的主要译者。三、哪些人阅读这些马列经典著作？生活书店版马列经典著作不仅在根据地流传，而且在国统区经售，对马克思主义中国化起到了十分重要的推进作用。

一、出版了"许多宣传马克思列宁主义的新书"

第一次国共合作破裂后，国民党当局进行军事围剿、文化围剿，马克思主义在中国传播受阻。以1937年"七七事变"为分界，抗战前中国共产党受到打击，处于低潮、地下状态，出版马克思主义经典著作十分困难。抗战全面爆发后，国共二次合作，不仅读者需要，而且学者、作家的著译作涌现，这就使生活书店出版马列主义经典著作有了可行性。这时，已有五年出版经历的生活书店开始加快出版马列主义著作的进度并扩大规模。

生活书店加速出书，离不开总编辑张仲实。1935年底，邹韬奋请张仲实担任总编辑。在学者、共产党员和马克思主义理论家张仲实主持下，生活书店加快马列经典著作的出版。曾任生活书店总经理的毕云程回忆说:"仲实到店后,生活书店又添了一支巨大的生力军,联系许多进步人士为生活书店写稿,在生活书店计划出版各种进步书刊上起了很大作用。生活书店有许多宣传马克思列宁主义的新书,大半是在仲实主持之下出版的。"①

我们通过分解生活书店 1937—1940 年图书目录,具体化为一本本图书,不难发现"许多宣传马克思列宁主义的新书"不仅层级分明,而且数量可观。

第一层面是马列主义经典著作的中译本。《生活书店史稿》收录了生活书店 1937—1940 年出版的"马、恩、列、斯著作"书目,共有 24 种②,在这 24 种著作中还有以中国出版社之名出版实为生活书店经售后又以生活书店或生活书店别名出版的 8 种:《共产党宣言》《马恩论中国》《国家与革命》《左派幼稚病》《二月革命到十月革命》《列宁主义问题(上下卷)》《列宁选集》《辩证唯物论与历史唯物论》,还有以读书生活出版社之名出版实为生活书店经售的 2 种:《资本论(三卷)》(郭大力、王亚南译)、《恩格斯论〈资本论〉》(章汉夫、许涤新译)。

生活书店一开始以"世界名著译丛"系列丛书形式推出 8 种(1937—1940),后又以"世界学术名著译丛"系列丛书形式推出 14 种(1939—1949),排除两套丛书重合著作、1940 年后出版的著作,以及以读书生活出版社之名出版的 2 种,生活书店出版的马克思主义经典著作中译本有 22 种:

马克思著作有《雇佣劳动与资本》(沈志远译)、《政治经济学论丛》(王学文、何锡麟、王石巍译)、《拿破仑第三政变记》(柯柏年译)。

恩格斯著作有《费尔巴哈论》(张仲实译)、《反杜林论》(吴理屏译)、《德国农民战争》(钱亦石译)、《家族私有财产及国家之起源》(张仲实译)、《德国革命与反革命》(王右铭、柯柏年译)、《社会主义从空想到科学的发展》(吴黎平译)。

马恩合著有《马恩论中国》(方乃宜译)、《共产党宣言》(成仿吾、徐冰译)。

列宁著作有《列宁家书集》(徐懋庸译)、《国家与革命》(莫师古译)、《左派幼稚病》(莫师古译)、《二月革命到十月革命》(莫师古译)、《帝国主义——资本主义的最高阶段》(王唯真译)、《列宁选集》(未署译者名)、《战争论笔记》(平生

---

① 邹嘉骊编:《忆韬奋》,生活·读书·新知三联书店 2015 年版,第 296 页。
② 生活书店史稿编辑委员会编:《生活书店史稿》,生活书店出版有限公司 2013 年版,第 390—391 页。

译)、《列宁读战争论的笔记》(杨作才译)。

斯大林著作有《列宁主义问题(上下卷)》(未署译者名)、《辩证唯物论与历史唯物论》(博古译)、《论民族问题》(张仲实译)。

这一时期生活书店连续出版如此众多的马列经典著作,无论是品种数量还是内容水平,既领先兄弟社——新知书店、读书生活出版社,更超出大牌社——商务印书馆、中华书局,这也是生活书店明显区别于其他书店的先进性的出版特征。

第二层面是中国共产党领导人和高级干部的著作。生活书店总经理徐伯昕晚年撰写《生活书店是怎样接受党的南方局领导的》一文,他说:"从汉口到重庆,中共办事处对书店的编辑出版工作是大力支持的。支持的办法:一是向书店提供延安出版的中国出版社和解放社的样书,由书店发往上海(已沦陷)重版,运到内地及香港、新加坡等地销售;二是向书店提供推荐稿件,提供推荐的稿件,由书店编辑工作的主持人秘密经手,难有一个确切的统计或书目。"①

从1937年开始,中共领导人和高级干部的名字和著作陆续在生活书店书单上出现:毛泽东《论持久战》《论新阶段》《抗日游击战争的一般问题》、朱德《抗日游击战争》、王明《新中国论》《论反帝统一战线》、洛甫《中国革命史》、廉臣(陈云)《随军西征记》、叶剑英《武汉广州沦陷后的抗战》、李富春《抗战与军队政治工作》、罗瑞卿《抗日军队中的政治工作》、艾思奇《民主主义与法西斯主义》《思想方法论》《中国化的辩证法》、陈伯达《三民主义概论》、何干之《中国的社会经济结构》、陈昌浩《近代世界革命史》(第1、2卷)。

第三层面是马列主义学者和理论家的著作。马列主义学者和理论家结合中国国情,对马克思主义进行深入研究,撰写出一批有水平、有深度、有现实指导意义的著作。这些著作一部分属于"中国文化丛书"系列,一部分是以"新中国学术丛书"出版的,还有一部分是以单本著作出版的,撰写者多为从苏联留学归来的大学教授或有成就的学者,其中有影响的著作有:沈志远的《近代经济学说史纲》、邓初民的《新政治学大纲》、向林冰的《中国哲学史纲要》、葛名中

---

① 江苏省政协文史资料委员会、常州市政协文史资料委员会编:《回忆徐伯昕》,中国文史出版社2017年版,第377页。

的《科学的哲学》、王右铭的《大众资本论》、胡绳的《帝国主义与中国政治》等。

马列主义和社会主义在俄国的胜利,极大地激励了当时中国的一大批知识分子,他们开始探索马列主义与中国实际相结合的途径。他们将目光盯在苏联,引进翻译了众多有关苏联的政治、经济、文化、思想的作品。生活书店出版苏联相关题材的作品主要有:《社会科学的基本问题》《苏联妇女的地位》《艺术与社会生活》《文学修养的基础》《唯物恋爱观》《苏联青年生活的斗争》《和列宁相处的日子》《俄国怎样打败了拿破仑》《马克思及其学说》《恩格斯及其事业》《辩证法唯物论》《苏联工人的生活》《联共(布)党史教程》《苏联的经济建设》。

第四层面是马克思主义的启蒙读物。为了帮助读者学习马列主义原理,生活书店从"苏联大百科全书"选译出版了一套"百科小译丛",1937 年 12 月至 1940 年 10 月出版,每种用数万字介绍一个专题,出版了 12 种:《哲学》《小说》《社会经济形态》《形式逻辑》《封建主义》《辩证认识论》《资本主义》《货币》《军队》《农业》《国家信贷》《文学》。

最有影响力的具有启蒙性质的丛书是张仲实主编的"青年自学丛书",1936 年 5 月陆续出版第一、二、三集,主要作品有《社会科学研究法》《现代哲学的基本问题》《民族问题讲话》《政治常识讲话》《世界经济地理讲话》《现代外交的基本知识》《怎样研究中国经济》《思想方法论》《中国怎样降到半殖民地》《中国社会性质问题论战》《新哲学人生观》《怎样研究政治经济学》《资本主义发展的不平衡律》《研习资本论入门》。这套"青年自学丛书"多为 32 开,竖排平装,150 页左右。很多书一版再版,发行了 100 多万册,这在识字率只有 30% 的民国时期是很少见的。30 年代出版后,风靡一时,在广大青年中极受欢迎。很多青年从中了解了中国社会的发展趋势,从而走上革命道路。

二、这一群译者是"先进的思想者"

"一个书店是否进步,能否为党的主张作宣传,决定于它的出版物。而出版物的内容,除正确的出版方针外,又取决于有什么样的编辑和撰稿人。"[①]生活书店的作者很多,有一长串名单,十七年间有五百多人在生活书店出书。

---

① 《生活书店史稿》,第 192 页。

在这个人数众多的作者群中,胡愈之是一个特殊的人物。胡愈之不仅自己在生活书店出书,而且为生活书店引进了一大批有名望的、有影响力的进步作者:郑振铎、茅盾、鲁迅、金仲华、夏衍、钱俊瑞、张仲实、张明养、钱亦石、邵宗汉、沈志远、周建人、刘思慕、王纪元、胡仲持……他们是生活书店的撰稿人、作者、主编、总编。陈原说:"'胡愈之'可能是一个真实的人,也可能意味着一群人,这一群人是先进的思想者。"①

这一群"先进的思想者"包括《世界知识》《中华公论》《读书与出版》所团结和联系的专家学者;包括"苏联之友"社的金仲华、钱亦石、钱俊瑞、张仲实、沈志远、毕云程、张明养、王纪元、章乃器;包括"社联"的朱镜我、柯柏年、王学文、许涤新、吴亮平、杨贤江、李一氓、艾思奇、邓初民、杜国庠、邓拓、何干之、彭康、张定夫、熊得山、钱铁如、胡乔木、刘苏华。他们汇集于生活书店,有的是著者,有的是译者,而既是著者又是马列经典著作的译者在这一群人中少之又少,我们从中选出五人一一介绍。

先看张仲实。张仲实1903年出生于陕西陇县,1922年投军,同年考入陕西省立甲种工业学校。学生时代就接触进步思想,1924年加入中国共产主义青年团,1925年1月转为中共党员。1926年考入上海大学社会科学系。同年10月,受中国共产党派遣,去苏联东方劳动者共产主义大学学习。1928年,转入莫斯科中山大学,在张闻天领导的翻译班从事马列主义教材的翻译工作。1930年8月奉命回国,1931年到上海寻找党组织。1933年,在上海中山文化教育馆的《时事类编》旬刊从事编译工作。翻译《给初学写作者的一封信》发表后,引起各界注意。

1935年11月,邹韬奋请三十二岁的张仲实担任生活书店总编辑。张仲实担任总编辑后,组织多方力量加快丛书、套书的推进,如"青年自学丛书""救亡丛书""世界名著译丛""百科小译丛",成规模出书,产生巨大影响。1939年2月张仲实应杜重远之邀,和茅盾一起远赴新疆。

1935—1939年,作为学者和马克思主义理论家的张仲实在生活书店出版了一批有影响力的著译:《给初学写作者的一封信》(译,1935)、《现代十国论》(合著,1936)、《怎样研究世界经济》(著,1936)、《哲学》(译,1937)、《封建主

---

① 陈原:《总编辑断想》,辽宁教育出版社2001年版,第23页。

义》(译,1937)、《苏联新宪法研究》(编译,1937)、《国际现势读本》(著,1938)、《俄国怎样打败了拿破仑》(编译,1938)、《辩证认识论》(译,1939)。翻译出版的马列经典著作有《费尔巴哈论》(1937)、《家族私有财产及国家之起源》(1938)、《论民族问题》(1939)。

再看沈志远。沈志远1902年出生于浙江萧山,1922年毕业于南洋大学附中,1925年加入中国共产党。1926年12月,受中共上海组织派遣,赴苏联莫斯科中山劳动大学学习。1929年,考取莫斯科中国问题研究所研究生,同时任共产国际东方部书刊编译,并参加《列宁选集》第六卷的翻译出版工作。1931年12月回国,曾担任社会科学家联盟常委。1933—1938年先后在上海暨南大学、北平大学法商学院、西北大学任教授,同时从事马克思主义政治经济学和哲学的著述和翻译,其成名之作《新经济学大纲》于1934年5月初版。

1939年1月,生活书店改组和扩大编审委员会,沈志远任副主席,接替张仲实,主持编辑工作。沈志远是总编辑,更是生活书店的重要作者,出版的著译有:《新经济学大纲》(著,1935)、《现代哲学的基本问题》(著,1936)、《妇女社会科学常识读本》(著,1936)、《二十年的苏联》(编著,1937)、《近代经济学说史》(著,1937)、《形式逻辑》(译,1938)、《资本主义》(译,1939)、《研习资本论入门》(著,1939)、《哲学译文集》(合译,1940)、《今日的苏联》(合著,1940)。翻译出版的马列经典著作有《雇佣劳动与资本》(1939)、《辩证唯物论与历史唯物论》上册(1939)。

三看钱亦石。钱亦石1889年出生于湖北咸宁。1920年夏以优秀成绩毕业于国立武昌高等师范。1924年4月,经董必武、陈潭秋介绍,加入中国共产党,是共产党湖北党部早期创始人,党早期的著名教育家、理论家、社会活动家。

1928年1月,钱亦石根据党的决定,秘密到达日本东京。他在这里集中精力研读了《资本论》,并和杨贤江、董必武等领导了东京留学生中的共产党秘密组织。8月,钱亦石再次赴苏联,被分配到中国劳动者共产主义中山大学特别班学习,翻译恩格斯《德国农民战争》一书。

1930年12月,钱亦石经满洲里回上海,开始文化推进并进行翻译著述工作。1936—1937年,钱亦石任社会科学家联盟党团书记、"文委"成员等,他的主要活动是团结左翼知识分子、出版刊物、组织读书会和社会科学研究小组，宣传马列主义。

1937年9月，由他率领的三十多名作家、音乐家、戏剧家组成的战地服务队出入枪林弹雨之中，进行慰问和宣传，激发战士们抗日的士气。因积劳过甚，于1938年1月在沪病逝。2月27日，武汉各界在汉口商会大礼堂隆重举行追悼钱亦石大会，会场上陈列了他的44种著作。

钱亦石在生活书店出版的著作有《中国怎样降到半殖民地》(著，1936)、《白浪滔天的太平问题》(著，1937)《战祸翼下的欧洲问题》(著，1937)《紧急时期的世界与中国》(著，1937)、《产业革命讲话》(著，1937)、《中国外交史》(著，1938)、《中国政治史讲话》(著，1939)、《近代中国经济史》(编著，1939)、《中国外交史》(著，1938)、《中国政治史讲话》(著，1939)、《近代中国经济史》(编著，1939)。翻译出版的马列经典著作有《德国农民战争》(1938)。

四看吴亮平。吴亮平1908出生于浙江奉化，曾名吴理屏、吴黎平。1925年加入中国共产主义青年团。1925年11月，在恽代英推荐下，赴莫斯科中山大学学习，翻译恩格斯的《社会主义从空想到科学的发展》，还与张闻天等人合译了马克思的《法兰西内战》，后留校任教。1927年转入中国共产党。

1929年7月，吴亮平从苏联回到上海，在中共中央宣传部任职，参与中宣部领导的中央文委工作，参与筹组中国左翼作家联盟，积极投入关于中国社会性质的论战，在《新思潮》等进步刊物发表《反对派对中国问题的错误》《农村革命与反帝国主义斗争》等文章，批驳托派及各种反马列主义派别在中国革命问题上的错误理论。编写出版了《社会主义史》《辩证唯物论与唯物史观》等，比较系统地介绍了马克思主义理论的基本观点及社会主义思想的产生和发展过程。

1932年吴亮平到江西瑞金，1934年参加长征。到陕北后，任中共中央宣传部副部长。1936年负责接待美国记者斯诺访问陕北，并担任毛泽东同斯诺谈话的翻译。翻译出版的马列经典著作有《反杜林论》(1937)、《社会主义从空想到科学的发展》(1938)。

五看徐冰。徐冰1903年出生于河北南宫，又名邢西萍。1923年赴德国留学，1924年在柏林加入中国共产党。1925年在德国积极参加响应上海五卅运动的爱国活动，与朱德等被德国当局逮捕。不久被驱逐出德国，转赴苏联入莫斯科中山大学学习。

1928年徐冰回国后到上海，在中共中央秘书处任翻译，从事党的地下工作。此后曾担任过上海反帝大同盟中共党团书记，并在中共中央职工部和中华全国总工会工作。

1932年秋徐冰被叛徒出卖，遭国民党当局逮捕入狱，坚贞不屈，严守机密，经受了严峻的考验。1933年春经党组织营救出狱，后到北平继续从事党的地下工作。曾编辑《世界论坛》《中外论坛》等进步刊物，进行抗日救亡宣传。1935年在中共中央北方局领导下，在太原、北平组织华北救亡会、北平文化救亡会、华北民众救亡会等。同年冬参与北平"一二·九"学生爱国运动的组织领导工作。

1937年初徐冰到延安，4月出席中共中央白区工作会议，代表北方局做工作报告。抗战全面爆发后，任中共中央党报委员会秘书长、解放社编辑，参与编辑《解放》周刊、《新中华报》。

1939年徐冰到重庆，任中共中央南方局文化宣传委员会秘书兼文化组组长，积极开展对文化界的团结争取活动，是周恩来在统战工作方面的得力助手。

徐冰与成仿吾等合译《共产党宣言》，与何思敬合译《哥达纲领批判》等马克思主义经典著作。

六看柯柏年。柯柏年1904出生于广东潮州，原名李春蕃。1920年，十六岁的他独自一人到沪江大学中学部学习，半工半读，并自学俄语、德语。1923年升入沪江大学社会学系学习，因一次学潮和翻译出版了列宁的《帝国主义论》被学校开除。而后接受瞿秋白和张太雷建议转入上海大学社会学系学习。1924年1月加入中国共产党。1925年，瞿秋白、张太雷和柯柏年先后离开了上海，到广东去参加国民革命战争的工作。

1927年大革命失败后，柯柏年辗转到上海，从此改名柯柏年。1930年"八大联"相继成立，他积极参加"社联"的工作，直至"八大联"停止活动。1929年柯柏年翻译的狄慈根《辩证法的逻辑》由南强书局出版。

1937年抗战全面爆发，柯柏年辗转到达延安。1938年5月5日，中央马列学院成立，柯柏年任西方革命史室主任；中央研究院成立，柯柏年任国际问题研究室主任。翻译出版的马列经典著作有《德国的革命与反革命》（与王右铭合译，1939)、《拿破仑第三政变论》(1940)。

生活书店版马列经典著作的主要译者还有徐懋庸、成仿吾、博古(秦邦宪)、王唯真、杨作才、平生(张闻天)。仔细梳理他们1941年前的人生经历，可以找出三个共同点，这也是成为马列经典著作译者必备的三个要素：具有坚定的政治信仰的中共党员，留学苏联精通俄文(英文)，有较高的马克思主义理论水平。

张仲实、柯柏年、徐懋庸、成仿吾、徐冰等主要译者先后赴延安进入马列学院、中央研究院、编译局，专门从事马列经典著作翻译和马列主义研究。

三、在文化抗战中传播马列主义

胡愈之在《我的回忆》一文中说："张仲实由苏联回国，我即介绍他到生活书店，由他专门负责编译马克思主义经典著作和其它理论著作，使得《反杜林论》等一大批马列著作得以出版。这样，生活书店成为了国民党统治区的一个坚强的革命文化堡垒。"[①]生活书店作为"坚强的革命文化堡垒"，通过出版一大批马列著作，产生了较大的影响力。这种影响力沿着两个方向延伸和扩展：

第一个方向是马列主义著作中国化。马克思主义在中国传播和运用的一个重要前提，就是经典文本的中国化，也就是马克思主义创始人的原著从欧洲语言向中国语言的转换。马克思主义经典著作在中国传播走过一条艰难曲折的道路："起初，中国的先进分子只是在寻找救国救民真理的过程中，接触到欧洲的各种社会主义学说。从中知道了马克思的名字以及马克思学说的零星片断。"[②]

1919年以前，先进的中国知识分子对马克思主义的传播主要是翻译介绍一些著作短篇、片断和个别理论，还没有出现完整的马克思主义汉译著作。中国的马克思主义追随者接触的马克思主义文献主要来自日本，并通过译述式的写作来撰写理论文章。从1920年开始，马克思主义著作才以完整的形式在中国翻译出版，显著的标志是1920年8月陈望道翻译的《共产党宣言》全译本出版，这是中国首次以单行本形式出版的马克思主义经典著作。

---

① 胡愈之：《胡愈之文集》第六卷，生活·读书·新知三联书店1996年版，第349页。
② 林代昭、潘国华编：《马克思主义在中国——从影响的传入到传播》上册，清华大学出版社1983年版，第1页。

生活书店版马列经典著作中译本具有三大特征：一是依俄文版翻译的全本，保持原著的完整的形式。二是中译本数量多，有22种之多，在当时马列著作出版品种总量中占比极高。"20年代，上海共出版和报刊刊载马克思、恩格斯、列宁和斯大林著作的不同译本（全译或节译）60余种……其中《社会主义从空想到科学》一书先后有6种译本。1931—1940年，出版马列著作译本近40种，包括20多种著作。"①三是中译本质量高。主要译者张仲实、吴亮平、沈志远、钱亦石等人留学苏联，精通俄文，有较高的马克思主义理论水平。张仲实等人在翻译马克思主义经典著作时，不仅研究和领悟经典作家的思想，而且辨析和判明中西文化的异同，同时还参照英文版，确保翻译的马列经典著作意义真实、文字流畅，让人看得懂，看得明白。

我们从22种经典著作中选出三个年份的三种图书：《反杜林论》（1937）、《德国农民战争》（1938）、《雇佣劳动与资本》（1939），从中可以看到马列经典重版重印的原初状况。② 生活书店版马列经典著作中译本成为精品，一版再版，产生持久影响。

"世界名著译丛"之三——《反杜林论》，吴理屏（吴亮平）译。502页，32开，竖排平装。初版由上海江南书店1930年11月出版，根据俄译本、日译本译出；书前有译者序（1930年10月26日）——《反杜林论出版60周年纪念》（张仲实译）。据毛泽东的秘书逄先知回忆，毛泽东在长征途中一直带在身边经常阅读的恩格斯著作《反杜林论》，就是1932年4月红军打下福建漳州时搜集到的。此书的译者吴黎平即吴亮平，是1930年11月在上海江南书店出版的版本。上海生活书店1937年10月出版，1938年3月再版，1939年5月重庆重印，1940年8月由抗战书店出版校正版。校正版是根据苏联马列研究院1938年订正的新俄译本、德文原本以及英译本校订的。书前有译者根据苏联尤琴的文章编译的《〈反杜林论〉内容大要》《〈反杜林论〉中译本出版十年小序》（1940年7月7日）。1947年1月校正版重印，482页，竖排平装。

"世界名著译丛"之五——《德国农民战争》，钱亦石译，仲壁校。252页，32开，竖排平装。参考1926年的英译本、1926年的俄译本、1928年的日译

---

① 《上海通志》编纂委员会编：《上海通志》第9册，上海人民出版社2005年版，第5975页。
② 胡为雄：《马克思主义著作在中国的百年翻译与传播》，《中国延安干部学院学报》2013年第2期。

本,主要根据英译本译出。书前有《德国农民战争》第2版序言、《德国农民战争》1870年版序言的补充、译者例言(啸秋,1931年1月31日),书后附苏联梁赞诺夫1925年7月写的俄译本序、附录两篇。上海生活书店1938年7月初版,1939年4月再版,1946年5月、1947年1月、1947年7月依次出版胜利后第1版、第2版、第3版。

"世界名著译丛"之七——《雇佣劳动与资本》,沈志远译。72页,32开,竖排平装。根据1933年莫斯科《马克思选集》俄文版译出,同时参考了英译本。书前有《卡·马克思〈雇佣劳动与资本〉1891年单行本导言》、译者序(1939年4月3日)。重庆生活书店1939年8月初版,11月再版。1945年11月胜利后第1版,1946年4月胜利后第2版,1947年6月和8月胜利后第3版。1947年8月东北版,1948年2月重印。实践出版社1949年4月第3版。三联书店1949年8月上海重印,1949年9月香港重印。

第二个方向是马列主义著作大众化。马列主义要在战火纷飞的中国为国统区大众所接受,必须要有进步的知识分子担负这一使命。

1937年淞沪会战后上海沦陷,生活书店发生了一系列变化,其中最引人注目的变化就是在极短时间内创建了55家分支店。邹韬奋说:"全面抗战爆发以后,为适应抗战期间全国同胞对于抗战文化的迫切要求,本店特派高级干部数十人分往内地各重要地点创设分店,由于负责干部的艰苦奋斗,业务更一日千里,异常发达,不到一年,全国分店已达五十余处。"[1]不到两年,从两个分店扩展到五十五个分支店,遍及全国十四省,出版重要杂志八种,书籍一千多种,并出版了动员人民抗战的通俗读物五百余万册,成为抗战中的一个坚强的文化堡垒。"文化堡垒"中的分支店的主要功能就是经售书刊,生活书店的同仁称之为"文化供应""文化服务"。"供应""服务"之核心产品是书刊,包括马列主义经典著作中译本、中国共产党领导人和高级干部的著作、马列主义学者和理论家的著作、马克思主义的启蒙读物。

分支店办事处不仅经售生活书店出版的书刊,而且经售、代销其他出版社和期刊社的书刊:"生活书店的门市部一开始就有'好书皆备,备书皆好'的宗旨。……衡阳分店经销的是抗日的、进步的书刊,以政治时事读物、社会科学

---

[1] 韬奋:《患难余生记》,生活·读书·新知三联书店1980年版,第221—222页。

和文艺书为主,有少数应用技术书籍……战时的造货和运输都十分困难,使得本版书品种不全,售缺后往往补不上。外版书中,读书生活出版社和新知书店的书比较多,还有用中国出版社名义出版、署名莫师古翻译的……《国家与革命》《从二月革命到十月革命》《"左派"幼稚病》等等。当地一位姓向(或项)的朋友使用五洲书报社名义翻印莫斯科中文版《论政党》《列宁主义初步》也拿来寄销。"①"中国共产党长江局机关报新华日报社和机关刊群众周刊部编定的10多种'新群丛书',如毛泽东的《论持久战》,朱德的《抗日游击战争》以及《新华日报》社论集、《群众》周刊合订本等都委托生活书店经售。"②

支店和办事处更接近社会基层,更带有文化开拓和传播的意味。以六安支店为例:"他对皖西北、皖中的文化园地上开了一次大的拓荒,现在迁到立煌,感到精神食粮恐慌的人们都到煌店来寻找满足他们的欲望,可是终因交通阻隔,运输困难,新书刊不能准时到达,难以满足一般读者欲望,但在每当来了一批新书刊时,人们如饥者抢食似的赶着要,不到一二天就卖光了。"③

"努力为社会服务,竭诚谋读者便利"是生活书店的服务宗旨。分支店办事处、流动供应所、读者顾问部联结作品与读者,吸引读者、服务读者。"由于'生活'十六年来对于文化事业的努力,它得到国内外最广大读者的爱护与支持,在任何据点的'生活'分店,它都有一个一看就知道的象征,那就是每天从早到晚,门市部都源源不绝的拥满着热心的读者和购买书报的人们。"④

读者不仅买到了自己喜欢的书刊,而且记住了生活书店。"在灯光下,那幅蓝底白字的标语——生活书店:谨以全力推动'抗战建国文化'更显得静穆庄严,不禁使人浮上一丝敬意。在这个光明的文化食粮的仓库里,每天有无数前线上下来的士兵,和开上前线的新军,还有流动的救亡青年、学生、店员、工人……饥渴似的踏进来,搜掘着,吸吮着,满足地带着文化食粮,散播到每一个角落里去。"⑤

生活书店在1937—1941年间出版了一大批马列主义著作,在文化抗战中传播马列主义著作,终因在国统区产生重大影响而被国民党当局封禁,但在马

---

① 王仿子:《抗日战争时期衡阳生活书店一景》,《书摘》2010年第9期。
② 邓涛:《武汉岁月——邹韬奋新闻出版事业的"黄金时代"》,《中国出版》2015年第12期。
③ 北京印刷学院、韬奋纪念馆编:《〈店务通讯〉排印本》(上),学林出版社2007年版,第277页。
④ 中国韬奋基金会韬奋著作编辑部编:《韬奋全集》第10卷,上海人民出版社1995年版,第340页。
⑤ 北京印刷学院、韬奋纪念馆编:《〈店务通讯〉排印本》(下),学林出版社2007年版,第1187页。

列主义著作在中国的百年翻译与传播史上留下不凡的篇章。周有光先生在《怀念邹韬奋先生》一文中说:"书店的价值,不在它规模的大小,而在它所出版的书在历史上发生过什么影响,是促进社会发展,还是促退社会发展。三联的三家书店,生活书店、读书生活出版社和新知书店,在抗日战争之前的三十年代,都对中国文化界的启蒙运动发挥了积极作用。"①生活书店的文化抗战之效力在于:在文化抗战中传播马列主义,在出版发行中成为马克思主义者。

---

① 王世襄等:《我与三联:生活·读书·新知三联书店成立六十周年纪念集:1948—2008》,生活·读书·新知三联书店2008年版,第3页。

王云五、公民书局、"公民丛书"与1920年代早期马克思主义的翻译与传播*

高　明

(上海社会科学院图书馆)

一、1920年代早期马克思主义在上海的翻译与传播

马克思主义在中国的传播有一个渐进的过程,最早是由西方传教士和中国的资产阶级改良派传入中国的。19世纪末20世纪初,一些资产阶级有识之士主张变法维新,想从西方寻找一条"救国"之路。他们向西方学习,组织学会、建立书局、创办报刊、翻译出版西方书籍,介绍西方资产阶级文化思想。他们在向西方探求新思想的过程中,很自然地接触到了马克思主义思想。十月革命的胜利引起中国的先进分子对马克思列宁主义的浓厚兴趣和热烈向往,以李大钊、陈独秀为代表的一批先进知识分子,很快接受并开始研究马克思主义革命思想。"中国知识界对俄国态度的变化是基于这种信仰,即新的社会主义苏维埃共和国是中国反帝中的可靠'朋友'。""这也是大多数'先进'的知识分子的态度。"[①]1919年,五四运动促进了马克思主义在中国的传播并与工人运动的结合,为中国共产党的成立在思想上、干部上作了准备。[②]

1920年代被中国人民当作新思潮传播的社会主义、马克思主义学说十分

---

* 本文是上海市哲学社会科学规划青年课题"理论、信仰与社会运动：马克思主义在中国的早期传播研究(1917—1927)"(2019EDS006)阶段性成果,原发表于《中国出版史研究》2021年第4期,略有改动。

① 〔联邦德国〕郭恒钰著,李逵六译：《共产国际与中国革命(一九二四—一九二七)：中国共产党和国民党统一战线》,读书·生活·新知三联书店1985年版,第27、28页。

② 中共中央党史研究室：《中国共产党的九十年(新民主主义革命时期)》,中共党史出版社、党建读物出版社2016年版,第20页。

庞杂,共产国际代表维经斯基(吴廷康)在中国考察后认为:"中国现在关于新思想的潮流,虽然澎湃,但是第一太复杂,有无政府主义,有工团主义,有社会民主主义,有基尔特社会主义,五花八门,没有一个主流,使思想界成为混乱局势。"①在这种情况下,上海的共产党早期组织积极推进马克思主义著作的译介工作。1920年5月,陈独秀在上海发起组织"马克思主义研究会",前后参加的成员主要有李汉俊、沈玄庐、邵力子、陈望道、李达等,为共产党早期组织的建立奠定了基础。为了更加准确、全面地宣传和译介马克思主义和社会主义理论,动员社会大众,上海共产党早期组织主导下的《新青年》社出版了"新青年丛书";李大钊、陈独秀、李达、李汉俊、邵力子、周建人、沈雁冰、夏丏尊、陈望道、经亨颐等十五人发起成立的新时代丛书社出版了"新时代丛书"。

1920年8月,共产党早期组织在上海法租界老渔阳里2号成立《新青年》编辑部。与此同时,成立新青年社作为出版发行机构,其首要工作就是出版"新青年丛书"。新青年社除刊行《新青年》,也出版《劳动界》《上海伙友》等面向工人和店员的杂志,并编译丛书。从1920年秋开始,该社陆续推出"新青年丛书",书目广告列有10种,实际付梓8种。其中比较引人注目的有:李季译《社会主义史》,黄凌霜译《哲学问题》,恽代英译《阶级争斗》等。

1921年6月24日,新时代丛书社成立。丛书的编辑缘起宣称:"起意编辑这个丛书不外以下三层意思",就是"想普及新文化运动","为有志研究高深些学问的人们供给下手的途径","节省读书界的时间和经济"。② 从1922年1月至1923年12月,相继推出了施存统译《马克斯学说概要》和《马克斯主义和达尔文主义》,太朴译《进化》,祁森焕译《妇人和社会主义》,夏丏尊和李继桢译《社会主义与进化论》等9种译著,皆由商务印书馆发行。

从1920年9月起,《新青年》成为上海共产党组织的机关刊物,公开宣传马克思主义③;新时代丛书社的发起人多为上海共产党早期组织成员。可以说,这两种丛书都是具有马克思主义思想的先进知识分子对马克思主义传播所开展的翻译出版活动,为渴望为人民谋幸福、为民族谋复兴的先进知识分子

---

① 《周佛海关于维经斯基的回忆》,中国社会科学院现代史研究室编译:《维经斯基在中国的有关资料》,中国社会科学出版社1982年版,第455页。
② 《"新时代丛书"编辑缘起》,《民国日报·觉悟》1921年6月24日。
③ 《中国共产党九十年(新民主主义革命时期)》,第28页。

提供了全新视野和理论武装,指导中国的革命实践。毛泽东曾说:"有三本书特别深地铭刻在我的心中,建立起我对马克思主义的信仰。我一旦接受了马克思主义是对历史的正确解释以后,我对马克思主义的信仰就没有动摇过。这三本书是:《共产党宣言》,陈望道译,这是用中文出版的第一本马克思主义的书;《阶级斗争》(引者按:即《阶级争斗》),考茨基著;《社会主义史》,柯(克)卡普著。"①其中《阶级争斗》《社会主义史》就是"新青年丛书"中的两种。"新时代丛书"中的《马克斯学说概要》则是最早研究马克思学说的入手之作,马克思学说中的唯物史观、马克思主义经济学、资本主义生产及其破灭、共产主义观等都在书中有大概的叙述。

然而,任何思想的广泛传播和任何思潮的形成都必须经过一个由少数人到多数人参与的过程。1920 年代马克思主义在中国传播及中国化、大众化、社会化的深入进行,并成为五四以后对中国社会产生深远影响的社会思潮,单凭少数几个精英的个体作用是不可能实现的,必须通过众多精英与中下层人士的合力作用方能实现。② 除了为建党大业作出重要贡献的具有马克思主义信仰的上海共产党早期组织成员,1920 年代出版家王云五在上海编辑出版的"岫庐公民丛书"、公民书局"公民丛书",也是翻译出版马克思主义著作的一个重要阵地。

二、王云五与公民书局

公民书局是 20 世纪 20 年代初出现在上海滩的一家出版社,规模不大,经营时间不长。关于公民书局创办的时间,前贤多以王云五的回忆录为据:"1920 年春夏之交,中国公学旧学生赵汉卿和他的友人合办一家书局,命名为公民书局,以出版新编译图书为主旨。"③其实,公民书局从筹备到正式开业经历了将近一年的时间。

1920 年冬天,公民书局发起筹备,次年 3 月大致就绪,"本局自去冬(1920年)发起以来,编译、印刷、发行三部筹备事宜也已大旨就绪。编译部及总管理

---

① 〔美〕埃德加·斯诺著,董乐山译:《西行漫记》,生活·读书·新知三联书店 1979 年版,第 131 页。
② 王磊、王跃:《深化马克思主义在中国早期传播研究的若干思考——基于精英与民众互动研究的视角》,《马克思主义与现实》2013 年第 1 期。
③ 王云五:《岫庐八十自述》"韬晦与研究",台湾商务印书馆 1967 年版,第 72 页。

处设在新重庆路庆余里三巷三十五号；印刷机部件已向美国订购；发行部地址赁定棋盘街六十六号门牌"。① 本金10万元，为股份制公司。② 原定1921年8月举行股东大会，"兹因天气未凉，外埠股东纷纷来函，要求展期"，遂展期至9月4日召开。股东大会召开前，"股东先期至新重庆路庆余里本局编译所凭股款收据掣取入场券、选举票、决议票、委托证"③。期间还进行了员工的招募工作，招录了各柜主任、事务员、练习生三十余人。④ 1921年10月10日，公民书局正式开业。同月，在大东旅社分两日宴请同业和教育界、新闻界，伊文思书馆的代表在宴会上发言，备述美国出版业之发达和中国出版前途之无限希望；中法通惠工商学校的代表何鲁以及出版界代表杨贤江、澄衷中学校长曹慕管、新闻界代表邵力子等亦在第二日宴会上发言，代表书局出面的是董事蒋尊簋、褚辅成。⑤ 至此，公民书局在上海滩算立起了招牌。公民书局正式开业之日即有书可售，今所见公民书局出版物如《波斯问题》《国际联盟讲评》《欧战地理志》《科学的社会主义》等书版权页上的时间为1921年7月，说明公民书局在正式开业前就已经开始编辑图书，选择"双十节"这天正式开业，应该是希望有较大的影响，打响招牌，引起更多的关注，为书局今后的发展打下基础。

关于公民书局的创办者，王云五说得云淡风轻，似与他无涉："因悉我近年闭户读书，间亦从事译作，遂坚请我为主编一套公民丛书。我既未加入股本，亦不领取薪水，只就编译书稿计酬。……因此，我大都在家中工作，偶然到书局一次。该丛书经我主持一年左右，先后出版二十余种，平均每月出版二种。"⑥其实，反复强调也许正是在掩饰什么。《申报》登载过十期的《开办公民书局布告》⑦上明白无误地写着"发起人：蒋尊簋、褚辅成、王云五、赵建藩、曹慕管、卢观球、王正廷、徐元诰、汪希、胡鸣皋、金溶熙、王天木"，王云五大名位列第三。虽然这个名单有民国时期出版业流行的拉大旗的嫌疑，但在公民书

---

① 《公民书局》，《申报》1921年3月27日。
② 《开办公民书局布告》，《申报》1921年1月25日。
③ 《公民书局股东会展期通告》，《申报》1921年8月19日。
④ 《公民书局招考发行所职员广告》，《申报》1921年8月28日；《公民书局改试职员揭晓启》，《申报》1921年9月11日。
⑤ 《公民书局开幕盛况》，《民国日报》1921年10月16日；《公民书局欢宴各界》，《民国日报》1921年10月19日。
⑥ 《岫庐八十自述》"韬晦与研究"，第72页。
⑦ 1921年1月25日至2月17日，共有十天《申报》登载过《开办公民书局布告》。

局正式开业之日,王云五的大名又与王正廷、蒋尊簋、褚辅成、赵建藩一起位列五名组织筹备者之中。① 根据前述开业后书局在大东旅社分宴请同业和教育、新闻界的新闻可知,蒋、褚二君名为书局董事。查五人在1920—1921年之人生轨迹、交游,可见王、蒋、褚皆为民初中国政坛上之风云人物:王正廷在沪时间极短,1921年初即进京赴任中国大学,且多忙于外交事务;蒋尊簋经略浙江,1921年8月才抵沪;褚辅成此时一直伴随孙中山左右,为北伐、广州军政府而奔走不息。② 故可以判断:王、蒋、褚三君应为书局之董事或者出资人,为公民书局撑足门面;王、赵二君具体负责书局的经营,王云五负责图书策划、翻译、出版,赵建藩有办报办刊经验,负责书局之日常经营。这是一种比较符合逻辑、常识的书局发起班子。下面提到的王云五自己编辑出版、华丰印局印刷的"岫庐公民丛书"在当时颇有销路,应该是赵拉王云五办书局的一个重要原因。有意思的是,胡适也认为公民书局是王云五等人一起合办的:"(1921年5月24日)上午,上海公民书局(王云五先生们办的)的代表寿□□君来访。"③ 作为推荐王云五入职商务印书馆编译所的新文化运动的倡导者,胡适断然不会信口开河。王云五在自述中亦说:"此外(公民丛书)译本,大多数由我选定原书,托人汉译,或付版税,或按字计酬。"④可见,公民书局日常的翻译、出版工作几乎靠王云五一人支撑,故王云五与公民书局的创办、日常运作是脱不了干系的。

公民书局正式开业后,经营一直不温不火。从其发布的图书广告可知,其主要经营业务有:"发售世界各大国原版西书;发售本局本版图书……以及各种辞典、字典;发售仪器文具;发售教育玩具以辅助家庭教育。"⑤即出书、卖

---

① 《公民书局开幕盛况》,《民国日报》1921年10月16日。
② 王正廷1919年代表中国参加巴黎和会,同年12月自法国启程返华,1920年在上海从事贸易、实业、金融、职业教育等活动,1921年出任北京中国大学校长,5月成为中国出任海牙常设公断法院第一位公断员,1922年出任鲁案督办,年底短暂出任外交总长、代理国务总理;南京临时政府成立后,蒋尊簋由陶成章推荐任浙江都督,1921年5月任广州军政部参谋次长,旋即8月由港返沪寓居,1923年复入广东,任军政部次长;褚辅成1917年9月当选为众议院副议长,1918年9月随孙中山由粤至沪,曾在1919年离沪赴云南动员唐继尧北伐,1921年4月回广州,7月返沪,1922年北伐失败后再回上海;赵建藩,号汉卿,毕业于中国公学中学部,早年参加光复会,任陶成章机要秘书,曾参与创办《越报》《越铎日报》等,任绍兴"成章女校"校董,蒋尊簋为浙江都督时,任参议,主办《浙江新闻》,后任福建龙溪县知事,任期结束回沪经商,有办报编刊经验。
③ 曹伯言整理:《胡适日记全编1919—1922》3,安徽教育出版社2001年版,第275页。
④ 《岫庐八十自述》"韬晦与研究",第72页。
⑤ 王岫庐编:《国际联盟讲评》封底"公民书局四大特色",公民书局1921年版。

书(西文、代售杂志)、卖文具、卖教育玩具。公民书局曾短暂在杭州杭县路设有浙分局、广州双门底设有粤分局、昆明土主街设有滇分局作为分发行所发行本局图书。① 据今见公民书局出版图书、当时所刊广告、王云五回忆,公民书局计划出版图书80余种,分别是公民丛书(哲学、科学、教育、国际、经济、社会七类约46种)、科学丛书(1种)、文艺丛书(4种)、工商丛书(5种)、修养丛书(2种)、常识丛书(2种)、算学丛书(1种)、外国语丛书(2种)、少年英文丛书(1种)、家庭医学丛书(两版20种)以及少量单册的图书。

除了售卖西书和其他出版社的新书外,公民书局还是许多杂志的总代售处、代售处、寄售处,今所见的就有同德医学专门学校发行的《同德医学》、上海中医学会发行的《中医杂志》、滕华濬发行的文学类综合性刊物《十日》、进修社编辑部发行的文艺刊物《晚霞》、同济医工专门学校发行的《同济杂志》、中华全国道路建设协会发行的《道路月刊》和《剧场周报》《微音》旬刊等。②

兼顾教育文化用品的销售,是过去书局经营活动中相当普遍的商业行为。图书和教具虽非同类产品,但所面对的消费对象却有重合之处。在书店的店堂里连带经营文化用品和教育用具,既活跃店堂又方便顾客;既能彼此促进、增加销售,又无需另增人员、多出开支,可谓是一举多得。③ 因此公民书局日常还会卖文具、教育玩具等。"本局所备各种儿童玩具、风景画片、皮面活页簿、大小万国旗以及各色文具。"④售卖的有"中国地理沿革图""全国汽车道路图""亲友留言簿""家庭表簿大全""珠算表合璧"等。⑤

赵建藩在经营书局的同时兼任他事,期间曾受蒋尊簋委派赴杭州接洽赈济灾民的事宜。⑥ 如此三心二意,书局经营也是勉强维持,而且还卷入几起财务纠纷,全部败诉。1922年6月,美商华美图书公司在公共租界会审公廨控告公民书局经理杨培章不还购买书籍的货款大洋五百九十余元。8月,被告缺席审判,公共租界襄谳张逵卿与美雅副领事判决原告胜诉,被告存案之款发

---

① 黄维时编:《新市政论》(公民丛书政治类第二种)版权页,公民书局1922年版。
② 《申报》1921年11月24日;《申报》1922年1月17日;《申报》1922年7月7日;《申报》1922年7月30日;《申报》1922年9月17日;《申报》1922年11月8日;《小说日报》1923年3月23日;《民国日报》1923年5月15日。
③ 吴永贵:《民国出版史》,福建人民出版社2011年版,第406页。
④ 《圣诞便宜礼品》,《申报》1922年12月17日。
⑤ 《上海棋盘街公民书局大廉价书目》,《新闻报》1923年1月1日。
⑥ 《杭州短简》,《时报》1922年8月29日。

交原告具领。① 赵建藩欠债大洋八十五元,隐匿达四个月之久,被李长松告上法庭。② 至迟在1923年8月份,公民书局将棋盘街66号、67号门牌的发行所盘给了胡开文笔墨庄。"本局现拟迁移房屋,所有棋盘街发行所文具生财装修等,今出盘与徽州休城胡开文笔墨庄为业所,存本版书籍当归本局自行发行。至于人欠欠人往来各款,均归本局自理,不涉受盘之事。"③自此之后,所余存书籍虽仍在发行,但未见公民书局之新出版物,故公民书局停止编辑出版新书概不会晚于此时。

公民书局从1920年底筹办,1921年10月正式开业,1923年8月份盘掉了棋盘街发行部,前后存续不到三年。众所周知,王云五于1921年9月入商务印书馆编译所,1922年1月正式接任商务印书馆编译所所长,"如果能够有一个大规模的出版家让我发展,那是无所用其客气的。而且我平素有一种特性,对于任何新的工作或如何重的责任,只要与我的兴趣相合,往往大着胆去尝试"④。1922年后,王云五的工作重心自然转入商务,公民书局失去了策划出版的主心骨,结局可想而知。今所见公民书局出版图书之版权页,最早为1921年7月,最晚为1922年2月,结束时间基本与王云五工作变动的步调一致。

王云五策划的"公民丛书"占了公民书局拟出版图书的大半,他应该是深度参与了公民书局的筹办与经营。王云五《岫庐八十自述》有关他与公民书局关系的说法是站不住脚的,他有意识地撇清了自己与公民书局的关系。而且,他对所编辑的"公民丛书"的出版进行了选择性回忆,例如罗列"公民丛书"书目时,遗漏了"公民丛书"社会类中多次再版、发行量极大的《科学的社会主义》⑤和他自己翻译出版的《自然道德》等书。除了政治身份的考量,他一再宣称自己与公民书局没有任何关系,似乎也在隐瞒什么,有关商务印书馆高价收购公民书局的传闻可能是一个原因。商务印书馆老员工章锡琛说过,王云五为了迎合五四运动潮流,编印过一套"岫庐丛书",次年在河南路实学通艺馆对

---

① 《钱债案被告传案交保》,《申报》1922年6月19日;《欠书洋缺席判决》,《申报》1922年8月10日。
② 《赵汉卿担保欠款案缺席判决》,《申报》1923年4月19日。
③ 《推盘声明》《受盘声明》,《申报》1923年8月2日。
④ 王云五:《岫庐八十自述》之《初长商务印书馆编译所与初步整顿计划》,第78页。
⑤ 上海社会科学院图书馆藏一册"公民丛书"本《科学的社会主义》,封面钤有"岫盧藏書"朱文印。

面创办公民书局,并不受人重视,营业十分清淡。商务既聘他为编译所长,就用四万元高价接盘了公民书局。① 这些只有当事人心中最清楚了。

三、"公民丛书"管见

公民书局的出版物以丛书为主,其中影响最大的当属"公民丛书"。前贤多认为"公民丛书"只是由公民书局所出,邹振环提到过"这家小书社(群益书社)1920年8月至12月还出版过王岫庐主编的'公民丛书'"②;汪家熔说过"1920年为公民书局编译一套《公民丛书》,约十二三种,先由上海群益书社出版,后来改由公民书局出版"③。他们都点出了"公民丛书"有两个版本的事实。

1920年11月1日出版的《新青年》第八卷第三号封二刊出了半版题为"岫庐公民丛书第二期出版了"的广告,之后连续出现过六期。该广告介绍"岫庐公民丛书"共八种,计第一期《社会改造原理》《国际联盟讲评》《科学的社会主义》《波斯问题》《欧美各国改造问题》;第二期《科学泛论》《自然道德》《欧战地理志》。发行所为上海棋盘街中市群益书社、上海北四川路伊文思图书公司。④

以上出版的图书都有两个版本,以《国际联盟讲评》为例:

1. 王岫庐编译,1920年8月20日出版

岫庐印行　王岫庐发行　华丰印局印刷

上海群益书社、上海伊文思图书公司发行

"岫庐公民丛书"第一类　定价大洋五角

2. 信夫淳平著,王岫庐译,1921年7月出版

发行者:公民书局　印刷者:公民书局　总发行所:公民书局

"公民丛书"国际类第二种　定价大洋四角

---

① 章锡琛:《漫谈商务印书馆》,《文史资料选辑》编辑部编:《文史资料选辑(合订本)》第15卷,中国文史出版社2000年版,第75页;朱联保编纂、曹予庭校订:《近代上海出版业印象记》,学林出版社1993年版,第109页。
② 邹振环:《五四时期的学术著作翻译出版概观》,《出版史研究》第一辑,中国书籍出版社1993年版,第119页。
③ 汪家熔:《张元济》,上海辞书出版社2012年版,第243页。
④ 《岫庐公民丛书第二期出版了》,《新青年》第八卷第三号广告,上海新青年社1920年11月1日。

由上可以清楚地看到：王云五早在 1920 年 8 月就已经自己翻译出版了《国际联盟讲评》等书，为"岫庐公民丛书"之一种，华丰印局印刷，委托上海群益书社、上海伊文思图书公司发行，这是民初典型的一个个人出版商的运作模式①，而此时公民书局尚在襁褓之中。待王云五参与筹办公民书局之际，他又将"岫庐公民丛书"演变为公民书局的"公民丛书"，带书进局。所以，多种"公民丛书"有两个完全不同的版本，即王云五印行的"岫庐公民丛书"本和公民书局本。

王云五说他翻译的《社会改造原理》一书在公民书局"出版后销路颇广，不满一年，迭经四版"②。今翻检《社会改造原理》，分别是 1920 年 8 月 20 日第一版、9 月 15 日第二版、11 月 1 日第三版、1921 年第四版，而此时公民书局尚未正式营业。所以王云五此说亦不确，反而证明了"岫庐公民丛书"到公民书局"公民丛书"的一个演进过程。眼见王云五所编"岫庐公民丛书"销路如此之好，故赵建藩等人拉王云五入伙共同创办新的书局，且书局命名为"公民"，可见书局出资人对"岫庐公民丛书"、对王云五之重视。

今据所见公民书局出版的图书及图书所附"公民书局新书一览表"、王云五《岫庐八十自述》、1920 年代其他杂志所刊登的广告、各类民国书目，公民书局计划出版"公民丛书"约 46 种，实际未能全部出版。"公民丛书"前附有王云五所撰《编辑"公民丛书"旨趣》③，可知王云五编纂"公民丛书"的缘起、经过、分类：

> 欧战终，国人一激于和会外交之失败，再激于世界改造之潮流，咸以求新知识为亡羊补牢之计，于是出版界顿呈饥渴之观。溯吾国海通以还，每经巨变，辄有如斯现象。同光之交，所注重之新知识为机器枪炮；甲午之后，为政治；庚子之后，则为教育。夫学术如人体然，五官百骸，一有失调，则足沮全部之作用。向之求新知识者，皆未免失诸偏颇，此成效所由不彰也。然而往者已矣，吾滋为今惧。
>
> 吾人何为而读书乎？要不外学为人之道耳。人各有对世界对人类对国家三

---

① 民初出版机构，印刷和发行，倒不一定非要常设，委托他人代印，或商请别家代销的情况，在中小书局或新开书局中，亦较常见。详见吴永贵主编《中国出版史》(下册・近现代卷)，湖南大学出版社 2008 年版，第 68 页。
② 《岫庐八十自述》"韬晦与研究"，第 72 页。今上海社会科学院图书馆藏《社会改造原理》即为 1920 年 11 月第三版，封面钤有"岫盧藏書"朱文印，版权页无公民书局信息，足见王回忆之不确。
③ 今可见载有此文的"公民丛书"有《教育之改造》《科学泛论》《财产起源论》《欧战地理志》等。

种义务,故国际的社会的政治的知识为不可缺。人各有对精神对物质二种关系,故哲学的科学的知识为不可缺。他如生存所必需者为衣食,则经济的知识尚焉;进化所必需者为发展,则教育的知识尚焉。凡此七端,有一或缺,则为人之道不备;而在一国中,亦不得谓为公民。

……

都凡七类:一、国际;二、社会;三、政治;四、哲学;五、科学;六、经济;七、教育。虽本于公民之必要知识,图为有系统的贡献;而短绠汲深,殊虞不逮。倘海内通人,认鄙见为有当,益广其组织而大有造于社会焉,则余之丛书,又奚足道。

四、王云五与1920年代马克思主义的翻译与传播

1920年代,马克思主义作为一种先进理论已经逐渐成为近代中国众多关心中国命运、探求救国救民真理的知识分子的普遍共识和选择。① 王云五本人作为两版"公民丛书"的实际掌舵者,与中国共产党早期组织成员、中国共产党成立后的中国共产党党员都有较为密切的交往,今上海社会科学院图书馆藏王云五"岫庐藏书"中就有陈望道翻译的首个中文全译本《共产党宣言》②和杨明斋签赠的《评中西文化观》③。

在中国共产党的创建史上,《共产党宣言》的翻译、出版、传播占有特殊的地位,对中共早期党组织的发起和组织,以及1921年中国共产党的诞生作了思想上和理论上的准备。1919年秋,从日本留学归来的陈望道,收到邵力子来函,提及《星期评论》周刊主编戴季陶拟邀请陈为该刊翻译《共产党宣言》。陈望道欣然应允后,回到家乡义乌分水塘村的柴屋里夜以继日地翻译着。当时,连必要的工具书和基本资料都缺少,"费了平常译书的五倍工夫,把彼全文译了出来"④。1920年5月,陈望道带着译稿赶赴上海。然而,《星期评论》却被迫停刊了,不得不另找机构出版。共产国际代表维经斯基决定资助出版,在辣斐德路(今复兴中路)成裕里12号建起了"又新"印刷所。1920年8月,《共

---

① 王磊、王跃:《深化马克思主义在中国早期传播研究的若干思考——基于精英与民众互动研究的视角》。
② 高明:《这本〈共产党宣言〉中文首译本是如何被发现的》,《上观新闻》2020年8月20日。
③ 该书封面右上角毛笔书"岫庐先生"四字,左下角印刷字"杨明斋"之下,书写"敬赠"二字。
④ 玄庐:《答人问〈共产党宣言〉底发行所》,《民国日报·觉悟》1920年9月30日。

产党宣言》中文全译本终于在上海问世,所印一千册很快赠售一空。在不到两个月的时间里,《共产党宣言》连续印刷两次,这在马克思主义著作出版史上也是不多见的。

在中国共产党的创建过程中,杨明斋是一个"穿针引线"的重要人物。1920年,杨明斋随俄共(布)代表维经斯基回到中国,先后会见李大钊和陈独秀,参与中国共产党的发起初建工作。在上海,杨明斋陪同维经斯基访问了陈独秀及《新青年》《星期评论》及共学社等杂志、社团的负责人。后来,杨明斋加入马克思主义研究会,筹建中俄通讯社,主办外国语学社,并一度代表党指导上海社会主义青年团。可以说,无论在党的组织建设、干部教育,还是宣传工作上,杨明斋都是建党工作的主要推动者之一。[①] 杨明斋撰写的《评中西文化观》,以马克思主义的历史唯物论为指导,系统地批判了梁漱溟、梁启超、章士钊等所倡导的"复古主义""农村立国主义"复古倒退思潮。同时指出:"离开社会生活的实事讲文化,犹之乎离开人的生理高谈心境。"[②]要打破那种资本帝国军阀,"也非采用社会主义不可"。[③]

王云五收到《共产党宣言》和《评中西文化观》,说明他在1920年代早期应属于对马克思主义已经有了较为深入了解的知识分子之一员,也为其主持的出版机构翻译出版马克思主义著作奠定了思想基础。

在王云五的主持下,"岫庐公民丛书"、公民书局"公民丛书"翻译出版了一些宣传社会主义、马克思主义的经典著作,尤其是恩格尔(即恩格斯)著、郑次川译的《科学的社会主义》,正是恩格斯经典著作《社会主义从空想到科学的发展》的第一个中文节译本,是我国首次以单行本形式出版的恩格斯著作,一度成为《社会主义从空想到科学的发展》在社会上流传的主要版本。这本书从发表到现在,始终是科学社会主义的奠基作、代表作、权威作,标志着科学社会主义创立的历史过程第一次得到完整的总结和叙述。[④] 马克思亲自校阅了此书,并在法文版出版前言称赞它说:"在这本小册子中我们摘录了这本书的理

[①] 忻平、杨阳:《万里拓荒 一身是胆——杨明斋与中国共产党创建》,《解放日报》2021年3月9日。
[②] 杨明斋:《评中西文化观》,李振声发行,1924年版,序。
[③] 《评中西文化观》,第141页。
[④] 赵曜:《科学社会主义的奠基之作——纪念恩格斯的著作〈社会主义从空想到科学的发展〉发表120周年》,《科学社会主义》2000年第5期。

论部分中最重要的部分;这一部分可以说是科学社会主义的入门。"①公民书局在刊登图书广告时亦称:"恩格尔系马克思一生最要好的朋友,《共产党宣言书》是他们两人合著的。马克思死后,许多遗稿都赖恩氏清理印行,所以他两人的著作系相辅而行的,凡研究马克思主义的人都该读恩格尔的著作,尤以这本书为不可不读。"②

除了出版宣传马克思主义的著作,公民书局亦曾作为中共中央在上海创办的第一份公开发行的机关刊物《向导》周报的分售处。③《向导》第4期第1版登出"中华邮务管理局特准挂号认为新闻纸类",表明在租界秘密印刷出版的《向导》周报,其公开发行得到了政府当局的批准,中国共产党的宣传活动也逐步公开化。随着报纸的公开发行,其定价也作了调整:"零售每份铜元四枚,半年大洋七角,全年大洋一元三角。"《向导》属于政治刊物,是中共中央委员会的机关报,主要任务是向民众宣传中国共产党的主张,为在黑暗中摸索的革命人士指明前进的方向。该刊的曾任主编有蔡和森、彭述之和瞿秋白,主要撰稿人有陈独秀、蔡和森、毛泽东、李达、彭述之、张国焘、赵世炎等。该刊载文主张建立统一民主共和国,推动和建立革命阶级统一战线。王云五开办的公民书局成为《向导》的分售处,表明王本人亦乐见对马克思主义进行更广泛的传播。

五、结语

"岫庐公民丛书"、公民书局"公民丛书"中宣传马克思主义的著作惹来了些许麻烦,进而遭到地方政府的查封,"要求查禁最近新发售的含有鼓动过激主义的'公民丛书'一种","书坊售出之'公民丛书'含有过激主义,请饬查禁"。④ 然而马克思主义传播的火焰逐步蔓延到全国各地。1920年7月,毛泽东从上海返回湖南,与新民学会骨干彭璜、何叔衡、易礼容在长沙筹办成立了

---

① 《马克思写的1880年法文版前言》,《马克思恩格斯文集》第3卷,人民出版社2009年版,第493页。
② 《公民丛书新书廉价》,《申报》1921年10月29日。
③ 《向导》第4期(1922年10月4日)第1版刊登分售处增至10处:广州昌兴马路28号、上海亚东图书馆、上海公民书局、北京大学出版部、长沙文化书社、武昌时中书社、太原晋华书社、济南齐鲁书社、南京乐天馆、成都华洋书报流通处。至《向导》第25期(1923年5月16日)最后一次出现在名单中,公民书局在半年多的时间一直作为《向导》的分售处。
④ 《内部咨请查禁"公民丛书"》,《益世报(天津)》1922年12月30日;《南京快信》,《申报》1923年11月17日。

一个新文化团体——文化书社。11月10日,毛泽东在《文化书社通告好学诸君》中列举了62种重要的宣传马克思主义等新思潮的著作,"岫庐公民丛书"中的《科学的社会主义》《社会改造原理》《国际联盟讲评》《波斯问题》《欧美各国改造问题》都被列为"书之重要者"①,足见"岫庐公民丛书"传播地域之广、影响之深。

随后的历史表明,王云五并没有将马克思主义作为其一生的信仰。这是因为中国早期知识精英们接受的马克思主义并不是作为学说和学术的马克思主义,而是作为解决中国社会问题的马克思主义。这促使他们优先选择了马克思主义思想宝库中对他们来讲最有用的内容即指导中国社会变革的内容。② 王云五编纂"公民丛书"的目的是输入西学,开启民智,具有文化启蒙的自觉与责任,"冀以最新颖之学识介绍国人,造端虽细,收效或宏"③。除了出版利益的考量,马克思主义理论正是当时社会上最流行、最新颖之学识,是可以指导社会变革的思想。王云五的出版发行活动不与其信仰合体,而"是有意识、有选择地为突破封闭的知识结构,为建立新观念创造新社会,自觉地通过翻译西学来实现自己的使命"④。即使王云五在《岫庐八十自述》中对这段历史讳莫如深,但从1920年代早期"岫庐公民丛书"、公民书局"公民丛书"出版的过程、影响来看,王云五、公民书局的翻译出版发行活动为马克思主义的传播作出了应有的贡献。

---

① 《文化书社通告好学诸君》(1920年11月10日),根据1920年11月10日《湖南通俗报》刊印,中共中央文献研究室、中共湖南省委《毛泽东早期文稿》编辑组编:《毛泽东早期文稿》(1912.6—1920.11),湖南出版社1990年版,第541—542页。
② 王刚:《论中国早期知识精英对马克思主义的选择性传播》,《中共党史研究》2009年第8期。
③ 《开办公民书局布告》,《申报》1921年1月25日。
④ 邹振环:《五四时期的学术著作翻译出版概观》,《出版史研究》第一辑,第133页。

马列文献的翻译与演绎

自然辩证法中国化进程探赜

——以《自然辩证法》两部导读译本为考察对象

高 晞

(复旦大学历史学系)

1982年8月,在马克思去世一百周年之际,朱维铮撰写了文章《唯物史观在中国萌芽形态的历史考察——纪念马克思逝世一百周年》,以示纪念。他在文中指出,早在19世纪末期,中国人就已经知道了马克思的唯物史观,"不过短短的十几年,它便奇迹般地胜过了戊戌维新以来在中国竞相传播的各种新道理,变成了救中国必备的思想武器"。[①] 随之,辩证唯物主义和自然辩证法思想进入中国学界的视域。辩证唯物史观不仅为中国共产党找到了一条中国式的革命道路,为党的思想路线提供了哲学依据,也为中国历史与哲学的研究提供了一种新的方法论和理论体系,这已是学界定论。自然辩证法在中国早期的传播,则走出了另一条道路,它是以翻译与自主学习恩格斯《自然辩证法》为核心内容而开展的。1956年,国务院在制定全国十二年(1956—1967)科学远景规划时,于光远提出并主持制定了《自然辩证法(数学和自然科学中的哲学问题)十二年(1956—1967)研究规划草案》,目标是要在中国建立自然辩证法学科[②],他指出:"在哲学和自然科学之间是存在着这样一门科学,正象在哲学和社会科学之间存在着一门历史唯物主义一样。这门科学,我们暂定名为'自然辩证法',因为它是直接继承着恩格斯在'自然辩证法'一书中曾经进行

[①] 朱维铮:《走出中世纪》(增订本),复旦大学出版社2007年版,第361—383页。
[②] 《自然辩证法(数学和自然科学中的哲学问题)十二年(1956—1967)研究规划草案》,《自然辩证法通讯》1956年第1卷第1期。

过的研究。"①1991年,首届全国自然辩证法史学术讨论会在北京召开,于光远表示:"一个哲学学派在中国初步形成。"②这喻示着,中国的自然辩证法研究已经开创了一条属于自己的道路。与此同时,有学者指出:"自然辩证法研究现在面临一种由科学与哲学悖论造成的困境:一方面,自然辩证法作为马克思主义哲学的一个组成部分,是我国科技工作的理论基础;另一方面,我国自然辩证法理论发展与整个哲学理论发展一样,没有跟上时代前进的步伐。"提出把自然辩证法(科学技术哲学)史作为一门史学来研究。③ 俞吾金曾经就"自然辩证法"的属性提出质疑,他问道:"自然辩证法,还是社会历史辩证法?"④这些讨论提示我们不得不思考,"自然辩证法"究竟是一个怎样的知识体系? 在方法论和研究路径上,"中国化的自然辩证法"与恩格斯的《自然辩证法》是否一致?

自1932年杜畏之所译的《自然辩证法》问世之后,陆续有多部中译本出版,对《自然辩证法》的译本和修订本的考证,国内学界已有权威性研究专著和各种导读本。⑤ 本文试图以"辩证法"的汉译名,以及两部未被官方关注的《自然辩证法》导读译本为研究对象,对"自然辩证法"在华传播路径和中国化的历史进程再作一番考察,以期拾遗补阙,为推进学科研究添砖加瓦。

一、辩证法与弁証法

唯物史观和辩证法是可以在中国传统文化中寻到思想源泉的,朱维铮认为:"在中国,关于唯物史观所表现的简单事实,至迟从战国时代起,也不断受到学者们的探索。"⑥李约瑟也认为中国人有自己的辩证法。⑦ 只是,在中国古代思想文化中并没有出现"唯物史观"和"辩证法"的说法,这些观念和术语都

---

① 于光远:"关于研究规划草案的几点说明",《自然辩证法通讯》1956年第1卷第1期。
② 于光远:《一个哲学学派正在中国兴起》,《自然辩证法研究》1992年第6期。
③ 陈来举:《首届全国自然辩证法史学术讨论会综述》,《中国社会科学》1991年第5期。
④ 俞吾金:《自然辩证法,还是社会历史辩证法?》,《社会科学战线》2007年第4期。
⑤ 曾国屏、王妍:《自然辩证法:从恩格斯的一本书到马克思主义中国化的一门学科》,《自然辩证法》2014年第9期;张秀琴:《〈自然辩证法〉杜畏之译本考》,辽宁人民出版社2019年版。关于《自然辩证法》译本和修订本的考证参见恩格斯著,中共中央马克思恩格斯列宁斯大林著作编译局译:《自然辩证法》,人民出版社2018年版,"编者引言",第7页。下面所有征引的《自然辩证法》皆为此版本。
⑥ 《走出中世纪》(增订本),第364页。
⑦ 〔英〕李约瑟:《中国科学技术史》第3卷,科学出版社1990年版,第337页。

是在 19 世纪末 20 世纪初,随着西方哲学史、黑格尔辩证法、进化论和马克思主义等新思潮传入中国后才出现的。至今,学界一致认为"辩证法"(dialectics)的术语源自日文:

> 日本学者把这个术语用日文译为"弁证法"。中国学者受日文的影响,用到中文表述为"辩证法",遂使之成为中国现代哲学常用术语之一。这种译法是否准确,中国哲学界曾经有过讨论。①

此处涉及两个问题:第一,如果中文受由日语词"弁证法"的影响,那么,为什么中文不直接用"弁证法"而是采取"辩证法"? 第二,日语有"辩证法",那么,日文与汉语"辩证法"的出现孰先孰后,是怎样的关系?

既然认定"辩证法"是日语词,那就先从日文术语的产生及其传华过程切入考察。1881 年出版的日本东京帝国大学文科大学哲学教授井上哲次郎(1855—1944)主持编辑的英日双语《哲学字汇》是日本现代哲学术语的起点,井上创造了不少哲学和科学新词。② "dialectic"在《哲学字汇》中被译为"敏辨法(论)"③,该译词不是井上哲次郎发明的,而是源自在华德国传教士罗存德(Wilhelm Lobscheid, 1822—1893)的《英华字典》,罗存德将"dialectics"译为"敏辩之法、理论之法"④,"dialectician"译为"敏辩者,理论者"⑤,时间在 1866 至 1869 年间。井上哲次郎的术语创造深受罗存德影响,他曾修订罗存德的《英华字典》,1883 年在日本再版,其中继续延用"敏辩之法、理论之法"的译文。⑥

事实上,《哲学字汇》中收入了三个与"辩证"相关的单词:"dianoiology,辨证学"、"dianoitic,辨证的"⑦和"discursive,辨证的"⑧。"dianoiology"是"dianoialogy"的异体字,源自古希腊,表示"思想和逻辑",该词在现代英语字

---

① 宋志明:《中国古代辩证法综述》,《孔学堂》2015 年第 3 期。
② 朱京伟:《明治期における近代哲学用語の成立:哲学辞典類による検証》,《日本語科学》2002 年第 12 期。
③ 〔日〕井上哲次郎、有贺长雄增补:《改订增补哲学字汇》,东洋馆发兑,明治十七年,第 32 页。
④ W. Lobscheid, *English and Chinese Dictionary*, Hongkong: Printed and Published at the "Daily Press" office, 1866-1869, p.611. 在《英华字典》中,罗存德将"dialectic"译为"土谈嘅",将"dialectics"译为"敏辩之法、理论之法"。
⑤ *English and Chinese Dictionary*, p.611.
⑥ 〔德〕罗存德著,井上哲次郎订增:《订增英华字典》,藤本氏藏版,明治十六年,第 383 页。
⑦ 《改订增补哲学字汇》,第 32 页。
⑧ 《改订增补哲学字汇》,第 34 页。

典已很少见，唯有1913年版《韦伯字典》收有"dianoialogy"，意为智慧的科学或智力的科学。① 而"dianoitic"则可能是"dianoetic"的笔误，也是古希腊哲学术语，指"思想或智识"，"discursive"则是"dianoetic"的同义词，是一个古代哲学术语，指推理的或推论的。② 井上哲次郎编字汇期间，正在帝国大学讲授"西洋哲学"（1881—1883），内容以古希腊哲学和中古哲学为主③，此时，他知识结构中的"辩证"思想出自其熟悉的古希腊哲学，而对中世纪之后才出现"dialectics"一词④，他不一定熟悉，因而采纳了罗存德的释文。1884年后，井上哲次郎去德国学习德国哲学，才了解黑格尔辩证法。

1884年，竹越与三郎（1865—1950）在《独逸哲学英华》中介绍歇杰尔（黑格尔）的"论理学"，其中提到第三条"敏辨法"⑤，即指黑格尔《逻辑学》中的"辩证法"。1887年，井上哲次郎的学生井上圆了（1858—1919）的《哲学要领》亦是在"论理学"的框架下论述了黑格尔的"辩证法"三段论。⑥

1889年，三宅雪岭（1860—1945）在《哲学涓滴》中将黑格尔的辩证法思想译为"论理学"。1903年，马君武在《新民丛报》撰文介绍黑格尔生平和思想，其中第四节"黑智儿之论理学"阐释了黑格尔的辩证论思想，马君武指出黑格尔的"论理学"与中国传统的"论理学"有所不同。⑦ 在日本哲学术语中，"辩证法"思想一度隐蔽在"论理学"，即黑格尔《逻辑学》的体系中，甚至两者混为一谈。⑧ 井上哲次郎的《哲学字汇》中对应于"logic"（逻辑）的译文就是"论法"或"论理"。⑨ 日本学者山口诚一研究认为，1905年前"辩证法"的翻译术语还未确定下来。⑩

---

① https://www.websters1913.com/words/Dianoialogy/20220521，意思是"The science of the dianoetic faculties"。
② 《新牛津英汉双解大词典》第2版。
③ 井上哲次郎讲述，有贺长雄著：《西洋哲学讲义》，计六卷，阪上半七出版，明治十六年。
④ "dialectics"最早使用是在14世纪，参见 https://www.merriam-webster.com/dictionary/dialectics/20220520。
⑤ 〔日〕竹越与三郎讲述，由井之进笔记：《独逸哲学英华》，东京报告堂，明治甲申，第15—116页。
⑥ 此三段论原文为："观其论理之组织，先分现体、真体、理体三大段，次又分其各体为三段，第一正断，第二反断，第三合断片，此其所立之次第也。"〔日〕井上圆了：《哲学要领》前编再版，哲学书院，四圣堂藏版，明治二十年，第103—104页。该书有中文版，本译文引自井上圆了著，罗伯雅译：《哲学要领》，广智书局1902年初版，第34页。
⑦ 君武：《唯心派巨子黑智儿学说》，《新民丛报》，第27期（1903年）。
⑧ 〔日〕三宅雪岭：《哲学涓滴》，文海堂，明治二十二年，第238页。
⑨ 《改订增补哲学字汇》，第71页。添田寿一译，井上哲次郎序校阅《论理新编》（丸家善七，1883年）探讨了逻辑学（论学）与"辩证法"的关系。
⑩ 〔日〕山口诚一：《日本黑格尔研究一百年》，《哲学动态》1997年第9期。

即便"辩证法"一词出现后,从字义上考察,还存在着"辩证法"和"辨证法"的差异。

1893年起,德籍俄罗斯人科培尔(Raphael von Koeber 1848—1923)在东京帝国大学哲学系教授西方古典学和德国哲学。1897年,下田次郎将科培尔的上课讲义《哲学要领》译成日文,其中"dialectics"被译为"辨证法"。① 1903年,蔡元培翻译了《哲学要领》②,书中提到"辨证法"是"近世黑格儿之所提倡者也"。1900年,桑木严翼(1874—1946)在其《哲学概论》中讨论了所谓正、反、合之"辨证法"(dialectical method)。③ 1902年,王国维将《哲学概论》译成中文,其中提到:

> 所谓辨证法者,主指海额尔所采之方法,今欲论之,不可不窥海氏之说。海额尔之辨证法,与其哲学学说有亲密之关系,不易理会之,今暂述其大要。④

1903年前后,留日中国学生在日本创办中文刊物介绍西方哲学,开始使用"辨证法"术语。⑤ 如此,日译词"辨证法"随着对黑格尔哲学思想的介绍进入中国思想界。⑥ 在中国,"辩证法"术语被广泛使用与马克思主义学说的汉译有关。1919年,上海《晨报》刊载日本京都大学马克思主义研究先驱河上肇(1879—1946)的《马氏唯物史观概要》的中译文,其中谈到"马克思学说的构成分子,就是当时世上所流行的辩证论的思索法和唯物论的观察法"⑦。自此,"辩证唯物论"和"唯物史观"在中国开始传播。

在日本,1926年,河上肇将俄罗斯哲学家德波林(A. M. Deborin, 1881—1963)撰写的两篇列宁辩证法和一篇列宁的辩证法遗作由德文译成日文,弘文堂书房出版《レーニンの辩证法》(《列宁的辩证法》)。全书分为三篇,前篇:《革命辩证家——列宁》(*als revolutionärer Dialektiker*);后篇:《列宁辩证法之一斑》(*über Dialektik*);列宁遗作:《关于辩证法的问题》(*Zur*

---

① ラファエル・フォン・コエーベル:《哲学要领》,南江堂,明治三十年,第62页。
② 该书1903年商务印书馆初版时未署译者,民初再版时才署译者为蔡元培。
③ 〔日〕桑木严翼:《哲学概论》,东京专门学校出版部,明治三十三年,第124—129页。
④ 〔日〕桑木严翼著,王国维等译:《哲学概论》第1册,教育世界社1902年版,第35—36页。
⑤ 1903年,中国留日学生在日本创办了《浙江潮》,7月刊发表公猛的《希腊古代哲学史概论》一文,其中有"是后,其弟子隋那氏又用辩证法攻击反对者之论旨而发见,其必不可通之点导诡辩学派之先路"。
⑥ 关于黑格尔哲学的在华传播,参见张仲民:《种瓜得豆:清末民初的阅读文化与接受政治》"'黑格尔'的接受史",社会科学文献出版社2021年版,第137—175页。
⑦ 译自日本《社会主义》杂志《马氏唯物史观(一)》,《晨报》1919年7月18日。

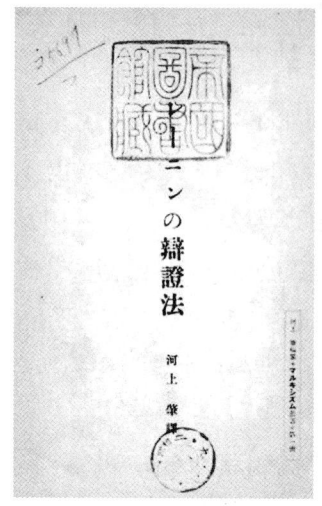  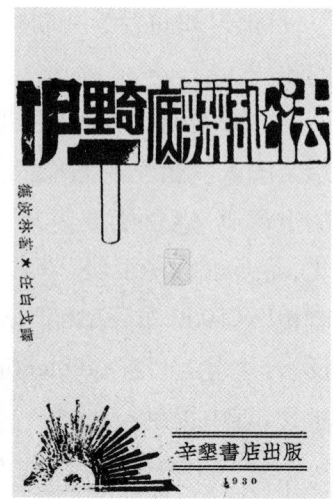

图1 《列宁的辩证法》(1926年) 《列宁哲学的遗产》(1926年) 《伊里奇底辩证法》(1930年)

Frage der Dialektik)。① 目前,该书在日本国立国会图书馆网站上有两个版本,其中一个版本名为:《レーニンの弁証法》(弘文堂书房,1926年)。这样的目录似乎会让人以为,1926年日文开始使用"弁証法"一词,事实上,这是一本后来重新装订的新书,新书封面上写着《レーニンの弁証法》,书内有原书封面:"唯物辩证法研究会译:《レーニンの哲学遺産》(《列宁哲学的遗产》),共生阁版",《列宁哲学的遗产》与《列宁的辩证法》实为一书二名。1930年,任白戈译成中文《伊里奇底辩证法》。② 在书中,河上肇对列宁的辩证法思想进行反思,认为他是"假辩证法论者"。此外,1930年河上肇撰写的《辩证法的唯物论》由江汉译成汉语发表。③

1936年,在日本法政大学教授、马克思主义哲学家三木清(1897—1945)主编的《现代哲学辞典》中,将英文"dialectics"、德文"dialektik"和法文"dialectique"译为"辩证法"。④ 1941年该字典新版发行时,依然使用"辩证法"。1948年,玄理社出版的《哲学は何をしたか:唯物弁証法の哲学》,始见"弁証法"三字作为正式书名。从图书出版物考察,迟至1949年,在日语中"弁

---

① 〔日〕河上肇译:《レーニンの辩証法》,弘文堂书房,1926年。1927年该书再版,署名为河上肇译:《レーニンの辩証法》,弘文堂书房,1927年。
② 〔苏〕德波林著,任白戈译:《伊里奇底辩证法》,辛垦书店,1930年。
③ 〔日〕河上肇著,江汉译:《现代经济学讲座》,《社会批评》1930年第2期,1931年第1期。
④ 〔日〕三木清等编:《现代哲学辞典》,日本评论社,1936年,第457页;1941年,第512页。

証法"与"辩证法"还在同时使用,比如原光雄的《自然辩证法》,其书脊标题是:《自然弁証法》。① 1949年,双流社开始发行《弁証法研究》杂志,日语普遍使用"弁証法"。

因而,从时间顺序上而论,中国的"辩证法"术语不可能由"弁証法"转译而来,"弁証法"甚至没有进入过中国的哲学语境。

汉语体系中一直有自己的翻译路径,即便在1902年"辩证法"术语已经王国维的译本而传入中国思想界也依然如此。在1908年出版的《英华大辞典》中,"dialectics"被译为"辩术、名学、推理辩论之术、辩理、推理学、论理学"②,主编颜惠庆在编辑字典时,就定下尽可能网罗一切新名词的目标③,但他收入的是"论理学"而不是"辩证法",从另一个侧面证明,在民国之前,"论理学"在中国学界的使用频率超过"辩证法"。1913年,上海商务印书馆的《英华新辞典》将"dialectics"译为"辩理、敏辩法、论理法、辩论法"④。"辩论法"是汉语世界最接近"辩证法"的译文。

1916年,"辩证法"术语在字典《官话》中正式出现,《官话》由中国海关总署出版,编者是中国海关关员、总税司汉务参赞赫美玲(K. Hemeling,1878—1925),该字典以1905年前海关官员司登得(G. C. Stent)的《英汉口语辞典》为底本,参考了之前传教士所编的各类字典、《康熙字典》和《辞海》,以及日本人发明的新词,十多名中国学者协助编辑,"该辞典主要为了方便外国人将英文翻译成汉语,同样也适用于中国阅读英书籍"。⑤ "dialectics"在《官话》中解释为"推理学、论理学"⑥,但是《官话》还有一个"补充与纠错篇"(Supplement including Corrections of Errors),赫美玲最后在此篇中修订了译词,改为"敏辨学、辩证法"⑦(见图2),前者是罗存德的译文,后面是日译词:

---

① 〔日〕原光雄译:《自然辩证法》,京都三一书房,1949年。
② 颜惠庆主编:《英华大辞典》,商务印书馆1908年版,第604页。
③ 颜惠庆的《英华大辞典》受日本词汇影响研究参看陈力卫:《东往东来:近代中日之间的语词概念》,社会科学文献出版社2019年版,第283—286页。
④ 《商务书馆英华新字典》,商务印书馆1913年版,第143页。
⑤ K. Hemeling, *English-Chinese Dictionary of the Standard Chinese Spoken Language*,"Preface",Shanghai: Statistical Department of the Inspectorate General of Customs, 1916.关于赫美玲的《官话》及清海关和江南制造局的翻译研究参见沈国威:《近代英华华英辞典解题》,日本关西大学东西学术研究所资料集刊三十一,2011年,第219—232页。
⑥ *English-Chinese Dictionary of the Standard Chinese Spoken Language*, p.380
⑦ *English-Chinese Dictionary of the Standard Chinese Spoken Language*, p. 1704.

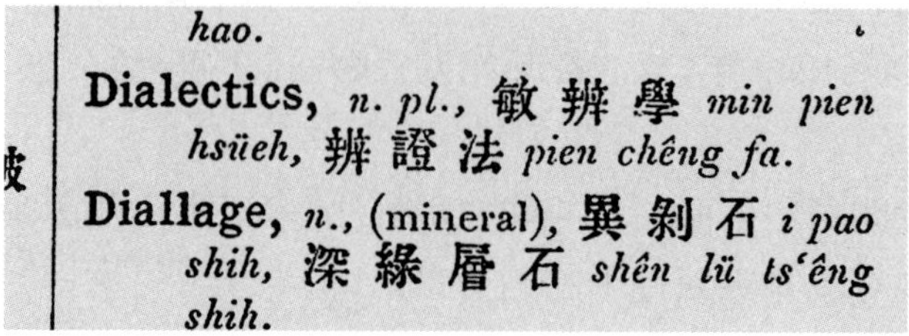

```
hao.
Dialectics, n. pl., 敏辨學 min pien
  hsüeh, 辨證法 pien chêng fa.
Diallage, n., (mineral), 異剝石 i pao
  shih, 深綠層石 shên lü ts'êng
  shih.
```

图 2　赫美玲：《官话》(K. Hemeling, *English–Chinese Dictionary of the Standard Chinese Spoken Language*, 1916) 第 1704 页

1919 年 7 月 18 日至 8 月 5 日，《晨报》连载 19 篇译自日本《社会主义研究》的《马氏唯物史观的概要》和《马氏唯物史观的批评》，介绍马克思学说构成时称为"辩证论"：

> 就是当时世上所流行的辩证论的思索法和唯物论的观察法。他学说的新特征，就在把这个东西，结合拢起来是了。换一句话说，就是从黑智尔哲学之中，采了进化的思索法、和唯物论结合起来罢了。所谓"唯物史观说"、"辩证论的唯物论"就是这个东西。①

1921 年，吁天在《时报》的"知识小讲座"专栏上发表《黑智儿之辩证法及其哲学组织》。② 作者认为黑格尔的辩证法在学术界颇有声望，他的"哲学组织全体，依其辩证法，区别是为三大部分：一曰论理学哲学；二曰自然哲学；三曰精神哲学"。③ 在此，"辩证法"与"论理学"（即逻辑学）已有所区别。

事实上，对于引入日译新词，中国学界的态度一直是矛盾的。早在 20 世纪初，王国维就对中国学界唾弃日译新名词的现象提出过批评。④ 20 年代，能直接从俄文、德文和法文接受马克思主义思想和西方哲学的中国学者则从学理上对日译词提出质疑。瞿秋白认为"辩证"两字没有抓住对立统一律的核心和

---

① 《马氏唯物史观概要》，译自日本《社会主义研究》杂志，《晨报》1919 年 7 月 18 日。
② 《时报》于清光绪三十年四月二十九日（1904 年 6 月 12 日）创刊于上海，挂日商牌子，以日本人宗方小太郎为名义上的发行人，英文名为 EASTERN TIMES，首创对开报纸，分为四版，每天发行两大张，价格十二文，政治类综合型报纸，由《时报》馆发行。《时报》实际主办人先后有狄楚青、黄伯惠，主笔和重要编辑有陈冷、包天笑、雷奋、罗普、戈公振、冯挺之等，另有黄远生、邵飘萍、徐凌霄等著名记者参与其中。1921 年黄伯惠接办，吴灵园任经理，蔡行素为总编辑，以"时报以改良报纸为目的，与任何团体机关营业不发生关系"为经营方针，着重于社会新闻与体育新闻的报道。
③ 《时报》1921 年 1 月 13 日。
④ 王国维：《论新学语之输入》，傅杰编校：《王国维论学集》，云南人民出版社 2008 年版，第 470 页。

实质,他选择"互辩法"和"互变律"翻译"Dialectique"。① 30年代,中国思想界开展唯物辩证法论战,鼓吹新康德主义的张东荪说"日人译'辩证法'",他自己译"对演法"。② 而精通黑格尔哲学的哲学家贺麟则主张用"矛盾法"取而代之。③

上述考察可以理清一些基本线索,1869 年前罗存德以"敏辩之法"和"理论之法"翻译"dialectics",影响到日本学界,井上哲次郎借取了罗存德的创造,但他在阐述古希腊哲学时,译出他所理解的"辩证学"(dianoiology)思想。同时,他将"logic"(逻辑学)译作"论理学",又因为"辩证"思维属于逻辑学范畴,日语中"论理"或"论理学"亦可对应于"辩证法",④与我们现在所称的黑格尔"辩证逻辑"相仿。1897 年,日文"辩证法"术语正式产生,1900 年"辩证法"译名出现。

1902 年,王国维将"辩证法"作为日译词引进汉语圈,1903 年,蔡元培译作"辨证法"。马君武则接纳了日译词"论理学"。1908 年中文字典采纳的是"论理学",1913 年出现的"辩论法",应是源自中国人自译,未受日人影响,1916 年"辩证法"才开始出现在中文字典中。

20 年代后,"辩证法"和"辨证法"两种译法在华语世界一度共存,早期由西文翻译的文本基本采用"辨证法",比如程始仁由德语翻译的《斐希特的辨证法》《康德的辨证法》和《辨证法经典》⑤,景善的《辨证法的法律方法论》⑥。相应的,日译本均取"辩证法",如吕一鸣译堺利彦之《辩证法的唯物论》⑦,由日译本转译的俄文著作,如西流译苏联哲学家的《辩证法易解》等⑧。事情并非绝对,有些日译本也会用"辨证法"。⑨ 田辰山从语义学对汉语"辩证"与"辨

---

① 瞿秋白等著:《社会科学讲义》第 4 集,汉口长江书店 1927 年版,第 58 页。
② 张东荪编辑:《唯物辩证法论战》,民友书局 1934 年版,第 1 页。
③ 宋志明:《中国古代辩证法综述》。
④ 按西文原义"dialectic"是"逻辑"的同义词。Originally synonymous with logic; in modern philosophy refined by Kant (the theory of false argumentation leading to contradictions and fallacies), then by Hegel, who made it mean process of resolving or merging contradictions in character to attain higher truths. Used generally in 20c. Marxism for evolution by means of contradictions. https://www.etymonline.com /word /dialect#etymonline_v_8514 dialect (n.) /20220520.
⑤ 程始仁译:《斐希特的辨证法》《康德的辨证法》,亚东图书馆 1929 年版;程始仁编译:《辨证法经典》,亚东图书馆 1930 年版。
⑥ 景善译:《辨证法的法律方法论》,平民书店 1930 年版。
⑦ 〔日〕堺利彦著,吕一鸣译:《辩证法的唯物论》,北新书局 1927 年版。
⑧ 〔苏〕郭列夫著,西流译:《辩证法易解》,亚东图书馆 1947 年版。
⑨ 比如大千翻译的浅野晁文章,就以"自然辨证法"命名,参见《商职月刊》第 2 卷第 6 期(1936 年)。

证"作过仔细的考证,指出"辩证"的术语在中文传统文献早已存在,而且"辩证"与"辨证"可通用。在对词汇辨析后,他提出汉语"辩证"的意蕴与西方哲学体系中的"辩证法"(dialectics)并非同一概念。①

直到 30 年代,中国哲学界和思想界还使用"论理学"阐释黑格尔哲学和马克思主义思想,并发明了 "辩术""辩论法""互辩法"或"互变律""对演法"和"矛盾法"等多种译名。"dialectics"中文术语所呈现的多样化特征,喻示了"辩证法"输入渠道和行走轨迹的复杂性,"dialectics"的汉语术语经历了一段由中国至日本,再由日本转译入华的译词之旅。尽管文字的翻译仅限于西文(英、德、法)和汉语之间,却牵涉三种人群:在华西人、日人和华人,他们在该术语的创造、借用、翻译和转译的不同阶段扮演了不同的角色,创造出不同的语汇。传教士处于思想或理论输入的最初位置,"敏辩法"是最具原创性的译文,而为日人所借用。用汉语"辩证"一词翻译黑格尔的"辩证法"却是日本哲学家们的发明,因而西方的辩证法思想途经日本再传入汉语文化圈。随着中国现代哲学家和马克思主义者群体的出现并担当起"辩证法"思想的传播者和接受者,"辩证法"概念的跨语际传播就变得更为复杂。又因"辩证"思想与中国传统学术有着千丝万缕的联系,使得这场思想启蒙的传播史和接受史变成传统与现代、东方与西方的全面对话,而不是简单地知识转译、挪移和复制,这些由术语引发的问题值得深入细致地从语义学和传播史的角度作进一步探究。不过可以肯定的是,"辩证法"由"弁证法"转译而来的说法,与史实不符。

二、《唯物辩证法与自然科学》:德波林的解读和日中译本

"自然辨证法"一词源自德语"Natürliche Dialektik",由德国哲学家杜林(Eugen Karl Dühring, 1833—1921)创建。② 1873 至 1876 年间,恩格斯在思考"自然科学的辩证法"问题时写下了大量的思考札记,其中有 94 份札记上标

---

① 〔美〕田辰山著,萧延中译:《中国辩证法:从〈易经〉到马克思主义》,中国人民大学出版社 2016 年版,第 65—66 页。田辰山认为或许只有中医的"辨证施治"可以与西文"dialectics"勉强对应,事实上,中医思想只有"辨证"方法,最早出现在张仲景的《伤寒论》中,而"辨证施治"的概念却是在"辩证法"传入中国,中医界受此影响,在 20 世纪 50 年代建构起来的新概念。
② 1865 年杜林撰写了《自然辩证法:科学和哲学的新逻辑基础》一书,创造了"Natürliche Dialektik"一词。Eugen Dühring, *Natürliche Dialektik: neue logische Grundlegungen der Wissenschaft und Philosophie*, E. S. Mittler und Sohn, 1865.

题为"自然辩证法"(Naturdialektik)①,这是恩格斯创设的复合词,其目的是表示他与杜林有不同的学术观点。② 1925年,《自然辩证法》第一版以德俄双语出版,德文名称以恩格斯的创制词 *Naturdialektik and Dialektika Prirody* 命名,1927年德文版改为 *Dialektik und Natur*(《辩证法与自然》),1935年再版时,*Dialektik der Natur*(*Dialectics of Nature*,《自然辩证法》)的书名才固定下来。③ 在中文语境中,杜林的"Natürliche Dialektik"、恩格斯的"Naturdialektik"以及最终成为书名的"Dialektik der Natur",都被译成了同一个意思:自然辩证法(Dialectics of Nature)。2020年出版的《恩格斯与自然辩证法》一书作者认为,这三个单词不仅词性、语法不同,而且代表了杜林和恩格斯不同的学术视角。④ 杜林的"自然辩证法"强调哲学属性,他认为"哲学的自然划分为辩证法、物理学和伦理学"⑤,而恩格斯所讨论的是"自然科学的辩证思想"⑥。前者偏向哲学思考,后者注重思考自然科学的进步对哲学思维方法的影响,"他发现了作为自然科学研究对象的物质运动形式转化的辩证法"⑦。

恩格斯对自然科学的兴趣,与其研究黑格尔辩证法思想有关,从1858年起,恩格斯一头扎进有机化学、生理学、比较解剖学、细菌学和物理学的学习中,他认为在"细胞的发现"和"能量转换的发现"中"包含着许多极富思辨成分的东西,但这全是新近才发现的;我很想看一看,所有这些东西老头子(引者注:指黑格尔)是否一点也没有预见到"。⑧ 1859年11月达尔文发表"进化论"论文,恩格斯即刻购买阅读,他认为"进化论"打倒了自然神学的"目的论"。恩格斯生前将自己研究"自然科学史"和"自然辩证法"的197份文稿分成四

---

① 〔德〕恩格斯:《自然辩证法》,中共中央马克思恩格斯列宁斯大林著作编译局译:《马克思恩格斯全集》中文版第20卷,人民出版社1971年版,第353页,注243。该中文注中没有提及这批文稿有多少篇,Kaan Kangal 最新研究显示,第一个文件夹中包含有94份手稿的标题是 Naturdialektik,恩格斯将其细分为11组(Naturdialektik 1-11)。*Friedrich Engels and the Dialectics of Nature*, Palgrave macmillan, 2020, p.58.
② 俞吾金:《自然辩证法,还是社会历史辩证法?》。
③ *Friedrich Engels and the Dialectics of Nature*, pp.58-59. 但俞吾金认为按1952年德文版序,第三束的德文名称是:*Dialektik und Natur*(辩证法与自然),1927年德文版使用的书名便是 *Dialektik und Natur*(辩证法与自然)。前引俞吾金文。
④ *Friedrich Engels and the Dialectics of Nature*, p.74, Note.7.
⑤ Eugen Dühring, 1865:1,转引自 *Friedrich Engels and the Dialectics of Nature*, p.47.
⑥ 《恩格斯致马克思信》(1873年5月30日),《自然辩证法》,第325页。
⑦ 周枫东:《解读〈自然辩证法〉》,复旦大学当代国外马克思主义研究中心编:《当代国外马克思主义评论》第二辑,复旦大学出版社2001年版,第181页。
⑧ 《恩格斯致马克思信》(1858年7月14日),《自然辩证法》,第323页。

束,分别是:1. 辩证法和自然科学(*Dialektik und Naturwissenschaft*);2. 自然研究和辩证法(*Naturforschung und Dialektik*);3. 自然辩证法(*Dialektik der Natur*)①;4. 数学和自然科学札记[*Math（ematik）und Naturw（issenschaft）Diversa*]。其中94份"自然辩证法"(Naturdialektik)札记归在第一束"辩证法和自然科学"文件夹中,而收在第3束"自然辩证法"文件夹中的是研究当代物理学的文稿。②从这四束手稿考察,恩格斯研究自然辩证法的方法与路径是由自然科学最新成就和新型的实验设备和手段入手,通过思考"质变"与"量变"的物理问题,分析有机体生命的化学、生理学和细菌学最新发明与发现,以此解释生命哲学的命题。③他认为:

> 由于这三大发现和自然科学的其他巨大进步,我们现在不仅能够指出自然界中各个领域内的过程之间的联系,而且总的说来也能指出各个领域之间的联系了,这样,我们就能够依靠经验自然科学本身所提供的事实,以近乎系统的形式描绘出一幅自然界联系的清晰图画。描绘这样一幅总的图画,在以前是所谓自然哲学的任务。而自然哲学只能这样来描绘:用理想的、幻想的联系来代替尚未知道的现实的联系,用臆想来补充缺少的事实,用纯粹的想象来填补现实的空白。它在这样做的时候提出了一些天才的思想,预测到一些后来的发现,但是也说出了十分荒唐的见解,这在当时是不可能不这样的。今天,当人们对自然研究的结果只是辩证地即从它们自身的联系进行考察,就可以制成一个在我们这个时代是令人满意的"自然体系"的时候,当这种联系的辩证性质,甚至迫使自然哲学家的受过形而上学训练的头脑违背他们的意志而不得不接受的时候,自然哲学就最终被清除了。④

可见,恩格斯思考自然辩证法的立足点在自然科学而不是哲学,考察自然科学发展对哲学思维方式和方法的影响,及其产生的作用。之所以要指出恩格斯研究《自然辩证法》的核心基础所在,在于说明目前关于早期《自然辩证

---

① 按1952年德文版序,第三束的德文名称是:*Dialektik und Natur*(辩证法与自然),1927年德文版的《自然辩证法》原文书名便是 *Dialektik und Natur*(辩证法与自然)。而我们现在所熟悉的《自然辩证法》的德文 *Dialektik der Natur*(*Dielectics of Nature*)是1935年才确定的。
② 恩格斯第三束的编目为:1. 运动的基本形式;2. 运动的两种量度;3. 电和磁;4. 自然研究和神灵世界;5. 旧导言;6. 潮汐摩擦。《自然辩证法》,第319页。
③ 《恩格斯致马克思信》(1858年7月14日),《自然辩证法》,第324页。
④ 〔德〕恩格斯:《路德维希·弗尔巴哈和德国古典哲学的终结》,中共中央马克思恩格斯列宁斯大林著作编译局译:《马克思恩格斯全集》第21卷,人民出版社1965年版,第337页。

法》译本研究中一个被忽略的领域,即以自然科学与辩证法命名的译本,其中部分译本由日文转译而来,此由日译本转译《自然辩证法》的这条路径同样是本文所要探讨的问题。

学界认为,陆一远翻译的苏联历史学家哥来佛(Н. Бухарин,又译哥列夫)之《马克斯主义的人种由来说》一书所收入的"劳动是猿到人类的进化过程中的产物"①,是第一篇源自《自然辩证法》的译文。② 哥来佛的著作分为两个部分:一、"达尔文主义与马克思主义",计 10 篇小论文;二、两篇恩格斯的遗稿,除前引一篇,另一篇是标题是"人类进化的过程",出自恩格斯手稿第三束"旧导论"中涉及达尔文学说的部分片段。③ 哥列夫的论文引用多篇马克思和恩格斯的著作和论文,包括《资本论》《反杜林论》《费尔巴哈》④和恩格斯在马克思墓前的讲话,唯独没有提到恩格斯的手稿和《自然辩证法》。那"劳动是猿到人类的进化过程中的产物"一文从何而来? 这篇论文是 1898 年伯恩斯坦从恩格斯手稿中单独抽出来的,发表于德国《新时代》杂志。⑤ 显然,哥列夫著文时《自然辩证法》还未出版,他是将《新时代》上的遗稿收入书中。1930 年,成篙重译此书,命名为《从猿到人》,他介绍恩格斯的文章"阐明人类社会进化的程序,言短意长,很可玩味,要为研究唯物哲学的人一部必须的参考书"⑥。民国时期,《马克斯主义的人种由来说》一书或被图书馆列在"自然科学"目录中,或被纳入"人类学"的必修读物。⑦ 因而,"劳动是猿到人类的进化过程中的产物"一文与"自然辩证法"手稿的关联系为后人追加的。

众所周知,恩格斯自然辩证法手稿出版经历了一番曲折过程。⑧ 1897 年,恩格斯去世不久,其遗嘱执行人德国社会民主党中央委员伯恩斯坦(Eduard

---

① 恩克斯遗稿,哥来佛长序,陆一远译:《马克斯主义的人种由来说》,上海春潮书局1928年版,第59—81页。
② 张秀琴:《〈自然辩证法〉杜畏之译本考》,辽宁人民出版社 2019 年版;乔瑞金、闫宏秀编著:《恩格斯〈自然辩证法〉研究读本》,中央编译出版社 2017 年版,第 43 页。相关研究参见甘霞:《百年来〈劳动在从猿到人的转变中的作用〉在中国的传播》,《科学技术哲学研究》2021 年第 3 期。
③ 该段文字见于《马克斯主义的人种由来说》之"劳动是猿到人类的进化过程中的产物",第 81—83 页;《从猿到人》(成篙译,上海泰东图书局1930年版)之"劳动在由猿到人类的过程中的作用",第 89—92 页;《自然辩证法》之"劳动在从猿到人类的转变中的作用",第 21—23 页。
④ 全文名称是《费尔巴哈和德国古典哲学的终结》(1888 年)。
⑤ 《恩格斯〈自然辩证法〉研究读本》,第 35 页。
⑥ 《从猿到人》,成篙序。
⑦ 北京图书馆编:《民国时期总书目(1911—1949):自然科学·医药卫生》,书目文献出版社 1995 年版,第 274 页。
⑧ 《自然辩证法》手稿出版过程及其版本的最新研究参见 Friedrich Engels and the Dialectics of Nature。

Bernstein,1850—1932)请德国物理学家雷阿伦(Leo Arons,1860—1919)审读了手稿,雷阿伦认为恩格斯的研究"过时"了。① 1924 年,伯恩斯坦又将手稿送给了爱因斯坦征求意见,爱因斯坦回信说恩格斯讨论的物理学问题"毫无价值"。② 伯恩斯坦听信了两位科学家的意见,将这批手稿束之高阁长达三十年。然而,最终编辑整理出版恩格斯手稿的还是几位科学家。1925 年,苏联马克思主义物理学家和哲学家 Arkadii K. Timiriazev(1880—1955)、革命家 Egor E. Lazarev(1855—1937)和德国生物学家、马克思主义者 Julius Schaxel (1877—1943)三人以 *Naturdialektik und Dialektika Prirody*(《自然辩证法》)为题出版了德俄对照的双语版。③《自然辩证法》出版不久,苏联内部展开关于恩格斯思想的论战,其中以 A. 德波林(Abram Deborin, Абра́м Моисе́евич Дебо́рин Ио́ффе,1881—1963)④和他的学生们为代表的"辩证论派"与机械派的论战最为知名。德波林和哥列夫都是普列汉诺夫的学生,是孟什维克,最后德波林一派胜出。1926 年,德波林在其主持的《在马克思主义旗帜下》(*Znamenem Marksizma*)杂志上发表《恩格斯和辩证法史》长文,披露了《自然辩证法》手稿长期搁置的原因和出版的经过,德波林指责伯恩斯坦在三十年里从未花费时间去学习手边的"这个贵重的原稿"⑤,恩格斯的遗嘱执行人没有在方法论上对这部手稿的"伟大原理"作出合理评估,苏联马克思主义者是"唯一的能够正常地估价这深刻的内容的人"。⑥ 德波林表示虽然恩格斯手稿散漫,但体现了马克思主义辩证法思想体系。在这篇长文里,德波林阐释了他对《自然辩证法》的解读,自然辩证法"是自然科学底代数。……自然认识

---

① Engels, F. (1985), *Dialektik der Natur*, In Marx‐Engels‐Gesamtausgabe (MEGA²) (Vol. I /26), Berlin: Dietz, pp.595‐596.
② A. Einstein, "Opinion on Engles' *Dialectics of Nature*", Edited by Diana K. Buchwald, József Illy, Ze'ev Rosenkranz, Tilman Sauer and Osik Moses, *The Collected Papers of Albert Einstein Volume 14: The Berlin Years: Writings & Correspondence*, April 1923-May 1925 Documentary Edition (English Translation Supplement), p. 265. https://einsteinpapers.press.princeton.edu/vol14-trans/295/20220525.
③ *Friedrich Engels and the Dialectics of Nature*, p.56.
④ A.德波林,苏联哲学家,曾在斯维尔德洛夫大学、红色教授学院和马克思恩格斯研究院工作,1926—1930 年担任《在马克思主义旗帜下》杂志主编,1929 年当选苏联科学院院士。他在宣传和阐释马克思主义哲学方面发挥了积极作用,反对马赫主义,同机械论进行斗争,正确阐述了哲学与自然科学的关系。https://www.zgbk.com/ecph/words?SiteID=1&Name=德波林,A. M. &Type=bkzyb&subSourceType=000003000001000001/20220520.
⑤〔苏〕德波林著,林伯修译:《唯物辩证法与自然科学》,光华书局 1929 年版,第 2 页。
⑥《唯物辩证法与自然科学》,第 4 页。

底必要的前提条件——科学的基础概念与范畴为其对象"。①

1926年3月,德文版《在马克思主义旗帜下》(Unter dem Banner des Marxismus)杂志第3册转载了德波林的文章。同年8月,日本共产党学者福本和夫(1894—1983)将此文由德文译成日文,发表在其所主持的日文版《马克思主义旗帜下》期刊上,译名为《唯物论的辩证法与自然科学》②。福本将恩格斯著作译为《自然辩证法》,这应当是最早出现的《自然辩证法》的汉语译名,也是第一部介绍恩格斯自然辩证法思想的译作。③

1927年7月,大山彦一翻译的单行本《唯物论的辩证法与自然科学》由希望阁出版。目前国内的所有研究均以为德波林的第一部日译本是大山彦一所译④,事实上,大山彦一在1926年6月只译完德波林的文章第一部分,全稿在1927年7月才完成并出版,时间比福本和夫的译本要晚。1930年,笹川正孝再译德波林长文,题名为《辩证法与自然科学》。⑤ 20世纪二三十年代是日本马克思主义翻译传播最为活跃的时期,德国和苏联的马克思主义研究的最新成果和思想以最快的速度在日本播散开来,日本学者多重视俄文文献,并通过参与到欧洲学者关于马克思主义观点的不同论争中而形成日本马克思主义学说自己的特色。⑥ 日文版《自然辩证法》上卷出版于1929年,加藤正翻译,1932年下卷出版。

1929年2月,德波林的著作开始进入中国,恩格斯《自然辩证法》手稿的出版经过、书名和马克思主义的自然辩证法思想开始为中国马克思主义者所知晓,中共党员、左翼作家林伯修(1889—1961)翻译出版了《唯物辩证法与自然科学》。⑦ 林伯修又名杜国庠,目前国内研究又将此书译者署名为杜国庠,并以为该书是由苏联哲学界传入。⑧ 林伯修是在日留学生,1907—1910年间先后在日本东京第一高等学校、京都帝国大学经济科求学,1928年翻译多篇

---

① 《唯物辩证法与自然科学》,第77页。
② 福本和夫:《唯物的辩证法与自然科学》,《マルキシズムの旗の下に》,白扬社,1926年第12卷第6册,第15—45页。
③ 笔者只能看到福本和夫《唯物的辩证法与自然科学》的第二部分,本文所引《自然辩证法》的书名在第二部分。
④ 刘桂萍:《日本科教战略与自然辩证法思想发展研究》,东北师范大学2013年博士学位论文。
⑤ 笹川正孝译:《辩证法与自然科学》,白扬社,1930年。
⑥ 高操:《加藤正与恩格斯的〈自然辩证法〉》,漳州师范学院法学2011年硕士学位论文。
⑦ 林伯修译:《唯物辩证法与自然科学》,上海光华书局1929年版。
⑧ 清华大学科学技术与社会研究所编:《自然辩证法参考读物》,清华大学出版社2005年版,第60页。

日文小说。① 由书名和林伯修的留学经验判断,该书转译自日文,至于他采纳的是福本和夫版还是大山彦一版,不明。通过《唯物辩证法与自然科学》,中国读者首次知道了恩格斯的《自然辩证法》手稿和他对辩证法的研究路径:

> 恩格斯尝试把自然科学底辩证的唯物论的理论,尽可能的全面地展开,把自然科学从辩证的立场改造,即要把他及马克思在社会科学所做过的来完(成)自然科学了。②

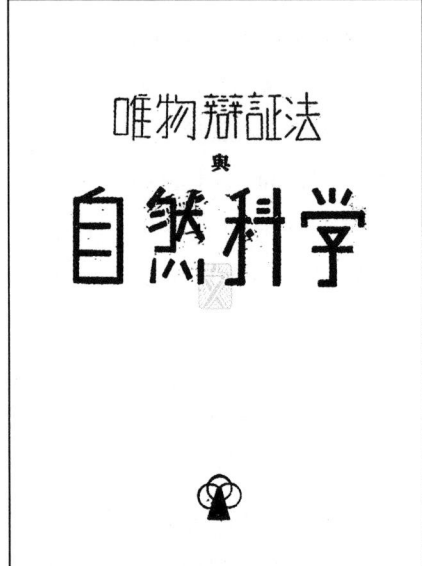

图3 林伯修译《唯物辩证法与自然科学》,上海光华书局1929年版。

1931年,广州左翼作家创办的《万人杂志》刊载了德波林《唯物论的辩证法和自然科学——恩格斯之〈自然之辩证法〉》的长文,作者在中文标题下引用了德文原名③,但这同样是一篇由日文转译的文章。译者中山大学教授何思敬(1896—1968)早年留学日本,攻读法学和哲学,1927年回国,他的译文也只能由日文转译而来。1930年,杜畏之译出《自然辩证法》的序,标题是"辩证唯物论的宇宙观与近代自然科学之发展",他的视野限定在辩证法与自然科学范畴之内。④

无疑,在杜畏之翻译《自然辩证法》之前,关于德国遗嘱执行人对恩格斯手稿的错误判断、手稿的再发现和整理出版、苏联马克思主义者对恩格斯《自然辩证法》思想的解读,以及各派别的争论,已经通过日文转译的德波林之文进入汉语世界,《自然辩证法》的书名亦来自日本译名,只是它一直隐藏在"唯物辩证法和自然科学"的名义之下,基本被人忽略了。

---

① 林伯修是左联发起人之一,1928年加入中国共产党,1941年皖南事变后,他去重庆从事中国哲学史研究,与侯外庐合著《中国思想史》。1930年他又翻译了德波林的《辩证法的唯物论入门》,南强书局出版。
② 《唯物辩证法与自然科学》,第22页。
③ 何思敬译:《唯物论的辩证法和自然科学——恩格斯之〈自然之辩证法〉》,《万人杂志》第2卷第1期(1931年)。该文只刊载了上半部分。
④ 载《动力》第1卷第2期(1930年)。据杜畏之所述,此序的标题是吴西岑所起。参见杜畏之译:《自然辩证法》,神州国光社1932年版,"译者序",第15页。

三、《辩证法的自然科学概论》：潘谷神之译本

1930年,谷神翻译了英国哲学家罗素的《科学中之哲学方法》,他认为这是一部了解自然科学研究之方法论的入门级小书:"如果读者以登高远瞩为乐事,就可细读恩格斯之《自然之辩证法》及德波林之《辩证法与自然科学》。"①1931年6月20日,谷神在翻译日本物理学家石原纯(1881—1947)的《自然科学概论》时,建议读者看两部名著:

(一)一九二四年所公布于世的恩格斯之札记《自然之辩证法》;(二)德波林由一九二四年至一九二八年之论文集《辩证法与自然科学》;前者为恩格斯由辩证法的新观点以研究自然科学的劳作,后者为德波林之对于前者的讨论。②

毫无疑问,这位谷神先生是恩格斯及其《自然辩证法》的拥趸,然而,在《自然辩证法》中文版正式出版之前,就竭力向中国读者推荐恩格斯学说的谷神先生和他的译著,至今没有进入中国自然辩证法研究者的视野。谷神何许人也？他是一个身份复杂而名字繁多的历史人物,原名潘善庆(1888—1946),字竹孙,十三岁取得崇安县秀才桂冠,后东渡日本留学,在国岩仓铁道学院土木系深造,同时加入同盟会,民国时期曾当选临时参议会议员和福建省议员。在京参政期间结识李大钊,参加共产党组织的一系列活动,之后加入中国共产党,但他中共党员的身份始终不为人知。③ 离开政坛后,他办报以笔伐国民党,译书宣传马克思主义思想和自然科学新进展,又以辩证法研究易学。1941年,他受聘为广东文理学院教务长,后转任中山大学师范学院教授。1946年1月12日因痢疾转结肠结核去世。在不同时间不同场合,潘善庆有着不同的名字:在政坛,他多用潘祖彝和潘祖贻;在学界,常用笔名潘谷神或潘谷公。中山大学讣告称其为"中大教授潘谷神"④,在崇安地方志和福建文史资料中他被称为"潘谷公"⑤。

潘谷神通晓日、英、法、德文及世界语,高梦旦曾邀其为商务印书馆翻译外文科学著作。工科出身的潘谷神钟爱两类内容:一是反映自然科学最新成就

---

① 〔英〕罗素著,〔日〕桑木岩翼译,谷神转译:《科学中之哲学方法》,商务印书馆1931年版,"译后附记",第2页。
② 〔日〕石原纯著,谷神译:《自然科学概论》,商务印馆1933年版,"译后语",第2页。在此文中,潘谷神将时间写错,《自然辩证法》第一版出版于1925年。
③ 李祥仁、张金锭、罗永胜、方晓萍:《潘谷公:孙中山的忠实追随者》,《福建党史月刊》2011年第19期。
④ 《中大教授潘谷神昨逝世》,《中山日报》1946年1月13日。
⑤ 中共南平市委党史研究室编:《中共闽北党史人物(1921—2002)》,中央文献出版社2005年版,第798—799页。

的作品,他选择了《自然认识界限及宇宙七谜》《物理学之基础概念》和《苏俄科学巡礼》等作品;二是探讨自然科学方法论的理论性著作,如《科学中之哲学方法》和恩格斯的《自然辩证法》。30 年代,中国的马克思主义学说受到日本共产党影响,由日文转译马克思、恩格斯甚至列宁的著作以及日本学者的研究,成为唯物辩证法思想在华传播的一条重要路径,潘谷神的选本亦多日文,对于日本学界的转译与研究,潘谷神始终持批判式分析。

石原纯是日本科学启蒙者,他是第一位在东方介绍爱因斯坦相对论的科学家,在日本东北大学从事相对论、引力和量子力学等物理学研究。石原纯花了三年时间著写这部介绍自然科学基本理论的《自然科学概论》,出于两个原因:一是他认为日益昌盛的现代科学正在支配着人类的生活,人们有理由知道"自然科学是一门怎样的学问";二是石原纯对于当时人们热衷于探讨"社会科学"似有不满,他认为这个所谓的新概念"其所凭依据的根据,果至何种严密的程度,乃竟得称为'科学的'呢?"石原纯觉得自己有责任要讲清楚自然科学的一些基本概念。[1] 在《自然科学概论》中,石原纯承认马克思和恩格斯唯物史观是正在勃然兴起的社会科学新方法,相信会给"文化科学带着一个大革命来呢!"[2]这点令潘谷神非常欣赏,他认为石原纯的"独到之处"在于思考了社会科学与自然科学的关系与异同。[3] 然而,在本质上石原纯是坚持"自然科学的结果不是唯物论的"观点。[4] 对此,潘谷神批评石原纯对自然科学进步所导致的方法论和思维方式的变化没有充分的认识,因为旧的思维范式在高速发展的科学成果面前显得很"狭隘"了。潘谷神认为爱因斯坦发现的量子力学和波动力学足以证明:

> 辩证法为自然之最高而最一般的法则;所以,从前专作社会科学之认识论的所谓辩证法的唯物论,现在且跃起而兼作自然科学之认识论,换言之,即必然的取得科学一般之认识论之资格呢![5]

在中国译介恩格斯自然辩证法学说的群体中,潘谷神偏重从学术和方法论的角度阐释恩格斯的辩证法思想,而不是政治立场。1935 年出版的《辩证法的自然科学概论》译作,就充分体现了他对恩格斯学术思想的评价。

---

[1] 《自然科学概论》,"序文",第 1 页。
[2] 《自然科学概论》,第 9—10 页。
[3] 《自然科学概论》,"译后语",第 1—3 页。
[4] 〔日〕石原纯著,高铦译:《自然科学与现代思潮》,华通书局 1929 年版,第 40—45 页。
[5] 《自然科学概论》,"译后语",第 3 页。

《辩证法的自然科学概论》署名哥伦斯坦著,潘谷神译①,收入"万有文库"(图4),上下册,计336页。全书共分八章:1.哲学与自然科学;2.科学的辩证法之一般性质;3.自然科学之分类及其相互关系;4.数学;5.力学;6.物理学;7.化学;8.生物学,这一部分还包括进化论与达尔文主义。该书的章节与《自然辩证法》的结构几乎一致。潘谷神称《辩证法的自然科学概论》是"在研究自然辩证法上实为唯一无二的指导书"②。这是继德波林《辩证法与自然科学》后,第二部《自然辩证法》的解读之作。

但是哥伦舒坦的观点与德波林不同,虽然德波林在捍卫恩格斯学说的论战中大获全胜,却因其导师普列汉诺夫和孟什维克派失势而受到斯大林的批判③,列宁对马克思主义和辩证法思想的阐释遂被奉为正统,1931年苏联女哲学家果林斯坦(Gornshtein,T.即哥伦舒坦)以列宁辩证法思想为指导,按《自然辩证法》的结构编写了《恩格斯之自然辩证法》,重新阐释了苏联马克思主义的唯物辩证思想,它是《自然辩证法》的"通俗、体系化的概说"。④ 1933年相马春雄和大野勤将该书译为日文,命名为《辩证法的自然科学概论》(白扬社),1933年12月,廖稚鸣等人由日文转译,更名为《自然科学新论——辩证法的自然科学概论》,原著署名果林斯坦。⑤ 该译本一度成为上海青年人学习《自然辩证法》的入门书,艾思奇和于光远

图4 哥伦斯坦著,潘谷神译:《辩证法的自然科学论》,商务印书馆1925年版。

---

① 〔苏〕哥伦斯坦著,潘谷神译:《辩证法的自然科学概论》,商务印书馆1935年版。作者的名字,在此书中有三种:封面署名哥伦斯坦,潘谷神在"译者序"和"译后语"一直称其为"哥伦舒坦",而封底又署名为哥林斯坦。本文以潘谷神译为准,称其为"哥伦舒坦"。
② 《辩证法的自然科学概论》,"译者序",第2页。
③ 德波林是普列汉诺夫的门徒,1907年转向孟什维克,在30年代受到斯大林的批判。
④ 《辩证法的自然科学概论》,"译者序",第2页。
⑤ 根据序言,该译稿在1933年12月完成,1934年1月出版。〔苏〕果林斯坦著,廖稚鸣等译:《自然科学新论——辩证法的自然科学概论》,辛垦书店1934年版。

等人都研读过此书,果林斯坦之名便随着各种自然辩证法读书小组的活动而在中国广为人知。

当时,商务印书馆"知介绍此书为当务之急"①,要求潘谷神翻译,潘谷神的底本遂以相马春雄和大野勤的日译版为底本翻译,书名与日文相同,但潘谷神知道哥伦舒坦原书名为《恩格斯之自然辩证法(通俗、体系的概说)》。与廖版不同的是除了将果林斯坦译为哥伦舒坦,潘谷神还撰写了"译者序"和"译后语"两篇长文评述原著和日译本,阐释他对恩格斯自然辩证法思想的认识和对哥伦舒坦之作的评判。首先,他指出恩格斯是依辩证法的观点研究自然科学,是"自然认识中之观察法"。② 其次,潘谷神介绍了《自然辩证法》出版的经过、学界争论和不同版本的名称:

> 1925年夏俄版《马克思恩格斯文库》第二卷所公开发表的《自然之辩证法》(1927年德版所公表者题名为"辩证法与自然",国内名亦有所不同)。③

他评价哥伦舒坦之作"是第一次出现于世的系统化的恩格斯主义的自然科学概论"④,他自己是整理《自然辩证法》遗稿的"功臣"⑤。但潘谷神并不想对此书"作盲从的追随主义者而无批评"⑥,他撰"译后语"对哥伦舒坦的工作展开批判式分析。若从恩格斯自然辩证法思想在华传播的角度比较,潘谷神的译本不仅远胜于廖版,而且更适合作导读之用,潘谷神曾期望"读者果能从本书之指导,自不患趋入歧途"⑦。然而,潘谷神的译著鲜为当代学者所识,甚至还被研究者弄错。⑧ 相对于国内马克思主义学说研究所拥有的崇高地位和庞大资源,这部历史性的著作被忽略似乎有些不可思议,况且,潘谷神还是一位资深中共党员。

因自然辩证法学科在中国有着特殊的学术和政治地位,潘谷神译本被忽略的原因可能需要从多方面考量,本文仅从一个侧面尝试作些初探。

---

① 《辩证法的自然科学概论》,"译者序",第2页。
② 《辩证法的自然科学概论》,"译者序",第1页。
③ 同上。
④ 同上。
⑤ 《辩证法的自然科学概论》,"译后语",第1页。
⑥ 《辩证法的自然科学概论》,"译者序",第2页。
⑦ 《辩证法的自然科学概论》,"译后语",第3页。
⑧ 至今为止,国内关于《自然辩证法》研究中几乎没有人提及潘谷神的译作,最新出版的《自然辩证法》译本考证专著还将相关史实弄错了,误称潘谷神的译作是1936年商务印书馆出版的《自然科学论》(果林斯坦著),书名和原著者译名都写错了。参见《〈自然辩证法〉杜畏之译本考》,第29页。

有别于大多数研究者的认知，潘谷神视恩格斯为著名的"科学的哲学者"①，而不是通常宣传的革命家或马克思主义思想家，当潘谷神将恩格斯的学术贡献置于科学哲学的语境下探讨时，恩格斯就是一位运用辩证法研究自然科学的伟大权威②，他"一方深明社会发展与自然发展之关系，一方深明唯物论与自然科学之关系"③。由于爱因斯坦曾从学术上否定了恩格斯手稿的价值④，导致欧洲哲学界有相当一部分人认为作为社会科学家的恩格斯对自然科学的"见解未必有多大价值"⑤，从学理上质疑恩格斯研究现代自然科学的能力和资格。潘谷神否认这类指责，表示这样的论断相当武断⑥，他引征哥伦舒坦之书增添的许多恩格斯去世才出现的自然科学新发现与新发明，提问道：

  半世纪前的恩格斯之见解，至今日不特不嫌黯淡，且益显其光明矣。何以故？盖因自然科学上之新事实，无不足以证明恩格斯之对自然科学的见解之正确性也，无不足以证明依辩证法的观点观察自然者之所见深远也。⑦

潘谷神表示恩格斯的研究结论不容怀疑，他的自然辩证法是"一般自然科学研究者所不可不遵从的指示"⑧。基于这样的评价，潘谷神将1925到1929年间欧洲和苏联哲学界关于恩格斯自然辩证手稿是否有价值的论争，定性为"二十世纪之最大的学术论战"⑨，而不是所谓的政治或路线斗争。拥护恩格斯思想的德波林是最后的胜利者，他的小论文就是"战胜纪念碑"。⑩ 潘谷神对恩格斯的自然辩证法思想推崇备至，还有一层原因，即他认为自然辩证法在对自然科学的研究上有着方法论上的重大意义。⑪ 早在翻译《科学中之哲学方法》时，潘谷神就提出："自然科学与社会科学两方所用

---

① 《科学中之哲学方法》，"译者序言"，第2页。
② 《辩证法的自然科学概论》，"译者序"，第2页。
③ 《辩证法的自然科学概论》，"译者序"，第3页。
④ 依爱因斯坦的观点，恩格斯的研究在学术上没有价值，但政治上有价值。
⑤ 《辩证法的自然科学概论》，"译者序"，第2页。
⑥ 《辩证法的自然科学概论》，"译者序"，第3页。
⑦ 《辩证法的自然科学概论》，"译者序"，第6页。
⑧ 《辩证法的自然科学概论》，"译者序"，第5页。
⑨ 《辩证法的自然科学概论》，"译者序"，第3页。
⑩ 同上。
⑪ 《辩证法的自然科学概论》，"译者序"，第2页。

的方法,也有可以融通合一的地方了。"①恩格斯的研究便是越出了自然科学之范围而依社会科学之方法去分析现代自然科学的新发现与新发明。按潘谷神的理解:

> 现代之科学特别在自然科学,与其得到空前的丰收同时,其旧的思惟形式,在如此丰富的内容之前顿形其狭隘,于是科学之危机到来了。然此却是有益的危机,因为旧者没落而新者发展,科学之新阶段当前了。……因为,最近自然科学上之许多新发展,特别如波动新力学对于量子新力学之连系与补充这种崭新的事实,正足以确实证明辩证法为自然之最高而最一般的法则;所以,从前专作社会科学之认识论的的所谓辩证法的唯物论,现在且跃起兼作自然科学之认识论,换言之,即必然的取得科学一般之认识论之资格呢!②

现代科学的高速发展,导致原来自然科学理论所依附的旧的思维模式无法应对爱因斯坦的量子力学和波动力学之类的新发现,阐释自然界法则的自然科学危机正在到来,需要科学家、哲学家和社会科学家共同合作,以此突破社会科学和自然科学两个不同学科间的壁垒,建立新的思维范式,而恩格斯创建的自然辩证法对解释自然法则意义深远。③

日译本中附有苏联哲学家在《在马克思主义旗帜下》所发表的对此书的批评文章,以及日译者的批评之批评的论文,潘谷神没有译出日译者和苏联学界的意见,而是通过译后语对哥伦舒坦的研究提出几点批评:1. 她将现代自然科学的发达分为两期,潘谷神认为她遗漏了列宁辩证法之后,出现的"僧侣主评论"与"自然辩证法之意识化"两相对立的第三个阶段;2. 恩格斯自然辩证法有三大法则,哥伦舒坦未将辩证法中否定之否定的法则列入;3. 其他,还存在着某些关于力学认识论和生命哲学的谬误。

潘谷神在翻译西方科学作品和传播恩格斯自然辩证法思想的同时,尝试以辩证法的方式研究中国哲学和易学。1925年,他发现《易经》的阴阳八卦之配合与解析几何的原理相同,引起他以"现代科学眼光、科学方法、科学材料研究《易经》的兴趣",一番尝试之后,最后认定《易经》是"辩证法的算理论理学"④,开始

---

① 《科学中之哲学方法》,"译者序言",第2页。
② 《自然科学概论》,"译后语",第2—3页。
③ 《自然科学概论》,"译后语",第2页。
④ 潘谷神:《易经的新评价》,《读书通讯》第28期(1941年)。

走上以辩证法方法研究分析《易经》的道路。潘谷神著有《自然辩证与〈易经〉》（油印本）①、《易经的新评价》、《现行民族哲学之〈易经〉的根据》②和《易理观的伦理观》③，还有未刊之《机械唯物论与辩证唯物论》著作。在三四十年代的中国，潘谷神公开表示他将代表新潮异端的恩格斯名著与中国数千年前的古籍——《易经》相提并论的研究旨趣，让同行刮目相看。④

潘谷神的研究方法明显是受到恩格斯自然辩证法的启发，而恩格斯和日本科学家对自然科学的哲学思考同样影响到潘谷神的研究路径。如果说以自然辩证法研究《易经》，是潘谷神尝试以现代自然科学的方法解开中国哲学之谜，那么，他关于中国科学运动模式的思考，就是他试图影响中国科学家关注社会变革与科学进步之关系：

> 我还要对我国从事科学研究者与关心社会变迁者说几句话，第一，科学的研究，不容不随着社会的变迁而有所改造，即是到了今日，急切的应该废止私人科学而发展大众科学，换言之，即应谋科学社会化。第二，社会的推进，必以科学的推进为其条件，如一方从事革命，而一方忽视科学，那简直没有理解革命，如了忽（视）科学必至打销（消）或拖延了社会的进展。⑤

30年代起潘谷神对科学问题的思考始终围绕着方法论展开，力主以社会科学方法研究自然科学。他提出："科学运动在今日，问题不是'为什么要'发展科学？而是'要怎样去'发展科学？"⑥他告诫学习科学的青年人必须要有研究态度、须用科学方法、须理论与实践统一、勿以所学专科武断各科、勿作追随主义者、须读科学史、须并研究哲学、须明各科之相互关联、勿忽视已成常识的事项、勿忘中国今日之需要。⑦ 他在进步刊物《青年导向》《民族月刊》和《读书通讯》等刊物上探讨"在铸魂运动中科学化运动之重要性"⑧"从复兴民族说到复兴中国科学方法"⑨等民族科学发展问题。

---

① 洪毅然：《追忆易学家潘谷神先生》，《周易研究》1998年第2期。
② 《民族月刊》第1卷第3期（1944年）。
③ 《新阶段》第1卷第9、10期（1943年）。
④ 洪毅然：《追忆易学家潘谷神先生》。
⑤ 〔英〕克劳则尔著，潘谷神译：《苏俄科学巡礼》，开明书店1932年版，第Ⅵ页。
⑥ 潘谷神：《对学习科学的青年提出几个注意点》，《青年导向》第16期（1938年）。
⑦ 潘谷神：《对学习科学的青年提出几个注意点》，《青年导向》第16期（1938年），第17期（1938年）。
⑧ 潘谷神：《在铸魂运动中科学化运动之重要性》，《大侠魂》第7卷第5期（1938年）。
⑨ 潘谷神：《从复兴民族说到复兴中国科学方法》，《青年导向》第26卷第1期（1939年）。

毫无疑问,潘谷神是马克思主义者,特别是自然辩证法思想早期在华的重要传播者和实践者。目前,在所有《自然辩证法》翻译与传播史的相关研究中,基本只提到潘谷神曾译有《辩证法的自然科学概论》一书,并没有关于该书与恩格斯之《自然辩证法》之间学术关联的研究。而在党史研究方面,亦没有涉及他的学术思想和他的译本。他在译介恩格斯《自然辩证法》并将其思想应用到现代科学的研究和指导革命实践中的贡献,几不为人所知,留载史册的潘谷公只是一位"《易经》学家"。

四、结语

2016年美国学者田辰山的《中国辩证法:从〈易经〉到马克思主义》中文版出版,海内外专家一致认为,这是一部"专门研究中国的辩证法是如何与马克思主义辩证法相结合而形成今天中国特色的马克思主义辩证法著作"[1],田辰山的突破点是在于他将中国式的辩证法概括为"通变"思维[2]。田辰山本人认为中国马克思主义是用马克思主义中国化的概念和术语装备的、在现代获得延续的中国哲学传统,特别是在历史和政治思想的意义上,这是西方马克思主义和中国传统哲学在现代历史过程中实现的一种结合。[3] 他考察了众多早期的马克思主义理论家,指出在辩证唯物论原理最早移植的形式中,已明显具有中国的面孔。[4] 然而,这位从《易经》开始讨论马克思主义中国化的作者却没有看见潘谷神。

潘谷神是不是一位将马克思主义中国化概念和术语装备应用得熟练、准确和出色的学者,可以从学术史角度作进一步探讨,然而,他是早期的马克思主义理论家,是毋庸置疑的。潘谷神的出色研究成果并不表现在政治和哲学层面,而是沉浸在科学思想传播和科学哲学的拓展性研究中,这是我们在自然辩证法早期中国化研究中所忽略的第一个面相。从德波林的《唯物辩证法与自然科学》到哥伦舒坦的《辩证法的自然科学概论》,虽然是从哲学和政治层面探讨欧洲哲学界与苏联马克思主义者对"自然辩证法"和"唯物辩证证法"的不

---

[1] 《中国辩证法:从〈易经〉到马克思主义》,杨金海"序言一",第2页。
[2] 《中国辩证法:从〈易经〉到马克思主义》,安乐哲"序言二",第1页。
[3] 《中国辩证法:从〈易经〉到马克思主义》,田辰山"中文版序",第3页。
[4] 《中国辩证法:从〈易经〉到马克思主义》,安乐哲"序言二",第2页。

同阐释,却都是立足于科学革命,正如林伯修的译文所言:"辩证的理论的自然科学,即可称自然科学底哲学,是应该建设在这个基础之上的。"①潘谷神接受、传播自然辩证法,并将自然辩证法思想逻辑应用于中国传统哲学的研究,是敬佩于恩格斯对自然科学新发现所作出的前瞻性研究,以及方法论上的突破,深受这位著名的"科学的哲学家"的研究启发,潘谷神以现代科学的技术和数理逻辑方法研究《易经》,他是由自然科学发现所产生的新思维和对自然的认识论解释传统哲学的机理,而不是试图从《易经》论证中国有辩证法的传统,这是自然辩证法早期中国化的重要尝试。

苏联马克思主义者德波林的《唯物辩证法与自然科学》和哥伦舒坦的《辩证法的自然科学概念》是中国青年人学习和理解《自然辩证法》的主要指导性著作,与"辩证法"和"自然辩证法"译名一样,都是由日本转译而来的,而不是从苏联直接传入的,日本是自然辩证法传入中国的另一个重要路径。"辩证法"译词在日本和中国之间所发生的译词之旅,汉语译词的多样性和复杂化,以及潘谷神对日译本的批判性分析和接纳,都证明了这条取经之路径并不是简单地知识翻译、挪移和复制,这意味着中国人接受恩格斯自然辩证法思想至少经过三层思想过滤和知识叠加,即德文的自然辩证法——俄文阐释——日文翻译——中文批判性解读,这是自然辩证法中国化研究中被忽视的第二个面相。

20世纪30年代,曾有人说恩格斯的"另一个重要的身分即自然科学家常被搁置不论"②,那么,当我们在讨论自然辩证法的早期中国化进程时,是否还有类似的史实被搁置未论呢?

---

① 《唯物辩证法与自然科学》,第23页。
② 〔英〕白纳尔作,王德昭译:《恩格斯与科学》,《时事类编》第3卷第9期(1935年)。

漫谈陈望道译《共产党宣言》在文艺作品中的被演绎

李继华

(滨州学院马克思主义学院)

2020年,是陈望道首译《共产党宣言》中文全译本一百周年,也是中国共产党上海发起组和各地共产党组织开始成立的一百周年。作为五四运动后马克思主义在中国传播的重要标志和中国共产党创建过程中的重要事件,陈译《共产党宣言》的翻译和出版,是有关文艺或纪实作品中经常被反映和渲染的重要内容。这种反映和渲染,说明了陈译《共产党宣言》的重要历史地位和巨大影响力,加深了人们对陈译《宣言》的认识和了解。但是在对陈译《宣言》的反映与渲染中,也有一些与历史事实不尽符合的虚构或描述。这些虚构或描述,有的属于合理的艺术构思,有些则有违历史真实与艺术真实的统一。由于文艺或纪实作品的巨大影响力,一些有违历史真实的反映与渲染,可能会误导一般的读者,特别是青少年读者。在纪念陈译《宣言》翻译和出版一百周年之际,就有关文艺作品对该书的反映和渲染中的不尽合理之处作一些分析,应该是必要的。

一、1991 年前后的有关描写

1.《开天辟地》中的有关描写

1991 年为纪念中国共产党成立七十周年拍摄的电影《开天辟地》,让 1920 年 7 月初已经离开上海的毛泽东,到又新印刷厂去找正在校对和印刷《共产党宣言》(实际上是 8 月上中旬[①]才出版,7 月初之前,该书还没有进入印刷阶段)

---

① 1920 年 8 月 17 日,魏金斯基给俄共(布)中央西伯利亚东方民族处的信中,提及"《共产党宣言》(转下页)

的陈独秀和陈望道,并在与陈独秀交谈后,急不可待地要了《宣言》校样,带回住处连夜阅读。

依据《开天辟地》的电影剧本改写的同名纪实故事中,对此又作了进一步的渲染和铺垫。谨将有关段落摘录如下:

> 陈独秀连连点头,又指着桌上的一叠付印清样,接着说:"……《共产党宣言》第一个中文全译本,今天就要在这里印出来了!"
>
> 毛泽东俯身朝桌上看去,又随手拿起几页稿件,十分新奇地读起来。
>
> ……
>
> "很好!"陈独秀用鼓励的目光看着毛泽东,"如果再过两天,你读了新出版的中译本的《共产党宣言》——马克思本人的著作后,你就会得到更大的收获。"
>
> "嗳,太好了!"毛泽东迫不及待地说,"我真想现在就能看到这本书。"
>
> "走,我们去看看那位陈先生校完了没有,"陈独秀拉着毛泽东返回小屋。
>
> ……
>
> (陈独秀)看见毛泽东的目光久久地盯着陈望道手里的那叠校样,不忍离去。
>
> "仲甫先生……这……这本书……"毛泽东嗫嚅着,欲言又止。
>
> 陈独秀突然明白了,他笑笑说:"哦,润之,欲先睹为快是不是?"
>
> 毛泽东不好意思地笑了:"我想连夜借去看看,明日即还,可否?"
>
> 陈独秀爽快地说:"何言借字? 正好这里还有一份校样,就拿去看吧。"
>
> ……
>
> "嗨! 简直写得太好了!"当翻读完了《共产党宣言》的最后一页校样,毛泽东禁不住拍案叫绝。①

众所周知,毛泽东 1936 年在陕北的保安会见美国记者斯诺时,曾回忆说:1919 年 12 月中旬到 1920 年 4 月上旬,"我第二次到北京期间,读了许多关于俄国情况的书。我热心地搜寻那时候能找到的为数不多的用中文写的共产主义书籍。有三本书特别深地铭刻在我的心中,建立起我对马克思主义的

(接上页)已印好"(引自中共中央党史研究室第一研究部译:《联共(布)、共产国际与中国国民革命运动(1920—1925)》第一卷,北京图书馆出版社 1997 年版,第 31 页),这表明陈译《共产党宣言》出版于 1920 年 8 月上中旬,比通常所说该书出版于 1920 年 8 月更具体了些(参见杨奎松:《从共产国际档案看中共上海发起组建立史实》,《中共党史研究》1996 年第 4 期)。

① 厉永斌改写:《开天辟地》(根据黄亚洲、汪天云同名电影剧本改写),少年儿童出版社 1992 年版,第 177、179—181 页。

信仰。……这三本书是：《共产党宣言》，陈望道译，这是用中文出版的第一本马克思主义的书；《阶级斗争》，考茨基著；《社会主义史》，柯卡普著。到了一九二〇年夏天，在理论上，而且在某种程度的行动上，我已成为一个马克思主义者了，而且从此我也认为自己是一个马克思主义者了。""陈独秀谈他自己的信仰的那些话，在我一生中可能是关键性的这个时期，对我产生了深刻的影响。""一九二〇年冬天，我第一次在政治上把工人们组织起来了，在这项工作中我开始受到马克思主义理论和俄国革命历史的影响的指引。"① 在 1941 年 9 月《关于农村调查》的讲话中，毛泽东又说："记得我在一九二〇年，第一次看了考茨基著《阶级斗争》，陈望道译的《共产党宣言》和一个英国人作的《社会主义史》，我才知道人类有史就有阶级斗争，阶级斗争是社会发展的原动力，初步地得到认识问题的方法论。……我只取了它四个字：'阶级斗争'，老老实实地来开展研究实际的斗争。"②

从 1936 年到 1941 年，毛泽东两次明确讲到"建立起我对马克思主义的信仰"的三本书之一，是陈译《宣言》。而陈译《宣言》到 1920 年 8 月上中旬才出版，毛泽东则在 1920 年 7 月初就"离沪返湘"③，《开天辟地》却让毛泽东在陈译《宣言》印出的前夕，找到印刷厂，而且急不可待要了一份校样连夜阅读。这未免过于虚构，而有违历史真实了。

当然，毛泽东也说过"到了一九二〇年夏天，在理论上，而且在某种程度的行动上，我已成为一个马克思主义者了，而且从此我也认为自己是一个马克思主义者了"。《开天辟地》的编者，很可能是基于这句话，才让毛泽东在上海期间就看到陈译《宣言》。但是，从各方面的情况来看，毛泽东的这句话（十多年后的回忆）并不准确，他是到 1920 年 11 月下旬，才"终于摆脱开对社会改良道路的最后一点幻想，使他更加义无反顾地走上革命的道路"，从而真正成为马克思主义者的。④ 这与他读了 1920 年 8 月出版的陈译《宣言》才成为马克思主义者，恰好是一致的。《开》剧没有必要让 1920 年 7 月初就离开上海的毛泽

---

① 〔美〕期诺(E.Snow)著，董乐山译：《红星照耀中国》，新华出版社 1984 年版，第 135—136 页。
② 中共中央文献研究室：《毛泽东文集》第二卷，人民出版社 1993 年版，第 378—379 页。
③ 中共中央文献研究室编：《毛泽东年谱(1893—1949)》，人民出版社、中央文献出版社 1993 年版，第 61 页。
④ 中共中央文献研究室编：《毛泽东传(1893—1949)》，中央文献出版社 1993 年版，第 66 页。

东,一定要在上海看到 8 月才出版的《宣言》的校样。①

《开》剧中的这些虚构,或许也受到史学界某些论著的影响。早在 1987 年,《长沙共产主义小组综述》一文中就提及:1919 年 12 月 18 日到 1920 年 4 月 11 日,"毛泽东第二次到北京期间,正是李大钊、陈独秀相约建党的时候。毛泽东常常与北京马克思学说研究会的成员往来,知道他们的一些活动情况。据罗章龙、黎锦熙回忆,毛泽东看了《共产党宣言》油印稿。这时,陈望道翻译的《共产党宣言》,已有译文手稿,计划交《星期评论》社刊印。5 月 5 日,毛泽东到上海,参加了陈独秀、彭璜等人发起的上海工读互助团,热心搜寻那时候能够找到的有关共产主义的中文书籍,包括一些译文手稿在内。毛泽东还常邀彭璜、李启汉、李中等到陈独秀住处,介绍自己读过的《共产党宣言》等马克思主义书籍,一起讨论'改造湖南联盟'的计划"②。在这里,不仅肯定毛泽东在北京就看过《宣言》的油印稿,也实际上认为毛泽东到上海后看了陈译《宣言》的"译文手稿",还向彭璜、李启汉、李中、陈独秀等人"介绍自己读过的《共产党宣言》等"。实际上,北京大学马克思学说研究会秘密成立于 1920 年 3 月,而到同年 4 月 11 日毛泽东就离开了北京。这样,即使确如罗章龙所回忆的依据德文版翻译过《共产党宣言》,到毛泽东离开北京时,《宣言》的翻译也不太可能搞出油印本,并被毛泽东看过。毛泽东 5 月 5 日到上海,7 月初就离沪回湘,而陈望道的《宣言》译稿,直到 1920 年 6 月 28 日才由俞秀松转交给陈独秀③,付印则在 7 月下旬到 8 月上中旬。毛泽东也不可能在上海就看到陈译《宣言》的译文,并与陈独秀等人谈论。

1993 年第 3 期《中共党史研究》所载《一个可信的自我判断——简析〈西行漫记〉关于青年毛泽东的思想发展的记述》一文,也认为毛泽东在 1920 年 4 月 11 日离开北京之前,就"极有可能"看过《宣言》的油印本。其所据罗章龙、黎锦熙的回忆,也是不可靠的。

---

① 到 2011 年,陈振新教授也提及:"毛泽东是 1920 年 6 月第二次到上海找陈独秀时,读到陈望道译的《共产党宣言》校对本的。"这不知道是受了电影《开天辟地》的影响,还是另有证据。见陈振新:《陈望道与翻译〈共产党宣言〉》,陈立民、萧思健主编:《千秋巨笔 一代宗师——纪念陈望道先生诞辰 120 周年》,复旦大学出版社 2013 年版,第 207 页。
② 中共中央党史资料征集委员会编:《共产主义小组》(下),中共党史资料出版社 1987 年版,第 470 页。
③ 《俞秀松烈士日记(1920 年 6—7 月)》,上海革命历史博物馆(筹)编:《上海革命史资料与研究》第一辑,开明出版社 1992 年版,第 278、279 页。

此后,到 2018 年,仍有著作提及:"1920 年,毛泽东同志时年 27 岁,他第二次上海之行期间,读了由陈望道翻译的《共产党宣言》单行本。"①

而且,在《开天辟地》的改写本里,让毛泽东读到的《宣言》文字,还不是陈望道的译文,而是 1949 年以后的《宣言》译文。

《开天辟地》改写本中的引文是:

……总之,共产党人到处都支持一切反对现存的社会制度和政治制度的革命运动。

在所有这些运动中,他们都特别强调所有制问题,把它作为运动的基本问题,不管这个问题当时的发展程度怎样。

最后,共产党人到处都努力争取全世界的民主政党之间的团结和协议。

共产党人不屑于隐瞒自己的观点和意图。他们公开宣布:他们的目的只有用暴力推翻全部现存的社会制度才能做到。让统治阶级在共产主义革命面前发抖吧。无产者在这个革命中失去的只是锁链。他们获得的将是整个世界。

全世界无产者,联合起来!②

陈望道所译《共产党宣言》的译文则是:

总之:共产党无论在什么地方,对于各种反抗社会及政治现状的革命运动,一概援助。

这些运动,总是拿财产问题作主要问题,什么时代进步的程度够不够,一概不问。

最后,就是到处尽力为万国民治党谋统一及团结。

共产党最鄙薄隐秘自己的主义和政见。所以我们公然宣言道:要达到我们的目的,只有打破一切社会的状况,叫那班权力阶级在共产的革命面前发抖呵!无产阶级所失的不过是他们的锁链,得到的是全世界。

万国劳动者团结起来呵!③

电影《开天辟地》被誉为"历史巨片","真实地反映了中国共产党成立的全过程";它的改写本,特别说明是"一本对广大青少年进行革命传统教育的形象

---

① 孙应帅、唐辉、杨雨林:《〈共产党宣言〉在中国》,山西教育出版社 2018 年版,第 123 页。
② 《开天辟地》,第 180—181 页。
③ 池昌海主编:《陈望道全集》第七卷,浙江大学出版社 2011 年版,第 29—30 页。

教材"。对这样一部电影和教材而言,如此演绎毛泽东与陈译《共产党宣言》的关系,是否妥当,值得斟酌。

需要说明的是,《开天辟地》的编剧之一黄亚洲,到十年后的 2001 年,为纪念中国共产党成立八十周年,编剧了长篇电视剧《日出东方》,并出版了同名长篇小说。到 2016 年,又出版了与《日出东方》在内容上比较相近的长篇小说《红船》。这两部小说,在毛泽东与陈译《共产党宣言》的关系上,仍然基本上延续了《开天辟地》中的情节,只是简化了一些电影艺术的情节和语言而已。① 而在引述《共产党宣言》的第一句时,引的也是以后的译文"一个幽灵,共产主义的幽灵,在欧洲徘徊!"或"一个幽灵,共产主义的幽灵"②,而不是陈译本的语句"有一个怪物,在欧洲徘徊着,这怪物就是共产主义"③。

《日出东方》和《红船》小说,还让陈望道、戴季陶和沈玄庐在"五月的一个早上",把《共产党宣言》的译稿直接送到陈独秀家里。④ 实际上,在 1991 年建党七十周年之际发现的《俞秀松日记》中,明确记载:1920 年 6 月 27 日,"夜,望道叫我明天送他所译的《共产党宣言》到独秀家去。这篇宣言底原文是德语,现在一时找不到,所以只用英俄日三国底译文来对校了"。6 月 28 日,"九点到独秀家,将望道译的《共产党宣言》交给他"。⑤ 也就是说,陈望道是把《宣言》的译稿交给俞秀松,由俞秀松送给陈独秀的。按照这一历史细节,也完全可以构思出富有感染力的艺术情节,为什么一定违背历史真实去虚构呢?

2.《红色的起点》中的描写

上海作家叶永烈的长篇纪实文学《红色的起点》一书,在两个地方涉及陈译《共产党宣言》。

(1)在"陈望道'做了一件大好事'"一节中,较为准确地介绍了陈望道翻译《共产党宣言》的经过,并在最后引了《共产党宣言》的一些名句:

"共产主义已经被欧洲的一切势力公认为一种势力";

"到目前为止的一切社会的历史都是阶级斗争的历史";

---

① 黄亚洲:《日出东方》,人民文学出版社 2001 年版,第 171—174 页;黄亚洲:《红船》,天地出版社 2016 年版,第 149—152 页。
② 《日出东方》,第 160、194 页,《红船》,第 139—140、170 页。
③ 《陈望道全集》第七卷,第 3 页。
④ 《日出东方》,第 159—161 页;《红船》,第 138—141 页。
⑤ 《俞秀松烈士日记(1920 年 6—7 月)》,《上海革命史资料与研究》第一辑,第 278、279 页。

"在当前同资产阶级对立的一切阶级中,只有无产阶级是真正革命的阶级";

"无产阶级,现今社会的最下层,如果不炸毁构成官方社会的整个上层,就不能抬起头来,挺起胸来";

"每一个国家的无产阶级当然首先应该打倒本国的资产阶级";

"无产阶级用暴力推翻资产阶级而建立自己的统治";

"资产阶级的灭亡和无产阶级的胜利是同样不可避免的";

"共产党人是各国工人政党中最坚决的、始终推动运动前进的部分";

"共产党人可以用一句话把自己的理论概括起来:消灭私有制";

"共产党人不屑于隐瞒自己的观点和意图。他们公开宣布:他们的目的只有用暴力推翻全部现存的社会制度才能做到。让统治阶级在共产主义革命面前发抖吧!无产者在这个革命中失去的只是锁链。他们获得的将是整个世界。"①

这些名句,也是1949年以后的译文。陈译《共产党宣言》中的相关语句则是:

"共产主义,已经被全欧洲有权力的人认作一种有权力的东西";

"一切过去社会底历史,都是阶级争斗底历史";

"现在和有产阶级对峙的各阶级当中,只有这无产阶级,才算得真正的革命阶级";

"现在社会最下层的无产阶级,若不把官僚社会压在上层的全部抛出九霄云外,自己是不会翻身上达的";

"各国底无产阶级,必须首先处置本国底有产阶级";

"(无产阶级)公然的革命,推倒有产阶级,筑起无产阶级权力的基础";

"有产阶级底倾覆和无产阶级底胜利,都是免不了的事";

"共产党在实际一方面,固然是各国劳动阶级中最进步最果决的一派,也就是能够策进别的一切党派的一派";

"共产党的理论,一言以蔽之,就是:废止私有财产";

"共产党最鄙薄隐秘自己的主义和政见。所以我们公然宣言道:要达到

---

① 叶永烈:《红色的起点》,上海人民出版社1991年版,第122页。

我们的目的,只有打破一切现社会的状况,叫那班权力阶级在共产的革命面前发抖呵!无产阶级所失的不过是他们的锁链,得到的是全世界"。①

关于《共产党宣言》的第一句,叶书说:"(《宣言》的)头一句话,便使他绞尽脑汁,这才终于译定为:'一个幽灵,共产主义的幽灵,在欧洲徘徊。'"还说:"'一个幽灵,共产主义的幽灵,在欧洲徘徊。'1847年,马克思和恩格斯在《共产党宣言》开头,写下了这句话";"在1920年,这句话变成了:'一个幽灵,共产主义的幽灵,在中国徘徊。'"②这也是把1949年以后的译文,当成了陈译《宣言》中的译文。

《开天辟地》和《红色的起点》等,之所以引用1949年之后的《共产党宣言》译文,而没有采用陈译本的译文,大概是为了便于当代的读者理解和接受吧。但是,在专门介绍了陈译《共产党宣言》之后,直接引用陈译本的译文,也完全说得过去,而且是应该的。直接引用1949年之后的译文,而不加任何说明,容易使人把1949年之后的译文误认为就是陈译本的译文。

而在《时代文学》(上半月)2011年第5期发表的《那年七月》(上)中,叶永烈仍然引用了1949年之后的《共产党宣言》译文,而没有采用陈译本的译文。③

(2) 在"'毛奇'和新民学会"一节中,一方面正确地指出了毛泽东在1936年的有关回忆"稍微有一点误差",他不可能在1920年初的北京看到陈译本《宣言》;另一方面又认为陈译本出版于1920年4月,鲁迅在同年6月26日便已得到陈望道寄赠的《宣言》,并进而推断毛泽东有可能于1920年5、6月间,在上海看过《共产党宣言》。④ 该书的依据是王观泉编的《鲁迅年谱》(黑龙江人民出版社1979年版,第45页)中转述的《鲁迅日记》的记载⑤,却未去直接查证《鲁迅日记》。而在几乎有事必录的《鲁迅日记》中,并无陈望道赠书的记载;

---

① 《陈望道全集》第七卷,浙第3、10、11、12、13、14、30页。
② 《红色的起点》,第117、215页。
③ 叶永烈:《那年七月》(上),《时代文学》(上半月)2011年第5期,第9、11、39页。
④ 《红色的起点》,第170页。
⑤ 另见鲍昌、邱文治编著:《鲁迅年谱》(上),天津人民出版社1979年版,第154页。
　　在周简段著的《神州轶闻录:文坛忆往》中也有类似的说法:"1920年年初,陈望道趁回义乌老家过年,着手翻译《共产党宣言》。同年6月,该书出版后,他曾写信并寄赠给鲁迅,请求指正。鲁迅在接到书后即翻阅了一遍,认可翻译这本书,'其实这倒是当前最要紧的工作'。"周简段著,冯大彪主编:《神州轶闻录:文坛忆往》,新星出版社2017年版,第359页。

据说是将陈望道赠书转交给鲁迅的周作人,在 1920 年 6 月 26 日的日记中,也只记有"得陈望道君二十二日函"。对此,已有学者作了专门考证,说明陈译《宣言》于 1920 年 8 月,而非 4 月出版,陈望道也不可能在 6 月间赠书给鲁迅和周作人。① 在蒙树宏编著的《鲁迅年谱稿》中,对 1920 年 4 月赠书说也采取了保留态度。②

如前所引《俞秀松日记》,《共产党宣言》不可能出版于 1920 年 4 月,也不可能在 6 月下旬寄赠给周作人和鲁迅,而是出版于 1920 年 8 月上中旬。陈望道寄赠鲁迅《共产党宣言》,最早应在 1920 年 8 月下旬。许多论著在讲到此事时,不再提及具体时间,应是比较稳妥的做法。

值得注意的是,《红色的起点》中还提及"1920 年 4 月下旬,当陈望道译毕《共产党宣言》,正要寄往上海……",并说陈望道应《星期评论》编辑部来电报邀请,到上海担任编辑后,"把《共产党宣言》译文连同日文、英文版交给了李汉俊,请他和陈独秀校阅译文"。原"准备由《星期评论》发表",却因为"1920 年 6 月 6 日《星期评论》被迫停刊",而不得不由"陈独秀跟维经斯基商量此事,维经斯基拿出了一笔钱作为经费","建立了一个小型的印刷所——'又新印刷所'"。"'又新印刷所'承印的第一本书,便是《共产党宣言》。1920 年 8 月初版印了一千册。"③这与该书所说陈译本出版于 1920 年 4 月,鲁迅在同年 6 月 26 日便已得到陈望道寄赠的《宣言》,并进而推断毛泽东有可能于 1920 年 5、6 月间,在上海看过《共产党宣言》,也是自相矛盾的。

在《那年七月》中,叶永烈延续了《红色的起点》中的有关说法和自相矛盾,还增加了一些新的自相矛盾:

"这初版本在 1920 年 4 月出版时,印颠倒了书名。""在 1920 年 8 月再版时,错印的书名得以纠正,印为《共产党宣言》。""中共中央文献研究室保存着 1920 年 9 月所印的《共产党宣言》中译本再版本。"④按照这几句话,陈译《宣言》在 1920 年 4 月初版后,又在同年 8、9 月两次"再版"。严格说来,也说不上

---

① 强英良:《鲁迅受赠汉译本〈共产党宣言〉的时间》,《鲁迅研究动态》1983 年第 6 期;伍仕豪:《陈望道翻译的〈共产党宣言〉初版时间略考》,《党史资料丛刊》1981 年第 1 辑。
② 蒙树宏编著:《鲁迅年谱稿》,广西师范大学出版社 1988 年版,第 121—122 页;《蒙树宏文集》第一卷《鲁迅年谱稿》,云南大学出版社 2016 年版,第 115 页。
③ 《红色的起点》,第 117—118、120—121 页。
④ 《那年七月》(上),第 8、9—10、23 页;叶永烈:《那年七月》(下),《时代文学》(上半月)2011 年第 7 期,第 23 页。

是"再版",不过是改正书名之后的重印而已。实际上,它是在 8 月初版,9 月再版。

3.《他从韶山来》中的有关描写

著名剧作家沙叶新的电影文学剧本《他从韶山来》(发表于《电影新作》1991 年第 2 期)在第 64 节中提及:1920 年 3 月间,毛泽东已在北京的书摊上买到《共产党宣言》和考茨基的《阶级斗争》、柯卡普的《社会主义史》等三本书的中译本。

剧作者心目中的《共产党宣言》中译本,不知是否是陈望道翻译的(把三本书连在一起,应该是指陈望道所译《宣言》)。如果是,那么在 1920 年 3 月间,此书还未翻译完毕,更未印刷出来,毛泽东还不可能在北京看到,更不可能在书摊上买到。如果不是指陈望道的译本,则应作简要说明。

二、2011 年以来的有关描写

2011 年为纪念建党九十周年拍摄的电影《建党伟业》中,在南湖会议的任务完成后,"一大"代表们集体朗诵了《共产党宣言》的最后一段话。"一大"代表们朗诵的这段话,也是 1949 年以后的中译文本,而不是当时只能看到的陈译本:

> 共产党人不屑于隐瞒自己的观点和意图。他们公开宣布:他们的目的只有用暴力推翻全部现存的社会制度才能达到。让统治阶级在共产主义革命面前发抖吧。无产者在这个革命中失去的只是锁链。他们获得的将是整个世界。
>
> 全世界无产者,联合起来!

2011 年 5 月 26 日,著名学者邓伟志在《社会科学报》上发表了《陈望道:〈共产党宣言〉的第一位翻译者》[①],高度评价了陈译《宣言》出版的重要意义和影响。但仔细斟酌起来,其中有些话也值得分析:

1."早在中国共产党诞生前一年,1920 年 8 月《共产党宣言》中译本就被上海社会主义研究会以社会主义研究小丛书的第一种,正式出版,初版的千余册立即销售一空。到中国共产党于 1921 年成立的时候,又重印一次。"这里所

---

① 收入《邓伟志全集》(人物卷),上海大学出版社 2013 年版,第 261—263 页。

说,忽视了陈译《宣言》在1920年9月就重印过一次。

2. "外界传说是拿俄国人的钱开'一大'的,事实不是这样。'一大'的费用大部分是用陈望道与李达、李汉俊等人的稿费支付的。《共产党宣言》中译本的面世,从理论上武装了'一大';《共产党宣言》的稿费,从物质上资助了'一大'。"实际上,召开"一大"的经费主要是共产国际提供的,而非"大部分是用陈望道与李达、李汉俊等人的稿费支付的";说"《共产党宣言》的稿费,从物质上资助了'一大'",笔者从未见过相关证据。

邓伟志先生是著名学者,学术水平自然很高。但他并非中共创建史研究者,这篇文章也不过是他的一篇回忆性随笔,上述说法应值得斟酌。

2016年出版的《新世纪的曙光：1912年至1928年的中国故事》一书,在"陈望道译《共产党宣言》"一节中说:"陈望道字斟句酌,细作推敲。诸如全书第一句话,就是难点,一次次尝试,都被推翻重译,最后才改定为:'一个幽灵,共产主义的幽灵,在欧洲徘徊。'后来精通德文的罗章龙曾打算从德文原版《共产党宣言》翻译成中文,这第一句话就成了拦路虎。他推敲了很久,仍然不得要领,最后只得采用陈望道的译文。"①

实际上,如前所引,陈译《宣言》的第一句是:"有一个怪物,在欧洲徘徊着,这怪物就是共产主义。""幽灵"的译法,则最早出自1942年在延安出版的博古校译《共产党宣言》。② 罗章龙在《椿园载记》中对陈望道译语的表述有误③,《新世纪的曙光：1912年至1928年的中国故事》一书,则沿用了罗章龙《椿园载记》中不准确的表述。

同在2016年出版的《伟大的开端》一书中,章慧敏所写《渔阳里的火种——中国红色之路的起点》一文提及:"在老渔阳里2号,陈独秀、戴季陶与陈望道见面商谈翻译《共产党宣言》之事,这是一次一见如故、一拍即合的会面。为了不受干扰地在最短的时间里翻译出《共产党宣言》,陈望道也是拼了,他回到了阔别多年的家乡义乌分水塘村,就在自家一间破败的柴房里,几乎是

---

① 廖大伟等：《新世纪的曙光：1912年至1928年的中国故事》(上),上海文化出版社2016年版,第120页。
② 傅萱：《陈望道与〈共产党宣言〉中译本》,上海鲁迅纪念馆编：《陈望道先生纪念集》,复旦大学出版社2006年版,第349—350页。另参见中共上海市委党史研究室、上海市档案局(馆)主编：《日出东方——中国共产党诞生地的红色记忆》(上卷),上海锦绣文章出版社2014年版,第49页。
③ 罗章龙：《椿园载记》,生活・读书・新知三联书店1984年版,第89页。

足不出户、夜以继日地埋头苦干。"①这里说,在陈望道开始翻译《共产党宣言》之前,就到上海老渔阳里见过陈独秀。

实际情况应非如此。有关论著从未提到陈望道在开始翻译《宣言》之前就去过上海,而是多次讲到他在翻译完《宣言》之后才去了上海。同载该书中的张姚俊所写《千秋巨笔——陈望道首译〈共产党宣言〉》一文,就讲到"1920年2月初,从浙江省立第一师范学校愤然离职不久的陈望道忽然接到《民国日报》社经理兼副刊《觉悟》主编邵力子的来信","邵力子在信里称,戴季陶约请陈为《星期评论》周刊翻译《共产党宣言》"。"打定主意,陈望道赶忙提笔给邵力子复信。不多时,上海方面向他提供了戴季陶自购的那本日文版《共产党宣言》作为翻译底本。""转眼间,已近谷雨时节②,陈望道'费了平时译书的五倍功夫',终于完成了《共产党宣言》的翻译。""1920年4月末,陈望道接到了《星期评论》编辑部发来的电报,邀请他赴沪担任该刊编辑。……他连忙带着译稿兴冲冲赶到申城。来沪后,因工作关系,他结识了陈独秀、李汉俊等人"。③ 这表明,陈望道并未去上海接受翻译《宣言》的任务,接受任务前也未见过陈独秀,而是在任务完成后才于4月末或5月初去了上海。

《千秋巨笔》一文还写道:"(在上海)虽说诸务繁忙,但陈望道却未忘连载《共产党宣言》译稿一事。只要有闲暇,他就拿出译稿一再校对。正当译稿刊载在望之际,6月6日,《星期评论》突然宣布停刊,主因是当局对刊物实施邮检,使之发行严重受阻。如此一来,煞费苦心译成的书稿将无缘问世了,这让陈望道心急如焚。'不如请马克思主义研究会出面,搞一单行本?'陈望道忽然萌生一个念头。6月27日夜里,他将译稿交给了俞秀松,请俞转送至陈独秀处。翌日9时许,这份稿子被交到了陈独秀的手中。一拿到译稿,陈独秀就迫不及待地浏览起来,当念完最后一句'万国劳动者团结起来呵!'(今译为"全世界无产者联合起来!")不禁拍案叫绝。他赶紧请通晓日德英法四国语言的李汉俊帮助校阅,还托李大钊从北大图书馆借出英文版《共产党宣言》,以资对照。"④这里所述,基本上是符合历史实际的。

---

① 《解放日报》社、中共一大会址纪念馆编:《伟大的开端》,上海人民出版社2016年版,第59页。
② 1920年的"谷雨"是公历4月20日(夏历三月初二日)。
③ 《伟大的开端》,第89、91、92、94—95页。
④ 《伟大的开端》,第95页。

同在《伟大的开端》一书中,吴基民所写《破晓之光——上海共产党早期组织诞生始末》一文,则不妥之处较多。在介绍《宣言》的翻译时,他写道:"陈独秀对于翻译《共产党宣言》这件事非常重视,据俞秀松日记中记载:陈独秀曾两次要俞秀松风尘仆仆赶到义乌,将翻译好的文稿拿回上海,交陈独秀和李汉俊与英文版对照细细校阅,然后又将校阅后的文稿送回义乌,再把新的文稿带到上海。1920年4月末陈望道带着翻译好的《共产党宣言》文稿来到上海。"①实际上按前引《俞秀松日记》,该文作者误解甚至曲解了俞秀松的本意。

三、《国家记忆——一本〈共产党宣言〉的中国传奇》中的有关描写

2014年由山东文艺出版社出版的《国家记忆——一本〈共产党宣言〉的中国传奇》②一书,比较生动细致地描述了陈译《宣言》的出版和流传过程,既有一些有意义的具体分析,也有一些不准确之处。

该书说:"1920年2月的北京,寒风格外凛冽。在北京已经很难立足的陈独秀,决定离开这危机四伏的险地。""天还没亮,李大钊乘一辆骡马车来接陈独秀出城。到了陈独秀的住处,他从怀里取出一本薄薄的小册子,郑重地递上:这是我从学校图书馆借出来的,您把它藏好,想办法把它译成中文。欲知马克思主义为何物,共产党是什么样的政党,这是第一本入门之书,是第一把开锁钥匙,中国的出路和希望就在这里。""陈独秀接过一看,是一本英文小册子。他轻声念出书名:《共产党宣言》,太好了!"③

这是说1920年2月10日前后,李大钊就把英文版的《宣言》给了陈独秀,让他"想办法把它译成中文"。对此,后来亦有文章提及,说:"陈独秀1920年离京去上海,便带走一本英文版的《共产党宣言》。"④这种说法的依据何在,未见标明。细究起来,虽说陈望道翻译《宣言》时参考了陈独秀提供的英文版《宣

---

① 《伟大的开端》,第72页。
② 该书的主要内容还被缩写成报告文学《曙光中的足迹(报告文学)——一本〈共产党宣言〉的中国传奇》,首先发表于《人民日报》2014年6月3日,后被收入中共山东省委宣传部编:《聚焦2014》,山东人民出版社2015年版,第32—42页,以及林凯、许焕英主编:《金城本色》(报告文学卷),北京联合出版公司2015年版,第64—75页。
③ 铁流、徐锦庚:《国家记忆——一本〈共产党宣言〉的中国传奇》,山东文艺出版社2014年版,第37页。
④ 陈晋主编:《毛泽东读书笔记精讲1:战略卷》,广西人民出版社2017年版,第117页。

言》,甚至以英文版为主①;也有说这个英文版《宣言》是通过李大钊从北大图书馆借出来的②;但是把这个事件放在1920年2月10日前后李大钊送陈独秀秘密出京的危急时刻,还是过于夸张了些。日本学者石川祯浩指出:陈译本基本上是依据日文本进行翻译的,很难找到参照了陈独秀提供的英文版的痕迹。他所依据的原文,是《社会主义研究》创刊号所刊载的幸德秋水和堺利彦合译的《共产党宣言》,只是在译语的采用上,没有固守《社会主义研究》创刊号上的译语,而是对一些词句作了修改,采用了当时通行的语言。③ 一些中国学者也赞同此种说法。④ 照此看来,《国家记忆》一书的描述,显得不够真实。

该书说:"1920年3月底,戴季陶找到好友、《民国日报》主笔邵力子:我想找一个高手,把这日文《共产党宣言》翻译过来,在《星期评论》上连载。""陈望道究竟是什么时间回分水塘的? 有人说是1920年2月下旬。但我们认为,应该是1920年3月29日之后。"因为"一师风潮"事件发生在3月29日清晨,陈望道因"一师风潮"闻名全国,戴季陶是在"一师风潮"之后,才通过邵力子函约他试译《共产党宣言》的。"整整一个月,陈望道足不出户。到四月底,终于大功告成。"⑤邓明以《陈望道传》也说:"'一师风潮'结束后,作为这次事件的中心人物之一的陈望道,也就成了全国文化教育界的风云人物。为此,上海《星期评论》社特地函约他试译《共产党宣言》一书。""完成译稿时间是在1920年4月下旬。"⑥就此来看,《国家记忆》一书的分析还是有道理的。综合来看,陈望道回到故乡开始翻译《宣言》应在1920年4月13日前后⑦,完成译稿的时间则应在4月底5月上中旬。

该书说:"转眼进入五月",陈望道接到了《星期评论》编辑部发来的电报,

---

① 《国家记忆——一本〈共产党宣言〉的中国传奇》,第11页;中共中央马克思恩格斯列宁斯大林著作编译局马恩室编:《马克思恩格斯著作在中国的传播》,人民出版社1983年版,第14页。
② 傅萱:《陈望道与〈共产党宣言〉中译本》,《陈望道先生纪念集》,第348页。
③ 〔日〕石川祯浩著,赵英译:《关于陈望道译〈共产党宣言〉》,《鲁迅研究月刊》1994年第3期。
④ 李军林:《马克思主义在中国的早期传播及其话语体系的初步建构》,学习出版社2013年版,第193页;观泉:《也谈陈译本〈共产党宣言〉》,《鲁迅研究月刊》1994年第9期。
⑤ 《国家记忆——一本〈共产党宣言〉的中国传奇》,第40、42、48页。
⑥ 邓明以:《陈望道传》,复旦大学出版社1995年版,第37、38页。
⑦ 杨荣华:《中译本〈共产党宣言〉、〈社会主义史〉、〈阶级斗争〉初版时间订补》,原载《史学月刊》1983年第4期,后收入《杨荣华自选集》,安徽师范大学出版社2013年版,第34—35页;中共上海市委党史研究室:《中国共产党上海史(1920—1949)》,上海人民出版社1999年版,第44页;〔日〕石川祯浩著,袁广泉译:《中国共产党成立史》,中国社会科学出版社2006年版,第64页。

邀请他到上海担任杂志编辑。"他连忙收拾了行李,带上刚刚完成的译稿,告别家人,兴冲冲地离开了家乡。"陈望道到了上海,直奔《星期评论》编辑部。"编辑部迫于政府的打压,决定出满五十三期后,于6月6日停刊!""自四十七期以后,当局干脆勒令禁止。"①就此来看,陈望道到达上海的时间应在1920年5月底6月初。

该书说:"陈独秀翻看一遍译稿后,连连称好",他"按捺不住了,带上译稿和日文、英文版的'宣言',马上就找到了李汉俊"。"什么?他在我这里住了快一个月,居然没透露半个字。李汉俊张开嘴半天合不拢……"②这里的描述,不太合乎实际情况。

上海学者邱作健说:"陈望道一到上海,便住进了《星期评论》负责人之一的李汉俊家。陈望道把《共产党宣言》的译稿连同日、英文版原书,交给李汉俊,李汉俊不仅精通马克思主义理论,而且掌握日、英等多种语言。这在当时的中国是极其罕见的,可谓是凤毛麟角。""李汉俊对陈望道的《宣言》进行校对后,又把译稿送往住在环龙路老渔阳里2号的陈独秀再校。李汉俊、陈独秀校看后,又经陈望道对译文进行了改定。正准备按计划交《星期评论》连载时,意外发生了,在全国很有影响力的《星期评论》,遭到当局的嫉恨、压制,于1920年6月6日被迫停刊。"③这里对《宣言》校对、出版过程的描述,应该更准确些。按照前引《俞秀松日记》中的记载,《宣言》译稿或许是经过李汉俊的校对和陈望道的改定后,再由俞秀松转送给陈独秀的。

该书还说:先印出的《宣言》"几百册"被错印成《共党产宣言》后,陈独秀决定"把封面重新排一次版,这个月再印几百册,封面改成蓝色的"。"八月版的两次印数只有千余册。""九月,又印了一千余册,仍为蓝色封面。"④实际上,陈译《宣言》在1920年8月上中旬只印了一次,一千余册都是错为"共党产宣言"的。到九月份再印时,才改正了封面印刷的错误,并换了蓝色封面。

众所周知,1920年9月30日,沈玄庐在《民国日报》的《觉悟》副刊上发表《答人问〈共产党宣言〉底发行所》,其中提到:《宣言》中"可惜还有些错误的地

---

① 《国家记忆——一本〈共产党宣言〉的中国传奇》,第49、50、51页。
② 《国家记忆——一本〈共产党宣言〉的中国传奇》,第51、52页。
③ 邱作健:《也谈陈望道与〈共产党宣言〉中文全译本》,中共一大会址纪念馆编:《中国共产党创建史研究》,上海人民出版社2012年版,第432—433页。
④ 《国家记忆——一本〈共产党宣言〉的中国传奇》,第54、55页。

方,好在初版已经快完了,再版的时候,我很希陈望道先生亲自校勘一道"。

仔细品味这里所说,可以看出:一方面,到 1920 年 9 月底,《宣言》"初版已经快完了",但其中"错误的地方",特别是封面的印刷错误并未被"校勘"。据有关资料介绍,1920 年 9 月再印本中,除了封面的印刷错误、封面的颜色和版权页上的印刷时间外,正文中的错误并未校改。由此可见,1920 年 8 月只有初印,没有"再印几百册"。

另一方面,从沈玄庐的口气来看,甚至到 1920 年 9 月底时,《宣言》的"再版"似乎也并未完成,甚至还未经过陈望道的"亲自校勘"。这与通常所说《宣言》1920 年 9 月即被再印,与版权页上赫然印着的"一千九百二十年九月再版",似乎有些矛盾。如果 9 月版已经印出,似乎应该说:《宣言》已经"再版",并改正了封面印刷的错误。这到底是沈玄庐表述得不够清楚准确,还是《宣言》在 1920 年 9 月的再版有些复杂情况,笔者不敢妄断,敬待方家指教。

或许,沈玄庐是把《宣言》的 1920 年 8 月版和 9 月版都当作"初版"。他所说"有些错误的地方",是指改正了封面印刷错误的《宣言》9 月版,在正文中仍"有些错误的地方",有待以后由"陈望道先生亲自校勘一道"。他说的"再版",应指 1921 年 9 月人民出版社成立后再版的《共产党宣言》(署名陈佛突)。

四、2021 年前后的有关描写

在 2021 年上半年热播的电视剧《觉醒年代》中,关于陈译《共产党宣言》的反映,也有一些值得斟酌之处。

第 41 集,1920 年 4 月前后,陈独秀在上海和赵世炎谈论还未有中文版《共产党宣言》时,随口说出"一个幽灵,共产主义的幽灵……""共产党人不屑于隐瞒自己的观点和意图……"等语句。实际上,这样的语句,即使在陈望道翻译,1920 年 8 月出版的《共产党宣言》中也没有,更何况在 1920 年 4 月前后。"幽灵"的译法,出自 1942 年版的《共产党宣言》博古译本。陈望道所译《共产党宣言》中用的则是"怪物"。

让陈望道翻译《共产党宣言》,本来是戴季陶提出,所依据的首先是日文版,寄给了尚在杭州的陈望道。陈望道翻译完成后才去上海,到 6 月底才由俞秀松转交给陈独秀。在剧中,却变成了陈独秀在上海直接安排陈望道来翻译,陈望道由上海回到家乡翻译,然后到上海直接交给陈独秀,而且施存统和俞秀松也在场。

第42集,毛泽东5月5日到上海,剧中说第二天就去拜访陈独秀,陈已经拿出了《共产党宣言》校样,给毛泽东读。这应该是为了体现毛泽东在1920年夏天就成为马克思主义者的说法。实际上,俞秀松日记明确记载:到6月28日,陈望道才委托俞秀松将《宣言》的译稿交给陈独秀。毛泽东在7月初就离开了上海,应该是看不到陈译《宣言》校样的。

总起来说,陈望道译《共产党宣言》,作为五四运动后马克思主义在中国传播的重要标志和中国共产党创建过程的重要事件,是有关文艺或纪实作品中经常被反映和渲染的重要内容。这种反映和描绘,应该尽可能依据历史事实,努力实现历史真实与艺术真实的统一。脱离历史真实的过分渲染和虚构,则容易误导广大读者,特别是青少年读者,应尽力避免。

"帝国主义"的翻译问题

——以大革命时期的一场论争为中心

李映珵

(上海工程技术大学外国语学院)

"帝国主义"是马克思主义政治经济学当中的重要概念,也是影响20世纪上半叶世界格局的关键概念。近十多年来,随着观念史、概念史研究方法的引入,相关学者开始关注这一概念在近代中国的兴起及其演变情况,并形成了较丰厚的学术成果。已有研究厘清了"帝国主义"在中西语境中的缘起和生成[1],考察了"帝国主义"在近代中国的传播和接受轨迹[2],阐发了中共革命意识形态中列宁"帝国主义"的意涵及其当代意义[3]。这些研究多采用宏观的历史考察,关注"帝国主义"概念在历时性维度上的衍化。学者们讨论"帝国主义"的思想内涵,追踪其传播轨迹,总免不了从"帝国"的中西方词源出发,研究帝国与empire的接轨,探讨"帝国主义"如何经由日语,作为新语汇进入中文语境。"帝国主义"的翻译问题顺其自然地成为研究的起点或路径。以往鲜有学者注意到,在大革命时期imperialism与"大国家主义"曾出现的对译现象,

---

[1] 代表性论文有:陈力卫:《"帝国主义"考源》,《东亚观念史集刊》第3期(2012年);陈力卫:《近代各种"主义"的传播与〈清议报〉》,孙江、陈力卫主编:《亚洲概念史研究》第2卷,商务印书馆2018年版,第252—264页。

[2] 代表性论文有:曹龙虎:《近代中国帝国主义概念的输入及衍化》,《武汉大学学报》(人文科学版)2017年第4期;马思宇:《爱恨交织的"帝国主义"》,《读书》2014年第1期;葛静波:《"帝国主义"在清末中国:译介、认识与话语》,《西南大学学报》(社会科学版)2019年第2期。

[3] 代表性论文有:姜安:《列宁"帝国主义论":历史争论与当代评价》,《中国社会科学》2014年第4期;毕玉华:《建构与调适:中共革命意识形态中的"帝国主义"概念》,《近代史研究》2018年第5期;朱亚坤:《何谓"帝国主义"?语境、面向与反思——主要基于对列宁帝国主义论的评析》,《国外理论动态》2019年第4期;葛静波、张昭军:《国民革命时期列宁〈帝国主义论〉的译介与论争》,《中共党史研究》2019年第9期。

以及由此引发的争论。

本研究采取微观的、横向的现象辨析方式,聚焦大革命时期张闻天、余家菊、刘文海对"帝国主义"的不同翻译及其引发的争论,分析译名背后的政治目的,并尝试回答 imperialism 与"帝国主义"的互译性是如何稳固下来的。在这场论战中,对 imperialism 的翻译成为各方争论的话语工具,看似争论的是翻译问题,实则是意识形态斗争场域中的政治角力。

一、译外之意:"大国家主义"译名的出现

imperialism 经由日译进入汉语的接引路线是相对清晰的。① "帝国主义"在中文语境的早期使用源于由梁启超主笔的《清议报》。据陈力卫考证,自 1898 年 11 月至 1901 年 11 月,在有关"主义"的词汇中,"帝国主义"在《清议报》中的登场次数高居榜首,共 128 次,远超第二名的"国家主义"(22 次)。② 国人在 20 世纪初,就已经形成了对"帝国主义"的早期认识。《浙江潮》中直陈:"世界入二十世纪,劈头一大问题,新闻杂志笔锋相抵,演其义,逞其说,儿童走卒,抉为谈助,而奔走相告,以为寒暄语斯为何,曰帝国主义是也……故生于二十世纪而不知帝国主义者,虽其存即谓其死可也。"③ 在中华民族面临内忧外患,列强侵略欺凌的大背景下,"被称作'帝国主义'的东西比其他马列主义范畴更早地成了中国人依靠自己的经验得来的一个概念"④。

"国家主义"的频繁出场几乎是伴随着对"帝国主义"的阐述而来。在清末救亡图存的历史语境中,以梁启超为代表的立宪派将"国家主义"作为团结各民族、凝聚国民、抵抗外敌的思想资源移植到中国。"国家主义""国民主义""民族主义"是同一英文概念 nationalism 下的类义词。梁启超曾在不同时期分别使用这三个词来翻译 nationalism。20 世纪 20 年代,"国家主义"在国家主义派的推波助澜下发展成为一股影响较大的政治思潮。

---

① 日本吸收汉语获得"帝国"一词,并在 18 世纪末,用之对译荷兰语 keizerdom,然后在《英和·和英语汇》(1830)里用来对译英文 empire,加固了"empire = 帝国"的概念形成并使之广为流传。日语里面"ism"与"主义"的对译出现在明治十四年《哲学字汇》(1881)或更早。imperialism 与"帝国主义"的挂钩大约在 1898 年左右。详见陈力卫:《"帝国主义"考源》。
② 陈力卫:《近代各种"主义"的传播与〈清议报〉》,《亚洲概念史研究》第 2 卷,第 256 页。
③ 酴粲:《新名词释义·帝国主义 Imperialism》,《浙江潮》第 6 期(1903 年)。
④ 〔德〕李博著,赵倩等译:《汉语中的马克思主义术语的起源与作用:从词汇—概念角度看日本和中国对马克思主义的接受》,中国社会科学出版社 2003 年版,第 160 页。

既然"帝国主义"和 imperialism 的对译关系已经生成,"国家主义"和 nationalism 的互译亦有先例,为何时至 1924 年,刘文海却仍别出心裁,将 imperialism 译为"大国家主义"呢?① 刘文海(1894—1983),民国学者,出生商贾,曾负笈英美,1921 年学成归国,历任国立东南大学政治系教授、西北大学教务长、东北大学政治系主任,后从政国民政府审计院。刘文海在南京任教期间,开设国际公法、国际政治、大国家主义等课程②,并于 1924 年著《近世大国家主义》一书。1925 年,商务印书馆将其作为政法丛书之一出版。③ 他在书的引论中写道:"国家主义进行之初本光明正大;但其主要目的已达之后,则易变为大国家主义。"并加注释:"余向用帝国主义,盖英文 imperialism 译名,惟据历年经验,我国社会人士对于该名称多有误会,颇感不便;思之再三,惟有变更之为愈;旋思及采取侵略二字,第与是编之性质不尽适合,故最后乃决计取用大国家主义。"④他这种译法引起了国家主义派的不满,认为其混淆视听,误导民众。国家主义派的代表人物余家菊(1898—1976)发文《论所谓"大国家主义"并质商务印书馆》,文中写道:"商务印书馆竟以此译名荒谬之书付印者何也? 译者之罪,固然可逭,而书局亦不可辞责……故希望汝将此荒谬名词改正之。不然,则是有意使人误会吾人所提倡之'国家主义'为'帝国主义'之邻。爱国之士,必将与汝决一死战也。"⑤刘文海即发函解释,余家菊再复函应答。1925 年 7 月 25 日,两人信函往来一并刊发在国家主义派的发表园地《醒狮周报》上。

当然,刘文海所担心的"误会"确有其依据,他从学理上展开,对改译一事作了解释。中国的皇帝古已有之,"帝"与"国"合并使用,较早见之于隋朝王通(584—617)的《中说》:"强国战兵,霸国战智,王国战义,帝国战德,皇国战无为。"⑥在西方语境中,英文 empire 一词源于拉丁文 imperium。古罗马文明在

---

① 据陈中凡回忆,1924 年 7 月,众学者访吴佩孚,期间,刘文海介绍自己研究国际问题的大国家主义,鲁迅即回应,是帝国主义吧,其扰乱世界,比苍蝇更甚千百倍。参见西北大学鲁迅研究室编:《鲁迅研究年刊》(1975、1976 年合刊),1977 年版,第 134 页。
② 侯丹、王明德编著:《三秦游子录》(续辑),西北大学出版社 1992 年版,第 60—61 页。
③ 商务印书馆在该时期出版的政法丛书有《中国国际商约论》《中国外交史》《政府论》《联邦政治》《近世民主政治论》《社会法理学论略》《德国新宪法论》《近世大国家主义》《劳动立法原理》等。
④ 刘文海:《近世大国家主义》,商务印书馆 1925 年版,引论,第 2 页。
⑤ 余家菊:《论所谓"大国家主义"并质商务印书馆》,《醒狮周报》第 39 号(1925 年 7 月 4 日)。
⑥ 张沛:《中说校注·问易篇》,中华书局 2013 年版,第 146 页。

公元前27年就进入了帝国时代。因此,刘文海辩解的第一条理由便是:"帝国主义之名称,无论在中西文字中,均易令人误会为君主主义,或帝制主义。"他查考字典后指出,imperialism 的意涵有两种,第一种意思与君主有关,第二种意思则与帝字完全无涉,是一种更广义的解释,即"一种政策在扩张一国之领土或权利于该国天然界限以外之土地与人民"。他认为,imperialism 汉译应取其广义的解释,去除帝字,译其精神。这样,普通人不会望文生义,想当然地把 imperialism 与君主挂钩。至于译为"大国家主义"可能会令人误会为"国家主义"或"大民族主义",刘文海解释道,"国家主义"倘若趋于极端,就是"大国家主义"。最后,刘文海解释"大"字的取用。imperialism 的词根 imperial 与 exalted,grand,supreme 同义,都带有高大庄严之意。其词源 empire 也有此义,如美国人称纽约州为 Empire State,是首邦之意。①

刘文海的解释主要是从学理层面展开,但这是不是改译的主要原因或全部的原因呢？1925年11月28日,张闻天(1900—1976)在共青团中央主办的机关刊物《中国青年》上发表杂感《大国家主义和帝国主义》,开篇即陈:"有位刘文海君恐怕把 Imperialism 一字翻成'帝国主义'有'赤化'的嫌疑;所以才决计从商务印书馆的请求把他译成'大国家主义'。"②综合当时的历史语境分析,张闻天的这番开篇定调是切中肯綮的。

受俄国十月革命及列宁有关"帝国主义"理论的影响,"帝国主义"这个概念在后来的不断传播过程中逐渐脱离了其初入中国的历史语境,自身含义也不断发生衍化。清末民初,"帝国主义"话语虽然已经产生,但在1920年前,"'帝国主义'在中国经历了一个内在游移、意涵趋歧的复杂历史过程。既爱之,又恨之,既歆羡追寻,又厌弃反对,国人看似矛盾的立场中,实有逻辑可循"③。刘文海在阐明《近世大国家主义》一书的宗旨时,看重的是"帝国主义"中包含的开拓冒险精神,他指出,减少人口不是解决中国经济问题之良方,应该提倡工商业,实行殖民政策。中国人应该勇于开拓,到满洲、蒙古、新疆、青海、西藏等处移民而居。④ 这也解释了他为何会说"旋思及采取侵略二字,第

---

① 《附刘文海君来函》,《醒狮周报》第42号(1925年7月25日)。
② 张闻天:《大国家主义与帝国主义》,《中国青年》第103期(1925年11月28日)。
③ 马思宇:《爱恨交织的"帝国主义"》。
④ 《近世大国家主义》,序言,第1页。

与是编之性质不尽适合"。当时正值中国革命激烈演进之时,20 世纪 20 年代曾出现过中国共产党和国民党相互联合后又相互斗争的复杂局面。刘文海取"大国家主义"译 imperialism,确有恐被"赤化",即革命化、共产主义化之虑。他所理解的"帝国主义"并没有和中国革命联系起来,或者说,他希望与当时轰轰烈烈的革命热潮,尤其是中共的"反帝"话语划清界限。作为政法界知识分子,他崇尚法律解决,反对革命方式。"余切望国人审慎之,勿令其(引者按:指义和团运动)再现于是邦,以自贻伊戚也。"①

批判西方殖民话语,解构其对中国知识界的影响和控制,是大革命时期中国共产党反帝话语实践的重要内容。② 张闻天作为先进知识分子,对于西方殖民侵略的本质较早就有了深刻的理解,他在 1923 年留美期间,发表了长篇国际问题论文《赔款与战债》③,揭露殖民侵略的本质。张闻天作为党内谙熟翻译的专业人士,讽刺刘文海欲盖弥彰的解释,并顺水推舟地表示将 imperialism 译为"大国家主义"并无不妥:"因为国家主义而变大;岂非帝国主义乎?"④着意将国家主义和帝国主义勾连在一起,颇有以夷制夷之用意。

二、以"寸铁"驳"论说":译名之辩背后的话语权争夺

张闻天的主要批判矛头是指向国家主义派的,译名的妥帖此时并非他关注的重点,刘、余二人在对译名的龃龉中暴露出的真实面目才是他抨击的焦点。张闻天加入这场争论,目的是帮助青年认清国家主义派的欺骗性和部分社会精英的妥协性。

他的杂感文《大国家主义与帝国主义》《绅商阶级之妥协性》同时发表在《中国青年》第 103 期的短评栏目"寸铁"上,署名闻。《中国青年》(周刊)1923 年 10 月 20 日创刊于上海,是中国社会主义青年团的首个机关刊物,恽代英为第一任主编。这本红色刊物在创办之初就担负着"引导一般青年到活动的路上""强健的路上""切实的路上"的使命。⑤ 1925 年,女师大学潮、孙中山逝世、

---

① 《近世大国家主义》,引论,第 1 页。
② 刘建萍:《中国共产党早期反帝话语:特征、影响与启示》,《理论学刊》2015 年第 6 期。
③ 张闻天:《赔款与战债》,《东方杂志》第 20 卷第 3、4 期(1923 年 2 月 10 日、25 日)。
④ 张闻天:《大国家主义与帝国主义》。
⑤ 《中国青年》编辑部:《发刊辞》,《中国青年》第 1 期(1923 年 10 月 20 日)。

五卅运动、省港大罢工……这一系列关乎国家存亡、民族命运的重大事件,刺激着热血青年的神经。《中国青年》编辑部适时对一百期以后的刊物使命作了更清晰的阐释:"为革命的青年做革命的指导","从各种反动思想中,引导青年趋向于正确的革命之途;廓清一般文化界湿热浓蒙之迷雾"。① 国家主义派主张的"国家主义"便是蒙蔽青年双目的迷雾之一。《中国青年》从 101 期开始设置栏目"寸铁",刊发政论时评类的短杂文,"寸铁"栏目刊载的文章,短小精悍,时效性强,一弹制敌,寸铁杀人。它就像一把刺破迷雾的匕首,与错误思想短兵相接,针砭时弊,激浊扬清,极富战斗性。该栏目刊行时期正是国家主义思潮甚嚣尘上之时,在 75 篇"寸铁"中,与国家主义派的论战占了大半。"寸铁"同人们所批判的国家主义派成员,和他们一样也大都是"少年中国学会"的会员,如曾琦、李璜、陈启天、左舜生、余家菊等。在"少年中国学会"分化解体过程中,张闻天与国家主义派针锋相对,同共产党人站在了一起。他在 1924 年发表《从梅雨时期到暴风雨时期》,尖锐批评了国家主义派的政治观点,指出其所鼓吹的"国家主义"和所谓的"国家主义教育",在中国"没有实现可能"。"要解决中国现在的一切问题只有革命。"②他发表在"寸铁"上的两篇杂文应该写作于 1925 年 8 月至 10 月间。当时,张闻天已经在五卅运动的革命洪流中加入中国共产党,并作为地下党员在苏州乐益女中担任教员。期间,他在乐益女中举行的纪念九七国耻演讲会上发表了题为"帝国主义与辛丑条约"的讲演,深入青年学生中进行宣传教育。③

11 月 25 日,共青团中央转发了中共中央的文件《与国家主义派及国民党右派斗争问题》。文件指出与两派思想上的争斗非常重要,"必须在此种争斗上得到胜利,我们在学生运动中才能得到胜利",并指示了在宣传和组织上的具体要求。在宣传上"应说明要救国,要爱国,但反对国家主义……尤其要指摘国家主义者卖国家骗民众的具体事实","应改变以前的态度,变消极的不谈三民主义而为积极的解释三民主义……要多举事实,说明离开阶级争斗,便无法防止资产阶级的妥协"。④ 11 月 28 日,《中国青年》第 103 期的"寸铁"刊发

---

① 《中国青年》编辑部:《一百期以后的本刊》,《中国青年》第 101 期(1925 年 11 月 7 日)。
② 张闻天:《从梅雨时期到暴风雨时期》,《少年中国》第 4 卷第 12 期(1924 年 5 月 9 日)。
③ 中共中央党史研究室张闻天选集传记组编,张培森主编:《张闻天年谱》上卷(1900—1941),中共党史出版社 2010 年修订版,第 52 页。
④ 中央档案馆编:《中共中央文件选集》第一册,中共中央党校出版社 1989 年版,第 525—527 页。

恽代英、萧楚女、张闻天分别撰写的六篇杂文①，集中体现中央文件的要求。"寸铁"通过对话语权的激烈争夺，以巩固共产党对青年运动的领导权。

国家主义派对 imperialism 这一名词译名的纠结反映出其在有限的政治空间内试图让自己"名正言顺"的努力。国家主义派以《醒狮周报》为喉舌，故又称"醒狮派"。《醒狮周报》1924 年 10 月 10 日在上海创刊，是中国国家主义青年团出版的刊物。《醒狮周报》的常设栏目"论说"重在阐述国家主义的诞生背景、理论基础、时代意义等，集中代表了国家主义派的主张。尽管以《醒狮周报》为主的国家主义派刊物打着爱国的旗号鼓动了不少青年，取得了比较明显的宣传效果，但国民党、共产党两大政党合作的政治格局已经形成，国家主义派的中国青年党只能在非常有限的政治空间内发展组织，扩大影响。

"名不正则言不顺，言不顺则事不成。"国家主义派汲汲于为自己正名，称其前承梁启超的国家主义思想，后继欧洲的国家主义理论。国家主义派的代表人物曾琦、李璜、余家菊等都曾在不同的场合对"国家主义"的译名进行辨析，试图为"国家主义"正名。李璜从字义、内容、历史、国家构造几个方面阐释 nationalisme 应该译成"国家主义"，而不是"民族主义"。② 曾琦在国立暨南大学演讲时指出："国家主义在法文为 Nationalisme 军国主义为 Militarilisme 帝国主义为 Imperialisme。名词既各不同，意义亦大有别。"③ 余家菊反对将 imperialism 译为"大国家主义"，从词源上辨析国家主义与帝国主义的不同。他指出，imperialism 的词源 empire 是指数个邦国，是战胜民族控制战败民族的国家。imperialism 是指实行国家领土的开拓，或主权行使范围的推广，其特质是"侵略""专制"。而国家是一定的人民在一定的领土中独立自主的生活，大国家就是有广土众民的国家，并没有侵略他人或专制他族的意思。从意义上阐释后，余家菊又从文字上说明，"大某某主义"的"大"一般缀于专有名词前，表示联结、号召同类之意，例如"大日耳曼主义""大斯拉夫主义"等，而"国家"是一个普通名词，在国家主义前面冠以"大"字，不仅意义上"画蛇添足"，文字上也"颠倒错乱"。若硬要说"大国家主义"在联结同类之外还有

---

① 《真正三民主义》《国家主义的工作》，署名英；《国家主义和东方文化派的新同志》《东交民巷中的阶级斗争之一幕》，署名楚；《大国家主义与帝国主义》《绅商阶级之妥协性》，署名闻。
② 李璜：《国家主义正名》，《醒狮周报》第 3 号(1924 年 10 月 25 日)。
③ 曾琦：《国家主义与中国青年》，《醒狮周报》第 34 号(1925 年 5 月 30 日)。

侵略他类之义，那就如无知小儿"呼鼠为猫"，如奸雄"指鹿为马"，如妄人"认水作酒"。① 在收到刘文海的信函后，余家菊再发文《为大国家主义答刘文海君》。文章除在开篇重申了帝国主义的精神是扩张国权于国界之外，还针对刘文海提出的恐世人误会之说质疑道：难道除"大国家主义"之外就无其他词可用了吗？若不想使用"帝国主义"，则"侵略主义""大一统主义"均可作备选。针对刘文海提出"国家主义"倘若趋于极端即为"大国家主义"，余家菊认为此理由"实属万分错误，实属绝端不合于历史事实。国家主义是自卫的，自保的；帝国主义是侵略的，扩张的"②。余家菊搬出法文《拉鲁斯字典》和英文《世纪字典》中"国家主义"的释义为自己背书。针对刘文海取用"大"字，余家菊认为将西文前缀 pan 译为"大"已属错误，若再将"大"缀以专有名词，那创制名词者就能凭空捏造，语文系统就乱了。③ 以上观点大都发表在《醒狮周报》的专栏"论说"。

"论说"栏目中的文章大都条理清晰，辞章考究，但观其行，却往往名实背离，有以虚名掩盖其实质之嫌。早期马克思主义者正是用事实来揭露国家主义派的真实面目。"寸铁"专栏的短杂文大多使用《醒狮周报》所提供的材料，以子之矛攻子之盾，揭示醒狮派之谬误。余家菊、刘文海与商务印书馆围绕 imperialism 进行的译名之争，引起了张闻天的注意，并以此作檄文。余家菊批评商务印书馆的主事者太昏聩，以帝国主义之罪恶诬陷国家主义："夫国家主义为反抗帝国主义而起，与帝国主义正处于相反的地位，此征诸历史而无疑者也。"④张闻天反诘，不知道这"历史"是哪一国的历史？译帝国主义为"大国家主义"，并无不当，"因为国家主义而变大，岂非帝国主义乎？你们不相信？在国家主义者曾慕韩君的头脑中'朴荫开雷是吾师，克勒蒙校更不疑'，不是已经有了这帝国主义的种子吗？"⑤张闻天采用"以夷制夷"的策略，说明国家主

---

① 余家菊：《论所谓"大国家主义"并质商务印书馆》。
② 余家菊：《为大国家主义答刘文海君》，《醒狮周报》第 42 号（1925 年 7 月 25 日）。
③ 同上。
④ 同上。
⑤ 张闻天：《大国家主义与帝国主义》。朴荫开雷（雷蒙·普恩加莱 Raymond Poincaré，1860—1934）是法兰西第三共和国第九任总统（1913—1920）；克勒蒙校（乔治·克列孟梭 Georges Clemenceau，1841—1929）曾两度出任法兰西第三共和国总理（1906—1909，1917—1920）。第一次世界大战期间，普恩加莱坚持把帝国主义战争进行到底，克列孟梭大力进行沙文主义和军国主义宣传，最后法国战胜了德国，雪了普法战争之耻，并企图再度建立在欧洲大陆的霸权。

义确有在事实上变为帝国主义的倾向,并在文末将批判的矛头直接指向了国家主义派的领袖曾琦。曾琦曾留学法国,他的国家主义主张受到欧洲国家主义思潮的直接影响。张闻天辛辣地讽刺国家主义者实际上依附于帝国主义,为帝国主义所豢养,并步步紧逼,揭破曾琦决不停止攻击绅商阶级的虚伪宣言,以商务印书馆、中华书局把"国家主义采入教科书"的事实,讽刺道:"你们现在正是和绅商阶级合作的时候了!他们出钱,你们出国家主义,前途的希望正无穷哩!""太原重庆的商人也将步广东商人的后尘,要组建商团军压迫工人和学生。"①张闻天指明商务印书馆与国家主义派之间赞助与被赞助的关系,抨击国家主义派出于私利和政治野心,与官僚、军阀、帝国主义沆瀣一气。当时共产党与青年党都互指对方为"帝国主义"的走狗以增加攻击的正当性,国家主义派找到"赤色帝国主义"作为佐证②,对中国共产党的反帝话语形成曲解和解构。他们挪用五四的口号"外抗强权,内除国贼",实际上主要是行"外抗苏俄,内除共党"之实。③

国家主义派在《醒狮周报》的"论说"栏目中多次讨论"国家主义""帝国主义"的翻译问题,意欲从学理入手辨析"国家主义"与"帝国主义"的不同,以收正本清源之效。中国共产党以"寸铁"驳"论说",具有"短、快、准、狠"的特点。张闻天擅用反语达到讽刺的效果,语言亦庄亦谐,又不失犀利。他一方面直接揭穿刘文海改译的深层原因,一方面借翻译问题揭示国家主义派的真面目,披露商务印书馆和国家主义派之间赞助与被赞助的关系,帮助青年正确认识国内外形势,提高觉悟,从而推动社会变革。

三、民族主义与马列主义的融合:"帝国主义"译名之确定

尽管"帝国主义"这一概念早在 19 世纪末 20 世纪初就已经被引进中国,但它真正成为参与革命政治动员的极为重要的话语资源,却是从 20 世纪 20 年代的国民革命开始的。"帝国主义"的本土化形象经历了一个变化的过程。粗略言之,20 世纪的前十年,"帝国主义"主要指西方的一种政治思潮,是一个

---

① 张闻天:《绅商阶级的妥协性》。
② 敖光旭:《国家主义与"联俄与仇俄"之争——五卅运动中北方知识界对俄态度之解析(上)》,《社会科学研究》2007 年第 6 期。
③ 曾琦:《内除国贼外抗强权释义》,《醒狮周报》第 2 号(1924 年 10 月 18 日)。

中性词,有时还带有褒义。帝国主义理论曾为一时之翘楚,是"清末立宪派与革命派相互争夺,却又共同尊奉的思想资源"①。20世纪的第二个十年,随着"帝国主义"在西方世界的舆论风向转变,其在国内也经常遭到批判。为追求民族解放和国家独立,国人纷纷控诉英帝国及欧洲列强的殖民扩张。民族主义者对帝国主义的批判,往往集中于帝国主义的军事侵略和政治控制,但对其经济掠夺方式却知之甚少,尤其是对不等价交换、资本输出、操纵金融等更隐蔽的手段认识不足。1921年后,随着苏联革命和中国共产党的诞生,"帝国主义"概念开始"革命性改造"②,加深了中国知识分子对帝国主义侵略本质的认识。列宁的《帝国主义论》(即《帝国主义是资本主义的最高阶段》)为反对帝国主义的殖民侵略和经济剥削提供了理论武器。中国先进知识分子通过苏联革命和列宁主义,开始接触马克思主义概念中的"帝国主义"。"一个传统上被视作政治—军事范畴的概念,开始同商品生产、资本投资等经济现象联系在一起。"③列宁主义的"反帝"理论彻底地谴责了帝国主义对殖民地半殖民地国家的侵略和剥削,对当时的社会现实具有强大的解释力,符合国人的情感需求和斗争的实际需要。

在五卅运动掀起的反帝爱国斗争高潮中,民族主义观念上的"帝国主义"和马列主义概念中的"帝国主义"实现融合,imperialism与"帝国主义"的互译性逐渐稳固下来,并作为重要的政治术语,参与到"反帝"的革命政治动员中。

刘文海和余家菊在解释各自的理由时,常提及的语汇是"一国之领土""天然界限""领土的开拓""主权行使范围的推广""一国欲张大其势力于此相当范围之外",主要关涉帝国主义的殖民扩张和政治控制,均未提及帝国主义与资本主义的关系。他们对"帝国主义"概念的理解是相对片面的,主要是从政治概念上阐释,而未从经济角度解读。同时,分裂的知识精英们对帝国主义的态度是暧昧不清的。刘文海对imperialism一词的翻译有点瞻前顾后,游移不定,"帝国主义"不合他心意,"侵略主义"亦不妥,索性直接音译为"印辟罗列斯目",此奇异之译名被商务印书馆否定后,他斟酌再三还是在"帝国主义"和"大

---

① 马思宇:《爱恨交织的"帝国主义"》。
② 尹钛:《"帝国主义"在中国的建构——以20世纪20年代的国民革命为例》,《国际关系学院学报》2007年第3期。
③ 曹龙虎:《近代中国帝国主义概念的输入及衍化》。

国家主义"之间选择了后者。针对余家菊的质问,他解释道,交译稿是在1924年春季,"帝国主义四字,还远不如现时通用",著作出版是在1925年6月,"适在帝国主义四字,因沪案而乍行通行之后"。①张闻天颇下过一番工夫钻研经济学,对帝国主义的经济剥削认识较为深刻。他在对国家主义派的檄文中指出:"外国的帝国资本主义挟了无穷的经济势力压到我们的身上来,国内的军阀官僚更用了无限的优越的地位和他们勾结着剥削我们的血肉……"帝国主义和封建军阀的勾结是社会沉疴的根源,只有用革命的思想去廓清国家主义派纷乱的妖言,新中国的建设才有希望。②

在中国共产党的领导和推动下,五卅运动的狂飙迅速席卷全国,举国上下"打倒帝国主义"的口号对于规范知识界用"帝国主义"译imperialism无疑起了重大的推动作用。"一九二五年的五卅运动来了,只两三天功夫,'打倒帝国主义'的口号传遍了上海的工人区和贫民窟,弄堂口会发现画在那里的乌龟底下有小孩子写的'帝国主义'的字样,马路上可以听到'打倒帝国主义'的五更调。不到两年,这口号就变成了奉旨照准的标语。"③imperialism与"帝国主义"的互译性趋于稳固的外在标志事件是五卅运动,内在线索是民族主义观念上的"帝国主义"和马列主义概念中的"帝国主义"的融合,这一融合的催化剂就是以经济意涵为主要特征的列宁帝国主义论。列宁帝国主义论为理解"帝国主义"概念提供了新的视角,为批判帝国主义提供了有力的思想理论武器,使中共反帝话语得到深入推进。金观涛、刘青峰为了宏观考察《新青年》知识群体接受马克思主义经济决定论的过程,选择统计了五个词在《新青年》各卷中的使用情况,发现"帝国主义"一词的使用"很有意思"。"虽然《新青年》创刊时已爆发第一次世界大战,但'帝国主义'一词使用次数一直相当少。直到1919年后,特别是《新青年》变为共产党机关刊物之后,这个词的使用次数才迅速增加。这表明对帝国主义的批判主要是在巴黎和会后,特别是在接受了列宁帝国主义论之后。"④

1924年,李春蕃(即柯柏年)翻译了列宁《帝国主义论》的前六章内容,以

---

① 《附刘文海君来函》。
② 张闻天:《从梅雨时期到暴风雨时期》。
③ 瞿秋白文集编辑委员会编:《瞿秋白文集》(一),人民文学出版社1953年版,第439页。
④ 金观涛编著:《观念史研究:中国现代重要政治术语的形成》,法律出版社2009年版,第311页。

"帝国主义"为题相继刊发在《民国日报·觉悟》上,继而在1925年以《帝国主义浅说》为名出版单行本。① "经由李春蕃的译介,中共等于正式将列宁的《帝国主义论》视作党内的反帝指导理论。"②1926年,连持仇俄反共立场的国家主义派也称:"列宁是苏维埃政府的创造者,他对于帝国主义的研究,可算别有心得,据他的意见:'帝国主义是以资本主义为基础而向外发展的,资本主义发达到最后的阶段,便形成了帝国主义'。这个解释,不独共产党徒奉为天经地义,即在我们反对共产主义的人,也认为很对。"③1928年,大东书局出版《帝国主义的真面目》,供普通民众和中小学生阅读。著者在开篇将刘文海译 imperialism 为"大国家主义"作为反例,讨论"帝国主义之定名"问题,认为"刘氏之译名不过权宜计,实不甚妥切也"。④ 书中列举了解释帝国主义的三大派别——哲学派、历史派和马克思派,认为马克思派的解释尤为中肯,在综合了考茨基、希法亭、列宁等的学说后得出定义:"帝国主义,即最后阶段的资本主义,生产与资本集中至最高度,财政资本垄断市场,而形成军国主义与财阀专政。"⑤1929年,高希圣等编的《社会科学大词典》⑥,柯柏年参编的《新术语辞典》都列有帝国主义 imperialism 的词条:"帝国主义是资本主义底最末的阶段。在这个阶段,自由竞争已为独占所替代,金融资本家为全国产业之支配者……"⑦无论是专论,还是词典工具书,"帝国主义"一词的定义都已经具有鲜明的列宁帝国主义论的印记。imperialism 和"帝国主义"的对译确立下来,其详尽的释义广泛影响了知识大众对帝国主义本质的认识。

四、结语

窥一斑而知全豹,由张闻天、余家菊、刘文海从自身的政治目的出发对"帝国主义"翻译问题的争论可知,在近代中国,对 imperialism 的翻译不是中立、

---

① 王海军:《马克思主义中国化进程中经典著作编译与传播研究(1919—1949)》,中国人民大学出版社2019年版,第407—408页。
② 葛静波、张昭军:《国民革命时期列宁〈帝国主义论〉的译介与论争》。
③ 胡国伟:《苏俄帝国主义与弱小民族》,《醒狮周报》第71号(1926年2月20日)。国家主义派的主要用意是利用列宁帝国主义论来论证苏俄自1921年施行"新经济政策"后,也是在步欧美资本主义的后尘。
④ 李士刚:《帝国主义的真面目》,大东书局1928年版,第2页。
⑤ 《帝国主义的真面目》,第3—27页。
⑥ 高希圣、郭真、高乔平合编:《社会科学大词典》,世界书局1929年版。
⑦ 吴念慈、柯柏年、王慎名合编:《新术语辞典》,南强书局1929年版,第184页。

透明的，而是政治及意识形态斗争和利益冲突的场域。三人都希望借讨论"帝国主义"的翻译问题，发表各自的政见，实现对大众尤其是知识青年在思想舆论层面的话语引导。"帝国主义"这一概念并不仅仅是悬停于知识精英思想中的观念，而是与动荡中变化的近代中国社会生活密切关联的。对"帝国主义"翻译问题的研究，亦绝非词典学层面的探寻所能涵盖，重回历史语境去考察诸多因素的互动，才能更深刻地理解译词选择背后折射出的个人政治态度和社会时代背景。

综而观之，肇始于上海迅速波及全国的五卅运动揭开了大革命高潮的序幕，客观上加速了民族主义观念上的"帝国主义"和马列主义概念中的"帝国主义"的融合，加固了 imperialism 与"帝国主义"的互译性，使"帝国主义"这一概念成为重要的话语符号，投入到"反帝"的革命话语实践中。

鲁迅译苏共文论与
《在延安文艺座谈会上的讲话》关系初探

蒋 硕

（浙江师范大学外国语学院）

一、引言

鲁迅后期移居上海，领导"左联"长达十年之久。在此期间，中国有关共产文艺的理论和创作仍处于探索和实验阶段，左翼内部对共产革命文艺诸问题的看法既不统一，也欠深入，左翼作家和理论家就相关问题展开了激烈的论战。鲁迅在这一时期也是参与讨论的重要一员，他不仅发表杂文回应责难，也批评其他左翼作家的观点，分析、评价他们的创作，同时也积极翻译引进日本和西方较为重要的共产文艺理论和文学作品，对早期中国共产文艺的形成和道路方向产生了深远的影响。

鲁译苏联共产文艺理论基本从日译本转译而来，其中学界较为重视、讨论较多的是卢那察尔斯基的《艺术论》《文艺与批评》和普列汉诺夫的《艺术论》。鲁迅之后，两位苏共文艺领导人的著作得到了更加广泛的翻译，甚至重译，中国文艺和理论界对二人学说的讨论亦层出不穷。但是，鲁迅所译其他苏共文艺理论和政策批评学界则讨论较少。这些译著主要包括译自藏原惟人的《文艺政策》和译自片上伸的《现代新兴文学的诸问题》。两文均为探讨新兴的苏共文艺的重要文献。笔者认为与鲁迅所译卢那察尔斯基和普列汉诺夫的著作相比，《文艺政策》与《现代新兴文学的诸问题》这两部译著对之后的中国社会主义、共产主义文艺理论和政策的影响也许有过之而无不及。本文将集中讨论两文对毛泽东《在延安文艺座谈会上的讲话》这一中国共产文艺的权威纲领性文件可能的影响。

二、鲁译《文艺政策》和《现代新兴文学的诸问题》

鲁迅早在日本留学期间就接触了共产主义学说。① 1925年回国后,他开始参与苏联文艺理论的译介,他主持的"未名丛刊"中就收录了任国桢编译的《苏俄的文艺论战》一书,鲁迅为该书作了前记。② 1927年鲁迅来到上海后,与创造社、太阳社、新月社的知识分子和作家展开了关于"革命文学"和无产阶级文学的论战。③ 此后几年中,鲁迅认为国内的论战者们既拿不出出色的无产阶级文学作品,对何为无产阶级文学又缺乏深入的理论认识,因此他呼吁"多看外国书","多看些别国的理论和作品……更好是绍介到中国来……于新文学的发展却更有功……"④他自己按这一思路在论战中阅读、研究了多种外国无产阶级文艺理论文献,"明白了先前的文学史家们说了一大堆,还是纠缠不清的疑问"⑤,并着手翻译其中的一些代表性著作。

鲁迅所译《现代新兴文学的诸问题》是日本左翼文艺理论家片上伸(1884—1928)《文艺评论》中的一篇。⑥ 该篇原名为《无产阶级文学的诸问题》,为片上伸1926年所作,鲁迅碍于书名敏感,将"无产阶级文学"改为"现代新兴文学"。本书译于1929年2月,译文共3.7万字。同年4月作为陈望道主编的"文艺理论小丛书"之一,由上海大江书铺出版。⑦ 片上伸是日本早稻田大学文学部教授,他在1922和1924年曾两度来到中国,与鲁迅结识,并亲至鲁迅北京居所拜访。⑧ 片上伸是日本无产阶级文学运动的重要人物,他在本文中讨论了若干无产阶级文艺的重大理论问题,如无产阶级文艺的本质、无产阶级文艺与资产阶级文艺的关系、政治与艺术的关系、无产阶级文艺作家的世

---

① 鲁迅1906年留日期间就与日本的社会主义者有过来往,并购买了包括《共产党宣言》日译本在内的多种共产主义书籍,参阅周作人的回忆:周遐寿:《鲁迅与日本社会主义者》,《鲁迅研究资料》3,文物出版社1979年版,第288—289页。
② 鲁迅:《〈苏俄的文艺论战〉前记》,《鲁迅全集》第七卷,人民文学出版社2005年版,第277—278页。
③ 参阅中国社会科学院文学研究所现代文学研究室编:《"革命文学"论争资料选编》上下册,知识产权出版社2010年版。
④ 鲁迅:《现今的新文学的概观》,《鲁迅全集》第四卷,人民文学出版社2005年版,第140页。
⑤ 鲁迅:《三闲集序言》,《鲁迅全集》第四卷,第6页。
⑥ 王家平:《〈鲁迅译文全集〉翻译状况与文本研究》,社会科学文献出版社2018年版,第286页。
⑦ 北京鲁迅博物馆编:《鲁迅译文全集》第四卷,福建教育出版社2008年版,第158—161页。
⑧ 陈朝辉:《片上伸在中国》,《鲁迅研究月刊》2013年第7期。

界观等。此外，片上伸还梳理了苏共共产文艺的发展史和苏共对共产文艺的讨论过程，尤其是详尽译介了苏联无产阶级文学团体"十月"的思想和艺术纲领。

鲁迅的《文艺政策》译自日本左翼文艺理论家藏原惟人和外村史郎1927年的日文辑译本。藏原惟人是片上伸的学生，日本无产阶级革命和文化运动的主要领导者，译介了21种苏联无产阶级文学和文艺理论著作。鲁迅受到藏原惟人较大的影响，曾先后购买了藏原21种共产文艺书籍中的17种。① 鲁迅从1928年开始翻译《文艺政策》，次年译文曾在《奔流》月刊第一卷上连载，单行本初版1930年6月作为"科学的艺术论丛书"之一，由上海水沫书店出版。② 单行本的附录部分加入了冯雪峰翻译日本冈泽秀虎所作的《以理论为中心的俄国无产阶级文学发达史》。鲁译全书近10万字。③

《文艺政策》一书是有关苏联文学艺术政策文件的汇编，其主要部分是1924年5月9日俄国共产党中央委员会召开的一场党的文艺政策讨论会的记录。当时俄共党内对于文艺政策产生了种种不同的意见，于是俄共中央委员会委派当时的中央委员会出版部部长雅各武莱夫为议长，主持召开了这次讨论会。藏原惟人将各种意见划分为三派：1. 由瓦浪斯基和托洛斯基所代表的否定独立的无产阶级文艺观；2. 由瓦进和其他"那·巴斯图"一派所代表的创立独立的无产阶级文学的文艺观；3. 由布哈林、卢那卡尔斯基等人所代表的调和前两派的文艺观。第三派虽然同意无产阶级应产生自己独立的无产阶级文学和文化，但同时也反对瓦进一派坚持在文艺领域内，必须有党的直接指导和干涉。布哈林等人认为党对文艺的直接干涉对无产阶级文学是有害的。④

三派的争论持续到第二年，即1925年7月才由俄国共产党中央委员会的决议《关于文艺领域党的政策》这一文件的发布而告一段落。藏原惟人翻译这批苏共文件是为了"明白俄国共产党的文艺政策，是正在向着怎样的方向进行"，并且他认为这对当时日本无产阶级文艺运动中正在兴起的关于政治和文

---

① 陈朝辉：《论〈毁灭〉从翻译到重译：再谈鲁迅与藏原惟人》，《鲁迅研究月刊》2011年第12期。
② 北京鲁迅博物馆编：《鲁迅译文全集》第五卷，福建教育出版社2008年版，第38页。
③ 《〈鲁迅译文全集〉翻译状况与文本研究》，第289页。
④ 《鲁迅译文全集》第五卷，第41页。

艺关系问题的争论可以有所启发。① 鲁迅翻译此书亦有类似的目的,他在本书后记中援引《"硬译"与"文学的阶级性"》的话说:"……我也愿意于社会上有些用处,看客所见的结果仍是火和光。这样,首先开手的就是《文艺政策》,因为其中含有各派的议论。"② 因此,《文艺政策》是鲁迅认为需要首先翻译出来的,中国急需的无产阶级文艺的重要文献,对当时国内的共产文艺大讨论具有极高的借鉴与指导价值。

三、《讲话》核心观点对鲁译苏共文论借鉴之分析

1942年5月,毛泽东在延安发表了题为《在延安文艺座谈会上的讲话》(以下简称《讲话》)的演讲。《讲话》的产生是在延安整风大背景下,由萧军提议,针对当时解放区共产文艺出现的种种问题而制定的文艺政策。③ 毛先于5月2日发表了《引言》,其后又组织了一次会议对《引言》所提出的问题进行广泛讨论,最后于5月23日,发表《结论》演讲,为党的文艺政策定调。④《讲话》是极为重要的政治和文艺政策文献,是此后数十年中国共产文艺的指导思想,对中国社会和文学艺术发展产生了深远影响。

《讲话》是毛泽东在深入研究分析中国社会现状与共产文艺发展实际的基础上的独创,是对抗战五年来中国资产阶级的动摇,五四以来革命文艺运动在中国的发展和缺点,以及延安根据地文艺工作者与八路军新四军、工人农民相结合所出现的批判暴露现实风气,及其各种争论等问题的具体研讨,符合中国事实,具有很强的针对性和现实性⑤,是马克思主义中国化的产物。同时,《讲话》又广泛借鉴和吸收了国际共产文艺思想与历史经验,特别是苏共的文艺政策,毛泽东在文中便谈到"外国的好经验,尤其是苏联的经验,也有指导我们的作用"⑥。另外,《讲话》也批判地总结和吸收了国内长达十余年间对共产文艺

---

① 《鲁迅译文全集》第五卷,第42页。
② 《鲁迅译文全集》第五卷,第141页。
③ 参阅周立波:《一个伟大文献的诞生》,《回忆毛泽东》,人民文学出版社1977年版,第312—318页;王德芬:《"要注意调理人我关系"——毛泽东与萧军》,于俊道、李捷编:《毛泽东交往录》,人民出版社1991年版,第176—189页。
④ 《毛泽东选集》第三卷,人民出版社1991年第二版,第847—852页。另参李惠:《延安文艺座谈会回忆文本考订》,《中国现代文学研究丛刊》2021年第7期。
⑤ 《毛泽东选集》第三卷,第853页。
⑥ 《毛泽东选集》第三卷,第862页。

的大讨论，其中主要包括鲁迅对共产文艺的探索。在毛所借鉴的这两大思想理论资源，即鲁迅与苏联共产文艺之间有一个结合点，这就是鲁迅所译的苏共文艺理论与政策。毛曾考虑组建中央编译部大批翻译马列苏联书籍，并高度赞扬鲁迅的翻译工作。他致信何凯丰商谈马列著作翻译时说"不如做翻译工作，学个唐三藏及鲁迅，实是功德无量的"①。笔者认为从《讲话》的具体内容来看，毛对鲁译苏共文艺的借鉴主要不是在卢那察尔斯基和普列汉诺夫等人的理论著作上，而更多的是来自《文艺政策》和《无产阶级文学的诸问题》等以马列理论为基础讨论文艺政策的文献。

毛泽东对鲁迅作品进行过仔细的研究，阅读过大量的鲁迅著作，经常和鲁迅的学生冯雪峰谈论鲁迅，曾对冯说："今天不谈别的，就谈鲁迅，好不好？"②《毛选》提及鲁迅或引用其著作的地方比比皆是，在《新民主主义论》中，毛确立鲁迅为新文化的旗手、主将，代表着新文化的方向③，并称鲁迅为"现代中国的圣人"④。虽然1938年1月毛在给艾思奇的信中说"我没有《鲁迅全集》，有几本零的，《朝华（花）夕拾》也在内……"⑤，但是同年6月首部《鲁迅全集》二十卷本出版，其中十卷为鲁迅的翻译。⑥ 周恩来早在出版一个月前就为延安预定了二十套《鲁迅全集》，其中有一套精装送给了毛泽东。⑦ 至40年代初，延安在毛的推动下兴起了大规模的"鲁迅热"。1942年在《反对党八股》的讲演稿中，毛提到今天会场分发的小册子《宣传指南》中的一篇文章"是从《鲁迅全集》里选出的"⑧。《讲话》中也有多处引用了鲁迅的观点，并对其进行讨论。其中包括引用了鲁迅翻译的苏联共产主义小说《毁灭》，此译本1931年出版，与《文艺政策》几乎同时，所据底本仍是藏原惟人的日译本。⑨ 从这一时期对鲁迅的频繁引用可以看出，此时毛正较为集中阅读鲁迅作品。他后来回忆说：

---

① 毛泽东：《致何凯丰》，中共中央文献研究室编：《毛泽东书信选集》，中央文献出版社2003年版，第182页。
② 陈微主编：《毛泽东与文化界名流》，人民出版社2003年版，第44页。
③ 毛泽东：《新民主主义论》，《毛泽东选集》第二卷，人民出版社1991年第二版，第698页。
④ 毛泽东：《论鲁迅》，《文艺理论与批评》2001年第5期，第5页。
⑤ 毛泽东：《致艾思奇》，《毛泽东书信选集》，第108页。
⑥ 张文江：《论〈鲁迅全集〉的三次编纂及其意义》，《学术季刊》1996年第4期。
⑦ 田刚：《"鲁迅"在延安》，《延安大学学报》（社会科学版）2012年第3期。
⑧ 《毛泽东选集》第三卷，第843页。鲁迅该文为《答北斗杂志社问》，载于《二心集》，参见《鲁迅全集》第四卷。《反对党八股》文中还提到了鲁迅《南腔北调集》(《鲁迅全集》第四卷)中的相关内容。
⑨ 《毛泽东选集》第三卷，第876页。

"我就是爱读鲁迅的书……我在延安,夜晚读鲁迅的书,常常忘记了睡觉。"①

《讲话》第一次发表于 1943 年 10 月 19 日的《解放日报》,该文的按语说当日是鲁迅逝世七周年的忌日,刊登毛泽东同志的《讲话》以纪念"这位中国文化革命的最伟大与最英勇的旗手"。②《讲话》的引言部分主要讨论了五大问题,包括文艺工作者的立场问题、态度问题、工作对象问题、工作问题和学习问题。21 天后他在结论中进一步将五大问题简化为"为群众的问题"和"如何为群众的问题"。其中"为群众的问题"主要涵盖了工作对象问题和立场问题。列宁在《党的组织与党的出版物》一文中曾明确指出党的出版物(或文学)是为无产阶级劳动群众服务的。③《讲话》进一步指出:"工作对象问题,就是文艺作品给谁看的问题。"毛泽东认为在根据地,文艺的接受者应是工农兵和革命干部。在结论中,他进一步指出革命文艺是为人民大众服务,包括工人、农民、兵士和城市小资产阶级(同盟者)。这一问题是共产文艺的根本问题,涉及何为共产文艺,或是其本质属性是什么,是关系到共产文艺能否得以存在的基础命题。对照鲁译苏俄文论,我们可以看到这一命题的讨论也是苏共文艺政策讨论的核心和首要问题。《文艺政策》记载着苏共三派对此问题的意见,作为反面教材的瓦浪斯基和托多罗夫基本否定了共产文艺在现阶段存在的可能性。他们的观点受到了 1925 年 1 月第一次无产阶级作家全联邦大会决议批判,并被否定。决议认为文艺是无产阶级和资产阶级开展激烈斗争的最后的舞台,无产阶级已经,并将获取胜利。决议提及无产阶级文学的对象是劳动者和农民,并发展出"无产阶级和农民文学"。④ 所谓劳动者在当时一般即指工人,如称工人阶级为"劳动阶级"。在《现代新兴文学的诸问题》(以下简称《诸问题》)所援引的无产阶级团体"十月"的思想艺术纲领第三条中还加入了小资产阶级,认为这也是俄国无产阶级文学创作的组成部分。⑤ 两份苏共文献除

---

① 毛后来将这套全集带到了中南海。参阅龚育之、逄先知、石仲泉:《毛泽东的读书生活》,生活·读书·新知三联书店 2009 年版,第 153 页。
② 田韶峻:《〈在延安文艺座谈会上的讲话〉理论溯源》,福建师范大学 2015 年博士学位论文。
③ 《党的组织与党的出版物》一文是在延安文艺座谈会讨论期间,由毛泽东授意博古从俄文重译,并于 1942 年 5 月 14 日在《解放日报》刊载,当时译作《党的组织与党的文学》。参阅黎辛:《博古与〈党的组织与党的文学〉的翻译》,《文艺理论与批评》1998 年第 1 期;董学文:《重论列宁〈党的组织和党的文学〉的中文翻译问题》,《文艺理论与批评》2020 年第 6 期等文。
④ 《鲁迅译文全集》第五卷,第 47 页。
⑤ 《鲁迅译文全集》第四卷,第 180 页。

未提兵士外,工、农与小资产阶级均作为共产文艺的工作对象,《讲话》所论与之相同。根据现有材料,我们虽然没有发现毛泽东直接指出《讲话》参考过鲁译,但是文本之间理论显示出大量内在一致或近似性,与毛泽东及延安上下对鲁迅广泛阅读的外部证据都指向了这一实际联系具有极大的可能。

《讲话》结论的第二个问题是"如何为群众的问题",约略可以包含引言中提到的态度问题、工作问题和学习问题。在结论中,毛泽东指出现阶段应主要致力于普及,但他也辩证地阐述了提高与普及的关系,认为普及亦是为了今后的提高。与群众(工农兵)的普及和提高紧密联系的是学习的问题,由于服务或是教育的对象是工农兵,因此,在进行服务和教育之前,先要有一个学习工农兵的过程。《讲话》号召文艺工作者向社会生活学习,到工农兵群众中去,去"观察、体验、研究、分析一切人,一切阶级,一切群众,一切生动的生活形式和斗争形式,一切文学和艺术的原始材料……"毛指出文艺工作者如不能这样做,就成了鲁迅遗嘱中叮嘱其子万不可做的那种空头文学家,或空头艺术家。① 他在引言中还说到文艺工作者应了解熟悉工作对象,即工农兵及干部,要在党政机关、农村、工厂和八路军新四军里了解熟悉各种人,各种事,认真学习群众丰富生动的语言和知识。②

《讲话》所谈的态度、工作方法和学习问题具体到文艺上实际涉及了共产文艺特有内容与形式的问题。在《诸问题》中有较多对共产文艺特有内容和形式的探讨,如其中"无产阶级团体'十月'的思想艺术纲领"第十二条谈到与其用抽象普遍的题目和题材歌颂革命,不如依据现实描写以呈现革命;与其赞美普遍抽象的劳动生活和劳动者,不如显示劳动的各种具体的现实生活,或革命暴风雨中真实的活人的姿容。③ "十月"所批判的是当时俄国"同路人"作家的想象主义、未来主义和象征主义创作,并认为他们的创作只是过渡期,将来无产阶级文学在内容与形式上都需要走一条新路④,如采用劳动通信、农村通信、壁报等文艺新形式⑤。《文艺政策》更进一步说:"我们

---

① 毛泽东在1940年1月发表的《新民主主义论》中即提出新文化要有民族形式,语言文字要加以改革,接近民众。参阅《毛泽东选集》第二卷,第707—708页;第三卷,第859—861页。
② 《毛泽东选集》第三卷,第850—851页。
③ 《鲁迅译文全集》第四卷,第183页。
④ 《鲁迅译文全集》第四卷,第184—185页。
⑤ 《鲁迅译文全集》第五卷,第121页。

的课题,是在将他们(引者按:指农民作家)的正在成长的一团,导入于无产阶级观念形态的轨道。但是,这之际,决不可从他们的创作中,绝灭那为影响于农民起见,在所必要的前提条件的,农民底文艺底形象。"而是要在"自己之前,竖起'学呀'这标语来……"。① 这里明确提出文艺工作者要先向无产阶级和"可以一同进行的一切文学层"学习,"排除文学上的命令的调子",再逐渐将农民作家等导入无产阶级的轨道,从而达到某种意义上的"提高"。因此,《诸问题》所讨论的共产文艺的内容与形式,以及《文艺政策》讨论的保留农民文艺形象等问题,实际上已涉及了《讲话》所谈到的共产文艺工作者的态度、工作与学习方法诸问题,而《讲话》是对这些重要问题进一步的逻辑发展和具体语境的深化。

与学习社会生活相联系的是怎样看待古人和外国文艺作品的问题。毛泽东在1942年2月《反对党八股》一文中就已论及需要学习古人和外国语言中好的东西。②《讲话》进一步认为"人类的社会生活是文学艺术的唯一源泉","此外不能有第二个源泉"。但《讲话》并没有摒弃古人和外国的文艺作品,而是认为这些是"流",而不是"源",是"古人和外国人根据他们彼时彼地所得到的人民生活中的文学艺术原料创造出来的东西"。③ 因此,"我们必须继承一切优秀的文学艺术遗产……""决不可拒绝……哪怕是封建阶级和资产阶级的东西",但继承必须是"批判地吸收其中一切有益的东西,作为我们此时此地的人民生活中的文学艺术原料创造作品时候的借鉴"。④《讲话》这里强调的是"批判地吸收",而不能失掉无产阶级文艺的主体性。这一问题在《文艺政策》中也已反复谈及,如《第一次无产阶级作家全联邦大会决议》(以下简称《决议》)第三节第九点便谈道:"无产阶级文学知道应该从古典底,以及现代有产阶级文化和艺术,采取有价值的一切的东西,进步底的一切的东西。"这里所说的有产阶级即指资产阶级,可见苏共文艺政策并不排除古典和资产阶级文艺中有价值、进步的内容。但是,必须加以批判的吸收。《决议》接着说道:"无产阶级文学更知道,在这领域上,应该比有产阶级文学所站住了的之点更前进,

---

① 鲁迅:《关于文艺领域上的党的政策(一九二五年七月一日,"Pravda"所载):俄国××党中央委员会的决议》,《奔流》第1卷第10期(1929年)。
② 《毛泽东选集》第三卷,第837—838页。
③ 《毛泽东选集》第三卷,第860—861页。
④ 《毛泽东选集》第三卷,第860页。

而且不独是旧文化的利用而已,用 Ilitch 的话说起来,便是必须将这些加以绝对底'改作'。"①由此看出《讲话》和《决议》在处理无产阶级文艺与古典和资产阶级文艺的关系时,采取了相同的策略。

关于文艺批评的标准问题是共产主义文艺理论的重要问题。《讲话》认为文艺界的主要斗争方法之一就是文艺批评,毛泽东提出了批评的两个标准,即政治标准和艺术标准,并提出政治标准要看效果(社会实践)和动机(主观愿望)的统一。他认为任何阶级社会的各阶级都有不同的政治标准和艺术标准,但是任何阶级社会中任何阶级总是以政治标准为第一位,以艺术标准为第二位。毛泽东在这里不是要否定艺术的重要性,他强调的是政治与艺术的统一,内容和形式的统一:"缺乏艺术性的艺术品,无论政治上怎样进步,也是没有力量的。因此我们既反对政治观点错误的艺术品,也反对只有正确的政治观点而没有艺术力量的所谓'标语口号式'的倾向。"②

苏共文论也重点讨论了文艺的批评问题,《诸问题》第八节认为:"艺术上最有意义有价值的作品,便要算以时代的先驱底思想为基础的,即时代的先驱底阶级的艺术,即无产阶级的艺术了。"③这样的断语实际上是将文艺作品的政治性摆在了第一位。《文艺政策》也说:"共产主义批评者,应该是一瞬也不出共产主义的立场,一步也不离无产阶级观念形态⋯⋯"④不过,苏共文论在强调文艺批评政治性的同时也认同艺术的重要性。《诸问题》紧接着上文论道:"艺术还应该提其'感染力',为无产阶级的斗争,去作有力的帮手。"⑤这里所谓的"感染力",无疑就是指艺术性而言,即重视共产文艺作品的艺术水准,使其具有"感染力",但艺术水准仍然要为政治与阶级这个第一原则服务。可见《讲话》与苏共文论在文艺批评标准的问题上观点也基本一致。我们通过以上鲁译苏共文艺理论与政策和毛泽东《讲话》核心观点的比较可以认为,毛泽东在 1942 年集中思考,并创作《讲话》这一重要文献的过程中,研究、参考,以致借鉴鲁译苏共文论应是完全可能,并顺理成章的推断。

---

① 《鲁迅译文全集》第五卷,第 118 页。
② 《毛泽东选集》第三卷,第 868—870 页。
③ 《鲁迅译文全集》第四卷,第 174—175 页。
④ 《鲁迅译文全集》第五卷,第 124 页。
⑤ 《鲁迅译文全集》第四卷,第 175 页。

四、余论：《讲话》之后

《讲话》发表一年多后，解放社于1944年3月出版了《马克思主义与文艺》，本书是由周扬按照《讲话》的内容与精神编写的一部介绍马克思主义文艺理论的简明著作，发行后流传极广，影响较大。本书选辑了马、恩、列、斯、毛、普列汉诺夫、高尔基和鲁迅有关文艺的评论和意见，实际是以《讲话》为中心，分若干主题编选马、恩、鲁迅等经典作家文章段落与《讲话》互相印证。但在本书的附录中收录了《关于文艺领域上的党的政策——俄国共产党中央委员会的决议》一文。我们通过将周扬所编此文与鲁译本比对，发现周编文就是鲁迅《文艺政策》译本的修订版。[①] 周编1944年首版和1947年二版都标明译者为陈雪帆，陈雪帆即陈望道。根据《文艺政策》原书的《后记》可知，译者其实是鲁迅。周扬在鲁译本十余年后的修订主要是使语言更加通顺易解，如颠倒译文语序，增加辅助性词语，替换专有名词惯用法等，此外并无实质性改写。周扬将此文作为重要文献编入《马克思主义与文艺》，说明这是能体现《讲话》精神的核心文件，再次证明了《讲话》与鲁译苏共文论的紧密联系。

《讲话》是中国集中讨论共产文艺十余年后总结性的纲领文件，也是开创此后中国共产文艺新局面的指南。通过比较《讲话》与鲁迅译苏共文论可知，《讲话》除了典型讨论中国当时具体文艺状况的内容之外，绝大多数重大理论和政策问题在鲁译苏共文论和政策中都能或多或少地发现近似的讨论。因此，可以推断《讲话》批判地吸收了鲁译苏共文艺政策中的精华部分，并结合中国实际情况，作出了必要的调整，以适应中国国情。如果这个分析符合历史事实的话，我们可以说鲁迅所译苏共文艺理论和政策是中国共产文艺理论和政策的源头之一，其卓绝的贡献不应被低估。此外，以往论者关注的焦点主要在于鲁译卢那察尔斯基和普列汉诺夫的理论著作，但笔者认为较少有人提及的《文艺政策》和《现代新兴文学的诸问题》亦有不可忽视的影响，甚至可能比前两者有着更大的实际影响。由于鲁迅翻译两书系源自日本无产阶级理论家的日文译本，因此中国无产阶级文艺早期阶段来自日本的中介影响亦不可忽视。中国共产文艺初期接受了苏联和日本两个源头的影响，或者更确切地说初期

[①] 参阅周扬编：《马克思主义与文艺》，大众书店1944年版，第239—246页；东北书局1947年版，第189—195页。

无产阶级文艺有一条从苏联到日本,再到中国的重要传播路线。

  蒋光慈等人的太阳社与郭沫若等人的创造社较多地吸收了苏共"岗位派""列夫派"的观点,偏重于强调文学的阶级性;鲁迅在 20 年代末期对无产阶级文艺的看法则倾向于瓦浪斯基、托洛斯基等人主张的重视文艺自身特征。① 但他晚年对托洛斯基持批判性看法,他译介的苏共文艺政策实际是苏共三派论争调和的产物。1930 年"左联"在上海成立,国内共产文艺政策趋于统一,鲁迅也逐渐改变了托洛斯基等人主张现阶段共产文艺不能存在的观点,转而支持无产阶级文艺的发展。这实际上使鲁迅的观点在某些方面更接近于其所译介的苏共文艺政策。苏共后由"左倾"的"拉普"代替了"十月",斯大林掌权后,文艺政策否定了《决议》的很多观点,进一步"左倾"。瞿秋白等人对斯大林的文艺政策也有所保留。稍后毛泽东的《讲话》也与斯大林的文艺政策保持了距离,而是在观念上较为相近于稍早的《文艺政策》和《现代新兴文学的诸问题》时期的苏共文艺理论和政策。

  关于鲁迅翻译共产文艺理论与政策,以及由此而产生的鲁迅本人对无产阶级文艺理论、政策的见解在何种程度和范围上影响了后来的中国文艺理论与政策,鲁迅对苏共、日本共产文艺的翻译、吸收和转化又怎样被后来的中国共产主义文艺进一步运用和发展,仍然需要继续研究和探讨。

---

① 艾晓明:《二十年代苏俄文艺论战与中国"革命文学"论争》(上),《中国社会科学》1987 年第 3 期。

书报译介与述评

미래주식회사

《现代》与马克思主义文艺观在我国的初期译介*

刘叙一

（上海商学院商务外语学院）

一、引言

20世纪30年代左翼文学的流行可以说是马克思主义社会科学知识在世界范围内有效传播的结果；世界范围内的无产阶级革命文学运动的盛行也极大地促进了马克思主义文艺理论在国内的传播与初步运用。"左联"的成立更是带动了多种左翼刊物的创办，马克思主义文艺思想在我国的宣传和传播以及我国文艺大众化运动的推动，使得声势浩大的左翼文艺运动在国内不断展开。随着"无产阶级艺术"这个名词正式引起世界文坛的注意[①]，中国文坛也开始在马克思主义和苏联文艺政策的影响下主动自觉地融入国际左翼文学思潮，大量地翻译苏联、日本的无产阶级革命文学作品。[②] 由此，"左翼文学在上世纪三十年代的中国成为了影响最大的思想文化潮流，极大地促进了马克思主义文艺理论在国内的传播与初步运用，并在相当程度上决定着此后二三十年间文坛面貌"[③]。然而，中国左翼文坛在1930年后对国外理论思想资源尤其是马克思主义文艺观的引入"不断趋于单一化……多元的'世界联系'被窄

---

* 本文为2021年度上海市教育科学研究项目"产出导向法视阈下商务英语专业学生讲好中国故事能力培养的实证研究"（项目号：C2021335）及2021年度上海商学院校级课程思政建设项目"跨文化商务交际"（项目号：SBS-2021-XJKCSZ-16）研究成果。
① 茅盾：《我走过的道路（上）》，人民文学出版社1997年版，第332页。
② 杨仁敬：《20世纪美国文学史》，青岛出版社1999年版，第281页。
③ 钱理群、温儒敏、吴福辉：《中国现代文学三十年》，北京大学出版社1998年版，第191页。

化为单向的'中苏联系'"①,这种情况一直持续到1933年周扬在《现代》这个平台上提出了"社会主义现实主义"的概念。

二、《现代》杂志的文艺思潮译介

"利用报纸、杂志、出版社等媒介,是中国早期先进分子传播马克思主义的基本途径。"②创刊于20世纪30年代初上海的《现代》杂志在主编施蛰存的主导下,组织并开展了对世界众多文艺思潮的译介活动。《现代》杂志在短短几年时间内开展了相当数量的对战后世界文学作品及理论思潮的翻译,所以一直以来,对于《现代》杂志的研究一直基于该杂志"是翻译西方现代主义文学的杂志"这样一种先入为主的观念。学界普遍认为,《现代》是一份现代主义杂志,因此,译介现代主义及作品是其主要内容。其实,《现代》杂志并不只如其名所指涉的那样,仅是专门介绍和传播"现代主义"文学的大本营,而是带着特定的立场和动机,有计划地引介包括马克思主义文艺观在内的各类世界文艺思潮。由于杂志名所自动带入的"现代主义"的标签,学术界对《现代》杂志在世界范围内对左翼文艺思潮的译介尤其是马克思主义文艺观的译介关注甚少。提及我国对马克思主义文艺观的译介,以鲁迅、瞿秋白、冯雪峰、周扬等为代表的左翼文化群体的贡献是无法被忽略的。在"左联"成立之前,他们便已经开始大量的马克思主义文论的翻译实践。而且,在"左联"解散之后,这项实践工作也并没有停止,冯雪峰、周扬等依旧致力于马克思文艺理论的译介和研究,推动了马克思文艺理论与中国革命文化运动的相互建构过程。[而以上所提及的任何一位,都与《现代》杂志的核心编译群以及杂志在20世纪30年代所开展的马克思主义文艺观的翻译活动息息相关。根据张欢的统计,左翼文化群体对马克思主义文论的译介主要分为两个方面:其一是对苏俄阐发马克思主义文艺思想的理论成果的翻译,所依据的大部分是日译本;其二是对马克思、恩格斯、列宁等经典作家论文艺的著作的翻译和研究。③ 再者,《现代》在

---

① 谢力哲:《1930:中国左翼文学理论史上的"新兴文学"》,《西南民族大学学报》(人文社会科学版)2020年第7期。
② 李敬煊、金姣:《马克思主义在中国的早期传播》,《学习与实践》2020年第5期。
③ 张欢:《关注马克思主义传播进程中的文艺理论内涵——以左翼文化群体的经典文论译介为例》,《学习与探索》2014年第3期。

上海的创立时间恰好是我国左翼文艺运动前后期转向的关键年份①,那么,《现代》更是在以左翼文化群体为主导的对马克思主义文艺观的译介活动中发挥了重要的作用。虽然《现代》对马克思主义文艺观的译介并没有占据杂志全部翻译活动的主体,却在马克思主义文艺观汉译史及在我国的初期传播史上发挥了关键且重要的作用。总体来说,《现代》杂志对马克思主义文艺观的译介包含了以上所提及的两个方面,或者可以说对马克思主义文艺观的译介是《现代》杂志对世界文艺思潮译介的重要组成部分。

三、《现代》团体对马克思主义的早期译介

其实早在1932年《现代》杂志创刊前,施蛰存、戴望舒、刘呐鸥等后来被视为"现代主义"先锋者的文学小团体便已开始了对马克思主义文艺理论的关注与译介。戴望舒的北京之行为这个积极追求"先锋"的文学团体带来了革命的新鲜血液,冯雪峰的加入更是拉近了他们与革命,与左翼,与马克思主义的距离。"冯雪峰是中国早期致力于引进马克思主义文艺理论的普罗米修斯"②,"是当时有系统地介绍苏联文艺的功臣"③。由鲁迅和冯雪峰所编译的"科学的艺术论丛书"把普列汉诺夫、卢那卡尔斯基等人的作品视为无产阶级文学理论的经典读本进行译介,同时将"科学的艺术论""新兴的艺术论"等理论等同于马克思主义理论。后来成为《现代》杂志编译组重要成员的戴望舒在冯雪峰的影响下参与丛书的编译工作,其所负责的是伊可维支的《唯物史观文学论》的翻译;后来被视为中国"新感觉派"先驱的刘呐鸥则负责翻译弗里契的《艺术社会学》,该书的原作者是以马克思主义作为理论基础对欧洲文学展开广泛研究的代表作家及理论家。包括丛书出版计划在内的一系列对马克思主义理论的译介及传播在国内积极开展,然而,当时我国文艺界对马克思主义理论的认知还是表面浅显的,真正意义上的马克思主义文艺思想的译介在国内其实还没有开始。戴望舒当时翻译《唯物史观文学论》的动机之一是认同作者对事实荒唐并单纯化的"辛克莱艺术论"严正批判的态度,二是他认为该书的日译本

---

① 刘叙一:《海派视域下的左翼文学译介——以〈现代〉杂志为中心》,《上海文化》2021年第2期。
② 北塔:《戴望舒与"左联"关系始末》,《现代中文学刊》2010年第6期。
③ 施蛰存:《沙上的脚迹》,辽宁教育出版社1995年版,第125—126页。

错误比较多①，他当时身边又有法文原著，加上其对马克思主义文艺理论的热爱，便决定重译。虽然当时戴望舒在思想上倾向于唯物史观，在实践上也是积极参加各类革命活动，但他对这一马克思主义最经典、最核心的理论并没有过分迷信与依赖，而是在众多马克思主义理论作品中唯独选译了这部对盛行的文艺理论思潮进行辨析、反思的著作。② 而刘呐鸥在翻译《艺术社会学》的过程中也同时开展了以他所理解的马克思主义文艺理论为基础的对现代主义文学的探索。在戴望舒、刘呐鸥及后来的《现代》杂志主编施蛰存看来，包含马克思列宁主义文艺观在内的世界文艺思潮，尤其是当时盛行的苏俄文艺，是他们追求的众多"世界新兴艺术"中的一种，他们将其视为国外值得引进的文学思潮或创造风格。也就是说，戴望舒、施蛰存、刘呐鸥等人对当时在全世界范围内盛行的马克思主义并没有盲目崇拜和机械固守；更难能可贵的是，他们已经认识到马克思主义内部的变异性和多样性，也能接受来自于不同方面的声音。③ 此处的"新兴艺术"与1930年代左翼文学的代名词"新兴文学"相比，无疑被赋予了更多属于文艺本体特征的理解与阐释。正如施蛰存在《关于鲁迅的一些回忆》中提到的："日本文艺界把苏联文学称为'新兴文学'，把马克思主义文艺理论称为'新兴文学论'。他们出版了一套《新兴文学论丛书》。……于是引起了我们翻译介绍这些'新兴'文艺理论的兴趣。"④ 从这个角度来说，《现代》对马克思主义文艺观的译介与其对其他当时盛行的文艺思潮的译介一样，首先是将其视为一种新兴的文艺观。

四、《现代》与马克思主义文艺观的翻译

为人所忽略的是，恰好是从《现代》杂志创立的1932年起，左翼文艺理论家们便通过大量翻译和传播经典马克思主义即马克思主义创始人的著作和理论，从而大致在1932年底这个时段，真正实现了以马克思主义指导中国革命文艺实践的开始。⑤ 这并不是时间上的巧合，1933年4月，《现代》第2卷第6

---

① 王文彬、金石主编：《戴望舒全集》（散文卷），中国青年出版社1999年版，第105、106页。
② 北塔：《戴望舒与"左联"关系始末》。
③ 王志松：《刘呐鸥与"新兴文学"——以马克思主义文艺理论接受为中心》，《山东社会科学》2013年第10期。
④ 鲁迅博物馆鲁迅研究室编：《鲁迅诞辰百年纪念集》，湖南人民出版社1981年版，第410页。
⑤ 刘永明：《1932年：中国左翼文艺运动历史分期的时间逻辑》，《中国文学研究》2020年第2期。

期刊登了瞿秋白的《马克思、恩格斯和文学上的现实主义》,这篇文章便是属于对马克思主义文学观的理解和阐释①;周扬的《关于"社会主义的现实主义与革命的浪漫主义"》一文也在《现代》首发,细致梳理了"社会主义现实主义"传入中国的具体过程。值得一提的是,周文是"社会主义现实主义"的创作方法第一次被译介至中国,也就是说,《现代》是第一份刊登"社会主义的现实主义"这个术语的杂志,该文中所提及的观点对当时中国的左翼文坛产生了重要的影响。瞿秋白的《马克思、恩格思和文学上的现实主义》也在我国译介马克思、恩格斯文艺理论的进程中具有重要的意义。从这个角度来说,《现代》在马克思主义文艺观在中国的正式译介及传播中起到了开风气之先的作用。② 因为在这篇文章刊载的两个月后,《读书杂志》第 3 卷第 6 期才刊载了由陆侃如翻译的《恩格斯未发表的两封信》,一封致哈克娜斯,一封致特里尔。③ "在 1932—1933 年之前,被当作马克思主义文艺理论而在中国传播的并不是真正的马克思主义文艺理论。"④因此,无论是从时间上还是从所译的内容来看,《现代》都是国内译介马克思主义文艺观的先驱媒介。

马克思主义文艺观在中国的译介与传播与其在国际上的传播以及理论的系统性整理也有着重要的关系。20 世纪 30 年代关于马克思恩格斯全集的出版及其他相关资料的发现促进了苏联对马克思主义文艺观学习的高峰阶段。而此时,中国无产阶级革命文学的发展也恰好需要马克思主义的指导。于是,在 1932 年后,我国对马克思主义文艺观的接受和传播开始聚焦于马克思主义创始人的文艺思想上,瞿秋白在《现代》杂志上发表的那篇译文便是这个转折点的关键。正是因为瞿秋白,"中国文学界对马列主义文艺思想了解与苏联同步开始了"⑤。紧接着,周扬也开始通过《现代》这个平台,最先将苏联的"社会主义的现实主义"创作方法介绍到国内。因此,《现代》在译介马克思主义文艺观过程中的重要贡献主要体现在两个方面:其一是开启了真正意义上的马克思主义文艺观在中国的翻译旅行;其二是提出了"社会主义的现实主义"这个马克思主义文艺观概念中的重要术语。如果将马克思主义文艺观视为当时世

---

① 静华(瞿秋白):《马克思和恩格斯和文学上的现实主义》,《现代》1933 年第 4 期,第 806—818 页。
② 周宁:《〈现代〉与三十年代文学思潮》,山东大学 2007 年博士学位论文。
③ 张大明编著:《西方文学思潮在现代中国的传播史》,四川教育出版社 2001 版,第 445 页。
④ 刘永明:《1932 年:中国左翼文艺运动历史分期的时间逻辑》。
⑤ 艾晓明:《中国左翼文学思潮探源》,湖南文艺出版社 1991 年版,第 173 页。

界范围内盛行的一种新兴思潮,结合《现代》杂志对其他新提出或者新涌现的文艺思潮和理论的译介,可以看出其独特的译介视角。通常来说,以施蛰存为主导的《现代》杂志的编译群对国外的新兴思潮及文艺理论等往往有着独到的分析和判断,并结合我国国情及杂志本身所秉持的文学立场,决定是否译介、传播或者吸收转化为创作。

1. 开启马克思主义文艺观的正式译介

上文提到左翼文化群体对马克思主义文论的译介主要分为对苏俄有关于阐发马克思主义文艺思想的理论成果的翻译以及对马克思、恩格斯、列宁等经典作家论文艺的著作的翻译和研究。《现代》刊载的瞿秋白的《马克思、恩格斯和文学上的现实主义》便是属于第一类对马克思主义者著作的理解和阐释类的文章。1859年,马克思、恩格斯分别致信斐多拉萨尔,对他的《弗兰茨冯济金根》进行深入的分析和探讨,其中便已涉及文学创作如何反映现实的问题,马克思主义的现实主义文学观的发生便应追溯于此。后来恩格斯在致玛哈克奈斯的信中首次对现实主义作明确界定。1933年,"左联"吸取了联共(布)中央和苏联文学界清算"拉普"的经验,即实践上产生的缺点需要在思想上予以清算,之后便提出了"现实主义"的创作口号。此次清算之后,"左联"的创作有了比较丰硕的收获,"但由于过分地'强调',例如由马克思、列宁对于巴尔扎克和托尔斯泰之称赞的引例中,过分强调了世界观与创作方法的矛盾,因而也连带地产生了一些偏向,使有些作家们借此满足于自己狭小的生活经验而不努力去实践,以及对于古典作家无批判地崇拜等"①。其实就原文的内容倾向来说,马克思和恩格斯并没有对巴尔扎克等作家进行全盘肯定,而是指出正确运用"文化遗产"和"经典文学"的具体方法。这篇文章观点鲜明,一分为二,客观辩证地说明了新的革命文学应当怎样去学习过去时代的大文学家,学习他们如何揭露社会发展的内部矛盾等问题。1930年前后我国对革命文学其实存在着复杂和多元的认识,这篇文章也是从一定程度上纠正了国内文坛对古典作家和各类"主义"的无批判性质的盲目崇拜,帮助国内读者加强对国外新涌现的各类文艺思潮的正确认识。这对包括"左联"在内的当时文坛的创作实践,有着至关重要的影响。如果将瞿秋白对该文的翻译置于马克思主义理论

---

① 王瑶:《中国新文学史稿》,北岳文艺出版社2015年版,第161页。

在中国传播的历史脉络中,当时我国正好处于革命运动的初期,是在文艺路线及创作手法上需要马克思主义文艺理论指导的关键阶段。为了给当时的中国革命文学运动在理论方法上指出一条合适并正确的道路,借鉴被全世界广泛传播的苏俄的革命文学理论便是较为直接的途径。秉承着这样的翻译动机,瞿秋白根据苏联共产主义学院出版的《文学遗产》中马克思和恩格斯关于文学问题的五封书信,整理并翻译了这篇长达九千多字的文章,并选择了当时在文艺立场上相对来说兼容并包,在选译原则上以文艺价值为主导标准的《现代》杂志刊登这篇具有开创性及转折性意义的作品。除此之外,瞿秋白还翻译并撰写了《恩格斯和文学上的机械论》《文艺理论家普列汉诺夫》《社会主义的早期"同路人"——女作家哈克纳斯》等文章。瞿秋白对马克思主义理论及文艺观的译介是积极且频繁的,在译介过程中蕴含了其对文学与现实、现实主义创作手法、经典作家作品的影响等核心理论问题的思考。再将瞿秋白对马克思主义文艺观的翻译置于译者本人的文学生产的脉络中,"1930年秋至1934年初的'上海时段'是瞿秋白最重要的理论成熟期,也是最符合其个人志趣的人生时段"①,因为那个阶段有着"国际性的'红色的30年代'革命意识的浸染"②。不仅翻译并传播马克思主义文艺观,瞿秋白还是一位在"政治宣传和文学创作之间不断转换"的作家及译者③,他一边将自己的文艺理论译文刊载在《现代》上,一边及时地将其所认可并翻译的包括马克思主义文艺观在内的文艺理论应用贯彻到其自身的创作中,并积极参与了以《现代》为平台展开的各类文艺论争及讨论。

2. 对"社会主义现实主义"的迅速反应

除了刊载瞿秋白对马克思主义文艺观的先锋性译介,《现代》还是首份提出"社会主义的现实主义"的杂志。"社会主义现实主义"这个名词最早是由苏联提出的,1932年,全苏联作家同盟组织委员会第一次大会上展开了关于创作方法的讨论,该主义批判唯物辩证法的创作方法;1934年,该主义被定为苏联文艺界法定的创作方法,之后开始传播到其他国家,成为世界范围内大多数

---

① 杨慧:《思想的行走:瞿秋白"文化革命"思想研究》,商务印书馆2012年版,第41页。
② 杨经建:《"文学大众化":瞿秋白对母语文学现代性重构的"红色"设想》,《社会科学》2020年第4期。
③ 杨卫民:《马克思主义在中国早期传播的人文特质——以中共出版人在上海的思想宣传为例》,《济南大学学报》(社会科学版)2015年第6期。

无产阶级文学创作的主导理论手法。"社会主义的现实主义"口号的提出引发了全世界范围内文艺圈的热烈讨论,这个讨论马上就蔓延到了中国。作为一个创作方法或文艺思潮,自20世纪30年代从苏联介绍到中国来后,对中国文艺的发展产生了深远的影响,在50年代到70年代这段时间更成为文艺的指导性理论。① 国内有许多专门的著述和论文对"现实主义"文学理论概念和"社会主义现实主义"文学理论概念的源流、发展、演变进行了梳理和研究。② 周起应(周扬)在《现代》杂志上发表的《关于"社会主义的现实主义与革命的浪漫主义"》一文便是我国对该主义最早的深入阐释③,温儒敏将其理解为"马克思文艺理论'中国化'过程中力图构建起来的基本批评原理、概念和方法"④。其实在周扬发表该篇文章之前,由森堡(任钧)翻译的《社会主义的现实主义论》也是属于对苏联文艺理论和创作的阐释文章,同时也是国内文艺界对苏联解放"拉普",提倡"社会主义现实主义"口号的迅速反应。如果从对"社会主义现实主义"在中国译介及传播的时效性来看,任钧的这篇文章无疑是最及时的。然而,这篇译文对于"社会主义现实主义"概念并没有明确定义,仅仅表示该主义是走向马克思主义世界观的表现。⑤ 该文引用了恩格斯给哈克娜斯信中所提及的现实主义论以及马克思和恩格斯论巴尔扎克的话,强调真实性对艺术创作的重要性。在接下来的一期杂志上,周扬的《关于"社会主义的现实主义与革命的浪漫主义"》便就该"主义"作了清楚的溯源及明确的界定。当时的"左联"有意把《现代》杂志的部分翻译创作活动和日本新感觉派颓废的东西关联在一起,暗示翻译或创作这样的文章就是不前进,并且把杂志上几乎所有现代性的实验创作都当作思想意识上不前进的表现,文学的技巧性和先锋性在当时被压制得很厉害。因此,如何客观地剖析"社会主义现实主义"的本质内涵,区别其在意识形态和文学创作中的两面性,对于当时《现代》杂志所倡导的文学生产活动以及国内以文学性为标准的创作活动来说,都是极其关键的。在文章中,周扬一开始便梳理了"社会主义现实主义"传入中国的过程,谈及

---

① 陈顺馨:《社会主义现实主义理论在中国的接受与转换》,安徽教育出版社2000年版,第1页。
② 祝星纯:《前期周扬的"现实主义"理论话语》,《现代中文学刊》2021年第2期。
③ 周起应:《关于"社会主义的现实主义与革命的浪漫主义"——"唯物辩证法的创作方法"之否定》,《现代》第4卷第1期(1933年)。
④ 温儒敏:《中国现代文学批评史》,北京大学出版社2005年版,第138页。
⑤ [俄]华希里可夫斯基著,森堡译:《社会主义的现实主义论》,《现代》第3卷第6期(1933年)。

"社会主义现实主义"对于"拉普"的批判性意义,他的梳理和阐释基本上继承了卢那察尔斯基的观点,认为"革命的浪漫主义"是社会主义现实主义的"正当的必要的因素"。此外,周扬还提到了"社会主义现实主义"的"大众化"和"单纯性"问题。文章最后还颇具前瞻性地指出,"社会主义现实主义"是以"苏联条件为基础"的理论,不能"生吞活剥"地照搬到中国。周扬借《现代》这个兼容并包的译介世界各国文艺思潮的平台,结合中国当时的现实情况和文艺创作实际,阐释了他眼中的"社会主义的现实主义"。他认为该主义的本质其实在于真实性、典型性及大众化。文章不仅指出了"唯物辩证法的创作方法"对于文学创作技巧的忽视,还提出了提高文学创作手法与技巧如何与现实结合的客观途径。该文第一次较为系统地向中国文艺界介绍并阐释了苏联文学界时下正在讨论、提倡的"社会主义的现实主义"创作理论,批判了所谓的"唯物辩证法创作方法"中的错误,论述了文学对生活的依赖关系,并针对当时国内左翼文学创作的缺点,强调了艺术需要形象思维的观点,再加上这是"社会主义现实主义"概念第一次被引入中国,其中的观点对当时的左翼文坛无疑产生了重要影响。当时国内对"社会主义现实主义"的接受分为两类:以周扬为代表的亲近苏联官方立场和以胡风为代表的远离苏联官方立场,前者被评析为"影响的焦虑",后者为"实感的接受"。① 周扬对该主义的阐释对扫清"唯物辩证法创作方法"、典型理论的探讨以及浪漫主义的重新估价作出了贡献。② 这篇文章也成为之后中国理解社会主义现实主义的开山经典之作,对于中国左翼文学创作的正常发展,对于中国话语环境下对这类新思潮的批判性吸收具有非常重要的意义。对于周扬本人的理论研究经历来说,该文也成为其文艺论著的代表作。

3. 对"写实主义"的多元化接受

在瞿秋白正式开启马克思主义文艺观的译介以及周扬对社会主义现实主义的系统性论述之后,《现代》杂志依旧持续关注对该主义从不同视角出发进行解读或评论的创作或译作,或是积极组织开展各类文艺论争与讨论,最引发关注的便是"第三种人的论争"。虽然该论争最终没有得出明确的结论,却在

---

① 《社会主义现实主义理论在中国的接受与转换》,第 84 页。
② 《中国现代文学批评史》,第 138 页。

某种程度上使得左翼文艺在组织上的"关门主义"作风有所缓解与克服。其中,由冯雪峰主导,瞿秋白起草的《并非浪费的论争》以及《关于"第三种文学"的倾向与理论》等文章先后发表在《现代》杂志上,结合前期对马克思主义文艺观的译介,这一系列活动的开展无论是对左翼文艺而言,还是马克思主义理论在我国的传播与发展而言,都是重要的转折点。

茅盾在1929年《西洋文学通论》的绪论中提到:"然而大战以后,产生出一个社会主义的苏维埃俄罗斯来了。本来被压迫的劳动阶级成为支配阶级。这当然要在文艺上爆发一个新火花。于是所谓'新写实主义'便成了新浪潮,波及到欧洲文坛乃至全世界的角隅。"①"新写实主义"在国内的译介源于林伯修翻译的《到新写实主义之路》,在《现代》杂志创刊前,对该理论的讨论在国内已较为普遍。现代书局还在1930年5月出版了藏原惟人《新写实主义论文集》的译本,形成了对该理论较系统的探讨模式。然而从该理论传入国内至1932年"唯物辩证主义的创作手法"在国内的兴起,该理论自始至终没能与实际的创作紧密地结合起来。和其他"新兴文艺思潮"的传播一样,以左翼理论学派为代表的国内对"新写实主义"的译介与评价,是该理论被阶级的视角重新建构的产物。在第5卷第4期,《现代》刊载了由文逸翻译的《写实主义之发展》,这篇文章大体参照了日本穴户仪一的《写实主义的变革》及基尔波金、拉金等的论文,除了提出新写实主义的文学的性质是广泛的大众所共有的典型,所以用语必须极端地单纯,才能深入大众的观点之外,作者认为新写实主义还具有包容各类艺术性的特点,其对进步的浪漫主义并不反对,而且是容纳的。与左翼文艺群体对该理论的固化理解不同,该文对"新写实主义"特征的理解是描写出真实,即把时代客观的现实,现实的本质与社会的意义,社会的发展以及矛盾的解决等正确而具体地以艺术的形式传达出来,但前提是要忠于艺术、忠于现实。这是属于《现代》杂志在"社会主义的现实主义"理论热潮期过后对其冷静、客观的思考。从理论深度上看,该篇转译于日本理论家的文章,其所阐释的关于"社会主义的现实主义"的内涵虽然基本没有脱离先前周扬所提出的阐释框架,但从一定程度上修补了国内文艺界对于该理论的理解缺陷,超越了阶级立场下对该理论的机械化译介,从而对"新写实主义"的创作主张和文艺

---

① 方璧:《西洋文学通论》,世界书局1930年版,第11页。

特征有了深入、客观的理解。

为了配合马克思主义文艺观在国内的译介传播,《现代》杂志还组织并开展了其他形式的系列文学生产活动。高明的《一九三二年的欧美文坛》也是属于对苏联新近提出的文艺政策或口号作出及时而又迅速反应的文章。该文根据1934年的《日本中央共论年报》写成,文章的主要观点是,在所有世界各地的文学极端不振之中,唯有苏维埃文学显示着异常的跃进。《现代》对苏俄文艺成果的积极关注与其对现代主义文学的译介一起,建构着杂志在翻译活动中以文学性为主导的倾向。

五、结语

作为马克思主义文艺观在中国传播的起点站,淞沪会战后国内期刊出版业百废待兴时期创刊的《现代》杂志不仅开启了真正意义上对马克思主义文艺观的译介,还率先提出了"社会主义的现实主义"的概念,引发了国内对该理论的系列讨论。从翻译的动机、选材及译介策略等视角来看,《现代》杂志对马克思主义文艺观的理解和阐释有别于正统的对马克思恩格斯及苏共指导下的文艺理论介绍的思路。《现代》杂志在文艺独立性的前提下,以批判辩证的立场看待并推进包括马克思主义在内的各类文艺思潮在国内的传播,将马克思主义文艺思潮和文艺理论在文学艺术作品上的投射置于最焦点的位置。这是20世纪30年代外国文艺在国内译介整体潮流中的特殊实践,对于特殊政治文化语境下我国的理论思潮翻译、传播与自我建构具有重要的意义。

论编译马克思主编的《新莱茵报》

夏 琪

(中国人民大学新闻学院)

一百年前的1921年,中国共产党直接领导的人民出版社首次以单行本的形式出版马克思在《新莱茵报》上连载的论著《雇佣劳动与资本》中文版,由此开启了有组织的《新莱茵报》内容在中国百年编译和传播的历程。毛泽东1942年指出:"中央须设一个大的编译部,把军委编译局并入,有二三十人工作,大批翻译马、恩、列、斯及苏联书籍……为全党着想,与其做地方工作,不如做翻译工作,学个唐三藏及鲁迅,实是功德无量的。"①

2020年10月,《新闻与传播研究》增刊首次发表马克思主编的《新莱茵报》创刊号、第2号和终刊号中文版以及四篇研究论文,随后第4、14号中文版在其他刊物发表,一批关于《新莱茵报》的研究论文发表。2020年底,我国的"《新莱茵报》编译与研究"课题组获得苏联新闻学者古列维奇(Семен Моисеевич Гуревич)研究《新莱茵报》著作的中文版权和《马克思恩格斯全集》历史考证版第二版(MEGA²)编辑、《新莱茵报》版本研究专家弗朗索瓦·梅利斯(François Melis)的两篇学术著作的中文版权。2021年2月,国际马克思恩格斯基金会(IMES)将MEGA²第Ⅰ部分第7卷和第8卷前言涉及考证《新莱茵报》文章作者的部分中文版权授予课题组。这些论著有望2023年年内结集出版。

截至2022年8月,《新莱茵报》前30号完成了译文初稿,每号平均正文2万多字、注释200余条。其中又有第3号、第4号、第5号、第6号、第8号、第12-13号、第14号、第15号、第20号、第23号共10号报纸中文版已发表于《东南传播》、

---

① 中共中央文献研究室编:《毛泽东文集》第2卷,人民出版社1993年版,第441页。

《辽宁大学学报》(哲学社会科学版)、《新闻传播论丛》、《河北大学学报》(哲学社会科学版)、《玉林师范学院学报》、《山东师范大学学报》(人文社会科学版)、《新闻知识》、《广州大学学报》(社会科学版)、《外国语文》、《未来传播》等期刊。这13号报纸中文版并同步上线世界上规模最大的马克思主义文献公益性网站——马克思主义者互联网档案库(即马克思主义文库)——"马克思主编《新莱茵报》中译版"专页。

在中国共产党百年华诞的历史节点上,《新莱茵报》的编译与研究成果,显示我国马克思主义新闻观的研究向学术化和国际化方面迈出了新的一步。

一、编译《新莱茵报》的政治意义和学术价值

1848年2月24日,马克思和恩格斯的《共产党宣言》问世,标志着马克思主义的诞生。4月12日,马克思在科隆恢复出版《莱茵报》的会议上获得主持新报纸出版的全权。于是在6月1日,1843年被普鲁士当局查封的《莱茵报》以《新莱茵报·民主派机关报》(*Neue Rheinische Zeitung. Organ der Demokratie*)的崭新名字问世了。

《新莱茵报》的出版是践行《共产党宣言》纲领和策略的最新实践,也是马克思主义新闻观最早的全面展示,因此我国有无数研究《新莱茵报》的文章。但其材料基础,至今仍然是六十多年前根据俄译文转译的马克思和恩格斯在该报上发表文章的中译本,几乎没有学者完整看过《新莱茵报》原版报纸。而这一中文版本,仅是马、恩在《新莱茵报》发表文章的六成,其中还有约十分之一被证实不是马克思或恩格斯写的。除了马克思和恩格斯的文章外,《新莱茵报》十分之九以上的内容没有翻译为中文。马克思和恩格斯在《新莱茵报》上发表的文章,中文第二版《马克思恩格斯全集》至今一卷也未出版。

鉴于以上情况,编译《新莱茵报》中文版是必要的,但也很艰巨,还没有哪个国家的学界把《新莱茵报》翻译为本国文字,哪怕是完整的一号报纸。因而,编译全套《新莱茵报》的政治意义和学术意义显然不言而喻。

仅从研究马克思主义新闻观的角度,《新莱茵报》完整编译的必要在于:

第一,《新莱茵报》的整体运作完整地体现了马克思和恩格斯的新闻观,不可以简单地将马克思和恩格斯写的新闻与整体报纸分割开来。

《新莱茵报》实际上是世界上第一个共产党——共产主义者同盟的机关

报,八位编辑部成员均为盟员。报纸始终贯彻了马克思和恩格斯的政治纲领——"建立统一的、不可分割的、民主的德意志共和国和对俄国进行一场包括恢复波兰的战争"①。每号报纸出版前,马克思或恩格斯都会对所有稿件(包括广告)审读、修改,甚至重写部分稿件。马克思在1860年9月15日给普鲁士工人运动领导人斐迪南·拉萨尔(Ferdinand Lassalle)的信中,提到编辑部成员毕尔格尔斯(Heinrich Bürgers)发表在第2号头版的文章《民主派》(die demokratische Partei)被他删掉了一半,改写了另一半。② 另一位编辑部成员斐迪南·沃尔弗(Ferdinand Wolff,"红色沃尔弗")是报纸驻巴黎记者,一直关心法国的革命运动,他从法国报纸和法国国民议会记录上获取信息,撰写了170多篇轻快诙谐的文章。沃尔弗的文章经过马克思的加工润色,便带有鲜明的理论分析的特点。马克思认同沃尔弗的文章,后来在撰写《1848至1850年的法兰西阶级斗争》时直接引用这些材料。③

在马克思的影响下,一些文章甚至难辨作者。发表过50多篇新闻的编辑部成员德朗克(Ernst Dronke)擅长使用文学手法,文笔和马克思非常相像,以至于俄文《马克思恩格斯全集》第一版,误将德朗克的两篇文章——《法兰克福国民议会》和《普鲁士在波兰》收录在第6卷里(第129—131和363—367页)。④

当时报纸的新闻报道和时评用匿名是一种工作惯例,《新莱茵报》上除了编辑部成员维尔特(Georg Weerth)和弗莱里格拉特(Ferdinand Freiligrath)的文学作品署名外,其他文章都是在讯头用不同数量的星花、叉号、正方形、三角形、十字等符号标注各地发来的通讯。这些符号目前是判断作者的关键,如写于科隆的文章和恩格斯关于匈牙利革命的报道,一般为标为"＊＊""＊",通讯员爱德华·冯·弥勒-泰勒林(Eduard von Müller-Tellering)1848年夏至1849年初从维也纳寄来的通讯标为"♀",后来从莱比锡和德累斯顿寄来的通讯标为"△"。此外,还可以从马克思和恩格斯通信中判断。例如恩格斯1885年5月15日在给苏黎世的社会民主党人民书店出版社领导人海尔曼·施留特

---

① 《马克思恩格斯选集》第三版第4卷,人民出版社2012年版,第5页。
② 《马克思恩格斯全集》第一版第30卷,人民出版社1974年版,第563—564页。
③ 〔德〕瓦·施米特:《新莱茵报的编辑和记者斐迪南·沃尔弗》,《马克思主义研究资料》1984年第6辑,第137页。
④ 〔苏〕康捷尔编,杨静远等译:《马克思恩格斯和第一批无产阶级革命家》,生活·读书·新知三联书店1973年版,第409页。

尔(Hermann Schiüter)的信中，提到"有关六月起义的一些文章，其中只有一篇很出色的文章是他(引者按：指马克思《六月革命》)写的。对斗争等等的全部叙述(引者按：指阐述1848年巴黎六月起义的一组文章)，都是我写的。反对巴枯宁和泛斯拉夫主义的那篇文章(引者按：指《民主的泛斯拉夫主义》)也同样是我写的"。不过仅靠辨认符号标记和查阅信件，难以断定报纸上马克思和恩格斯写的所有文章，就连恩格斯也承认："马克思在这一时期的文章，几乎不能同我的分开，因为我们彼此有计划地作了分工。"①

第二，不可以仅研究马克思和恩格斯发表在报纸上发文章，而忽略《新莱茵报》作为报纸的无形版面语言。因而，直接根据德文原文编译完整的报纸是必要的。

每天出版的报纸是一个整体，是马克思作为主编的完整作品，综合而生动地体现了马克思和恩格斯的新闻观(包括报纸经营思想)，如果脱离了报纸的全部内容而研究马克思或恩格斯在报纸上的文章，难以对他们的新闻观作全面解读和进一步研究。

《新莱茵报》上马克思、恩格斯发表的文章(不到全报内容的十分之一)收入他们各种版本的著作全集、选集、文集，传递的仅仅是一种文本，遗失了报纸本身所包含的大量信息，如马克思如何对报纸版面进行编排(版面语言)，这种编排本身是一种无形的反映马克思和恩格斯新闻观的第一手资料。更大的遗憾还在于以往收录他们文章的情况较为混乱。目前国内学界关于《新莱茵报》的研究论文，引用的参考文献都是《马克思恩格斯全集》中文第一版第5卷(1958年出版)和第6卷(1961年出版)，这两卷以及后来出版的第43、50卷马克思和恩格斯在《新莱茵报》发表的文章，仍然没有收录齐他们在该报所发表的文章(只占他们发表文章的约六成)；这些卷次里，还收录了一些并非他们撰写的文章。

以1848年6月(创刊第一个月)的30号报纸为例，对比2016年出版的《马克思恩格斯全集》历史考证版第二版第1部分第7卷和中文第一版第5、43卷，可以发现MEGA² I/7删去了5篇文章，新增了38篇文章。② 新增的文章

---

① 《马克思恩格斯全集》第一版第36卷，人民出版社1974年版，第312页。
② 据笔者统计，这5篇文章的出处和出版期号分别为：人民出版社1958年出版的《马克思恩格斯全集》第一版第5卷中的《民主派》(第2号)、《奏折问题》(第8号)、《科伦各党派的状况》(第18号)、《"新柏林报"论宪章派》(第24号)、《"北极星报"论"新莱茵报"》(第27号)。其中《民主派》一文作者考证为毕尔格尔斯，收录在MEGA²I/7附录中。新增38篇文章中文标题为笔者翻译，其中《巴黎新闻。起义的原因》一文共有13段，《马恩全集》第一版第5卷仅收录第1段。Jürgen Herres und François Melis, *Karl Marx / Friedrich Engels Gesamtausgabe* (MEGA) Band 7, Amsterdam: Internationalen Marx-Engels-Stiftung, 2016, p.30 – 221.

大部分是恩格斯关于意大利革命和普鲁士—丹麦战争的报道,这些都是研究马克思和恩格斯新闻观的重要史料。

《马克思恩格斯全集》中文第一版未收录文章统计表(1848年6月1日至30日)

序号	作者	德文标题	中文标题	报纸期号	MEGA² I/7中的页码
1	马克思	Anzeige über das Erscheinen der „Neuen Rheinischen Zeitung"	《新莱茵报》发行部启事	1—15(重复发表)	30
2	恩格斯	Preußische Staatsanleihe	普鲁士政府债券	1	38
3	恩格斯	Rückzug der Bundestruppen (Schleswig-Holstein)	联邦部队撤离(石勒苏益格—荷尔斯泰因)	2	43
4	恩格斯	Italien. 2. Juni 1848	意大利,1848年6月2日	2	44
5	恩格斯	Italien. 3. Juni 1848	意大利,1848年6月3日	3	51
6	恩格斯	Truppenversetzung	部队转移	4	53
7	恩格斯	Valdenaires Verhaftung	瓦德涅尔被捕	4	59
8	恩格斯	Der Krieg (Schleswig-Holstein)	战争(石勒苏益格—荷尔斯泰因)	4	61
9	恩格斯	Italien. 4. Juni 1848	意大利,1848年6月4日	4	63
10	恩格斯	Anfrage	质问	5	65
11	恩格斯	Vereinbarungsdebatten vom 3. Juni 1848	1848年6月3日的妥协辩论	6	71
12	恩格斯	Peschiera soll entsetzt sein	传言佩斯基耶拉处于惊慌	6	73
13	恩格斯	Vorrücken Radetzkys - Sieg der Italiener - Peschieras Einnahme offiziell	拉德茨基的前进—意大利的胜利—佩斯基耶拉正式被攻占	7	83

续 表

序号	作者	德 文 标 题	中 文 标 题	报纸期号	MEGA² I/7中的页码
14	恩格斯	Die Insurrektion vom 29. Mai in Mailand	5月29日的米兰暴动	9	92
15	恩格斯	Arrivabene – Die Presse – Details über die Übergabe von Peschiera und über die Insurrektion	成就—《新闻报》—移交佩斯基耶拉和暴动的详细报道	10	95
16	恩格斯	Neueste Nachrichten (Schleswig-Holstein)	最新消息（石勒苏益格—荷尔斯泰因）	10	97
17	恩格斯	Erklärung des österreichischen Kriegsministeriums	奥地利国防部宣言	11	102
18	恩格斯	Die Niederlage der Österreicher bei Peschiera	在佩斯基耶拉击败奥地利人	11	104
19	恩格斯	Vom Kriegsschauplatz (Schleswig-Holstein)	从战场而来（石勒苏益格—荷尔斯泰因）	12—13	106
20	恩格斯	Italien. 13. Juni 1848	意大利，1848年6月13日	12—13	107
21	恩格斯	Die Österreicher scheinen die Lombardei aufzugeben	奥地利人似乎放弃了伦巴第	14	124
22	恩格斯	Italien. 15. Juni 1848	意大利，1848年6月15日	15	125
23	恩格斯	Italien. 17. Juni 1848	意大利，1848年6月17日	17	127
24	恩格斯	Kleines Gefecht bei Hadersleben – Räumung von Apenrade durch die Deutschen – Besetzung durch die Deutschen	哈德斯莱本的小规模战斗—德国人撤出奥本罗—德国人占领	17（号外）	129
25	恩格斯	Apenrade besetzt	被占领的奥本罗	19	136
26	恩格斯	Rückzug der Österreicher – Gerüchte	奥地利人的败退—谣言	19	137

续 表

序号	作者	德文标题	中文标题	报纸期号	MEGA² I/7中的页码
27	恩格斯	Italien. 21. Juni 1848	意大利，1848年6月21日	21	149
28	恩格斯	Italien. 22. Juni 1848	意大利，1848年6月22日	22	151
29	恩格斯	Italien. 23. Juni 1848	意大利，1848年6月23日	23	159
30	恩格斯	Italien. 24. Juni 1848	意大利，1848年6月24日	24	164
31	恩格斯	Italien. 25. Juni 1848	意大利，1848年6月25日	25	174
32	恩格斯	Nachrichten aus Paris. Anlass des Aufstandes	巴黎新闻。起义的原因	25（号外）	177
33	恩格斯	Italien. 26. Juni 1848	意大利，1848年6月26日	26	182
34	恩格斯	Neueste Nachrichten vom 23. Juni 1848	1848年6月23日的最新消息	26	184
35	恩格斯	Französische Republik. 27. Juni 1848	法兰西共和国，1848年6月27日	27（号外）	194
36	恩格斯	Italien. 28. Juni 1848	意大利，1848年6月28日	28	205
37	恩格斯	Italien. 29. Juni 1848	意大利，1848年6月29日	29（附刊）	217
38	恩格斯	Italien. 30. Juni 1848	意大利，1848年6月30日	30	219

仅以上未有中文版的篇目就已经令人向往，想要目睹他们报纸文章的风采。需要翻阅他们在《新莱茵报》上发表文章的MEGA²第1部分第8卷和即将出版的第9卷，以及德国文献档案数据库（Deutsches Textarchiv）。综合这些材料，已经可以完整地看到最新研究的成果：马克思和恩格斯在该报上发

表文章的全部篇目。

第三,在原始版面和新闻实践的基础上,才可能使得《新莱茵报》的研究成为马克思主义新闻观研究的真正起点。

《新莱茵报》停刊后,翻译和研究它的呼声一直没有停息,马克思、魏德迈(Joseph Weydemeyer)、施留特尔等多次打算将报纸上的文章出版成册。列宁 1915 年惋惜地写道:"马克思在这个到现在还是革命无产阶级最好最卓越的机关报上发表的许多文章,没有收集起来,也没有全部重新出版。"①

1983 年,在纪念马克思逝世一百周年新闻学术讨论会上,时任中国社科院新闻所党组书记、副所长的戴邦提出:"以往对《新莱茵报》的介绍,大都是从政治的角度进行分析。如果从报刊工作的角度来研究,就可以看到,《新莱茵报》是以崭新的姿态出现在封建专制和资本主义的报刊世界中,它在版面、专栏、时效、编辑部的分工合作、报纸批评、文风、客观报道与党派立场、报纸通讯员、社会新闻报道,甚至报纸的发行、广告等等方面,都体现了无产阶级的特点和创新精神。如同我们研究《新华日报》和《解放日报》一样,研究《新莱茵报》对我们现在的新闻工作也具有重要意义。"②时任新闻所首任所长的安岗当时倡议:"我们能否把《新莱茵报》都翻译成中文,让全国新闻工作者都来学习马克思恩格斯是怎样编报、怎样写稿、怎样做评论工作的。……下一次我们能否来一个关于《新莱茵报》的专题讨论会,研究这张报纸的一切方面,包括它的文体、写作艺术。"③郑保卫 2005 年回忆当年撰写《新莱茵报》选题方向的硕士论文时,查看过保存在中国人民大学图书馆的《新莱茵报》影印版。④ 陈力丹在 2019 年的一次访谈中提到,1981 年作硕士学位论文的时候就想研究《新莱茵报》,后因德语不好作罢,现在的最终目标是翻译整个《新莱茵报》。⑤

马克思主义新闻观研究要建立在《新莱茵报》这样的第一手材料基础上,才可能进一步探讨报纸的消息来源、编辑部的分工与合作、报道角度、写作风格、营销策略、与读者关系、与广告商关系、与印刷厂关系、发行渠道、报纸的运

---

① 《列宁全集》(第二版增订版第 26 卷),人民出版社 2017 年版,第 84 页。
② 戴邦:《马克思新闻思想研究的历史和现状》,中国社会科学院新闻研究所编:《马克思新闻思想研究论文集》,人民日报出版社 1983 年版,第 11 页。
③ 安岗:《学习马克思办报》,《新闻学会通讯》1983 年第 9、10 期合刊。
④ 郑保卫:《新闻长思录》第一卷,人民出版社 2005 年版,第 68 页。
⑤ 陈力丹、黄煜、廖雪婷:《对话陈力丹:马克思主义新闻学》,《传播与社会学刊》2019 年总第 50 期。

送与分发等这些属于遵循新闻规律的诸多新闻业务问题。这些必须研究的内容,由于看不懂原版《新莱茵报》,至今未被马克思主义新闻观的研究者全面考察过。

二、译介《新莱茵报》过程中的差误

20世纪初,伴随着马克思主义的传入,《新莱茵报》也被介绍到中国。从1903年系统介绍马克思主义的第一部译著《近世社会主义》提及《新莱茵报》算起,迄今已有将近一百二十年的引介历史。由于当时国内通晓德语的人极少,介绍马克思主义的著作有不少是经在日本的中国留学生翻译传入国内的,即从各种欧洲语言翻译为日语,再从日文翻译为中文。这样的二次翻译难免会译文失真,甚至背离作者原意。

《近世社会主义》原文是日本有斐阁出版社1899年出版的福井准造所著《近世社會主義》,赵必振1903年将此书翻译并引介到中国,由上海广智书局出版发行。书中介绍《新莱茵报》文字如下:

> 千八百四十八年之革命既兴,马陆科斯(引者按:即马克思)再归德意志。野契陆斯(引者按:即恩格斯)初与其友乌拉陆列及诗人列拉伊利科拉托等相谋,兴一杂志题为"意希野额西特",盛唱民主主义与劳动者之味方,以倡一世之舆论。而其所说,与日耳曼联邦之共和组织相反对,与当时支配社会复旧的运动,大示攻击之旨。为劳动者而吐万丈之气焰,保证其利益,而怜其不幸,于劳动以外之阶级,其利害休戚,与劳动者相反背者,则必痛论之,以故政府又禁其续刊。其设立后,仅一年,至四十九年,忽遭废止。同时共其创立者,咸被放逐,流寓于他方。马陆科斯再至伦敦,至千八百八十二年乃卒。
>
> 新意希野额西特唱社会民主主义,喷满腔之热血,刊行于时。其创立者为一诗人列拉伊利科拉托,尝为一诗刊于其上,乃其告终之绝命词。革命之精神,跃跃于纸上,以助马克斯之指挥焉。①

这两段文字中存在大量不知所云的音译词,如乌拉陆列、列拉伊利科拉、意希野额西特等。作者在凡例中解释:"本书所揭载之人名地名等,于固有之名词,大抵随其原者,而附记以片假名。"当时日文著作中采用片假名音译来源

---

① 〔日〕福井准造著,赵必振译:《近世社会主义》,广智书局1903年版,第二编,第4页。

于欧洲的一些专有名词，这样可以在日语中读出和印欧语系类似的发音，中文译者会将这些片假名再次音译为汉语。这样经过两次音译的专有名词，不仅脱离原意，还造成了全文的译名不统一，如马克思在本书中就被翻译为"马克斯"（第106页）、"加陆马科斯"（目录第2页）等多种译名。为查证这些词语，只能翻阅1899年有斐阁出版的《近世社会主义》。

对比原文出处发现，马克斯（マルクス）、恩格尔斯（エンゲルス）、乌拉陆列（ウヲルフ）、列拉伊利科拉（フライリクラッド）、意希野额西特（レニッシュ　ユガ　ゼッテ）的读音近似德语Marx（马克思）、Engels（恩格斯）、Wolff（沃尔弗）、Freiligrath（弗莱里格拉特）、*Rheinische Zeitung*（《莱茵报》）。① 根据柏林MEGA促进协会的弗朗索瓦·梅利斯（François Melis）考证，这里的沃尔弗应该是威廉·沃尔弗（Wilhelm Wolff），而不是斐迪南·沃尔弗（Ferdinand Wolff）。② 此外，中文版中"千八百四十八年之革命既兴……兴一杂志题为'意希野额西特'（《莱茵报》），盛唱民主主义"这句话存在明显错误。《莱茵报》在1843年4月1日就被查封了，马克思在这年3月18日发表声明退出该报编辑部。对比日文版第154页和155页，发现原文两处表述为"新『レニッシュ　ユガ　ゼッテ』"和"『新レニッシ　ユガ　ゼッテ』"，由此可见，赵必振在翻译时漏掉了前一处的"新"字，造成了《新莱茵报》误译成《莱茵报》。

此后涉及《新莱茵报》的内容多散见于介绍马克思学说和传记的著作中，翻译也存在译名不统一、言不达意等诸多问题。1929年江南书店出版的李阿萨诺夫《恩格斯马克思合传》，科隆译为"哥隆"（第112页），弗莱里格拉特译为"胡丽利拿德"（第115页）。1930年新生命书局出版的高畠素之（たかばたけ　もとゆき）著、陈宝骅等译的《马克思十二讲》，《共产党宣言》中"幽灵"（Gespenst）译为"怪物"（第15页），弗洛孔（Ferdinand Flocon）译为"夫罗昆"（第16页），沃尔弗译为"服尔夫"（第16页），德朗克译为"德伦凯"（第16页）。1945年骆驼书店出版的默林（Franz Mehring，梅林）著、罗稷南译的《马克思传》，石勒苏益格—荷尔斯泰因译为"斯乞里斯委—荷尔斯坦"（第171页），科隆译为"戈龙尼"（第175页），德朗克译为"杜龙尼"（第177页），弗莱里

---

① 〔日〕福井准造：《近世社会主义》，有斐阁出版社1899年版，第154—155页。
② 〔德〕弗朗索瓦·梅利斯：《关于〈新莱茵报〉创办史——新文献和史料》，杨金海主编：《马克思主义研究资料》第32卷，中央编译局出版社2015年版，第48—49页。

格拉特译为"弗利里格来士"(第179页)。1952年劳动出版社出版的凌圣《伟大的导师马克思》，介绍编辑部成员时，使用了杜龙尼(德朗克)、维尔斯(维尔特)、威廉·乌尔伏(威廉·沃尔弗)(第18页)等译名。就连《新莱茵报》在历史上都有《新莱茵新闻》《新莱茵时报》等多种译名。

《马克思恩格斯全集》中文第一版出版时，材料自然没有现在详尽和准确，因而现在的编译，只要发现新材料，均作了新的解释或补充。例如第一版第5卷第683页，介绍法国海军上将沙尔·勃丹(Charles Baudin)卒于1845年，可是翻阅1848年6月1日《新莱茵报》第1号第三版新闻，显示"Der 14. Mai … Am 15. Morgens. … Admiral Baudin lag mit einer ziemlich starken französischen Flotte vor Neapel."(5月14日……15日早晨……海军上将勃丹率领着相当强大的法国舰队守卫在那不勒斯)①。按照《全集》的说法，卒于1845年的勃丹上将怎么会出现在1848年5月份的报道呢？通过进一步查证《海军历史上的名人录》(*Who's who in Naval History: From 1550 to the Present*)、《法语的探险和遭遇》(*Explorations and Encounters in French*)等著作，均记载勃丹卒于1854年，显然《全集》弄错了勃丹的卒年。

再如《新莱茵报》第1号报道了马克思的老乡、普鲁士国民议会议员瓦德涅尔(Victor Nikolaus Valdenaire)，《全集》的人名解释只有一句话：生年不知，死于1859年，小资产阶级民主主义者，1848年是普鲁士国民议会议员，属于左翼。现在可以搞清楚他的生卒年为1812—1881，革命失败后还与马克思保持联系，到伦敦拜访过马克思。《新莱茵报》关于他的报道共有四次(其中一次为恩格斯执笔)，持续三个月，因为发生在他身上的故事形成了一个历史事件。瓦德涅尔是1848年3月马克思故乡特利尔起义的领导人之一，随后当选为普鲁士国民议会议员。就在他去柏林赴任时却在当地以暗杀罪被捕，随后改为叛乱罪。国民议会5月22日讨论了他作为合法选举的议员的豁免问题。7月18日，议会经过热烈辩论，决定在议会期间解除对他的调查和监禁，立即召他到柏林。国王弗里德里希—威廉四世签署了关于议员豁免权的法律。此案在德国开了议员豁免权的先例。这一重要事件，《新莱茵报》前后都

---

① Engels, Friedrich, "Die neueste Heldentat des Hauses Bourbon," Neuen Rheinischen Zeitung, No. 1, Köln: Donnerstag, 1. Juni 1848, S.3.

有报道加以记录。"《新莱茵报》编译与研究"课题组为"瓦德涅尔"所作的注释,用200字简洁而清晰地展现了事件的过程与报纸对新闻价值的准确判断。

已经收入《马克思恩格斯全集》中文第一版的马克思或恩格斯发表在《新莱茵报》上的文章,虽然是从俄译文转译的,翻译水平总体较高。编译《新莱茵报》可以直接采用这个版本的译文,但需要对其中的人名、地名和事件重新作注释,补充新的注释;对个别错译需要更正,对不够准确的关键之处的译文需要适当重译。

例如《全集》第43卷发表的恩格斯在《新莱茵报》第3号关于丹麦—德国战争的新闻,其中引征了一家报纸的报道:"在阿尔森城外执行警戒任务的联邦军队……"①当时的译者可能没有查阅地图,阿尔森是一个岛,不是城市,"阿尔森城外"的原文是 Alfen auf den Vorposten②,中译文有误,我们纠正为"阿尔森岛前线"。

再如《新莱茵报》第221号刊登的马克思在科隆陪审法庭上关于《新莱茵报》诽谤案的辩护演说,《全集》第6卷的一段译文是:"报刊按其使命来说,是社会的捍卫者,是针对当权者的孜孜不倦的揭露者,是无处不在的耳目,是热情维护自己自由的人民精神的千呼万应的喉舌。"③这段话被很多本学科的论文引征,把"耳目""喉舌"单个挑出来强调马克思提出了报刊是耳目喉舌思想的,不在少数。其实这里有些译文是不够准确的。这句话原文是:Sie ist ihrem Berufe nach der öffentliche Wächter, das allgegenwärtige Auge, der allgegenwärtige Mund des eifersüchtig seine Freiheit bewachenden Volksgeistes.④"耳目"的对应词是 Auge(眼睛),"喉舌"对应词是 Mund(嘴巴)。与中译文"社会的"对应的是 öffentliche(公众的)。原文没有"千呼万应"的对应词。全句可译为:"报刊按其使命,是公众的捍卫者,是针对当权者的孜孜不倦的揭露者,是无处不在的眼睛,是积极维护自己自由的人民精神的极具影响力的发声者。"中、德的文化语境不同,翻译需要尽可能回归本来的语

---

① 《马克思恩格斯全集》第一版第43卷,人民出版社1982年版,第5页。
② Engels, Friedrich, "Niederlage der deutschen Truppen bei Sundewitt," *Neuen Rheinischen Zeitung*, No. 3, Köln: Donnerstag, 3. Juni 1848, S.2.
③ 《马克思恩格斯全集》第一版第6卷,人民出版社1961年版,第275页。
④ "Der erste Preßprozeß der," *Neuen Rheinischen Zeitung*, in Karl Marx-Friedrich Engels Werke, Band 6, Berlin: Dietz Verlag 1961, S.223-239, hier 231.

境氛围,再适当考虑中国的语境。

中文版《全集》关于《新莱茵报》广告费的翻译也有差误。第6卷第684页中的表述为"第四版小号字一行或者相应的篇幅收广告费一银格罗申六分尼"。查阅报纸发现原文是 Inserate：Die vierspaltige Petitzeile oder deren Raum 1 Sgr. 6 Pf①。Petitzeile 是一个合成词,Petit 来自法语,是一个印刷行业专有名词,意为"8 点活字",8 点 = 8 磅 = 1/9 英寸,大小约等于我国 6 号字体;Zeile 是德语"字行"的意思。这个合成词并不是指"小号字",而是"8 点活字每行"或"8 磅铅字每行"。因此,正确的译文应该是——"刊登广告：第四版 8 点活字每行或者相同的篇幅(收广告费)1 银格罗申 6 分尼。"

虽然中央编译局 1959 年出版了上下两册全套《新莱茵报》(缺第 113 号等),不过由于印刷量过低(158 套),且全文均为哥特体(Fraktur,也称尖角体或花体字),难以辨认,导致本学科没有人看过全套《新莱茵报》,对报纸进行的研究也都是根据少量的《马克思恩格斯全集》中译文和其他二手材料,缺乏学术的学理性和系统性。在这些残缺甚至是错误的史料基础上做研究,"对马新观的研究无疑是一种伤害……首先要在基本史实的基础上做研究,如果连忠于史实都做不到,那样的研究没有任何学术价值"②。马克思主义新闻观研究必须建立在完整史料的基础上,如恩格斯所说的那样,"在这里只说空话是无济于事的,只有靠大量的、批判地审查过的、充分地掌握了的历史资料"③,才能将马克思的科学发现"原原本本按照他自己的叙述传给后世"④。

三、准确而忠实地编译《新莱茵报》

《新莱茵报》是了解、研究、学习和传播马克思和恩格斯新闻思想的一手史料和基础文本。《新莱茵报》共出版 301 号正刊(其中 12 和 13 号、77 和 78 号、88 和 89 号合并出版,实为 298 号)、第二刊(Zweite Ausgabe)30 号以及各种附刊(Beilage)和号外等 207 号,全部中译文预计 1 500 万字,需要出版十几卷或二十多卷。目前我们正在做第一卷的编译工作,已经完成前 25 号和终刊

---

① "Bestellungen auf die, Neue Rheinische Zeitung, für das nächste Quartal," *Neuen Rheinischen Zeitung*, No. 172, Köln: Dienstag den, 19. Dezember 1848, S.1.
② 陈力丹、黄煜、廖雪婷:《对话陈力丹：马克思主义新闻学》。
③ 《马克思恩格斯全集》第一版第 13 卷,人民出版社 1962 年版,第 527 页。
④ 《马克思恩格斯选集》第三版第 2 卷,人民出版社 2012 年版,第 656 页。

号的翻译,但编辑工作需要几年时间。

《新莱茵报》出版的时间正是欧洲1848—1849年革命时期。德意志邦联分为三十四个邦和四个自由市,民众日常生活出现许多新生事物,报纸背后的历史社会背景较为复杂。报纸上的语句较多使用动词的第二格,用词高雅,采用的哥特字体华丽复杂,是16世纪至20世纪初期德语地区的通行印刷字体,其中有很多字母容易混淆,例如"I"和"J"、"G"和"E"、"B"和"V"、"R"和"N"、"f"和"s"、"x"和"r"、"y"和"h"、"k"和"t""tz"和"ch"、"ch"和"ck"、"sz"和"tz"、"sp"和"th"等。一百七十多年的时间间隔、复杂的历史背景、难以流畅阅读的哥特字体,造成了学界几乎无人了解这份报纸,翻译也就成为当前研究马克思和恩格斯新闻思想的重要任务。

马克思和恩格斯非常重视自己著作的翻译。恩格斯谈到《资本论》的翻译时指出,这是一项"真正老老实实的科学工作",因为马克思的写作风格简洁有力,精于使用日常生活用语和各地方言中的成语,举例时涉及一切科学部门,援引十几种文字的书刊,要理解他的著作,必须彻底精通德语——口头语和标准语,另外还要知道一些德国人的生活。在看过亨利·迈尔斯·海德门(Henry Mayers Hyndman)翻译的《资本论》英译文后,恩格斯批评布罗德豪斯(海德门的笔名)"译文远远没有忠实地表达原文……完全没有具备一个马克思著作的翻译者应该具备的才能"[1]。正确的翻译方法应该是先由译者们翻译,后由恩格斯审查译文并用铅笔写上意见,再把译稿退给译者,然后进行协商,解决有争论的问题,最后恩格斯再通读一遍,从文体和技术角度检查一下,看是否准备好可以付印,同时还要检查一下在涉及的英文原著中找到的引文是否准确。[2] 理想的译文应该是这样的:"富有表现力的德语应该用富有表现力的英语来表达,必须使用最好的词汇,新创造的德文名词要求创造相应的新的英文名词。"[3]

毛泽东在中共七大所作的口头报告也提到:"我是一个土包子,要懂一点国外的事还是要靠翻译……还有历史上的许多东西,虽然不是马克思主义的,

---

[1] 《马克思恩格斯全集》第一版第21卷,人民出版社1965年版,第266—276页。
[2] 《马克思恩格斯全集》第一版第36卷,人民出版社1974年版,第464页。
[3] 《马克思恩格斯全集》第一版第21卷,人民出版社1965年版,第267页。

但带有进步意义的,还有一些民主主义者的东西,我们都要翻译。"①习近平在纪念马克思诞辰二百周年讲话中强调:"共产党人要把读马克思主义经典、悟马克思主义原理当作一种生活习惯、当作一种精神追求,用经典涵养正气、淬炼思想、升华境界、指导实践。"②

编译全部《新莱茵报》的目的,是要将马克思和恩格斯1848—1849年主办报纸的全部内容原汁原味翻译成中文,并对新闻报道中涉及的事件、人物、生僻地名、历史背景、报刊等作出注释与说明,为读者提供准确、真实、全面的历史本来面貌。编译工作需要通过深入考证和研究,澄清基本事实,廓清思想,破除对马克思主义理解上的差误或教条式的理解,全面准确地把握马克思主义理论,在此基础上推进当代马克思主义的研究。

《新莱茵报》的编译将由四个部分组成:版面示意图、正文、注释以及索引。为准确而忠实地编译,除了参考《马克思恩格斯全集》中文第一版现有译文的编译风格外,还要努力做到"意思准确,文字通顺"。遵循的编译原则是:

1. 报纸的所有内容按原貌完整展示

绘制的报纸版面图虽然是示意性质的,但均与原版报纸一一核对;中译文与原文阅读(从左至右,从上到下)顺序一一核对;收入《马克思恩格斯全集》中文第一版的译文与国际历史考证版第二版一一核对;广告版中涉及的图画(如手指、三桅帆船、火车、花环、房屋、酒桶、天使、小丑、徽章、鸟笼等)与原版报纸一一核对。报纸的版面设计、标点符号、讯头、引文、分段(分行、分节)、字体(加粗或加大间距)、数字、横线、分栏线、着重号等,所有标识和位置都依照原版的位置展现。编辑部有意强调的单词或句子,排版过程中加大加粗字体或加大单词字母间隔,中译文用大号黑体字或黑体字表达着重的意图。由于当时新闻匿名提供者在讯头采用各种符号,如＊＊,＊,✸✸✸,×,□,十,+,✳,一,♯,△,廾,§,♀等,均原样显示,因为讯头的标志成为考证作者身份的重要依据之一。译文中需要添加编者注释的信息,如转版、转栏信息、部分非德文等,则用中括号[　]标注。

---

① 中共中央文献研究室编:《毛泽东文集》第3卷,人民出版社1996年版,第342页。
② 习近平:《在纪念马克思诞辰200周年大会上的讲话》,人民出版社2018年版,第26页。

2. 参考中文版《马克思恩格斯全集》统一译名

按照翻译中"定名不咎"的惯例,报纸上的人名、地名、报刊名、货币、度量衡等专有名词翻译依据中文版《马克思恩格斯全集》的译法。参考资料有中央编译局公开或内部出版的《马克思恩格斯全集注释选编(第 1—39 卷)》(1980 年)、《马克思恩格斯全集目录、说明、索引(第 40—50 卷)》(1993 年)、《马克思恩格斯全集人名译名手册》(1994 年)、《马克思恩格斯全集地名译名手册》(1994 年),以及新华社译名室近几十年编辑的一系列外国姓名译名手册,如《法语姓名译名手册》(1996 年)、《俄语姓名译名手册》(1997 年)、《罗马尼亚姓名译名手册》(1997 年)、《英语姓名译名手册》(2004 年)、《葡萄牙语姓名译名手册》(2009 年)、《德语姓名译名手册(修订本)》(2014 年)、《西班牙语姓名译名手册》(2015 年)等。极个别情况下也有例外,如 Köln 旧译"科伦",现在译为"科隆";Elberfeld 旧译"爱北斐特",现在译为"埃尔伯费尔德"。

3. 以准确客观的注释补充正文

由于这份报纸距离现在已经一百七十多年,需要通过注释帮助读者了解报道中涉及的历史事件和事物,如历史上的党派、团体、组织、机构、会议、法律、法令、法案、文件、条约、协定、照会、战争、军事行动、主义、学说、著述、作品、名词、术语、典故等。报纸上出现的人名,尽可能都加以注释。实在无法查到,后面用中括号[ ]标注德文原名。比较著名的地名可以不予注释,例如巴黎、慕尼黑、斯图加特等,名气较小或现在已经改名的,加注释。凡是报刊名称都要加以注释,很多报刊名在《新莱茵报》上是缩写,考证是哪家报纸或期刊成为一项较为艰难的工作。由于《马克思恩格斯全集》中文第一版译文和注释主要来自苏联的俄文第二版,有不少历史人物、事件的评价存在以观点划线的情况,这次编译,对这些情况都作了修订,力求准确、客观地呈现对历史人物及事实的评价。

这里特别谈一下广告里出现的人名、地名和专用名词。原来设想的广告翻译,只把原文译出即可。但我们在对第 1 号广告里的广告商、广告里出现的各方面艺术家和专门家、邮轮航班到达的地点和结婚广告里女子原来居住的地点、广告里出现的度量衡等作了实验性查找和注释后,才发现这是一个进一步研究《新莱茵报》广泛社会联系的巨大的历史资料库。

原来在该报上刊登广告的商人或商业公司，很多是德国甚至后来在世界闻名的大公司，一些商人是社会名流。一则艺术展览会的广告，提及二十位艺术家，我们几经周折查到其中十五位的身份，全部是欧洲中世纪至19世纪的大家。对邮轮广告里地名逐个查找，看到了《新莱茵报》的交通网，呈现出从科隆到德国各地，或经荷兰到欧洲各地，到北美洲、南美洲各地的交通图景。科隆市民生活情况的广告中，结婚公示虽然只有一句话，但这句话里女方的居住地与科隆的距离，无形中展现了当时人们社会关系圈的大小。6月1日的报纸公示了5月27日的三对结婚情侣：

来自菲尔特的鞋匠塞巴斯蒂安·弗里德里希·韦斯特霍尔茨和来自吕滕的索菲娅·弗兰克·特姆。——本地木工彼得·威廉·科普斯和来自黑默盖斯特的安娜·伊丽莎白·辛齐格。——本地短工约瑟夫·德夫勒和来自弗雷兴的安娜·玛丽亚·诺依曼。（翻译：钱桐）

他们都普通的老百姓，男方分别是鞋匠、木工、短工。第一对情侣分别从较远的地方汇聚到科隆：男方来自在科隆东南方250公里的菲尔特，女方则来自科隆东北方约80公里的吕滕。第二对和第三对，男方均为本地人，分别娶到了科隆附近20公里内的女子，黑默盖斯特是科隆西北部大城市杜塞尔多夫的农业区，弗雷兴是位于科隆西部的古镇，距离科隆都比较近。这些材料说明，当时的社会关系网已经随着交通的便利向较远的地方延伸。

4. 编写人名、生僻地名和报刊索引

《新莱茵报》涉及大量人名、地名和报刊，有必要编写索引进行分类排列，以便读者查阅。所有索引均按照字母表顺序进行中德（或其他文字：法文、英文、意大利文、西班牙文、匈牙利文、波兰文、捷克文、比利时文等）双语排列。人名格式姓在前、名在后，附上人物生卒年和主要事迹。地名格式中文在前、德文（或其他文字）在后，然后是现在使用的地名语言及发音（很多当时的德文地名随着历史的变迁已经不属于德国，需要区分历史地名和现代地名），并简要介绍地理位置和特征。报刊格式中文在前、原报名及缩写在后，并简要介绍报刊的创办时间、地址、主编、派别属性或政治倾向等。这项工作极其繁杂，往往为了一个注释花费很长时间，但成功的喜悦也给予了我们回报。

《新莱茵报》约1500万字的中译文翻译量，至少需要十年时间、两代人来

完成,虽然这项工作极其艰巨,却很有意义。一切能推动学科发展的著述无不以历史真正面貌的追索为最基本的要求,然而历史真面貌的呈现又无不以丰富真实的原始史料为基础,离开史实,历史无由存在。① 面对马克思主义的开创者马克思和恩格斯留给我们的宝贵遗产,既不能采取教条主义的态度,也不能采取实用主义的态度,而是要坚持以马克思主义为指导,以问题为导向,以负责任的态度和科学精神对待《新莱茵报》的编译。唯有如此,方能达到恩格斯的期望:"虽然我们摹仿不了马克思的文体,但也必须使我们的文体不要同他的截然相反。对此请稍加注意,这样咱们译出的著作才可以毫无愧色地拿出去。"②

(本文为作者与导师陈力丹教授合作成果,因本次学术讨论会延期,本文大部分内容发表于《新闻大学》2020年第11期,写作过程中得到雷紫雯在日语翻译上的帮助。)

---

① 周振鹤:《〈晚清稀见中外关系史料丛书〉序》,苏精辑著:《林则徐看见的世界:〈澳门新闻纸〉的原文与译文》,广西师范大学出版社2017年版,第1页。
② 《马克思恩格斯全集》第一版第36卷,人民出版社1974年版,第80页。

"重译"与"编译"

——马列主义文献汉译出版的新进展(1978—2020)

李 俐

(香港中文大学翻译系)

马列文献是马克思主义思想传播的重要载体,而马列文献的汉译出版在这传播过程中扮演着重要的角色。自1978年实行改革开放以来,我国马列主义文献的汉译出版进入了繁荣发展的阶段,翻译工作"有组织、有计划、有系统"地进行[①],译作体现出更鲜明的学术性,出版的译作有了全集、选集、文集,和单行本等多样的形式,进一步为马克思主义思想的研究和普及奠定了坚实的文本基础。

关于1978年实行改革开放以来马列文献汉译出版的情况,已经有较多研究成果,如俞可平主编的《马列经典在中国六十年》,是中央编译局纪念中华人民共和国成立六十周年的文集,2010年12月由中央编译出版社出版。文集的作者多为亲身参与我国马列著作编译事业的译者;文集的内容既有翔实的综述,也有的深情的回忆。这些文章对我们了解马列著作翻译、出版的历史颇有助益,而译者群体留下细致的记录,则为翻译研究提供了不可多得的资料。

王东、陈有进、贾向云撰写的《马列著作在中国出版简史》于2009年9月由福建人民出版社出版。这部简史分上、中、下三编,回顾了马列著作在中国翻译、出版的历程,时间截至2009年。全书以两条线索将各章节串联起来,一条是中国当代社会发展的脉络,另一条是马列文献编译出版事业的起伏。两条线索的交织帮助读者将马列著作在中国的传播与中国当代的发展进程自然而然地结合起来,叙事生动又令人信服。

---

① 中央编译局文献信息部课题组:《马列文献信息编辑出版60年》,《当代世界与社会主义》2010年第4期。

中央编译局信息部课题组 2012 年的文章《新世纪以来我国马克思主义经典文献出版情况》①收录了 2000 年至 2011 年这十二年间马列文献著作和研究类著作的出版情况,总结了这一时段我国马列文献翻译和出版的特点,统计了马恩著作被引用频次,以及马克思主义经典文献的销售情况,考察了马列主义文献的传播与接受之间的关联。

以上文献的研究时段均截至 21 世纪开端的十年,而最近十年的汉译出版情况,尚待总结;这些文献在不同程度上论及马列文献的翻译这一学术议题,提示了继续深入探讨这一议题的可能性和必要性。因此,本文尝试梳理近四十年来马列主义文献汉译的情况,重点补入马列文献汉译近十余年的最新进展,并在此基础上,探考马列文献汉译出版中颇为特殊的"重译"和"编译"活动,发掘马列文献汉译工作中蕴含的翻译学思想资源。

一、改革开放以来马列文献汉译出版的新局面

1. 马列文献汉译出版的三阶段

马列主义文献在我国的翻译与出版,大致可以分为三个阶段:第一阶段是从 19 世纪末 20 世纪初到 1949 年中华人民共和国成立前;第二阶段是从 1949 年中华人民共和国成立到 1978 年改革开放前;第三阶段是从 1978 年开始改革开放至今。② 中华人民共和国成立前的半个多世纪里,马列文献的翻译从零散的、随机的活动,逐渐发展成一项重要的革命事业。到中华人民共和国成立前夕,翻译出版的马列著作达到 530 余种。③ 20 世纪 50 年代初,人民出版社和中央编译局先后成立,使我国的马列文献翻译工作进入了崭新的时期。到 20 世纪 60 年代,马列文献的汉译出版已经初具规模。1978 年,中国开始了改革开放的新征程,马列著作的出版也迎来了新局面。

2. 改革开放以来马列主义文献汉译出版新局面

改革开放以来,我国马列主义文献汉译出版迎来了新的高峰。据中央编译局文献信息部课题组的统计,1979—1994 年间,我国马列经典著作的出版

---

① www.dswxyjy.org.cn /n1 /2019 /0617 /c427184-31159944.html,访问日期:2020 年 12 月 5 日。
② 参见《马列著作在中国出版简史》。
③ 顾锦屏、陈聪:《马克思主义经典著作编译工作六十年》,《马列经典在中国六十年》,第 5 页。

数量在中华人民共和国成立以来的六十年(1949—2009)中是最多的。① 这个时期最主要的工作是重新编译出版《马克思恩格斯全集》《列宁全集》《马克思恩格斯选集》《列宁选集》,以及大量的马列著作单行本。

1995年以后,马列主义文献出版继续平稳发展。到2020年时,马列经典著作汉译已经出齐了三大全集、三大选集、两部文集,以及若干文库本著作。其中,《斯大林全集》(1953—1958年间出版)和《斯大林选集》(1962年)是中央编译局成立之初最早完成的②,具有开创性意义,翻译《斯大林全集》的过程中确立的翻译校审出版程序为后来的翻译工作提供了样本。③《马克思恩格斯全集》含中文第一版和第二版(部分),其中第一版50卷已于1985年出齐,第二版尚在进展中;《列宁全集》有中文第一版(1955—1963年间陆续出版)、第二版(至1991年全部出版)以及第二版的增订版(2017年出齐);《马克思恩格斯选集》(四卷本)有第一版(1972年)、第二版(1995年)和第三版(2012年);《列宁选集》分别于1960年、1972年和1995年出了第一、二、三版,2012年出版了第三版修订版,均为四卷本;此外还有十卷本《马克思恩格斯文集》和五卷本《列宁专题文集》;"马克思恩格斯文库"则推出多种单行本、专题选编本和要论摘编本。从这简短的汇总中可以看到,重新编译出版是马列主义文献汉译的一个重要特征。

要而言之,马列文献汉译出版在当代形成了全集本、选集本、文集本、文库本同时推进的模式。全集本意在全面呈现马克思主义广博的思想内容;选集本与文集本精选了马列著作中的重要文本,为普及读本;而文库本则多以单行本或专题选本的形式精选马列著作重点文本。这些版本在不同的历史时期行使着各自的功能,又互为补充,有效推进了马克思主义在我国的传播,形成了

---

① 中央编译局文献信息部课题组:《马列文献信息编辑出版60年》。
② 三大全集中,《斯大林全集》是中央编译局最先开始编译的一部全集,1953年开始,1958年完成,共13卷。1962年又出了《斯大林选集》。在这之后,马列主义文献汉译出版的重心很快由斯大林著作转向马克思、恩格斯、列宁的著作。参见中央编译局文献信息部课题组:《马列文献信息编辑出版60年》。
③ 中央编译局人员在集体译校了《斯大林全集》第1、2两卷之后,便总结出一套行之有效的方法:实行内部分工,一组人做翻译,一组人做校审;集体翻译的方式是先细读原文,在专家的帮助下,解决疑难问题,然后着手翻译;校审也是集体流水作业,分成好几道工序,科学分工,发挥集体合作的优越性。这种集体翻译模式和玄奘主持的集体翻译模式对照来看颇多相似之处。参见中共中央马恩列斯著作编译局校审室:《集体译校〈斯大林全集〉第一、二两卷的一些体验》,《俄文教学》1954年第3期,后收入罗新璋、陈应年编:《翻译论集》(修订本),商务印书馆2009年版,第664—670页。

马列经典著作中国化的版本体系。

其中,《马克思恩格斯全集》中文第二版和《列宁全集》中文第二版两大全集的出版是 20 世纪最具里程碑意义的汉译出版工程。这两种全集的新版都由我国自行编译出版,改变了先前倚重苏联的状况。《列宁全集》中文第二版编译工作于 1982 年启动,中央编译局联合全国十二所高等院校和研究单位,重新校订原有译文,翻译大量新文献,1990 年全部出齐,共 60 卷,是世界上收载列宁文献最多的版本。①《马克思恩格斯全集》中文第二版的编译出版尚在进行中,全书预计达 70 卷,详见下文。除了两种《全集》的编译出版,20 世纪末另一项重要的工作就是重新编译出版更加适合群众学习马克思主义理论的普及读本,包括《马克思恩格斯选集》第二版和《列宁选集》第二版,均为四卷本。

3. 21 世纪开端十年的新机遇

进入 21 世纪,马列主义文献出版迎来了新的机遇。2004 年 1 月,中共中央发出《关于进一步繁荣发展哲学社会科学的意见》,提出实施"马克思主义理论研究和建设工程"的决定。这项工程的一个重点项目就是编辑出版十卷本《马克思恩格斯文集》和五卷本《列宁专题文集》。2009 年 12 月,《马克思恩格斯文集》第 1 至第 10 卷由中共中央编译局编译,人民出版社出版。《文集》总字数约 770 万字,其中正文约 580 万字,翻译副文本资料约 190 万字,所收的著作按编年和重要专著单独设卷相结合的方式编排。由于《马克思恩格斯全集》中文第二版全部出齐尚需时日,这个精编本能较好地满足社会各界对经典著作最新版本的需求。《列宁专题文集》分专题编为 5 卷,各卷以文献选编与重要论述摘编相结合的形式,从《列宁全集》中文第二版中精选代表性著作。这两部文集选文精审,内容完整,体现出马克思主义与时俱进的理论品格。

4. 最近十年马列文献汉译出版事业的新进展

2011 年到 2020 年马列文献汉译出版的工作重心是继续推进跨世纪出版工程。这一时期出版的马列主义经典译著主要有:《马克思恩格斯选集》第三

---

① 关于《列宁全集》的讨论,可参见顾锦屏、陈聪:《马克思主义经典著作编译工作六十年》。

版、《列宁选集》第三版修订版、《马克思恩格斯全集》中文第二版新出 11 卷、《列宁全集》中文第二版增订版共 60 卷,以及"马列主义经典作家文库"经典著作 27 种。

(1) 两种《选集》出版,定位为普及读本

2012 年 9 月,《马克思恩格斯选集》第三版、《列宁选集》第三版修订版由中央编译局编译、人民出版社出版,两部《选集》皆为四卷本。《马克思恩格斯选集》第三版充分吸收了十卷本《马克思恩格斯文集》的成果,总体定位为"学习、研究和宣传马克思恩格斯重要著作的普及读本"①。《列宁选集》第三版修订版在原第三版的基础上,新增了列宁生平大事年表等资料。

(2)《马克思恩格斯全集》中文第二版新出版 11 卷

《马克思恩格斯全集》中文第二版于 1995 年开始出版,计划出 70 卷,编排为普通著作卷、《资本论》及其手稿卷、书信卷、笔记卷四个部分,截至 2020 年,已出版 32 卷。2011—2020 年这十年间,共出版 11 卷,新出卷次见附录表 1。出版的各卷所有译文均根据《马克思恩格斯全集》历史考证版的内容翻译或重新作了校订。这部全集卷帙浩繁、博大精深,是所有马列文献汉译新版本中改动最大的。新版全集的编译工作也处于中央编译局编译工作者新老交替、承前启后的关键节点上,其编译出版的进度一定程度上也取决于其底本《马克思恩格斯全集》历史考证版的进度。

(3)《列宁全集》第二版增订版全部出齐

《列宁全集》第二版增订版工作于 2010 年年初启动,2013 年出版前 7 卷,2017 年出版余下的 53 卷,共 60 卷。这部全集是"马克思主义理论研究和建设工程"重点项目和国家出版基金重点资助项目本,"旨在为深入学习和研究马克思列宁主义理论提供收文更完整、内容更丰富、译文更精审、资料更翔实的基础文本"②。增订版的主要工作包括两项:一是增补新文献,从《列宁全集补遗》中选取 44 篇新文献,按时间顺序分别编入《列宁全集》第二版的相应卷次,总计约 20 万字;二是重新修订,修订内容有:全面校订第二版正文和注释中出现的马克思恩格斯著作引文,修订和勘正译文中的个别缺陷和疏漏,以

---

① 柴方国:《以科学态度编译马克思主义经典著作普及读本——关于〈马克思恩格斯选集〉第 3 版》,《马克思主义与现实》2013 年第 4 期。
② 《〈列宁全集〉第二版增订版说明》,《列宁全集》第 1 卷,人民出版社 2013 年版,第 1 页。

及修订和充实第二版各卷所附资料。① 增订版的全集总字数达 3 300 多万字。

(4) "文库本"推出 27 种精选著作

"马列主义经典作家文库"精选和汇集马克思、恩格斯、列宁的重要著述,采用经过校订的最新译文,并附有各种必要的参考资料,以满足广大读者学习和研究的多层次需要。文库包含三个系列:一是著作单行本,收录经典作家独立成书的重要著作;二是专题选编本,收录经典作家集中论述有关问题的短篇著作和论著节选;三是要论摘编本,辑录经典作家对有关专题的论述,按逻辑结构进行编排。截至 2019 年 12 月,"文库本"系列共出版 27 部著作。该系列著作,采用最新版本的译文,编辑体例和最新的《文集》与《选集》基本相同。有些重点著作增设附录,收入有重要参考价值的文献和资料。"文库本"已出版书目详见附录表 1。

二、特殊的"重译"与"编译":与时俱进的马列文献汉译出版事业

1. 特殊的"重译":学术深耕、与时俱进

纵观过去四十余年马列文献汉译出版的情况,我们看到一个显著特征就是不断对已有译作进行校译和修订,或是根据新的底本增加新译,然后推出经典著作新版本。这些新版本就是广义上的"重译"本。"重译"就是重新翻译,或再次翻译。在翻译史上,重译现象是较为常见的。有学者指出,19 世纪汉学翻译中的重译现象还常常折射出文化的竞争关系。② 不过,马列文献的重译有些独特,一是首译与重译在时间上几乎没有间隔,二是重译的内在动机不是竞争,而是自我更新。

以《马克思恩格斯全集》的第一版和第二版为例。几乎在《马克思恩格斯全集》第一版刚刚出齐的同时,就开启了第二版的编译工作,也就是"重译"《马克思恩格斯全集》,这样密集的重译,是不多见的。

为什么要重译《马克思恩格斯全集》呢? 首要原因就是有了更好的底本。

---

① 李京洲:《为了经典著作中文版本的更加完善——记正在进行的〈列宁全集〉第 2 版增订版工作》,《马克思主义与现实》2015 年第 1 期。
② 沈安德著,吴慧敏译:《以重译立论——19 世纪汉学翻译中的经典形成、专业化和国际竞争》,王宏志主编:《翻译史研究(2014)》,复旦大学出版社 2015 年版,第 324—338 页。

根据新的底本完整译出马克思、恩格斯的全部著作,可以更加完整地反映马克思、恩格斯的科学理论体系,更加忠实准确地传达马克思、恩格斯的思想。

中央编译局1953年成立后,随即开始翻译出版《马克思恩格斯全集》,这就是《马克思恩格斯全集》中文第一版。第一版从1956年开始出版,至1985年出齐,历时三十年,共出50卷,包括39卷"正卷"和11卷"补卷"。这是从马克思主义传入中国后,第一种篇幅最大、内容最全的马列主义中文文献。该版本以《马克思恩格斯全集》俄文第二版为底本并参照德文版翻译,由中央编译局的专业译者队伍和专家学者编译而成,译文质量很高。但是由于在底本和注释上倚重俄文底本,既吸收了俄文第二版的学术成果,也不可避免地反映着俄文版的缺点。韦建桦曾指出,《马克思恩格斯全集》第一版虽然在整体上质量明显超过以往任何一种译本,但是整部《全集》最大的遗憾是除部分重点著作外,大多是从俄译本转译而来,因而无法避免转译所引起的语义和风格上的偏差。①

1986年,经中共中央书记处批准,《马克思恩格斯全集》中文第二版的编译工作正式启动。《全集》第二版以《马克思恩格斯全集》历史考证版(MEGA²)为蓝本②,同时参考德文版、英文版、俄文版等版本。所有的文献编排和翻译校订都以原著文字为准,力求更加准确、忠实地呈现马列主义思想内涵。MEGA²从1975年开始出版,逐渐成为国际范围内马克思恩格斯著作公认度最高的版本。这一底本的选用有助于完整呈现马克思主义思想体系。

以《马克思恩格斯全集》中文第二版第43卷为例。不同于第一版从俄文转译,该卷收入的是马克思亲自修订的《资本论》第一卷法文版的中文翻译。该法文版译自《资本论》第一卷德文第二版,但马克思本人对该法语版本作了修订,在正文的论述中还有许多重要的修改和补充,这个法文版因此"在原本之外有独立的科学价值"。该法文版原文收录在MEGA²第二部分第7卷,而《全集》中文第二版就是根据这个底本对译文重新作了修订。③ 中文版《全集》

---

① 韦建桦:《用生命擎起思想的火炬——马克思主义经典著作编译事业百年回顾》,《马克思主义与现实》2010年第6期。
② 《马克思恩格斯全集》历史考证版(德语:Marx‐Engels‐Gesamtausgabe,缩写为"MEGA")指的是不同时期出版的两套全集——MEGA¹和MEGA²,包括马克思和恩格斯发表的文献、手稿和往来书信等。MEGA¹已经终止,MEGA²版本从20世纪70年代中期开始出版。
③ 参见《〈马克思恩格斯全集〉中文第2版第43卷前言》,《马克思主义与现实》2016年第5期。

第一版和第二版选用底本的变化折射出我国对马克思主义文本和版本的研究取得了长足的进展，不再单纯依赖俄语转译，有了更为广阔的国际视野。另外，马克思恩格斯著作是使用多种语言写成的，涉及德语、英语、法语、意大利语和西班牙语等，中文第二版的编译者能直接从多种原著文字将其译成汉语，说明我国现阶段翻译人才所掌握的语种更加多元，对国外包括版本学在内的马克思研究的了解更加与时俱进。

  重译的第二个原因是《全集》第一版的翻译受各种实际条件限制，译文系统性方面较为薄弱。编译人员在编译第二版时有了更为明确的系统意识，在充分掌握文本材料的基础上，争取更为精当地翻译马列主义文献中的关键概念和常用词语。陈瑞林指出："在马克思和恩格斯的著作中，包含着丰富的系统思想。"他接着以马恩对资本主义经济危机的复杂描述为例，来说明翻译关键概念和常用词语时注重系统性尤为重要。他指出在《全集》第一版中描述经济危机的译语译法略显混乱，"'同词异译'和'异词同译'的现象较为突出"。如德文 Krise 有时译为"危机"，有时又译成"破产"，allgemeine Krise 有时译成"总危机"，有时又译成"普遍危机"；又如 Depression、Druok、Stagnation 和 Stauung 都译成"萧条"。① 诚如梁启超言，"翻译之事，遣辞既不易，定名尤最难"②，马列文献汉译过程中常常要面对专有名词翻译的挑战。不过，上面提到的这些例子，如果运用系统思想去分析处理，注意经济危机周期四个阶段——危机、萧条、复苏和高涨——的整体性，从整体上去把握，就有可能理顺译法，使译文更为精当、前后一致。

  重译的第三个原因是马列主义中国化的需要。马克思主义思想在中国的传播是和中国在不同历史阶段的发展密切关联的。改革开放以来，建设中国特色的社会主义成为我国社会的主要议题。随着经济社会的发展，马克思主义的接受者也逐渐从各领域的精英延伸至普罗大众。③ 回应新时代的需求，《马克思恩格斯全集》中文第二版选用了更为准确的底本，篇章的编排更加科学，附注资料更加翔实，并且作了多种索引。每一卷都有中文版编者撰写的导

---

① 陈瑞林：《经典著作的翻译与系统思想——〈马克思恩格斯全集〉中文版部分译文商兑》，《中国社会科学》1992 年第 2 期。
② 梁启超：《佛典之翻译》，《翻译论集》（修订本），第 112 页。
③ 冯颜利：《马克思主义传播主题、对象与方式的变迁（1949—2019）》，《求索》2019 年第 3 期。

读性前言,介绍本卷收入著作的写作背景。每篇著作基本都有题注,重要著作还在题注中交代该作在我国第一次出版的时间。这些学术性副文本,有助于读者更快地把握马克思主义的思想内容,对实现马列文献时代化、中国化和大众化颇有助益。

由此可见,马列经典文献的"重译"不是简单的译语文本再生产,而是一个学术研究与翻译密切结合、互为推动的过程。译文修订和重译的过程,为新的知识生产提供了特殊的场域,在这场域中,翻译活动与学术研究互相推动,导向更高质量的译文与研究。翻译在这里,不单单是目的,也成为马克思主义研究的路径与方法,所以说马列文献的翻译不是一劳永逸的,而是不断更新的。《马克思恩格斯全集》第一版和第二版的鲜明对比最能展现翻译问题,折射时代的变迁,反映出马列文献翻译工作方法的演进和马克思主义研究的逐渐深入。

2. 经典著作的"编译":特殊的概念,流动的内涵

以上论及的马列文献全部由中共中央编译局编译。"编译"一词颇具特色。这个词将"编"与"译"糅合在一起,奠定了马列文献汉译出版事业把握历史主动、回应实践需求的基调。

"编译"一词在这里当然不是指今日的电脑术语,而是指编辑与翻译工作,或者从事这项工作的人。根据目前所见文献,"编译"一词较早于 1930 年代初开始使用。1930 年,国民党召开三届四中全会时,该会委员朱家骅、陈立夫等提议"设立编译专处总领译事"①,1932 年 4 月,"国立编译馆"成立。② 此前,中国历史上一些影响深远的翻译机构似乎尚未有"编译馆"之称,有的称为"翻译馆",如 1868 年创办的江南制造局翻译馆。"国立编译局"当时隶属教育部,工作重心之一就是编审出版中小学国文教材,所以"译"的内容可能也包括将文言文译为白话文的语内翻译。当然,编译馆也承担外译中的工作,如 1932 年,编译馆就将一份关于中国教育考察的报告书 *The Reorganization of Education in China* 由英文译成中文,以《中国教育之改进》为名发表。③

---

① 司琦:《儿童读物研究》,台湾商务印书馆 1983 年版,第 102—103 页。
② 该馆地址设在南京市天山路,现为南京光学仪器厂和南京百花光电有限公司。"江苏省不可移动文物数据库",http://www2.jslib.org.cn/was5/web/detail?record=1&channelid=277155&searchword=编译馆&keyword=编译馆♯,访问日期:2021 年 7 月 10 日。
③ 张学强:《1930 年代国联教育考察团对民国中等教育改进的影响》,《社会科学战线》2017 年第 12 期。

不过，今日中央编译局所一脉相承的则是1938年在延安成立的马列学院下设的编译部。该编译部负责马列著作的翻译，从一开始就肩负着传播马克思主义思想的重要使命。中华人民共和国成立以后，在原编译部基础上新成立的中央编译局开始更为系统地编译马列著作。

纵观近几十年来马列文献汉译"编"的工作，可以看到其内涵并非一成不变，而是随着社会环境的变化和具体翻译工作而变化的。在早期，马列文献的翻译大多是选译、节译。选择、删节就是"编"的工作。而今日的"编"更注重马列主义经典著作全局性的规划，在译本中展现马克思恩格斯文稿的原始形态，以及编写前言和注释等学术性副文本。比如，马克思和恩格斯的手稿排序、马克思、恩格斯所写的"边注"和"插入语"的处理等，都是"编"的范畴。编译工作还包括精选、翻译《马克思恩格斯全集》历史考证版中的重要参考资料。姜海波指出：$MEGA^2$中有些辅助材料不易翻译，但是可以有选择地编译其中有重要参考价值的考证信息和结论，以帮助我们提高编译质量和研究水平。[1]

蕴含在"编译"二字中最核心的内涵就是翻译活动与学术研究的结合与碰撞。顾锦平和陈聪谈到，中央编译局在大量实践的基础上，提出了他们经典著作翻译的标准："意思准确，文字通顺。"这个标准所要求的就是要在大量研究的基础上做翻译，"把翻译与研究结合起来"，就是达成这个标准的最佳途径。"翻译必须是研究的结果，研究工作是翻译工作的灵魂。"[2]

事实上，编译马列主义文献，必须在大量学术积累的基础上才能做好，如果没有研究，就不可能编写出好的注释等学术性副文本。所以，以学术研究为基础是"编译"实践的应有之义。

翻译与研究互动的例子在马列文献汉译实践中比比皆是。例如，《共产党宣言》中有这样一句名言："从这个意义上说，共产党人可以把自己的理论概括为一句话：消灭私有制。"[3]"消灭私有制"对应的德语原文是"Aufhebung des Privateigentums"。这个"Aufhebung"引起了学界许多讨论。有些学者认为"消灭私有制"的译法不妥，原因是此处马克思恩格斯所用的德语原文是源自

---

[1] 姜海波：《〈德意志意识形态〉中文版编译史述要》，《马克思主义与现实》2011年第5期。
[2] 顾锦屏，陈聪：《马克思主义经典著作编译工作六十年》，《马列经典在中国六十年》，第19—20页。
[3] 《马克思恩格斯选集》第1卷，人民出版社1995年版，第286页。

黑格尔的哲学术语,应译作"扬弃"。① 就这一意见,韦建桦撰文作了详细的回应,他指出,在整部《共产党宣言》中,马克思恩格斯对资本主义私有制的弊端和本质作了透彻的分析,因而得出要"消灭私有制"的结论,他还从其他与《宣言》相关的马列著作中找到马克思恩格斯对于消灭私有制这一立场明确的表述。其实,Aufhebung是个多义词,既可以作"扬弃",也可作"废除"讲,而且结合《宣言》的基本思想,马克思恩格斯认为要实现共产主义伟大理想,就要废除生产资料私有制。所以,包括韦建桦、顾锦屏在内的中央编译局的成员经过大量的研究,最后选择保留了原译文,不作改动。尽管在文字上看,修订后的译文一字不变,但是在这论辩的过程中,我们对文本的理解已经加深了,由此可见翻译驱动研究和研究促进翻译的良性互动。

韦建桦写道:"在……编译过程中,我们始终恪守恩格斯提出的原则。恩格斯强调翻译马克思的著作是一项'真正老老实实的科学工作',这是我们在审核和修订译文时念兹在兹的座右铭。"②关于马列文献翻译方法的讨论,一样切中肯綮的还有张慕良的文章《翻译经典著作要注意作者的思想、观点和提法》。张慕良曾任中央编译局马列部译审,他以具体的译例阐明经典翻译的方法,指出翻译经典著作,"不能仅限于把文字处理好,还要注意作者的思想、观点、提法"。③怎么注意呢?就是要透过词句去审视作者的深意,要既见树木,又见森林,也即是,对原著的思想内容要有研究,这样才能确保译文的准确性和权威性。

除了翻译与研究的互动外,马克思主义中国化也是马列文献"编译"的另一个重要内涵。"编译"二字在当代汉语语境中,和中央编译局有着天然紧密的关联,所以,较之于其他翻译行为,体现出更加明显的历史主动性。"编"的过程有对资料的取舍,有添加重要的前言、注释,主导着人们对马列经典著作的理解。这里既可以看到"编译"的学术维度,也可以看到其政治维度。正如张立波在《汉译"马克思":历史、技术和政治》(《马克思主义研究》2010年第3期)一文中指出的那样,翻译一方面是马克思主义得以中国化的关键环节,另一方面,这些译文也在很大程度上影响着国人对马克思主义的理解和接受,他

---

① 高放:《从〈共产党宣言〉的一处误译看资本主义如何过渡到社会主义——兼评〈两个"必然"及其实现道路〉一书》,《社会科学研究》2002年第5期。
② 韦建桦:《用生命擎起思想的火炬——马克思主义经典著作编译事业百年回顾》。
③ 张慕良:《翻译经典著作要注意作者的思想、观点和提法》,《马列经典在中国六十年》,第225—248页。

总结说"汉译马克思归根结底是一个政治的过程"。他的研究揭示了翻译活动的复杂性。

三、结语

纵观改革开放四十多年来马列主义文献汉译出版的繁荣与发展,我们总结出以下三个特点:1. 改革开放以来,马列文献汉译出版工作成果丰硕,形成了稳定的中国化的版本体系,为我国马克思主义中国化的发展奠定了坚实的文本基础;2. 跨入 21 世纪,我国的马列文献汉译工作继续保持着稳健的步伐,推出多种新版本,即广义上的重译,重译的成果逐渐显现出来,有助于我们在国际视野的观照中继续推进马克思主义中国化;3. 马列文献汉译出版工作融合了"编"和"译",随着翻译工作趋于平缓稳定,"编"的工作逐步走向精深,通过"编"的工作,将最新的马克思主义研究成果带入新版译著。刘同舫这样总结我国百年来马克思主义经典著作研究的历程:"马克思主义经典著作研究的百年历史,是文本阅读与思想阐发走向有机统一的进程……"①,这一结论同样适用于总结我国马列文献汉译出版的进程。

在马列文献汉译出版实践中,"重译"与"编译"两种活动都有其独特的内涵。"重译"不是从头开始,而是对传统的继承与鼎新,汇聚最准确、最有力的文字;重译与重新修订可谓是牵一发而动全身,已经产生了一系列的联动效应,带来了马列主义文献翻译研究队伍的发展壮大,以及文献学、历史考据学的新发展,而且这个趋势还在继续。"编译"也不是被动接受,而是在深入理解原著的基础上构建马列主义与时俱进的丰富内涵,推进马克思主义中国化。马列主义经典著作的"重译"与"编译"常做常新,在这过程中,"重译"与"编译"不仅是目的,更是马克思主义研究的路径与方法。翻译不断激活经典著作的丰富内涵,翻译与研究的互动也将我国的马列主义文献翻译不断带入新的境界。

马列文献汉译出版主要由中央编译局和人民出版社承担,是国家工程,所涉的翻译出版任务时间跨度长,体量大。这样长时段、系统性的翻译活动,为翻译研究提供了丰富的案例,展示了翻译活动与学术研究最为深广的互动。马列文献汉译出版工程中,蕴含着丰富的翻译思想资源,值得继续深入探讨。

---

① 刘同舫:《马克思主义经典著作百年研究历程与经验启示》,《光明日报》2020 年 11 月 16 日。

马列文献汉译的经典作品对中国现代化进程影响重大,对人们的日常生活也产生了深远的影响。许多来自马列著作的词汇和概念已经潜移默化地融入了我们的日常生活。关于马列文献汉译出版,还有许多更为复杂的面向,有待进一步的研究。

附录 2011年以来马列主义文献全集本和文库本的出版情况

表1 《马克思恩格斯全集》中文第二版新出11卷(2011—2020年)

时间	出版卷次	内容
2013年4月	第35卷	本卷收入马克思1861—1863年经济学手稿第VI—XV笔记本的内容,即《剩余价值理论》主体部分。
2013年12月	第14卷	本卷收入马克思和恩格斯在1855年1—6月所写的政论、时评和军事文章,共计107篇。
2014年8月	第26卷	本卷收入恩格斯1876—1878年写的《反杜林论》及相关文献和1873—1882年写的《自然辩证法》。
2015年12月	第36卷	本卷收入马克思1861—1863年经济学手稿第XV笔记本的最后部分、第XVII笔记本第8页起的各页以及第XVIII笔记本的内容。
2016年3月	第49卷	本卷收入1852年1月至1855年12月马克思和恩格斯之间的通信以及他们给其他人的书信共计291封,附录收入燕妮·马克思等人的书信共24封。
2016年12月	第42卷	本卷收入《资本论》第1卷1867年德文第一版。
2016年12月	第43卷	本卷收入马克思亲自修订的《资本论》第1卷法文版。
2018年12月	第28卷	本卷收入恩格斯1883年5月至1889年10月写的文章、手稿、笔记,以及恩格斯的谈话记录和他参与写作的文章等,共计74篇。
2019年12月	第38卷	本卷收入马克思在1863—1867年期间写的经济学手稿。
2019年12月	第37卷	本卷收入马克思1861—1863年经济学手稿的结尾部分,主要是第XIX笔记本至第XXIII笔记本的内容。
2020年10月	第29卷	本卷正文收入恩格斯1889年12月至1895年8月所写的92篇文章,附录收入21篇其他人所写与恩格斯相关的文章。

表 2 "马列主义经典作家文库"已出版书目(2011—2020 年)

时 间	批 次	书 名
2014 年	第一批书目	《共产党宣言》 《1844 年经济学哲学手稿》 《路德维希·费尔巴哈和德国古典哲学的终结》 《社会主义从空想到科学的发展》 《1848 年至 1850 年的法兰西阶级斗争》 《帝国主义是资本主义的最高阶段》 《列宁论经济政策》
2015 年	第二批书目	《路易·波拿巴的雾月十八日》 《哥达纲领批判》 《反杜林论》 《自然辩证法》 《唯物主义和经验批判主义》 《国家与革命》 《马克思恩格斯论中国》(选编本)
2016 年	第三批书目	《德国的革命和反革命》 《资本论》(节选本) 《共产主义运动中的"左派"幼稚病》 《德国农民战争》 《法兰西内战》 《什么是"人民之友"以及他们如何攻击社会民主党人?》
2018 年	第四批书目	《德意志意识形态》(节选本) 《雇佣劳动与资本》 《家庭、私有制和国家的起源》 《怎么办?》 《进一步,退两步》
2019 年	第五批书目	《社会民主党在民主革命中的两种策略》 《论住宅问题》

"近现代马列主义文献汉译出版"学术研讨会综述

朱梦中　杨硕培

（复旦大学历史学系）

马列主义文献在近代中国的翻译出版，是中国共产党历史和中国近代出版史上的重要事件。正值中国共产党成立一百周年之际，复旦大学历史学系、中国近现代新闻出版博物馆于2021年5月15日—16日在上海朱家角召开了"近现代马列主义文献汉译出版"学术研讨会（以下简称"研讨会"），来自中国社会科学院、国家图书馆、复旦大学、中国人民大学、同济大学、华东师范大学、上海社会科学院、上海外国语大学、陕西师范大学、浙江师范大学、上海工程技术大学、上海应用技术大学、上海商学院、天津外国语大学、山东华宇工学院、香港中文大学、陈云纪念馆、中国社会科学出版社、文汇出版社等单位的二十多名专家学者参加了此次会议，围绕会议主题展开了热烈的讨论。此次研讨会是复旦大学历史学系和中国近现代新闻出版博物馆自2008—2012年联合策划举办多届国际学术研讨会以来的再度合作。

5月15日上午，研讨会正式开幕。复旦大学历史学系分党委书记刘金华和中国近现代新闻出版博物馆馆长赵书雷分别致辞。

刘金华代表复旦大学历史学系对来自全国各地的专家学者表示了热烈的欢迎，她回顾了复旦大学历史学系和中国近现代新闻出版博物馆的学术合作历史，并展望两家单位未来的合作发展。她特别强调，2021年是中国共产党成立一百周年，马列主义文献是我党建立和发展的理论基础，马列主义文献的翻译出版在百年党史中发挥着传播真理、坚定信仰的作用。近年来，上海市政府号召推进"红色文化"的研究，政府宣传机构引导的"红色文化""海派文化"

"江南文化"三大课题,正好与本次会议的主题密切相关。马列主义文献的研究,作为"红色文化"的组成部分,还可以站在历史学的角度,从近现代中国翻译史和出版史的视野加以推进,也可以作为中外交流史研究的一部分来认识。

赵书雷在致辞中指出:中国共产党从诞生之日起,就把马克思主义确立为自己的指导思想。党一贯重视从思想上建党,一贯重视用马克思主义理论武装全党,始终把思想理论建设放在党的建设首位,这是我们党保持和发展先进性的一条基本经验。近现代马列主义文献汉译出版对于推动马克思主义中国化、时代化、大众化,推动当代中国马克思主义传播,构建中国化马克思主义理论体系的框架具有重要意义。上海是中国共产党的诞生地,也是党的出版的诞生地,既是"初心之地",又是"光荣之城"。近年来,上海市委市政府提出打响上海文化品牌,其中一个重要的方面就是"红色文化"的研究。本次会议也是我们努力发掘上海出版光荣历史,弘扬上海出版红色传统的具体举措。

主题报告环节由复旦大学历史学系邹振环教授主持。中国社会科学院历史理论研究所研究员、《史学理论研究》副主编左玉河教授首先作了题为《恽代英译〈阶级争斗〉与马克思阶级斗争学说的传播》的报告。他指出,阶级是客观存在的一种社会现象,阶级与阶级斗争理论是马克思主义的基本理论,阶级斗争学说是早期中国共产党人重点关注的马克思主义核心内容之一。由考茨基原著、恽代英翻译的《阶级争斗》一书,对马克思主义阶级斗争学说在中国的传播起了巨大作用。该书所阐述的阶级分析法,为早期共产党人分析中国社会现状提供了科学方法论,对马克思主义中国化即新民主主义理论基本思想的形成,以及马克思主义在中国的早期传播起到了重要推动作用。

同济大学人文学院叶隽教授作了题为《译文质变的侨易节点与"翻译心灵"的呈现——以陈望道、成仿吾等的〈共产党宣言〉汉译为中心》的报告。他认为,《共产党宣言》作为一代名篇,具有极高的思想史和学术史价值,其东渐入华的过程,是一个充满了各种文化张力的译介、阐释、接受、博弈与形变的侨易过程。他借鉴译文学与侨易学的理论资源,聚焦该书首位译者陈望道与五次译者成仿吾二人的翻译文本与翻译史过程,通过关注二者共享的留日背景,区分其由日文(英文)转译与德文直译的不同路径,进而将作为译介主体的人视为文本流转过程中的关键性侨易节点,在更为开阔的知识空间中理解观念、文本、核心词、译者等的交互作用,考察了这部经典文本漂洋过海、辗转流易并最终在一种完全异质的文化语境中生根发芽并获得观念转化为实践的巨大成功的过程。

复旦大学历史学系高晞教授作了题为《辩证法：从辩证唯物主义到自然辩证法》的报告。她指出，自然辩证法在中国早期的传播，是以恩格斯《自然辩证法》的翻译与自主学习为核心而开展并逐渐形成的一个新兴学科。她通过对"自然辩证法中国化"的历史进程进行细致考察，对学界以往关于"辩证法"这一术语源自日文，且由"弁证法"转译而来的说法提出质疑，进而介绍了20世纪二三十年代中日两国有关马克思主义"辩证法"的讨论与译介，指出中国学者在翻译介绍恩格斯的《自然辩证法》之前，关于其手稿和核心思想已陆续翻译介绍给国人，途径是由日本转译而来，而且中日译文间的时间间隔相当短。在此基础上，高教授重点介绍了潘谷神的《辩证法与自然科学概论》，她认为，潘氏是最早理解恩格斯《自然辩证法》思想精髓的人物之一，在译介恩格斯自然辩证法并将其思想应用于现代科学的研究和指导革命实践中作出了特殊的贡献。

本次研讨会专题研讨环节共分为"《共产党宣言》译刊研究""经典与通俗读本译刊""马列文献的译刊机构""马列文献的传播与影响""马列文献的翻译与演绎""书报译介与述评"六个主题。

"《共产党宣言》译刊研究"专题由福州外语外贸学院教授陈福康主持，同济大学教授叶隽评论。华东师范大学马克思主义学院教授陈红娟首先作了题为《〈共产党宣言〉汉译本中"Aufhebung"对应词的演化趋势与诠释转移》的报告。她指出，以往学界虽指出中华人民共和国成立后的《共产党宣言》译本存在语词尖锐化问题，但论者所选取的参考文本不准确且存在忽略文本版本更新的问题。她通过审视《共产党宣言》译本中"Aufhebung"对应词"消灭""废除"等语词的变迁趋势，认为中华人民共和国成立前《共产党宣言》文本翻译时存在语词尖锐化的过程，至莫斯科百周年纪念本时达到顶峰。但中华人民共和国成立后中央编译局译本系统则反映出一种"去尖锐化"、回归德文原初语境之尝试。同时，尽管"消灭私有制"的译法依然没有改变，但其相关的名词解释与诠释性文本的重点已经从革命行动绝对化阐释向条件性解读转移。

上海社会科学院历史研究所助理研究员蒋凌楠作了题为《从"阶级制度""阶级压迫史"到"阶级斗争史"：20世纪早期〈共产党宣言〉与阶级进化史观的

接受》的报告。她指出,以阶级二分对立为主线的历史进化观,是"阶级斗争"学说在20世纪早期被接受、广为流传的主要思想内涵。清末民初,中国人普遍观念中依然保留着官阶等级为主的传统制度"阶级"思想。随着近代平等观念传入,反对政治与社会不平等要求的"阶级制度"中的"阶级压迫"特征被突显。"阶级"的等级制度内涵,渐渐转化为社会人群的二分、对立、压迫与奴役的特征。20年代初,在社会主义思潮下,具有改造意义的"阶级斗争"语汇代替"阶级压迫"流行起来。20世纪初始传入的《共产党宣言》在阶级进化历史观接受与传播的过程中起到最重要的引导作用。

陕西师范大学历史文化学院中国史硕士研究生曹文博作了《陈瘦石译〈比较经济制度〉出版史实考——兼论其附录〈共产党宣言〉相关问题》的报告。他指出,陈瘦石在翻译《比较经济制度》的过程中,将附录中的《共产党宣言》一同译出。中文版《比较经济制度》(下册)通过审查并出版,使得附录中的《共产党宣言》成为唯一在国统区合法出版的译本。该书的出版,是由中山文化教育馆编译、陈瘦石翻译、重庆市图书杂志审查处审查和商务印书馆出版等多个环节次第演进而成的。各个环节在特定历史条件下由多个不同的主体主导,呈现出社会诸多要素与出版活动之间的复杂互动。

"经典与通俗读本译刊"专题,由复旦大学档案馆馆员孟瑶主持,上海社会科学院蒋凌楠评论。中国社会科学出版社编审、著名出版家黄洛峰之女黄燕生,代表同为"老三联"后人的张国男、郑璀、艾屹梅等人,作了题为《中国第一部〈资本论〉全译本的翻译与出版》的报告。她通过文字史料与口述材料,回顾了由读书生活出版社于1938年推出的中国第一部《资本论》全译本的翻译出版全过程,并阐明了其重大的历史意义。

天津外国语大学中央文献翻译研究基地的助理研究员仲玉花作了题为《文化交流视域下〈近世社会主义〉早期汉译考察》的报告。她指出,20世纪初,留日先进知识分子对日本早期马克思主义著作的汉译,是中日文化交流史和中国近代翻译史上的重要事件。1903年出版的赵必振译《近世社会主义》是近代中国最早系统介绍马克思主义的译著。她将《近世社会主义》的早期汉译纳入文化交流视域,通过原著和汉译本的对比考证,探究了马克思主义在中国的早期传入与传播过程,审视了译者及译介在其中的文化传输作用。

"马列文献的译刊机构"专题由华东师范大学马克思主义学院教授陈红娟

主持,天津外国语大学仲玉花评论。上海应用技术大学马克思主义学院讲师潘喜颜首先作了题为《清末广智书局与社会主义学说在中国的早期译介与传播》的报告。她指出,清末翻译出版了多本与社会主义相关的译作单行本,其中广智书局出版的数量最多,共有两类:第一类是直接介绍社会主义流派和活动的译作,如《近世社会主义》等;第二类是政治类、大势类著作中涉及社会主义思想的译作,如《十九世纪大势变迁通论》等。这些译作为苦苦寻求救国方策的爱国进步人士提供了可资参考的思想指引,促进了马克思主义在中国的早期传播,为马克思主义中国化作了前期铺垫和准备,在近代中国产生了深远的影响。

国家图书馆、国家典籍博物馆副研究馆员刘洁作了题为《生活书店出版马列著作的译者群体研究(1937—1947)》的报告。她指出,生活书店作为上海出版业的代表,自抗日战争爆发前夕开始逐渐走上进步出版的道路,其出版不仅涉及大众文艺类书刊,在中华民族需要探索革命道路、实现救亡图存的年代,更加关注对马恩著作、唯物主义与辩证法相关的哲学著作以及马克思政治经济学思想相关著作的译介,在此过程中逐渐团结和形成了一支有影响力的译者群体,其中包括张仲实、柯柏年、钱亦石、沈志远、博古、张闻天、许涤新、章汉夫等。她以生活书店出版的译著为中心,从译者群体的生平思想、翻译成果、翻译倾向等角度展开研究,在挖掘译作史料和译著版本的基础上进一步探讨译著出版对马列思想在中国传播的价值。

复旦大学档案馆的孟瑶作了题为《刍议大江书铺》的报告。她指出,陈望道、汪馥泉、冯三昧等人在民国书业林立、竞争激烈的市场环境中创办了大江书铺。在大江书铺创办的六年间,虽然经营困难,地点几经变更,内部股东矛盾不断,但依旧出版了大量高质量书刊。大江书铺出版书刊以译著为主,主要宣传马克思主义文艺理论。作为重要的左翼出版机构,大江书铺在知识分子间搭建联络桥梁,并为"革命文学"论争提供平台,是左翼文艺运动的重要据点。

"马列文献的传播与影响"专题由滨州学院马克思主义学院教授李继华主持,由天津外国语大学的仲玉花、上海应用技术大学马克思主义学院的潘喜颜共同评论。福州外语外贸学院的陈福康首先作了题为《百年前马列主义对郑振铎的影响》的报告。他指出,郑振铎是我国近代杰出的人文社会科学家和著作家、出版家、翻译家,但以往研究却忽略了一个重要的事实:郑振铎之所以能获得这些成就,是与共产主义和中国共产党人对他的重要影响分不开的。仅以五四时期为例,他在当时的思想起点就远高于很多学者和作家,因为从那时起他就开始接受马列主义的指导,此外他还翻译过列宁的文章。陈福康教授通过梳理这段历史,重新讨论了郑振铎与中国近代马列主义的关系。

文汇出版社高级编辑黄勇作了题为《译作、译者和中国化:生活书店版马列经典著作的影响力探析》的报告。他指出,生活书店自1937年开始大量出版马列经典著作,产生了较大的影响力。他从三个方面探讨了这一尚未引人注意的问题:一、出版了哪些马列经典著作?通过对1937—1941年生活书店书单的分析,列示出经典著作的书目,从而说明这一时期,生活书店出版马列经典著作不但数量多,而且质量高。二、哪些人成为马列经典著作的译者?张仲实、沈志远、钱亦石、吴亮平、徐冰、柯柏年等成为马列经典的主要译者。三、哪些人阅读这些马列经典著作?生活书店版马列经典著作不仅在国统区经售,还在根据地流传,对马克思主义中国化起到了十分重要的推进作用。

上海社会科学院图书馆副研究馆员高明作了题为《王云五、公民书局、"公民丛书"与1920年代早期马克思主义的翻译与传播》的报告。他指出,20年代早期,马克思主义作为一种社会思潮,不仅为先进的中国共产党人所青睐,还有众多的知识分子在中国翻译传播马克思主义著作,加深了普通中国人对马克思主义的认知。王云五编辑出版了"岫庐公民丛书""公民丛书",冀翻译东西新学以开启民智,其中就包括《科学的社会主义》等宣传马克思主义的著作。他参与创办的公民书局,亦曾作为中共中央在上海创办的第一份公开发行的机关刊物《向导》周报的分售处。虽然王云五在《岫庐八十自述》中对其在20年代的翻译出版发行活动多有掩饰,但这并不能抹杀20年代早期公民书局、"岫庐公民丛书"、"公民丛书"在马克思主义传播过程中的作用。

"马列文献的翻译与演绎"专题由国家图书馆的刘洁主持,上海商学院讲师刘叙一评论。滨州学院的李继华教授首先作了题为《漫谈陈望道译〈共产党宣言〉在文艺作品中的被演绎》的报告。他指出,作为中国共产党创建过程中的重要事件,陈望道译《共产党宣言》的出版,是在有关文艺或纪实作品中经常被反映和渲染的重要内容。这种反映和渲染,既表现了陈译《宣言》的重要历史地位和巨大影响力,加深了人们对陈译《宣言》的认识和了解,也有一些与历史事实不尽符合的虚构或描述。这些虚构或描述,有的属于合理的艺术构思,有些则有违历史真实与艺术真实的统一。他认为,有关文艺作品对陈译《宣言》的反映和描绘,应该尽可能依据历史事实,努力实现历史真实与艺术真实的统一。

上海工程技术大学外国语学院讲师李映珵作了题为《"帝国主义"的翻译问题——以张闻天、余家菊、刘文海的论争为中心》的报告。她指出,在近代中国,对"帝国主义"的翻译是政治及意识形态斗争和利益冲突的场域。她聚焦大革命时期,论述了张闻天、余家菊、刘文海如何从自身的政治目的出发对"帝国主义"翻译问题进行争论,并尝试回答"帝国主义"与 imperialism 的互译是在何时、因何故稳固下来。刘文海以"大国家主义"译 imperialism,引发余家菊的质问和张闻天对国家主义派的批判。imperialism 与"帝国主义"的互译趋于稳固的外在标志是五卅运动,内在线索是民族主义观念上的"帝国主义"和马列主义概念中"帝国主义"的融合。

浙江师范大学讲师蒋硕作了题为《鲁迅译苏俄文论与〈在延安文艺座谈会上的讲话〉关系初探》的报告。他指出,鲁迅是民国时期较早集中译介苏共文艺理论和政策的翻译家,他翻译的卢那察尔斯基《艺术论》《文艺与批评》和普列汉诺夫的《艺术论》是中国最早对这两大苏共文艺理论家的译介之一,产生了较大影响,学界多有讨论。但鲁迅本人比较看重的转译自日本的苏共文论及政策《文艺政策》和《现代新兴文学的诸问题》却较少有人研讨。他通过梳理这两个译本的核心论点,并与《在延安文艺座谈会上的讲话》进行比较,发现两者间具有较大关联,后者讨论的很多重大问题在前者中已有涉及,并且两者间的论述和结论有着较多的重合和一致性。他认为,《在延安文艺座谈会上的讲话》吸收了鲁译的精华,鲁迅对中国无产阶级文艺理论与政策形成的先驱地位和重大影响应该得到重新评估与再认识。

"书报译介与述评"专题由文汇出版社的黄勇主持,上海社会科学院的高明评论。上海商学院的刘叙一首先作了题为《马克思主义文艺观在我国的初期译介——以〈现代〉杂志为中心(1932—1935)》的报告。她指出,20 世纪 30 年代全世界范围内左翼思潮的盛行极大地促进了马克思主义及其文艺理论在我国的译介与传播,而于淞沪抗战后创立的首份"非同人"性质的大型文学杂志《现代》(*Les Contemporains*, 1932—1935),在某种程度上开启了真正意义上马克思主义文艺观在中国的翻译之旅。此后，左翼文艺理论家们便通过大量翻译、传播或阐释马克思主义相关理论和著作，开启了马克思主义指导下的中国革命文艺活动。这是20世纪30年代国内整体译介潮流中的特殊实践，对于特殊政治文化语境下我国的译介和传播活动有着重要的意义。

中国人民大学新闻学院博士生夏琪作了题为《论编译马克思主编的〈新莱茵报〉》的报告。他指出，《新莱茵报》原版报纸是马克思办报的原始史料和基础文本，但由于一百七十多年的时间间隔、复杂的历史背景、难以流畅阅读的哥特式花体字，导致我国新闻传播界至今无人阅读过这份报纸。《马克思恩格斯全集》中文第一版遗漏了马克思和恩格斯《新莱茵报》时期的较多文章，错误收录了一些并非他们撰写的文章。我国现有关于《新莱茵报》的研究依据的是少量译文和其他二手材料，缺乏学理性和系统性。他认为，马克思主义新闻观研究要以负责任的态度和科学精神，准确而忠实地翻译《新莱茵报》，将研究建立在完整史料的基础上。

香港中文大学翻译系讲师李俐作了题为《马列主义文献汉译述评（1978—2019）》的报告。她指出，改革开放四十多年来，马列文献的翻译出版进入了崭新的发展阶段，经历了"质"与"量"的双重提升，呈现出新的特征。从翻译底本选用来看，译本直接依据原著文字进行翻译或重译，更加注重对原著文本的细读与深耕，译本中呈现出翻译与研究并重的情形；从翻译策略上看，对关键概念翻译的系统性加强，全集编译与精编选译的方法并用，既注重译本的准确性，也注意传播的便捷性，更好地回应了实践的需求。马列主义文献的新译和重译，为进一步的学术研究提供了更为准确、翔实的基础文本，而这种翻译与研究并重的学术翻译方法也不断激活了经典著作的内涵。

研讨会圆桌讨论的环节由《中国出版史研究》副主编张玉亮主持，复旦大学邹振环教授、中国社会科学院左玉河教授、同济大学叶隽教授等人先后发言，对本次研讨会进行了回顾与总结。邹振环指出，本次学术研讨会，是复旦大学历史学系与中国近现代新闻出版博物馆学术合作计划的重启，该计划旨在"把出版史研究放在国际交流的平台上"，从多学科、多角度考察中外交流史和翻译出版史。本次研讨会聚焦马列主义文献在近代中国的汉译出版，从各位专家学者提交的论文以及会上的热烈讨论来看，可以说很好地完成了研讨会的任务，值得充分肯定。

左玉河指出,有没有高质量的论文、是否有相关领域的专家、会议研讨是否自由而深入,是考察一个学术会议是否成功的三个重要标志,本次研讨会完全符合这几项标准。与会者从出版史、翻译史、新闻史、思想史等多个角度对近代中国的马列主义文献进行了再考察,体现了跨学科、多学科的研究趋势。他认为,历史学家的任务在于以不同的方式考证、解释历史,希望年轻学者今后能在扎实的实证研究基础上,在理论阐释方面再作进一步努力。叶隽则指出,本次研讨会将作为"红色文化"代表的马列主义文献与中国近代翻译史、中外交流史结合起来,为相关研究的推进作出了重要贡献。今后的研究方向,也许可以在此基础上结合更多、更好的理论资源,并从中国历史的具体语境出发,逐渐发展形成一套新的研究范式。

后　　记

  2007年秋天,在商务印书馆与海盐县人民政府于浙江海盐主办的"第三届张元济学术思想研讨会"期间,时任出版博物馆筹备处负责人的林丽成老师来找我,希望能在出版史研究方面与复旦大学历史系进行学术合作。林老师的建议很快得到了历史系领导的赞同和支持,2008年11月8—9日,复旦大学历史系、出版博物馆(筹)在复旦大学联合召开的"历史上的中国出版与东亚文化交流"国际学术研讨会,即为我们两家单位商谈学术合作的第一项大规模的学术活动。作为首届以出版文化交流史为主题的国际会议,受到了学界的高度关注,来自日本、美国、德国、挪威,以及中国大陆、中国香港、中国台湾等国家和地区的近百位学者参加了研讨会。曾任商务印书馆总经理、中国出版工作者协会常务副主席的杨德炎先生,出版史资深研究者吴道弘、汪家熔、刘光裕教授等也应邀出席了会议。复旦大学史地所的周振鹤、李晓杰教授,历史系的高晞、巴兆祥、傅德华、张仲民、司佳教授等,都参加了研讨会,并提交了学术论文。

  之后我和林老师先后联系了郑培凯、陶德民、沈国威、张西平教授等,又一起策划了为期五年的旨在"把出版史研究放在国际交流的平台上"的学术合作计划。2009年11月,郑培凯教授接续在香港城市大学中国文化中心主办了第二届题为"出版文化的新世界:香港与上海"的国际学术研讨会;2010年10月,又与日本关西大学文化交涉学教育研究中心共同策划,主办了第三届题为"印刷出版与知识环流——16世纪以后的东亚"国际研讨会;经与张西平教授商议,2011年11月又在首都与北京外国语大学海外汉学研究中心合作,主办了题为"西学东渐与东亚近代知识的形成与交流暨第四届出版史国际学术研讨会"。这一为期五年学术合作的最后一次会议,是 2012 年 6 月由复旦大学历史系、出版博物馆(筹)、中华书局、上海辞书出版社联合主办的"中华书局与中国近现代文化"国际学术研讨会。

五次研讨会的成果,以每次会议的主题为书名,连续编辑出版了五部从 34 万—60 万字不等篇幅的论文集,作为"出版博物馆·研究系列",先后由百家出版社和上海人民出版社推出,首次将中国出版史研究放在东西文化交流史的框架下,开创了一个崭新的国际学术交流平台。五届国际学术会议和之后推出的五部厚重的学术论文集,以整体面貌向学界展示了中外出版交流史的研究力量,也成为复旦大学历史系和中国近现代新闻出版博物馆成功合作的见证。

这些年有关马列主义著作的翻译出版和马克思主义中国化的研究,已成为中国学界研究的热点。随着中国近现代新闻出版博物馆馆址的选定和正式建设,2019 年,赵书雷馆长和编研部张霞主任来找我,希望能重启我们两个单位的新一轮合作。鉴于 2020 年是复旦大学老校长陈望道先生首译《共产党宣言》全译本问世一百周年,我建议以《共产党宣言》全译本首译问世一百周年为主题,举办大规模的国际学术研讨会。会议筹备紧锣密鼓,有不少海内外学者,包括日本、美国、德国和中国香港、澳门、台湾的大学和研究机关的学者,纷纷表示愿意参加研讨会。然而由于新冠疫情的影响,在复旦大学举办国际研讨会的计划不得不放弃。考虑到线上会议的诸多局限,经过双方单位反复协商,也由于各位代表的支持,最后商定 2021 年 5 月在美丽的江南古镇朱家角举行以国内学者为主体的这一线下会议。

2021 年是中国共产党成立一百周年,马列主义文献是我党建立和发展的理论基础,马列主义文献的翻译出版在百年党史中发挥着传播真理、坚定信仰的作用。对马克思主义在中国传播的研究,或作为中国共产党和中华人民共和国成立的思想基础来认识,或以马列主义在中国的传播为切入的视角。近年来,上海市政府号召推进"红色文化"的研究,政府宣传机构引导的"红色文化""海派文化""江南文化"三大课题,正好也与本次会议的主题密切相关。作为"红色文化"一部分的马列主义文献的研究,站在历史学的角度,还可以从近现代中国翻译史和出版史的视野加以推进,即从"译刊"——翻译出版的层面

后　记

切入，也可以作为研究晚清以来海派出版文化的一部分。而陈望道先生在义乌首译《共产党宣言》，到上海出版全译本的过程，其实也是近现代江南文化与上海红色文化互动的结果。如何从翻译出版和中外文化交流的这一重要面向，切入马列主义文献译刊和中外出版文化交流史的研究，熊月之教授的序言从学术理路上已对此作了精湛的分析。

在本次会议第一轮征文通知发出后，就收到了几十位学者的回复，特别是青年学者非常踊跃。我们组织专家对论文提要进行了评审，选择了一批在材料、方法和观点上都有创新的论文，邀请赴会，并约请中国社科院史学理论的专家左玉河教授、同济大学中外关系史专家叶隽教授和复旦大学历史系科学史专家高晞教授来做主题报告，为本次会议提供他们从不同角度对马列主义文献译刊进行研究的新见解。本次会期虽短，但与会学者以文会友，充分讨论，为马列主义文献汉译提供了崭新的研究思路，为马列主义在中国的传播与影响贡献了新成果。在日任职的陈力卫教授应邀将其与本书主题紧密相关的大作赐予文集发表，在此特别申谢！

最后，要特别感谢复旦大学历史系分党委书记刘金华教授、中国近现代新闻出版博物馆赵书雷馆长全程参与了本次研讨会的筹备工作，并在大会开幕式上致辞。新闻出版博物馆的张霞、毛真好、王嫣斐、王吉安等为本次研讨会筹备以及论文集的编纂工作做了细致的工作；复旦大学历史系的博士生朱梦中、杨硕培等也参与了研讨会的筹备和论文的部分编校工作。在此一并致谢！

邹振环谨白
2022年秋于复旦大学光华西楼